D1754834

Backvergnügen wie noch nie

Christian Teubner · Annette Wolter

Back vergnügen wie noch nie

Die besten Backideen für alle Anlässe

Weltbild

Ein Wort zuvor

Seit seinem Erscheinen hat sich »Backvergnügen wie noch nie«, das große GU Bild-Backbuch, weit über zwei Millionen Benützer und Freunde erworben. Nun liegt es als Neuauflage vor Ihnen und zeigt unsere Bemühung, Rezepte und Bilder in diesem Buch stets den sich wandelnden Backwünschen anzupassen. Die Nachfrage nach Vollwertgebäck beispielsweise hat zugenommen, aufwendige Dekorationen sind nicht mehr so gefragt, vieles soll einfacher **aber zug**leich von besonderer Qualität sein.
Unverändert blieb die bewährte Gliederung des Buches. Nach wie vor können Sie leicht auffinden, was für besondere Anlässe wie Weihnachten, Jahreswechsel, Ostern und Familienfeste, aber auch für Parties sowie große und kleine Einladungen gern gebacken wird. Natürlich gibt es auch Kapitel für Obstkuchen, feine Torten, Teegebäck oder für »Großmutters Backgeheimnisse«. Und wer sein Brot gern selbst backen möchte oder wissen will, was man alles aus Vollkornmehl herstellen kann, findet dafür zahlreiche Anregungen.
Nach wie vor wird jede Backidee des großen Rezeptteils in einem Farbfoto gezeigt. Sie wissen also schon vor Backbeginn, wie der Kuchen, die Torte oder die Plätzchen, die Sie zum Nachbacken ausgesucht ha-

ben, am Ende aussehen sollen. Das ist eine große Hilfe bei der Arbeit, vor allem wenn es um Feinheiten geht wie das Zusammensetzen separater Teile oder das Verzieren. Für alle Gebäckarten haben wir die Joule- beziehungsweise Kalorienmengen errechnet und sie pro Stück, seltener pro Portion angegeben. Für Formgebäck wurden die Größen der jeweils benötigten Form genannt und für Kleingebäck die durchschnittlich sich ergebenden Stückzahlen. Alle Rezepte, die uns aus Leserzuschriften als zu schwierig oder problematisch bekannt waren, wurden erneut erprobt und, wo erforderlich, einfacher gestaltet; oder das Nachbacken wurde durch sicherere Methoden erleichtert. Auf Rezepte mit fertigen Backmischungen haben wir verzichtet. Der einführende Teil wurde gestrafft. Dennoch finden Sie die wichtigen Grundrezepte für die häufigsten Teigarten in ausführlicher Darstellung mit erklärenden Zeichnungen und zugleich gezeichnete Anleitungen für die schwierigeren Gebäckarten, zum Beispiel das Hexenhaus, den Osterkorb oder den Vol-au-vent, sowie für geformtes Gebäck.

Für die unterschiedlichen Herdtypen haben wir eine Tabelle zusammengestellt, so daß die in den Rezepten in Grad Celsius angegebenen Backtemperaturen, die für den konventionellen Elektrobackherd üblich sind, leicht auf den Heißluftherd und auf den Gasbackofen zu übertragen sind. Unverzichtbare Backgeräte und Backformen werden erklärt und durch Zeichnungen vorgestellt. Wie man Kuchen richtig aufbewahrt und einfriert, erfahren Sie in den entsprechenden Kapiteln; für das Einfrieren von Kuchen gibt es zudem noch eine große Übersichtstabelle.
Wenn Ihnen trotz eingehender Beschreibung in den Rezepten eine Verzierung zu schwierig erscheint, denken Sie immer daran: Die Kunst kann auch im Weglassen bestehen! Versuchen Sie es zunächst mit einfacheren Beispielen, stellen Sie keine zu hohen Anforderungen an sich selbst. Wie überall macht auch hier Übung den Meister.
Viel Freude beim Entdecken von Lieblingsrezepten, gutes Gelingen, viel Erfolg und reichliche Anerkennung, kurz »Backvergnügen wie noch nie«, wünschen Ihnen die Autoren

Christian Teubner
und
Annette Wolter

Sie finden in diesem Buch

Wichtige Grundrezepte und Tips

- 9 Der Hefeteig
- 11 Der Rührteig
- 12 Der Blätterteig
- 16 Der Mürbeteig
- 17 Der Brandteig
- 18 Der Ausbackteig
- 19 Der Strudelteig
- 19 Der Biskuitteig
- 21 Die Baisermasse
- 21 Formen, Rollen, Flechten
- 24 Für den Start in die Praxis

Wenn Gäste kommen

- 26 Beliebte Obstkuchen
- 34 Die feinen Kuchen zum Kaffee
- 44 Sonntags-Torten
- 56 Für den Teilchen-Teller
- 72 Das schmeckt zum 5-Uhr-Tee
- 80 Gebäck zu Bier und Wein

Party-Gebäck für viele

- 86 Knusperkleine Snacks
- 88 Herzhaftes vom Blech
- 90 Pizza-Varianten

Backen für Familienfeste

- 94 Für den Kindergeburtstag
- 98 Kein Festtag ohne Kuchen
- 100 Die Torte zur Hochzeit

Menü-Gebäck mit Tradition

- 102 Beliebte Begleiter
- 104 Pastete und Pastetchen
- 106 Gebackene Desserts

Große Weihnachtsbäckerei

112 Backbeginn November
116 Gebackene Kinderwünsche
118 Geschenke aus Teig
124 Für den bunten Teller
132 Beliebte Weihnachtsplätzchen
142 Weihnachtsspezialitäten
148 Festliches Konfekt

Gebäck zum Jahreswechsel

154 Für die Silvesternacht
158 Backen für den Neujahrstag

Osterüberraschungen

160 Osterfiguren
162 Osterfladen, Osterbrote
164 Osterspezialitäten

Vollkorngebäck

168 Gesundheits-Kuchen heute

Brot und Brötchen

170 Süße Brote
171 Rustikale Brotlaibe
177 Brötchen, Brezen, Hörnchen

Großmutters Backgeheimnisse

182 Mehlspeisen anno dazumal
188 Die besten Mittwochs-Kuchen
194 Für das Kaffeekränzchen
200 Große Torten-Nostalgie

Backwissen im Überblick

217 Feine Verzierungen
218 Backgeräte und Backformen
220 Backzutaten von A bis Z
223 Lexikon der Backkunst
227 Kuchen in der Vorratsdose
227 Kuchen im Gefriergerät

Zum Nachschlagen

233 Register der Gebäckarten
236 Rezept- und Sachregister

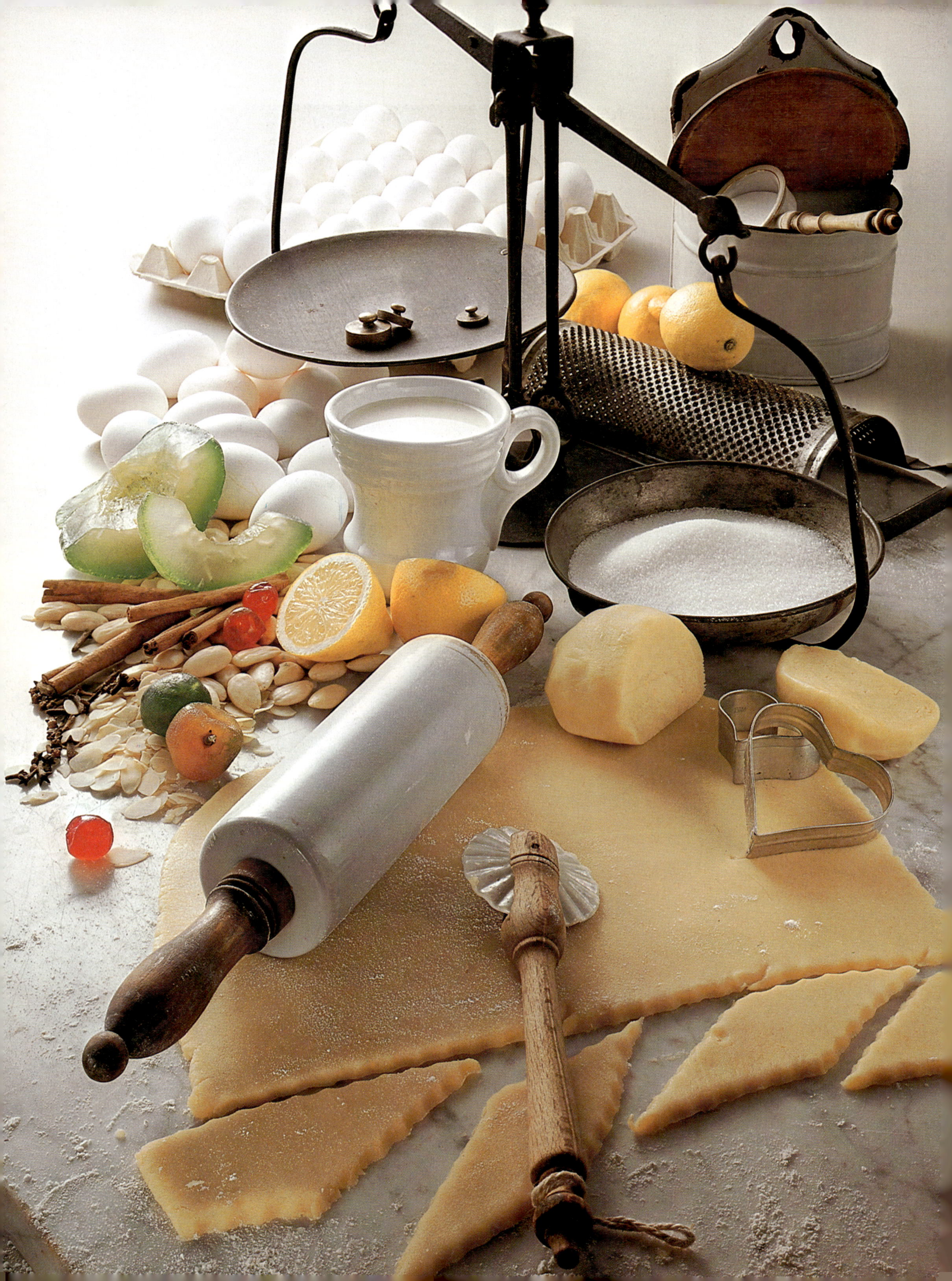

Wichtige Grundrezepte und Tips

Für jedes Gebiet des Kochens gibt es Grundrezepte. Doch lassen sie sich beliebig abwandeln, und ihr Gelingen hängt nicht unbedingt vom exakten Nacharbeiten ab. Beim Backen allerdings steht und fällt der Erfolg mit der genauen Beachtung aller Arbeitsphasen und dem richtigen Verhältnis der einzelnen Zutaten zueinander.

Wer noch wenig Backerfahrung hat, sollte außer dem gewählten Rezept auch das jeweilige Teig-Grundrezept durchlesen. Dort werden nämlich die für jede Teigart spezifischen Arbeitsvorgänge ausführlich beschrieben, während in vielen Rezepten deren Kenntnis bereits vorausgesetzt wird. Beherrscht man die wichtigsten Grundrezepte, dann kann man sich – einige Erfahrung vorausgesetzt – immer neue Abwandlungen für Torten, Kleingebäck oder Brot ausdenken.

Der Hefeteig

Bei Hefeteig wird zwischen leichtem, schwerem und gerührtem Teig unterschieden. Leichter Hefeteig kann geformt auf dem Backblech gebacken und je nach Rezept auch gefüllt werden. Schweren Hefeteig mit größerem Fettanteil und weiteren Zutaten verarbeitet man beispielsweise für Christstollen, Mandelstollen oder Osterbrote.

Der Heferührteig gleicht dem leichten Hefeteig, doch werden mehr Eier und mehr Flüssigkeit zugegeben. Er ist zähflüssig und wird nicht geschlagen und anschließend geformt, sondern, wie der Name sagt, gerührt und anschließend in der Form gebacken, zum Beispiel als Napfkuchen. Auch Plundergebäck wird auf der Grundlage von Hefeteig zubereitet. Wir haben das Grundrezept für Plundergebäck jedoch dem Kapitel Blätterteig zugeordnet, wo es der Arbeitstechnik wegen hingehört.

Hefe richtig behandeln

- Hefe ist eine lebendige Substanz aus Kleinstpilzen, die sich in Verbindung mit Flüssigkeit und eventuell Zucker bei entsprechender Temperatur immer wieder teilen, »sprossen«. Dabei entsteht Kohlensäure, und sie ist es, die den Teig lockert und treibt.
- Abgepackte Hefe ist in Päckchen von 40 g im Handel. Sie muß frisch sein. Frische Hefe fühlt sich geschmeidig an, ist hellgrau bis hellgelb und bricht in muschelartige Stücke. Sie zeigt keine Risse und keine bräunlichen Flecken. Ausgetrocknete Hefe ist hart, rissig und stellenweise dunkel gefärbt; sie hat dann ihre Triebkraft weitgehend verloren.
- Im Kühlschrank hält sich Hefe im Butterfach, zweimal in Alufolie gewickelt, 3–4 Tage, im Gefriergerät 4 Monate. Nach dem Auftauen ist die Hefe allerdings breiig, besitzt jedoch dieselbe Triebkraft wie frische Hefe.
- Trockenhefe im Beutel entspricht 25 g frischer Hefe. Sie behält kühl gelagert ihre Triebkraft bis zu dem auf dem Päckchen angegebenen Datum. Trockenhefe stets genau nach Vorschrift auf dem Päckchen verwenden! Kenner bevorzugen allerdings frische Hefe, da ihrer Erfahrung nach die Backresultate weit befriedigender sind.

Der Hefeteig

Wichtige Grundrezepte und Tips

- Im allgemeinen rechnet man für einen Kuchen aus 500 g Mehl 30–40 g Hefe. Je mehr Hefe im Verhältnis zum Mehl zugefügt wird, desto lockerer und höher gerät das Gebäck. Der benötigte Hefeanteil ist aber nicht allein von der Mehlmenge abhängig, sondern auch von der Schwere des Teigs, und die wiederum wird durch Zutaten wie Trockenfrüchte oder Fett bestimmt.

Hefeteig richtig zubereiten

Die folgenden, sehr genau beschriebenen Arbeitsphasen gelten grundsätzlich für alle Arten von Hefeteig, sei es nun der beschriebene für einfache Brötchen, für einen Napfkuchen oder für einen schweren Stollenteig. Zunächst gehen wir von den Zutaten aus, die für einen Teig unbedingt erforderlich sind.

Zutaten für etwa 10 Brötchen:
500 g Mehl · 30 g Hefe · ¼ l lauwarme Flüssigkeit (Wasser oder Milch) · ½ Teel. Salz
Für das Backblech: Butter und/oder Mehl

Der Arbeitsablauf:
- Alle Zutaten in die Küche stellen, damit sie vor Backbeginn Raumtemperatur erreichen.
- Alle benötigten Zutaten und Backgeräte bereitstellen. Feste Bestandteile exakt abwiegen. Die Flüssigkeit genau abmessen oder ebenfalls abwiegen und auf die benötigte Temperatur bringen.
- Das Mehl in die Rührschüssel sieben. In die Mitte des gesiebten Mehls eine Vertiefung drücken und die Hefe hineinbröckeln. Die Hefe mit der lauwarmen Flüssigkeit und mit etwas Mehl zu einem dickbreiigen Teig verrühren. Über diesen Hefevorteig Mehl stäuben, die Schüssel mit einem Tuch zudecken, damit sich die Wärme darunter speichern kann, und den Hefevorteig an einem zugfreien Ort 15 Minuten gehen lassen, mindestens aber so lange, bis die Mehlschicht auf der Hefe starke Risse zeigt. – Der Fachmann nennt dieses erste Gehenlassen die erste Gare.
- Den Hefevorteig mit der gesamten Mehlmenge und dem Salz verkneten. Hierzu verwendet man am besten einen großen, starken Holzlöffel.
- Den verkneteten Teig schlagen, bis er Blasen wirft, zäh und trocken ist, sich vom Schüsselrand löst und nicht mehr an der Schüssel klebt. Dieses Schlagen kann ebenfalls mit dem Holzlöffel geschehen. Besser aber schlagen Sie Ihren Hefeteig mit den Händen. Kein Rührlöffel kann die Hand ersetzen. Nur mit der Hand spüren Sie genau die Konsistenz des Teigs. Bleibt der Teig etwas zu feucht zwischen den Fingern haften, muß er weiterhin kräftig geschlagen werden. Wenn nötig, kann man 1 Eßlöffel Mehl nach und nach unter den Teig arbeiten.
- Es gibt Hausfrauen, die das Schlagen des Hefeteigs zu mühsam finden. Sie formen aus dem Hefeteig einen großen Ballen und werfen diesen mindestens hundertmal auf eine leicht bemehlte Arbeitsfläche. Sie müssen herausfinden, welche Methode Ihnen mehr zusagt. Der fertig geschlagene Hefeteig wird wiederum mit Mehl bestäubt und mit einem Tuch bedeckt. Er muß mindestens weitere 30 Minuten gehen und soll dabei sein Volumen verdoppeln. – Der Fachmann nennt diesen Vorgang die zweite Gare.
- Der gut gegangene Hefeteig wird nun wie im jeweiligen Rezept beschrieben geformt, ausgerollt oder in eine Form gegeben. Backblech oder Form werden zuvor, wie im Rezept angegeben, leicht mit Fett bestrichen oder ausgestrichen und/oder mit Mehl bestreut. Der backfertige Hefeteig wird in der Form, auf dem Backblech oder aber auch auf der Arbeitsfläche mit einem Tuch bedeckt und muß nochmals 10–25 Minuten (oder wie im Rezept vorgeschrieben) gehen. Der Fachmann nennt dies die dritte Gare.
- Den Backofen auf die im jeweiligen Rezept vorgeschriebene Temperatur vorheizen, für die einfachen Brötchen auf 220°.
- Das Gebäck nach Belieben oder nach Rezept bestreichen oder bestreuen und anschließend in den Backofen schieben: ganz flaches Gebäck auf die mittlere Schiene, mittelhohes Gebäck auf die zweite Schiene, hohes Gebäck auf die unterste Schiene.
- Das Gebäck je nach Größe und Konsistenz so lange backen, wie im Rezept angegeben. Vor dem Herausnehmen aus dem Backofen die Stäbchenprobe machen (→Seite 226) und eventuell einige Minuten nachbacken.

Unsere Tips

- Für einen Kuchenboden vom Backblech wird der Teig in Größe des Backblechs auf einer leicht bemehlten Arbeitsfläche ausgerollt. Den Boden auf das leicht gefettete Backblech legen und mit den Händen einen niederen Rand formen.
- Den Boden mit der Gabel mehrmals in gleichmäßigen Abständen einstechen, damit er beim Backen keine Blasen wirft.

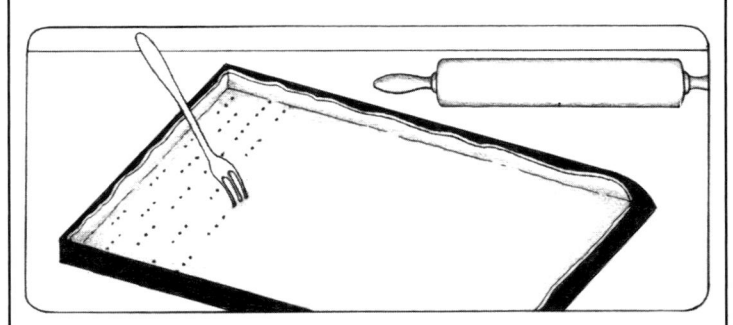

Vom Teig entlang den Kanten des Backblechs einen niederen Rand formen und den Boden mit einer Gabel in gleichmäßigen Abständen einstechen, damit beim Backen keine Blasen entstehen.

- Handelt es sich um einen sehr flüssigen Belag oder leichten Teig, der während des Backens von der offenen Seite des Backblechs tropfen könnte, formt man entweder einen besonders hohen Rand aus dem Teig, oder aber man schließt das Backblech an dieser Seite durch zweifach gefaltete Alufolie ab.
- Werden dem Hefeteig Trockenfrüchte wie Orangeat, Zitronat, Nüsse oder Rosinen zugegeben, so mischt man diese Früchte stets möglichst schnell unter den fertig geschlagenen Teig, da er sonst eine graue Farbe annimmt. Nach dem Unterheben der Trockenfrüchte den Teig noch einmal gehen lassen.
- Das Formen eines Stollens: Den fertigen und gegangenen Teig zu einem dicken Rechteck mit wulstigen Längsenden ausrollen,

Während der dritten Gare soll der Hefeteig in der Form sein Volumen verdoppeln. Die Form daher niemals zu voll füllen.

Wichtige Grundrezepte und Tips

längs übereinanderklappen und anschließend durch Eindrücken mit beiden Händen in Längsrichtung zu einem Stollen formen.
- Wenn Sie ganz sicher sein wollen, daß der Stollen während des Backens nicht zu breit auseinanderläuft, so können Sie eine Backhaube speziell für Stollen benützen, eine sogenannte Stollenform, aus der man den Stollen nach dem Backen stürzt. Sie können aber auch doppeltgefaltete Alufolie auf das Backblech unter den Stollen legen und die Längsseiten der Folie vierfach umknicken.

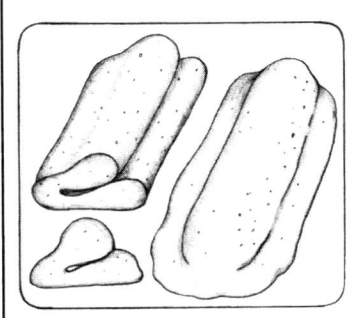

Zum Formen eines Stollens den Teig zu einem dicken Rechteck mit wulstigen Längsenden ausrollen. Die Längsenden übereinanderklappen und seitlich mit den Händen leichte Mulden eindrücken.

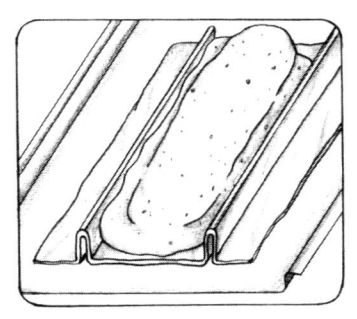

Aus doppeltgefalteter Alufolie können Sie für den Stollen eine leichte Form falten. Die Längsseiten der Folie werden vierfach umgeknickt, dann kann der Stollen nicht breitlaufen.

- Eine besonders gefällige Art, einen gefüllten Hefezopf zu bereiten, möchten wir Ihnen hier beschreiben. Die Zeichnung gilt für das Rezept Gefüllter Hefezopf (→Seite 41): Der fertige und gegangene Hefeteig wird auf einer leicht bemehlten Arbeitsfläche zu einem 1 cm dicken Rechteck ausgerollt. Man markiert auf dem Teig der Länge nach drei gleich große Felder. Die Füllung wird dick auf das mittlere Feld gestrichen. Die beiden äußeren Felder zerschneidet man in 2 cm breite Streifen und legt sie zopfartig über die Füllung.

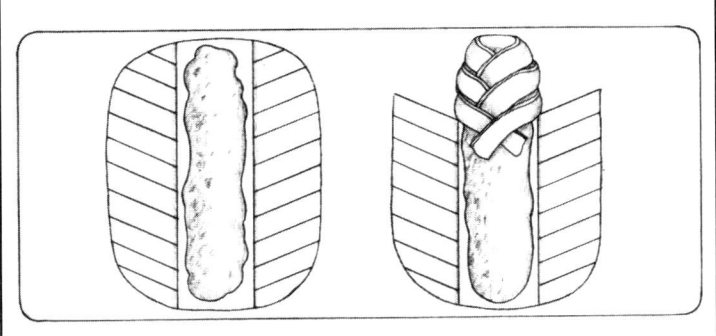

Für den Gefüllten Hefezopf schneiden sie die beiden äußeren Teigfelder in Streifen und legen diese zopfartig über die Füllung.

- Kleine geformte Hefeteile können Sie auch fritieren (→Seite 18). Allerdings ist das jeweilige Rezept für fritiertes Hefegebäck meist eine Variante des Grundrezepts, da es darauf ankommt, ob das Gebäck locker und luftig oder fest sein soll. Berliner Pfannkuchen oder Silvesterkrapfen (→Rezept Seite 154) werden zum Beispiel aus einem sehr lockeren Hefeteig hergestellt.

Der Rührteig

Der Rührteig

Die Grundbestandteile eines Rührteigs sind Fett (Butter oder Margarine), Zucker, Eier und Mehl, das häufig mit einem Anteil von Speisestärke gemischt wird. Selbstverständlich genügen für ein feineres Rührkuchenrezept diese wenigen Grundbestandteile nicht. Es kommen je nach Rezept weitere Zutaten hinzu.

Rührkuchen mit Backpulver

Ist die Mehlmenge bei Rührkuchen im Verhältnis zu Fett und Zucker groß und entspricht etwa dem Gewicht von Fett und Zucker zusammen, so wird dem Teig Backpulver als Triebmittel zugegeben.

Zutaten für 1 Gugelhupfform von 22 cm ⌀:
250 g Butter · 250 g Zucker · 4 Eier · $\frac{1}{16}$ l Milch · 1 Päckchen Vanillinzucker · 1 Prise Salz · 300 g Mehl · 200 g Speisestärke · 1 Päckchen Backpulver
Für die Form: Butter und Semmelbrösel

Der Arbeitsablauf:
- Alle benötigten Zutaten für den Kuchen bereitstellen, feste Bestandteile exakt abwiegen, die Flüssigkeit abmessen oder ebenfalls wiegen. Das Mehl grundsätzlich vor dem Verwenden sieben, um Schmutzteilchen oder Klümpchen zurückzuhalten; gegebenenfalls das Mehl mit der Speisestärke und dem Backpulver sieben, damit sich alle Bestandteile gut miteinander mischen.
- Butter oder Margarine, Eier und Milch müssen rechtzeitig aus dem Kühlschrank genommen werden, damit sie vor Backbeginn Raumtemperatur annehmen. Zu kalte Zutaten können nämlich bewirken, daß der Teig gerinnt. Er sieht dann grießartig aus.
- Butter oder Margarine sollen vor dem Verarbeiten geschmeidig sein. Dies wird rascher erreicht, wenn das kalte Fett kleingeschnitten in die Rührschüssel kommt.
- Wird im Rezept steifer Eischnee verlangt, so trennt man die eben aus dem Kühlschrank genommenen Eier gleich in Eigelb und Eiweiß. Dabei von jedem Ei zunächst Eiweiß und Eigelb gesondert in Tassen geben, damit schlechte oder gar faule Eier sofort entfernt werden können und nicht die gesamte Eimasse verderben. Die Eigelbe nehmen dann rasch Raumtemperatur an. Die Eiweiße am besten sofort mit dem Rührbesen des elektrischen Handrührgeräts oder mit der Küchenmaschine flaumig schlagen. Die Hälfte der Zuckermenge langsam einrieseln lassen, und den Eischnee steif schlagen. Er muß zuletzt so steif sein, daß der Schnitt eines Messers darin sichtbar bleibt. Den Eischnee in den Kühlschrank stellen, bis er gebraucht wird.
- Während die kalten Zutaten Raumtemperatur annehmen, kann man die Backform nach Anweisung im Rezept ausfetten und mit Semmelbröseln ausstreuen oder mit Pergamentpapier auslegen. Außerdem stellt man alle benötigten Backgeräte bereit.
- Sie können außerdem weitere Zutaten schon vorbereiten: Zitronen- oder Orangenschale abreiben, Zitronen- oder Orangensaft auspressen, Orangeat, Zitronat oder Nüsse feinwiegen oder mahlen, Rosinen heiß waschen, trockenreiben und in Mehl wenden.
- Den Backofen auf die im Rezept vorgeschriebene Temperatur (180–190°) vorheizen und den Gitterrost auf die entsprechende Schiene legen.
- Den restlichen Zucker zum geschmeidigen Fett in die Rührschüssel schütten und mit dem Rührlöffel oder mit den Rührbesen des elektrischen Handrührgeräts oder der Küchenmaschine

Der Blätterteig

cremig rühren. Unter diese Creme werden nacheinander die ganzen Eier oder die Eigelbe – je nach Rezept – gerührt. Das nächste Ei oder Eigelb immer erst dann zugeben, wenn das vorige völlig mit dem Teig gemischt ist.
● Werden die Eier im ganzen zugegeben oder sind die Eier zu kalt, so kann die Fett-Zucker-Masse gerinnen. Die Zugabe von 1 Eßlöffel Mehl zu jedem Ei hilft, dies zu verhindern. Gerinnt der Teig trotzdem und bekommt eine grießartige Konsistenz, so stellt man die Rührschüssel in ein warmes Wasserbad und rührt weiter. Das Fett wird in der Wärme weicher und verbindet sich leichter mit den Eiern zu einer cremigen, homogenen Masse.
● Sieht das Rezept, wie in unserem Fall, zusätzlich zu den Eiern eine Flüssigkeit vor, so rührt man sie nach den Eiern, ebenfalls unter Zugabe von 1 Eßlöffel Mehl, unter den Teig. Sollte der Teig dabei gerinnen, so hilft wiederum das Wasserbad-Verfahren.
● Je nach Rezept werden nun die Aromaten wie Vanillinzucker, Salz, abgeriebene Zitronenschale, Vanille, Rum oder andere Zutaten unter den Teig gemischt.
● Den Eischnee bergartig auf den Teig füllen und mit einem Rührlöffel – keinesfalls mit dem elektrischen Rührgerät! – unter den Teig heben. (Das Rührgerät würde die Luftbläschen des Eischnees zerstören, und damit wäre der Lockerungseffekt dahin.)
● Als letzte Zutat wird beim Rührteig immer das Mehl zugegeben, je nach Rezept mit der Speisestärke und dem Backpulver gemischt und gesiebt. Bei Rührteig ohne Eischnee können Sie für diesen Arbeitsvorgang außer dem Rührlöffel auch die Knethaken des Handrührgeräts oder der Küchenmaschine bei niedrigen Touren benutzen. Bei Rührteig mit Eischnee darf das Mehlgemisch nur von Hand mit dem Rührlöffel unter den Teig gezogen, aber ja nicht gerührt werden!
● Sind für den Kuchen Trockenfrüchte vorgesehen (Rosinen, Orangeat, Zitronat, Nüsse), so werden sie mit dem Mehl gemischt und unter den Teig gezogen. Dadurch wird vermieden, daß die Früchte beim Backen auf den Boden des Kuchens sinken.
● Den Teig in die vorbereitete Backform füllen, die Rührschüssel mit dem Teigschaber gründlich leeren und die Oberfläche des Teigs glattstreichen.
● Den Kuchen in den vorgeheizten Backofen schieben. Während der ersten 15–20 Minuten den Backofen nicht öffnen (ausgenommen im Rezept ist eine anderslautende Anweisung gegeben). Nach etwa zwei Drittel der angegebenen Backzeit nachsehen, ob die Oberfläche des Kuchens zu rasch bräunt. Ist dies der Fall, ein doppeltgefaltetes Stück Pergamentpapier auf den Kuchen legen; so kann die Oberfläche nur noch geringfügig weiterbräunen.
● Gegen Ende der angegebenen Backzeit mit Hilfe der Stäbchenprobe (→Seite 226) prüfen, ob der Kuchen ganz durchgebacken ist; gegebenenfalls noch einige Minuten nachbacken.
● Ist der Kuchen zwar gut durchgebacken, aber an der Oberfläche noch zu hell, die Temperatur des Backofens um 20° höherstellen, den Kuchen auf dem Gitterrost um eine Schiene höher einschieben und weitere 5–10 Minuten backen; dabei aber wiederholt prüfen, ob die Oberfläche nicht zu stark bräunt.
● Den Kuchen aus dem Backofen nehmen und etwa 10 Minuten in der Form abkühlen lassen, dann auf ein Kuchengitter stürzen und völlig erkalten lassen.
● Den Kuchen erkaltet oder noch warm, je nach Rezeptvorschrift, mit Puderzucker besieben, mit einer Glasur überziehen oder mit anderen Zutaten verzieren (→Seiten 216, 217).

Rührkuchen ohne Backpulver

Auf Backpulver kann verzichtet werden, wenn die Fett- und Zuckermengen zusammen im Verhältnis zur Mehlmenge groß sind. Hier genügt dann die Triebkraft der Eier in Verbindung mit Fett und Zucker.

Zutaten für 1 Gugelhupfform von 22 cm ⌀:
*200 g Butter · 180 g Zucker · 6 Eier · 300 g Mehl · 2–3 Eßl. Milch
Je nach Rezept gehören noch würzende Zutaten und etwas Flüssigkeit zum Teig.*

Der Arbeitsablauf:
● Der Arbeitsablauf entspricht vollkommen dem für einen Rührkuchen mit Backpulver. Kleine Abwandlung: Die Eier werden hier stets in Eigelb und Eiweiß getrennt und die Eiweiße als steifer Schnee unter den Teig gehoben.

Unsere Tips

● Rührteig darf niemals dünnflüssig sein, aber auch nicht zu fest. Er hat die richtige Konsistenz, wenn er zähflüssig, »reißend«, vom Löffel fällt.
● Wenn das gesamte Mehl gut mit dem Teig verrührt ist, mit dem Rühren aufhören. Der Teig wird sonst »überrührt« und ist dann zäh.
● Will man aus hellem und dunkel gefärbtem Rührteig einen Marmorkuchen backen, so verrührt man die Hälfte des Teigs je nach Vorschrift im Rezept mit Kakaopulver und zusätzlich etwas Zucker. Zuerst den hellen Teig in die Backform füllen und den dunklen daraufgeben. Mit einer Gabel oder mit dem Stiel eines Rührlöffels beide Teigarten spiralenförmig durcheinanderziehen.
● Einen abgekühlten Rührkuchen können Sie wie einen Tortenboden ein- bis zweimal quer durchschneiden und mit Creme füllen (zum Beispiel Frankfurter Kranz, Rezept Seite 203).
● Sie können den Rührkuchen auch in einer Springform backen und auf den ungebackenen Teig entsteinte Kirschen, Stachelbeeren, Apfelscheibchen, Rhabarberstücke oder anderes Obst legen. Das Obst sinkt während des Backens in den Teig ein. Sie erhalten auf diese Weise einen »versunkenen« Obstkuchen (→Seite 28).

Der Blätterteig

Es macht schon etwas Mühe, diesen vielseitig verwendbaren Teig selbst herzustellen. Wer aber aus Liebe zur Backkunst Zeit und Arbeit nicht scheut und seinen Blätterteig selbst – und natürlich nur mit Butter – bereitet, kann dafür stolz ein besonders zartes und delikates Gebäck servieren. Um das Gelingen braucht man sich keine Sorgen zu machen. Werden die einzelnen Arbeitsvorgänge des Grundrezeptes genau befolgt, kann nichts schiefgehen; man muß nur genügend Geduld aufbringen.
Die Grundbestandteile des Blätterteigs sind Mehl, Wasser und Butter. Die blättrige, feine Struktur entsteht, weil zwei Teige, ein Butterteig und ein Mehl-Wasser-Teig, zusammen verarbeitet werden. Beim Backen sorgt dann das Fett dafür, daß der Teig aufgeht, »blättert«. Zwischen den einzelnen Arbeitsgängen muß der Teig immer gekühlt ruhen. Viele Hausfrauen haben aber einfach nicht die Zeit, selbst Blätterteig herzustellen. Sie müssen trotzdem nicht auf das herrliche Gebäck verzichten: Es gibt ausgezeichneten tiefgefrorenen Blätterteig, den man nur noch weiterzuverarbeiten braucht.

Wichtige Grundrezepte und Tips

Der Blätterteig

Tiefgefrorener Blätterteig

Tiefgefrorenen Blätterteig gibt es in Paketen zu 300 g. Der Inhalt besteht entweder aus einzelnen Teigblättern oder aus einem Teigblock. Tiefgefrorener Blätterteig muß vor dem Verarbeiten aus der Verpackung genommen werden und bei Raumtemperatur auftauen. Man legt dazu die einzelnen Teigblätter nebeneinander. Sie tauen in etwa 20 Minuten auf. Teigblöcke benötigen zum Auftauen 1–2 Stunden. Aufgetauter Blätterteig wird anschließend wie selbstbereiteter verarbeitet.

Selbstbereiteter Blätterteig

Für das Herstellen von Blätterteig gibt es verschiedene Methoden. Die bekanntesten sind die deutsche und die französische, daneben gibt es aber noch zahlreiche Kombinationen. Welche Methode auch angewendet wird: Grundsätzlich kommt es darauf an, die Butter nicht mit dem Teig zu verkneten, sondern in hauchdünnen Schichten zwischen den Grundteig zu wirken, damit sie beim Backen als Triebmittel die vielen Teigschichten blättrig voneinander trennen kann. Im Privathaushalt wird man am besten nach der deutschen Methode arbeiten. Für die französische Methode wäre beispielsweise eine kühle Marmorplatte nötig, um den Erfolg zu gewährleisten. Hier das von uns erprobte Grundrezept für Blätterteig nach der deutschen Methode:

Beispiel für die Zutaten:
500 g Mehl · ¼ l Wasser · ½ Teel. Salz · 550 g Butter · 100 g Mehl

Der Arbeitsablauf:
* Das Mehl auf ein Backbrett sieben und eine Mulde in die Mitte drücken. Das Wasser und das Salz hineingeben und mit den Händen sehr rasch von innen nach außen Wasser und Mehl zu einem festen Teig mit glänzender, glatter Oberfläche verkneten.
* Den Teig zu einem Ballen formen und diesen an der Oberfläche kreuzweise einschneiden; durch die Einschnitte kann sich der Teig während der Ruhezeit gut entspannen. Den Teig zugedeckt 15 Minuten im Kühlschrank ruhen lassen.
* Die möglichst kalte Butter mit kühlen Händen (mehrmals in kaltes Wasser tauchen) mit dem gesiebten Mehl verkneten, ebenfalls zu einem Ballen formen und zugedeckt 15–20 Minuten in den Kühlschrank stellen.
* Den Mehl-Wasser-Teig auf einer schwach bemehlten Platte zu einem 30 × 50 cm großen Rechteck ausrollen.
* Den Butter-Mehl-Teig zwischen Pergamentpapier zu einer Größe von 22 × 25 cm ausrollen.
* Diesen Butterblock auf die linke Seite des größeren Teigblatts legen und die Ränder rundherum mit Wasser bestreichen.
* Den freien Teil des Teigs über den Butterblock klappen und die Ränder gut zusammendrücken.
* Das Teigblatt nun abwechselnd von unten nach oben und von links nach rechts ausrollen, bis ein Rechteck von 30 × 60 cm Größe entstanden ist.
* 20 cm der linken Teighälfte zur Mitte hin umklappen und die 20 cm der rechten Hälfte darüberschlagen. Dieses Formen nennt der Fachmann die einfache Tour. Den so zusammengeschlagenen Teig locker in Pergamentpapier einwickeln und 15–20 Minuten im Kühlschrank ruhen lassen.
* Nach der Ruhezeit das Teigpaket wieder zu einer Platte von 30 × 60 cm ausrollen; dabei stets von unten nach oben und von links nach rechts rollen. Von dieser Teigplatte den linken und den rechten äußeren Teil 15 cm nach innen schlagen, so daß sich die zusammengeschlagenen Teigenden fast in der Mitte berühren.

Den Teig dann noch einmal falten. Dieses Zusammenschlagen nennt der Fachmann die doppelte Tour. Den Teig wiederum locker in Pergamentpapier einwickeln und 15–20 Minuten im Kühlschrank ruhen lassen.
* Den Teig danach wiederum von unten nach oben und von links nach rechts zu einer Platte von 30 × 60 cm ausrollen. Den Teig in der einfachen Tour zusammenschlagen und im Kühlschrank ruhen lassen. Den Teig danach erneut ausrollen, in der doppelten Tour zusammenschlagen und im Kühlschrank ruhen lassen.

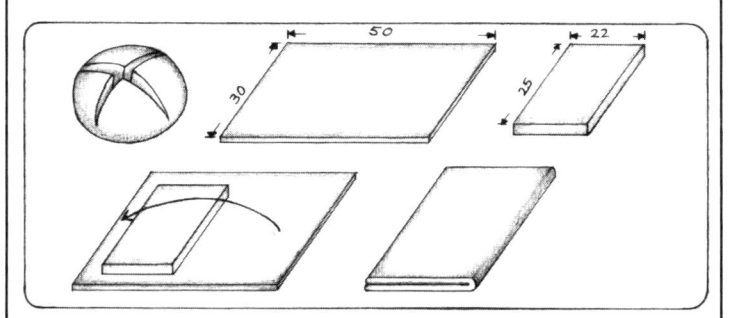

Für Blätterteig zunächst den zum Ballen geformten Wasser-Mehl-Teig einschneiden und kühl lagern. Danach zu einer Größe von 30 × 50 cm ausrollen. Den Butter-Mehl-Teig 22 × 25 cm groß ausrollen, auf die linke Hälfte des großen Teigblatts legen, dieses übereinanderschlagen und die Ränder zusammendrücken.

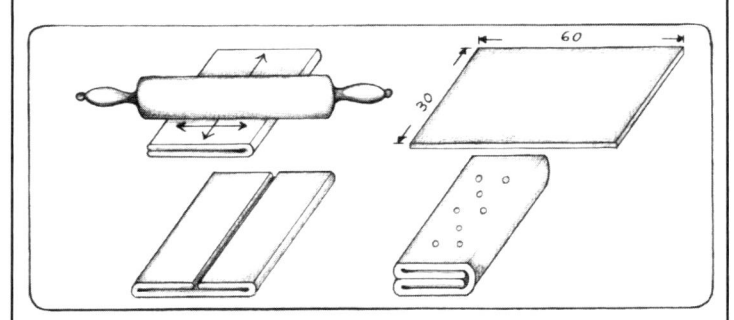

Den zusammengeschlagenen Teig von unten nach oben und von links nach rechts zu einer Größe von 30 × 60 cm ausrollen. Für die doppelte Tour die Außenkanten 15 cm nach innen schlagen und nochmals falten. Für jede einfache Tour ein Loch in den Teig drücken, für jede doppelte zwei. Dann wissen Sie immer, wie weit Sie mit dem Teig sind.

* Nach der letzten doppelten Tour hat der Teig ein Format von 15 × 30 cm. Den Teig auf einer schwach bemehlten Arbeitsfläche nun nach den Angaben im Rezept ausrollen, die gewünschten Formen zurechtschneiden oder ausstechen. Gegebenenfalls formt man den Teig auch mit der Hand.
* Ein Backblech oder die benötigten Backformen mit kaltem Wasser ab- oder ausspülen, die Teigstücke darauf- oder hineinlegen und mindestens 15 Minuten möglichst kalt lagern (ideal wäre eine Lagerung im Kühlschrank). Das kalte Abspülen des Backblechs oder der Backformen dient beim Backen der Dampfentwicklung. Der Fachmann nennt dies »Schwaden geben«.
* Den Blätterteig bei einer Temperatur wie im Rezept angegeben, mindestens aber bei 220° backen. Blätterteig verträgt starke Hitze, da er keinen Zucker enthält und deshalb langsam bräunt.
* Das Blätterteiggebäck ohne Ruhepause vom Blech nehmen oder aus der Form stürzen und wie im einzelnen Rezept vorgesehen weiterverarbeiten.

Der Blätterteig

Wichtige Grundrezepte und Tips

Unsere Tips

- Blätterteig stets auf einer nur leicht bemehlten Arbeitsfläche ausrollen. Wichtig beim Ausrollen: Den Teig niemals nur in einer Richtung rollen, sondern stets in zwei Richtungen, nämlich von unten nach oben und von links nach rechts. Wird Blätterteig nur in einer Richtung ausgerollt, so schrumpft er beim Backen ebenfalls nur an einer Seite zusammen.
- Blätterteig mit einem sehr scharfen Teigrädchen schneiden oder mit einem dünnen, scharfen Messer. Sind Teigrädchen oder Messer nicht scharf genug, werden die Teigschichten gedrückt statt geschnitten; die Ränder kleben dann leicht aneinander und können beim Backen nicht gleichmäßig aufgehen.
- Wenn Sie Blätterteig mit Eigelb bestreichen, so sparen Sie die Schnittkanten so sorgfältig wie möglich aus, da der Teig an den Kanten sonst zusammenklebt und das luftige Aufgehen verhindert wird; unter Umständen gerät das Gebäck dadurch schief.
- Blätterteigreste können übereinandergelegt, locker zusammengedrückt und nochmals ausgerollt werden. Sie gehen allerdings nicht so stark auf, eignen sich aber gut für kleine Plätzchen oder Streifen, mit denen man das Gebäck verziert. Sie werden mit Eigelb auf das größere Gebäck gesetzt.
- Wird Blätterteig zum Auslegen von Förmchen oder von einer Springform verwendet, so sollte der Teig erst in Streifen oder Stücke geschnitten, locker zusammengedrückt und dann ausgerollt werden. Er wird dadurch zwar nicht so blättrig und leicht, ist aber stabiler und fällt nicht so schnell zusammen, wenn eine Füllung oder Obst daraufgelegt wird.
- Blätterteig stets auf ein mit kaltem Wasser abgespültes Backblech legen (Förmchen oder eine Springform entsprechend behandeln) und vor dem Backen 15 Minuten kalt ruhen lassen.
- Fertig gebackene Blätterteigstücke etwas abkühlen lassen und wie im Rezept vorgesehen entweder mit Glasur überziehen oder anderweitig verzieren.
- Blätterteig schmeckt frisch am besten. Er kann und darf sogar noch warm gegessen werden.
- Etwas abgelagertes Blätterteiggebäck kann man auch aufbakken; es wird dadurch wieder knusprig und frisch. Allerdings dürfen solche Gebäckstücke nicht mit einer Glasur überzogen sein, da sie beim Aufbacken verbrennen würde.
- Kleine Hilfe für die Touren: Damit Sie nicht vergessen, wieviele Touren der Teig schon hinter sich hat, können Sie in den zusammengeschlagenen Teig pro Tour ein kleines Loch, pro doppelte Tour zwei kleine Löcher mit dem Finger drücken.

Typisches Gebäck aus Blätterteig

Schillerlocken, Schweinsöhrchen, Königin-Pastetchen oder ein großes Pastetenhaus sind typisches Blätterteiggebäck. Wir wollen Ihnen hier noch einige Tips für das Formen geben:
- Für Schillerlocken (→Rezept Seite 59) wird der fertige Blätterteig zu einer Platte von 30 × 16 cm ausgerollt. Mit einem Teigrädchen acht Streifen von 2 cm Breite daraus schneiden.
- Für die Formen der Schillerlocken vier Kreise aus doppelt gefalteter Alufolie von 30 cm Durchmesser schneiden. Die Kreise halbieren und jeden Kreis zu einer spitzen Tüte aufrollen. Die Tüten mit zerknüllter Alufolie füllen, damit sie stabiler sind.
- Die Teigstreifen an einem Längsrand mit verquirltem Eigelb bestreichen und von der Spitze her so um die Tüten legen, daß die bestrichenen Ränder 5 mm über den unbestrichenen Rändern zu liegen kommen.
- Für Schweinsöhrchen (→Rezept Seite 199) rollen Sie den fertigen Blätterteig auf einer mit Zucker bestreuten Arbeitsfläche zu einer Platte von 20 × 30 cm aus. Beide Längsseiten zur Mitte hin übereinanderschlagen.
- Das einmal gefaltete Teigblatt noch einmal übereinanderschlagen und von diesem Teigstück 1 cm breite Scheiben abschneiden. Diese dünnen, geschichteten Teigscheiben dehnen und runden sich beim Backen und ergeben die bekannte Form von Schweinsöhrchen.

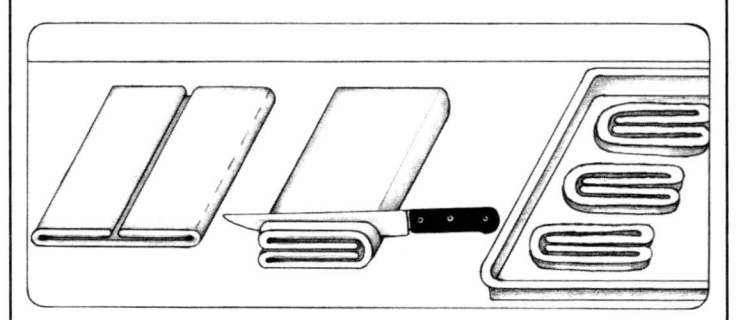

Den Blätterteig für Schweinsöhrchen 20 × 30 cm groß ausrollen, die Längsseiten zur Mitte hin zusammenschlagen, das Teigblatt nochmals falten und Teigscheiben davon abschneiden. Beim Backen gehen die Schweinsöhrchen zur bekannten Form auf.

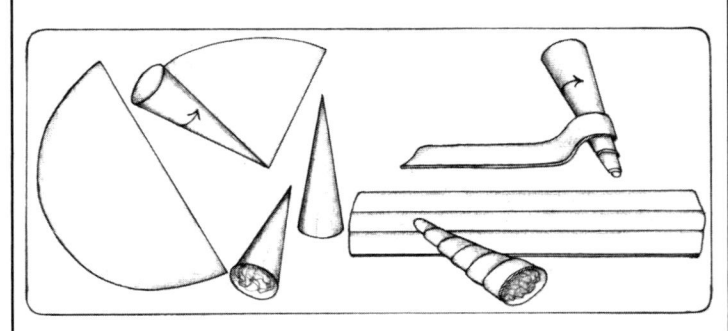

Aus Alufolie Halbkreise schneiden und daraus Formen für Schillerlocken drehen. Die Tüten mit zerknüllter Alufolie füllen, damit sie stabiler werden. Jeweils einen Längsrand der Teigstreifen mit Eigelb bestreichen und von der Spitze her um die Tüten legen, so daß die bestrichenen Ränder über den unbestrichenen liegen.

- Für ein Pastetenhaus (→Rezept Seite 104) wird zunächst eine Halbkugel aus doppelt gefalteter Alufolie hergestellt, die man mit Osterwolle oder kleingerissenen Papierservietten füllt.
- Eine runde Platte aus Blätterteig von etwa 35 cm Durchmesser auf ein kalt abgespültes Backblech legen und darauf die Halbkugel aus Alufolie legen.
- Ein genügend großes Teigblatt von etwa 2 mm Dicke über die Alufolien-Halbkugel legen.
- Den Teigboden um die Halbkugel mit verquirltem Eigelb bestreichen und beide Teigränder gut zusammendrücken. Einen Teigrand von 5 cm Breite stehen lassen. Teigreste mit einem scharfen Teigrädchen aus Metall abschneiden.
- Den Teigrand am Boden in Abständen von 2 cm strahlenförmig einschneiden. Ausgestochene Plätzchen mit Eigelb auf die Pastetenhalbkugel setzen.
- Die Pastete nach Vorschrift im Rezept backen. Solange die Pastete noch warm ist, einen Deckel von der Pastete abschneiden.
- Vorsichtig die Osterwolle aus der Aluhülle holen und zuletzt die Alufolie selbst aus der Pastete ziehen.
- Für Königin-Pastetchen (→Rezept Seite 105) wird der fertige Blätterteig zu einer Platte von 16 × 24 cm ausgerollt. Aus dieser verhältnismäßig dicken Teigplatte mit scharfen Ausstechern

Der Blätterteig

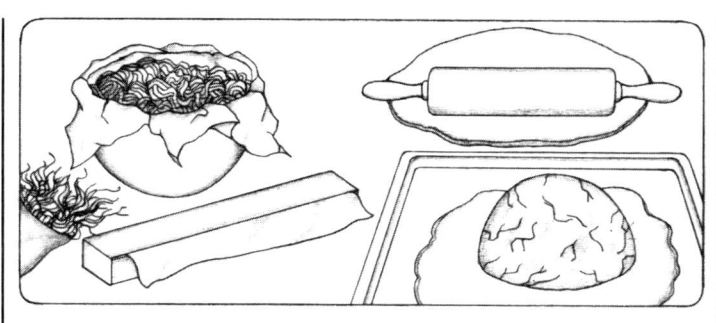

Wichtige Grundrezepte und Tips

Für das Pastetenhaus zunächst mit Hilfe einer Schüssel eine Halbkugel aus Alufolie herstellen und mit Osterwolle oder Papierservietten füllen. Eine Teigplatte von 35 cm Durchmesser ausrollen, auf ein kalt abgespültes Backblech legen. Die Folienhalbkugel daraufsetzen...

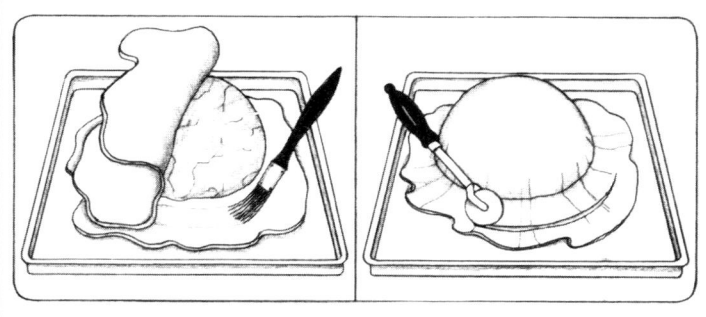

... und mit einer genügend großen Teigplatte umhüllen. Die Halbkugel mit verquirltem Eigelb bestreichen und beide Teigränder gut zusammendrücken. Mit dem Teigrädchen einen 5 cm breiten Rand am Boden um die Kugel schneiden.

Den Teigrand strahlenförmig einschneiden. Plätzchen mit Eigelb auf die Pastete kleben und das Pastetenhaus backen. Von der gebackenen, noch warmen Pastete einen Deckel abschneiden.

Vorsichtig die Osterwolle und die Alufolie aus dem Vol-au-vent holen und das Pastetenhaus nach Belieben füllen, beispielsweise mit Hummer – oder Geflügelfrikassee oder mit feinem Wildragout.

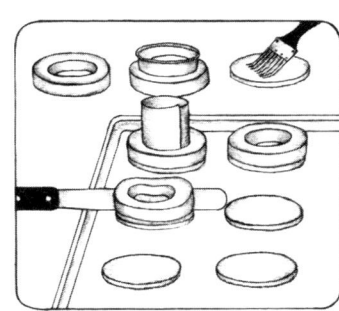

Für Königin-Pastetchen Böden, Ringe und Deckel ausstechen. Die Ringe auf die Böden setzen und Röhrchen aus Alufolie hineinstecken, damit die Pastetchen beim Backen gerade hochgehen.

sechs Ringe von 7½ cm Außendurchmesser und 4 cm Innendurchmesser ausstechen. Die Teigreste kurz zusammendrücken, dünn ausrollen und davon sechs Böden von 7½ cm Durchmesser sowie zusätzlich sechs Plätzchen von 5 cm Durchmesser als Deckel ausstechen. Die Ringe an einer Seite mit verquirltem Eigelb bestreichen und mit der bestrichenen Seite auf die Böden setzen. Die Oberseite der Ringe ebenfalls mit Eigelb bestreichen. Darauf achten, daß die Außenränder von Eigelb frei bleiben.
- Die Pastetchen auf ein kalt abgespültes Backblech setzen, aus Alufolie kleine Rollen formen und diese in die Öffnungen der Ringe stecken. Die Aluröhrchen verhindern, daß die Pastetchen beim Backen nicht gleichmäßig nach oben aufgehen.

Plunderteig

Die Arbeitsweise für Plunderteig entspricht der für Blätterteig. Der Teig wird drei- bis viermal in Touren zusammengeschlagen und dazwischen jeweils 15 Minuten in den Kühlschrank gelegt. Soll das Gebäck besonders feinblättrig ausfallen, bearbeitet man den Teig mit mindestens vier Touren, soll das Gebäck jedoch hoch aufgehen, läßt man es bei zwei bis drei Touren bewenden. Alle Feinheiten, die bei der Bearbeitung von Blätterteig zu beachten sind, müssen auch beim Plunderteig berücksichtigt werden. Im Gegensatz zu Blätterteig wird Plunderteig aber auf der Basis von leichtem Hefeteig hergestellt.

Zutaten für 10 Hörnchen:
500 g Mehl · 30 g Hefe · ¼ l lauwarme Milch · 50 g Butter · 1 Ei · 1 gestrichener Teel. Salz · 200 g Butter · 50 g Mehl · 1 Eigelb

Der Arbeitsablauf:
Aus den Zutaten von Mehl bis Salz nach dem Grundrezept auf Seite 10 einen Hefeteig bereiten.
- Die Butter mit dem Mehl rasch auf einem Backbrett verkneten, zu einem Ballen formen und in Pergamentpapier eingewickelt etwa 15 Minuten im Kühlschrank ruhen lassen.
- Den Hefeteig auf einer schwach bemehlten Arbeitsfläche zu einer Platte von 20 × 25 cm ausrollen.
- Das Butter-Mehl-Gemisch zwischen Pergamentpapier zu einer Platte von 15 × 15 cm ausrollen.
- Die Butterplatte auf die linke Seite des Hefeteigs legen, die rechte Seite darüberklappen, die Ränder mit Wasser bestreichen und gut zusammendrücken (→Zeichnung Seite 13).
- Den Teig nun mit dem Rollholz jeweils von unten nach oben und von links nach rechts zu einer Größe von 30 × 40 cm ausrollen. Den Teig von der Schmalseite her zu einer einfachen Tour übereinanderschlagen (→Zeichnung Seite 13). Den Teig in Pergamentpapier wickeln und 15–20 Minuten im Kühlschrank ruhen lassen.
- Nach der Ruhezeit die einfache Tour insgesamt drei- bis viermal wiederholen und den Teig zuletzt auf einer schwach bemehlten Arbeitsfläche zu 2 Platten von 50 × 25 cm ausrollen. Die Teigplatten für Hörnchen (Croissants) in langgezogene Dreiecke von 10 × 25 × 25 cm schneiden. Die Dreiecke von der Schmalseite zur Spitze hin aufrollen und zu Hörnchen formen.
- Das Backblech braucht für Plunderteig nicht eingefettet zu werden, da der Teig genügend Fett enthält. Die Hörnchen mit genügend Abstand voneinander auf das Backblech legen; sie gehen beim Backen noch sehr auf. Die Hörnchen zugedeckt noch so lange gehen lassen, bis sich ihre Größe fast verdoppelt hat.
- Das Eigelb mit etwas Wasser verquirlen und die Hörnchen damit bestreichen.

Der Mürbeteig

- Den Backofen auf 230° vorheizen. Die Hörnchen auf der zweiten Schiene von unten 15 bis 20 Minuten backen. Die Hörnchen sollen nach dem Backen knusprig hellbraun und aufgegangen sein. Die Hörnchen einige Minuten auf dem Backblech ruhen lassen, dann auf ein Kuchengitter zum Abkühlen legen.

Typisches Gebäck aus Plunderteig

Wie Plundergebäck auch mit einer Füllung zubereitet werden kann, ersehen Sie aus dem Rezept Orangen-Plunder Seite 66. Zum besseren Verständnis dieses Rezepts hier noch eine Erklärung für das Formen des Gebäcks:
- Nach der dritten Tour wird der Teig zu einer Platte von 40 × 50 cm ausgerollt. Die Teigplatte mit der im Rezept angegebenen Füllung bestreichen, dabei an den beiden Längsseiten einen 2 cm breiten Streifen freilassen. Diese beiden Streifen werden mit verquirltem Eigelb bestrichen.
- Die Teigplatte nun in der Mitte der Länge nach teilen, so daß zwei Streifen von 20 × 50 cm Größe entstehen.
- Beide Teigstreifen von der Mitte, also der randlosen Seite her, der Länge nach aufrollen.
- Die Rollen in 5 cm lange Stücke schneiden und jedes Stück in der Mitte mit einem Kochlöffelstiel eindrücken.

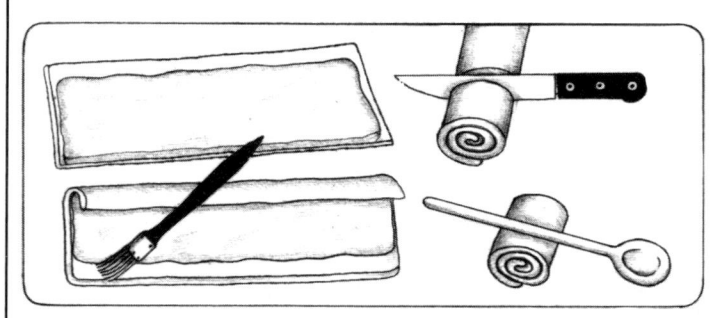

Für Orangen-Plunder die Füllung auf den Teig streichen, dabei die Ränder 2 cm breit frei lassen. Die Teigplatte längs halbieren und von der randlosen Seite her aufrollen. Von den Rollen 5 cm dicke Scheiben abschneiden und die Scheiben in der Mitte mit einem Kochlöffelstiel eindrücken.

- Das Gebäck auf ein ungefettetes Backblech legen und 25 Minuten gehen lassen. Den Backofen auf 230° vorheizen. Das Gebäck mit verquirltem Eigelb bestreichen und auf der zweiten Schiene von unten 15–20 Minuten backen.
- Den Orangen-Plunder einige Minuten auf dem Backblech ruhen lassen, dann auf ein Kuchengitter zum Abkühlen legen und, wie im Rezept vorgeschrieben, mit Glasur bestreichen.

Der Mürbeteig

Die Formel für Mürbeteig heißt 1-2-3: Damit sind die Grundbestandteile gemeint, nämlich 1 Teil Zucker, 2 Teile Fett und 3 Teile Mehl. Je höher der Fettanteil gegenüber dem Mehlanteil, um so mürber gerät der Teig. Der Zucker – vor allem Puderzucker in Kleingebäck – sorgt dafür, daß das Gebäck besonders mürbe wird. Eier oder Flüssigkeitszugaben sind nicht notwendig, aber man kann beides zugeben. Sie dienen jedoch lediglich der Bindung und leichteren Verarbeitung. Mürbeteig wird immer ohne Backpulver bereitet.

Wichtige Grundrezepte und Tips

Der süße Mürbeteig

Zutaten für 1 Springform von 26 cm ∅ (Boden und Rand):
100 g Zucker oder Puderzucker · 200 g Butter · 300 g Mehl

Der Arbeitsablauf:
- Alle benötigten Zutaten bereitstellen und exakt abwiegen. Das Fett für den Mürbeteig kann Kühlschranktemperatur haben und wird in kleine Flöckchen geschnitten. Das Mehl wird gesiebt, um Schmutzteilchen und Klümpchen zurückzuhalten.
- Da der Teig genügend Eigenfett enthält, ist es nicht nötig, Kuchenformen oder Backbleche für Mürbeteiggebäck einzufetten.
- Das Mehl auf ein Backbrett sieben, in die Mitte eine Mulde drücken und den Zucker hineinschütten. Das Fett in Flöckchen auf dem Mehlrand verteilen und alle Zutaten rasch mit möglichst kühlen Händen zu einem glatten Teig verkneten.
- Den fertigen Mürbeteig zu einer Kugel formen, in Pergamentpapier oder Alufolie einwickeln und 1–2 Stunden im Kühlschrank ruhen lassen.
- Den Backofen auf die im jeweiligen Rezept angegebene Temperatur vorheizen – etwa auf 200° – und den Gitterrost auf die richtige Schiene legen.
- Nach der Kühlzeit den Mürbeteig formen oder ausrollen. In den meisten Fällen wird Mürbeteig ausgerollt. Dafür das Backbrett dünn mit Mehl bestäuben, den Teigballen darauflegen und mit dem Wellholz einmal kurz darüberrollen. Danach den Teig auch von oben mit wenig Mehl bestäuben. Zwischendurch mit der flachen Hand unter den Teig fahren, ihn anheben und wieder etwas Mehl auf das Backbrett stäuben. So fortfahren, bis der Teig die gewünschte Größe hat. Darauf achten, daß beim Ausrollen nicht zuviel Mehl unter den Mürbeteig gearbeitet wird.
- Wird Mürbeteig durch langes Verarbeiten wieder weich, so dürfen Sie keinesfalls Mehl zugeben. Das würde die Teigqualität beeinträchtigen. Den Teig vielmehr erneut für mindestens 30 Minuten in den Kühlschrank legen.
- Wird Kleingebäck aus dem Mürbeteig geformt oder soll eine größere Menge Teig verarbeitet werden, so teilt man den Teig in mehrere Portionen und nimmt nur den jeweils benötigten Teil aus dem Kühlschrank.
- Groß ausgerollte Mürbeteigflächen, die im ganzen gebacken werden, lassen sich schlecht von der Arbeitsfläche zur Form oder zum Backblech transportieren. Teigplatten für eine runde Form deshalb einmal zusammen- und erst in der Form wieder auseinanderklappen. Größere Teigplatten mit Alufolie belegen, mit ihr zusammenrollen und auf dem Blech wieder auseinanderrollen.
- Großflächiges Mürbeteiggebäck oder Kuchen- und Tortenböden vor dem Backen mehrmals in kleinen Abständen mit einer Gabel einstechen, um Blasenbildung beim Backen zu vermeiden. Bilden sich während des Backens trotzdem Luftblasen, so können Sie die Blasen nach dem Backen ohne weiteres duch Einstiche beseitigen. Überstehenden Teig am Rand der Form entlang mit dem Messer abschneiden.
- Den Teig in den vorgeheizten Backofen, auf die entsprechende Schiene, schieben und backen.
- Die im Rezept angegebene Backzeit einhalten, den Teig gegen Ende der Backzeit jedoch prüfen. Maßgebend ist der Bräunungsgrad des Teigs.
- Frisch gebackener Mürbeteig bricht leicht. Er soll daher immer einige Minuten abkühlen, ehe er vorsichtig aus der Form gestürzt oder mit einem breiten Messer oder Spatel vom Backblech gehoben wird. Keinesfalls darf Mürbeteig aber vollständig auf dem Backblech oder in der Backform erkalten, weil dann das ausgetretene Fett fest würde und die Gebäckstücke kleben blieben.

Wichtige Grundrezepte und Tips

Der salzige Mürbeteig

Zutaten für etwa 8 Törtchen von 8 cm Ø:
250 g Mehl · 125 g Butter · 1 kleines Ei · 1 Prise Salz ·
1–2 Eßl. Wasser

Der Arbeitsablauf:
- Das Mehl auf ein Backbrett sieben und in die Mitte eine Mulde drücken. Die Butter in Flöckchen auf dem Mehlrand verteilen. Das Ei und das Salz in die Mulde geben.
- Alle Zutaten mit möglichst kühlen Händen rasch zu einem Teig verkneten und dabei nach und nach das Wasser zugeben.
- Den Teig zu einer Kugel formen, in Alufolie oder Pergamentpapier wickeln und 1–2 Stunden im Kühlschrank ruhen lassen.
- Den Backofen auf 190–200° vorheizen.
- Den gekühlten Mürbeteig auf einer schwach bemehlten Arbeitsfläche ausrollen, Tortelett- oder Pastetenförmchen damit auslegen, füllen und eventuell mit einer Teigdecke belegen.
- Werden Törtchen oder Pastetchen mit einem Mürbeteigdeckel belegt, so schneidet man entweder ein fingerhutgroßes Loch aus der Oberfläche, damit der beim Backen entstehende Dampf abziehen kann, oder man sticht die Decke mit der Gabel mehrmals ein. Die Teigoberfläche mit verquirltem Eigelb bestreichen und die Törtchen oder Pastetchen je nach Füllung und Höhe im vorgeheizten Backofen auf der mittleren oder der zweiten Schiene von unten etwa 20 Minuten backen.

Unsere Tips

- Bekommt ein Kuchen auch eine Decke aus Mürbeteig, so wird sie dünner als der Boden ausgerollt. Man legt sie auf den Kuchen und drückt den Rand etwas fest. Die Teigdecke mehrmals mit einer Gabel einstechen, damit sie beim Backen keine Blasen wirft.
- Beim Formen von Kleingebäck besonders darauf achten, daß beim wiederholten Ausrollen nicht zuviel Mehl unter den Teig gemischt wird.

Für Schwarzweiß-Gebäck aus dunklem und hellem Teig eine Rolle formen und Scheiben abschneiden. Oder helle und dunkle Stränge schachbrettartig zusammensetzen, mit hellem Teig umhüllen und in Scheiben schneiden.

- Für Schwarzweiß-Gebäck (→ Rezept Seite 138) müssen Sie einen Teil des Mürbeteigs mit Kakaopulver dunkel färben. Legen Sie je eine Scheibe vom hellen und vom dunklen Teig übereinander und formen Sie daraus eine Rolle. Von dieser Rolle gleich dünne Scheiben abschneiden und backen. Soll ein Schachbrettmuster entstehen, so formen Sie gleich große quadratische Stränge vom hellen und vom dunklen Teig. Legen Sie diese Stränge auf einem dünn ausgerollten hellen Teig neben-und übereinander, hüllen Sie die Stränge mit hellem Teig ein und schneiden Sie ebenfalls Scheiben ab. Die Scheiben weisen dann ein Schachbrettmuster auf. Damit sich der Teig leichter schneiden läßt, legen Sie die gerollten oder geformten Stangen mindestens 30 Minuten in den Kühlschrank.

Der Brandteig

Der Brandteig

Die Bezeichnung »Brandteig« leitet sich von der Zubereitungsweise ab: Das Mehl wird in kochendes Wasser-Fett-Gemisch geschüttet und dort bei starker Hitze »abgebrannt«.
Da Brandteig ohne Zucker bereitet wird, ist er besonders vielseitig zu verwenden, denn er ist ja auf keine bestimmte Geschmacksrichtung festgelegt. Das Grundrezept wird daher unverändert für alle Arten von Gebäck aus Brandteig verwendet.

Das Grundrezept

Zutaten für etwa 14 Windbeutel:
¼ l Wasser · 60 g Butter · 1 Prise Salz · 190 g Mehl · 4 Eier (240–260g)

Der Arbeitsablauf:
- Alle benötigten Zutaten bereitstellen, feste Bestandteile exakt abwiegen und die Flüssigkeit genau abmessen. Das Mehl auf ein gefaltetes Stück Pergamentpapier sieben. Die Eier wiegen: Sie sollen alle ein Gewicht von 60–65 g haben.
- Das Wasser mit der Butter und dem Salz in einem Topf zum Kochen bringen. Das gesiebte Mehl vom Papier auf einmal in die kochende Flüssigkeit schütten und unter starkem Rühren so lange kochen lassen, bis sich ein Teigkloß bildet, der sich vom Topfboden löst. Am Topfboden bleibt dann nur ein dünner weißer Teigbelag.
- Den Teigkloß in eine Schüssel geben und etwas abkühlen lassen. Die Eier einzeln aufschlagen und nacheinander unter den Teig rühren. Jedes Ei muß erst gut unter den Teig gemischt sein, ehe das nächste untergerührt wird. Dafür können Sie die Knethaken des elektrischen Handrührgeräts verwenden.
- Der fertig gerührte Brandteig ist weich, glänzend, goldgelb und fällt »schwer reißend« vom Löffel.
- Den Backofen auf 230° vorheizen. Das Backblech für Brandteig nicht fetten.
- Den Brandteig in einen Spritzbeutel mit Sterntülle oder Lochtülle füllen, je nach Gebäckart. Für Windbeutel kleine Krapfen auf das Backblech spritzen, für Eclairs Streifen, für Tortenböden Kreise ausspritzen.
Ist kein Spritzbeutel vorhanden, so kann der Brandteig auch mit einem Löffel in kleinen Häufchen auf das Backblech gesetzt oder als Fläche gestrichen werden.
- Flaches Brandteiggebäck auf der mittleren Schiene, höheres Gebäck auf der zweiten Schiene von unten backen.
- Das Backblech in den vorgeheizten Ofen schieben. Eine ofenfeste Schüssel mit einer Tasse Wasser füllen und auf den Boden des Backofens stellen. Der Fachmann nennt dies »Schwaden geben«. Die Backofentür sofort schließen, damit sich starker Dampf im Innern des Ofens bilden kann, der das Aufgehen des Gebäcks unterstützt. Die Windbeutel 15–20 Minuten backen.
- Während der ersten zwei Drittel der Backzeit darf der Backofen unter keinen Umständen geöffnet werden! Das Gebäck würde sonst unweigerlich zusammenfallen, weil seine Kruste noch nicht stabil genug ist.

Der Ausbackteig

Wichtige Grundrezepte und Tips

- Nach der angegebenen Backzeit – sie richtet sich nach der Größe der Gebäckstücke – das Gebäck aus dem Backofen nehmen, vom Backblech lösen und auf einem Kuchengitter erkalten lassen.
- Die abgekühlten Gebäckstücke je nach Rezept weiterverarbeiten.

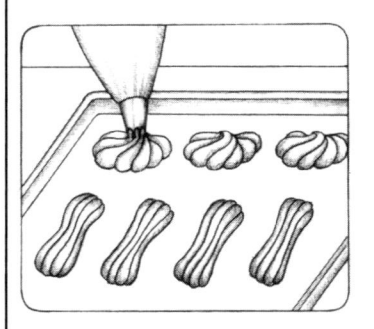

Vom Brandteig mit dem Spritzbeutel kleine Krapfen für Windbeutel oder Streifen für Eclairs auf das Backblech spritzen.

Für fritiertes Gebäck aus Brandteig die Formen auf Pergamentpapier spritzen und im heißen Fett vom Papier gleiten lassen.

Unsere Tips

- Brandteiggebäck, das gefüllt werden soll, schneidet man am besten noch lauwarm durch.
- Gebäck aus Brandteig ist nicht lange lagerfähig, da die zarte Kruste schnell weich wird. Es sollte daher am besten frisch gegessen werden. Ungefüllte Windbeutel und Eclairs lassen sich aber gut einfrieren. Die Gebäckstücke noch heiß verpacken, beschriften, etwas abkühlen lassen und im Gefriergerät schockgefrieren. Brandteiggebäck aus dem Gefriergerät läßt man 5 Minuten antauen und bäckt es anschließend im gut vorgeheizten Backofen auf, ehe es gefüllt wird.

Der Ausbackteig

Ausbacken ist dasselbe wie fritieren, nämlich Gebäck im heißen Fett schwimmend garen.

Ausbackteig mit Bier

125 g Mehl · ½ Teel. Backpulver · 1 Prise Salz · 2 Eigelbe · 1½ Eßl. Öl · ¾ Tasse helles Bier · 2 Eiweiße

Der Arbeitsablauf:
- Das Mehl mit dem Backpulver in eine Schüssel sieben. Das Salz, die Eigelbe und das Öl zugeben und alles mit dem Rührlöffel oder mit den Rührbesen des elektrischen Handrührgeräts glattrühren. Nach und nach das Bier unterrühren.
- Die Eiweiße zu steifem Schnee schlagen und mit dem Rührlöffel unter den Biertteig heben.

Das Fritieren

Beim Fritieren oder Ausbacken werden Gebäck oder Lebensmittel im heißen Fett schwimmend ausgebacken. Zum Fritieren eignen sich nur Fette, die völlig wasserfrei sind und bei hohen Temperaturen nicht rauchen oder verbrennen, also einen hohen »Rauchpunkt« haben. Zu diesen Fetten gehören Öl, Butterschmalz, Plattenfett wie zum Beispiel Palmin, Biskin und Margarineschmalz. Das Fett muß in jedem Fall reichlich bemessen sein, damit das Gebäck darin schwimmen kann.
- Die Temperaturen des Fettes liegen beim Fritieren zwischen 175 und 190°.
- Bei der elektrischen Friteuse läßt sich jede gewünschte Temperatur einschalten. Das rote Kontrollämpchen erlischt, wenn das Fett die erforderliche Temperatur erreicht hat.
- Wird in einem gewöhnlichen Topf oder einem speziellen Fritiertopf ausgebacken, so erhitzt man das Fett auf der Platte des Elektroherds oder auf dem Gasherd. Die Temperatur läßt sich am besten mit dem Fritierthermometer kontrollieren. Wenn Sie keines besitzen, so machen Sie die Probe mit einem Wassertropfen. Verzischt er sofort im heißen Fett, ist die benötigte Temperatur erreicht. Sie können auch den Stiel eines Kochlöffels ins heiße Fett halten; bilden sich um den Holzstiel rasch Bläschen, ist die richtige Fritiertemperatur ebenfalls erreicht.
- Größere Mengen bäckt man portionsweise nacheinander aus. Dabei müssen Sie nach dem Herausnehmen einer Portion warten, bis das Fett wieder die erforderliche Temperatur erlangt hat.
- Zur elektrischen Friteuse und zum Fritiertopf gehört ein Einsatzsieb. Kleine Teile wie Pommes frites oder Muzenmandeln werden im Einsatzsieb gegart. Ist der Fritiervorgang beendet, läßt sich das Einsatzsieb beidseitig an den Griffen so feststellen, daß das Gargut über dem Fett etwas abtropfen kann. Größere Gebäckstücke wie Krapfen oder Strauben können nicht im Sieb fritiert werden. Sie müssen richtig im Fett schwimmen. Man wendet sie mit dem Schaumlöffel und hebt sie, wenn sie fertig gebacken sind, ebenfalls mit dem Schaumlöffel heraus.

Ohne Fritierthermometer prüfen Sie die Temperatur des Fettes, indem Sie einen hölzernen Kochlöffelstiel hineinhalten.

Kleines Gebäck wird am besten im Fritiersieb gegart. Es läßt sich so mühelos aus dem Fett heben und kann im Sieb abtropfen.

Wichtige Grundrezepte und Tips

Der Biskuitteig

Der Strudelteig

Wer noch nie einen Strudelteig geknetet, gerollt und – wichtigste Phase – ausgezogen hat, fürchtet vielleicht ein wenig ums Gelingen. Wir können Ihnen aber versichern, daß die Arbeit längst nicht so schwierig ist, wie sie Ihnen vielleicht erscheint.

Das Grundrezept

Zutaten für Strudelteig mit etwa 1 kg Füllung:
250 g Mehl · ½ Tasse lauwarmes Wasser · 1 Ei · 1 Messerspitze Salz · 1 Eßl. Schweineschmalz oder Butter

Der Arbeitsablauf:
- Alle benötigten Zutaten rechtzeitig vor Backbeginn auf Raumtemperatur bringen. Das Mehl abwiegen und auf ein Backbrett sieben. Eine Mulde in das Mehl drücken und das Wasser, das Ei sowie das Salz hineingeben. Das Fett zerlassen, in die Mulde gießen und alles von innen nach außen mit dem gesamten Mehl verkneten.

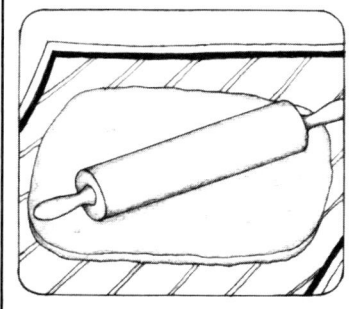

Den Strudelteig auf einem bemehlten Tuch zunächst so groß wie möglich ausrollen ...

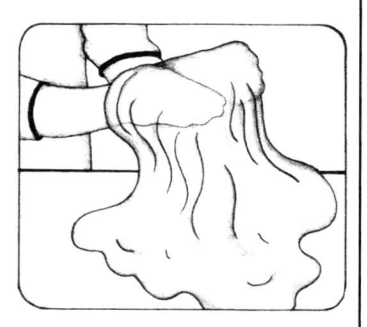

... dann über die Handrücken legen und dehnen, bis er fast papierdünn ist.

- Den Teig gut durchkneten, bis er glatt und glänzend ist, dann 50–70 mal auf ein bemehltes Brett schlagen.
- Den Teig zu einem Ballen formen, eine Schüssel darüberstülpen und den Teig darunter bei Raumtemperatur 1 Stunde ruhen lassen. Inzwischen die Füllung vorbereiten.
- Ein Leinentuch auf dem Tisch ausbreiten und mit wenig Mehl bestäuben. Den Teig mit dem Rollholz so groß wie möglich darauf ausrollen.
- Den Teig dann vom Tuch heben und von der Mitte aus über beide Handrücken vorsichtig dehnen und ziehen, bis der ganze Teig bis zu den Rändern hin gleichmäßig dünn ist. Die Empfehlung, man müsse nach dem Ausziehen des Strudels die Zeitung durch ihn lesen können, ist zwar nicht wörtlich zu nehmen, doch sollte der Teig wirklich papierdünn sein. Entstehen beim Ziehen einmal kleine Löcher im Teig, so werden sie wieder gut zusammengedrückt. Die dickeren Ränder vom Teig abschneiden.
- Den Teig mit zerlassener Butter bestreichen und füllen, wie im jeweiligen Rezept vorgeschrieben, dann mit Hilfe des Tuchs zu einer Rolle formen.
- Den Strudel entweder auf ein leicht gefettetes Backblech oder in eine mit Fett ausgestrichene Bratenpfanne (Bratreine) legen. Den Strudel mit zerlassener Butter bestreichen und im auf 200° vorgeheizten Backofen auf der zweiten Schiene von unten 35–40 Minuten backen. Nach dem Backen – je nach Rezept – mit Puderzucker besieben und möglichst heiß servieren.

Der Biskuitteig

Für eine Torte, die aus zwei bis drei Schichten bestehen soll, muß der Tortenboden entsprechend hoch aufgehen, da er ja zum Füllen ein- bis zweimal quer durchgeschnitten wird. Bei Tortenböden gibt es die Möglichkeit, mit Backpulver und ohne Backpulver zu arbeiten.

Biskuitboden mit Backpulver

Zutaten für 1 Springform von 26 cm Ø:
4 Eigelbe · 180 g Zucker · 1 Päckchen Vanillinzucker · 4 Eiweiße · 3–4 Eßl. Wasser · 150 g Mehl · 100 g Speisestärke · 3 gestrichene Teel. Backpulver
Für die Form: Butter und Semmelbrösel oder Mehl

Der Arbeitsablauf:
- Alle benötigten Zutaten bereitstellen, feste Bestandteile exakt abwiegen. Das Mehl vor dem Verwenden stets sieben, um Schmutzteilchen und Klümpchen zurückzuhalten.
- Beim Abwiegen des Zuckers am besten ein gefaltetes Blatt Pergamentpapier in die Waagschale legen und den Zucker gleich vom Papier in den Teig oder in den Eischnee rieseln lassen.
- Eine Springform mit Butter ausfetten und mit Semmelbröseln ausstreuen oder mit Mehl ausstäuben. Den Backofen auf 180° vorheizen.
- Die Eigelbe mit der Hälfte des Zuckers und dem Vanillinzucker mit dem elektrischen Handrührgerät oder der Küchenmaschine gut schaumig rühren.
- Die Eiweiße mit dem Wasser in einer völlig fettfreien Schüssel mit den völlig fettfreien Rührbesen des elektrischen Rührgeräts zu Schnee schlagen. Hat der Eischnee eine weiche, flaumige Konsistenz, den restlichen Zucker einrieseln lassen und so lange weiterrühren, bis der Eischnee ganz steif ist.
- Den Eischnee bergartig auf die Eigelbmasse geben und mit dem Rührlöffel – keinesfalls mit dem elektrischen Rührgerät! – unter die Eigelbmasse heben.
- Das Mehl mit der Speisestärke und dem Backpulver über die Eimasse sieben und wiederum mit dem Rührlöffel – keinesfalls mit dem elektrischen Rührgerät! – unterziehen.
- Den Teig in die vorbereitete Springform füllen, glattstreichen und auf der mittleren Schiene des Backofens 25–30 Minuten backen. Während der ersten 15 Minuten Backzeit die Backofentür auf keinen Fall öffnen, da der zarte Teig sonst zusammenfallen könnte.
- Nach 25 Minuten Backzeit die Stäbchenprobe (→Seite 226) machen. Den Kuchen eventuell einige Minuten nachbacken.
- Den Tortenboden aus dem Backofen nehmen. 10 Minuten in der Form abkühlen lassen, dann den Tortenboden mit einem sehr dünnen Messer vorsichtig vom Rand der Springform lösen, den Rand der Form entfernen, den Kuchenboden auf ein Kuchengitter stürzen und erkalten lassen.
- Je länger ein Tortenboden nach dem Backen ruht, desto leichter läßt er sich in Schichten schneiden. Er sollte 2–6 Stunden, besser noch über Nacht ruhen.

Klassischer Biskuitboden ohne Backpulver

Zutaten für 1 Springform von 26 cm Ø:
6 Eigelbe · 180 g Zucker · 1 Päckchen Vanillinzucker · 6 Eiweiße · 120 g Mehl · 80 g Speisestärke

Der Biskuitteig

Wichtige Grundrezepte und Tips

Der Arbeitsablauf:
- Der Arbeitsablauf entspricht vollkommen dem für den Biskuitboden mit Backpulver. Einzige Abweichung: Das Mehl und die Speisestärke werden ohne Backpulver über die Schaummasse gesiebt und untergezogen. Nur der Boden der Springform wird ausgefettet nicht der Rand!

Schokoladen-Biskuitboden

Zutaten für 1 Springform von 26 cm ⌀:
6 Eigelbe · 180 g Zucker · 1 Päckchen Vanillinzucker · 6 Eiweiße · 80 g Mehl · 60 g Speisestärke · 60 g Kakao- oder Schokoladenpulver

Der Arbeitsablauf:
- Der Arbeitsablauf entspricht wiederum ganz dem des Biskuitbodens mit Backpulver. Kleine Abwandlung: Das Mehl mit der Speisestärke und dem Kakao- oder Schokoladenpulver über die Schaummasse sieben und unterheben. Nur den Boden der Form ausfetten!

Den Biskuitteig für eine Roulade gleichmäßig auf das mit Pergamentpapier ausgelegte Backblech streichen. Die Teigplatte nach dem Backen auf ein Tuch stürzen, das Pergamentpapier abziehen und den Biskuit mit einem feuchten Tuch bedecken.

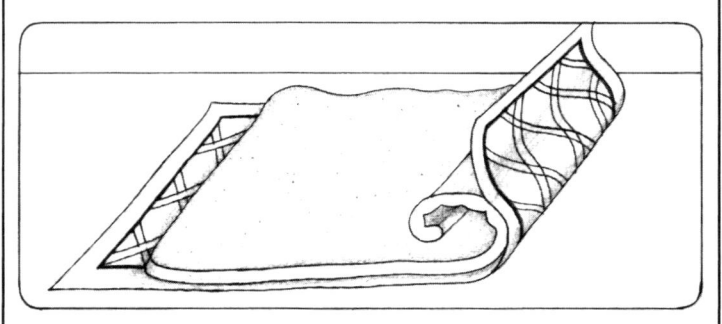

Die Füllung auf den Biskuit streichen und diesen mit Hilfe des Tuchs zur Roulade formen.

Biskuitmasse für Rouladen

Zutaten für 1 Roulade:
8 Eigelbe · 100 g Zucker · 4 Eiweiße · 80 g Mehl · 20 g Speisestärke

Der Arbeitsablauf:
- Den Backofen auf 240° vorheizen. Die Eigelbe und die Hälfte des Zuckers mit den Rührbesen des elektrischen Handrührgeräts gut schaumig rühren.
- Die Eiweiße flaumig schlagen, unter ständigem Schlagen langsam den restlichen Zucker einrieseln lassen und so lange weiterschlagen, bis der Eischnee gut steif ist.
- Den Eischnee bergartig auf die Eigelbmasse füllen.
- Das Mehl mit der Speisestärke über den Eischnee sieben und beides mit einem Rührlöffel vorsichtig unter die Eigelbmasse heben.
- Ein Backblech vollständig mit Pergamentpapier auslegen.
- Den Biskuitteig gleichmäßig auf das Pergamentpapier streichen.
- Das Backblech in den Backofen auf die mittlere Schiene schieben und die Teigplatte 8–10 Minuten backen. Sie ist gar, wenn sie goldgelb ist.
- Die Teigplatte auf ein Küchentuch stürzen und das Pergamentpapier abziehen. Die Teigplatte locker mit einem feuchten Tuch bedecken und abkühlen lassen.
- Die Füllung nach dem jeweiligen Rezept zubereiten, die abgekühlte Biskuitplatte damit bestreichen und mit Hilfe des Tuchs zu einer Roulade formen. Sie wird mit Puderzucker besiebt oder anderweitig verziert.

Unsere Tips

- Für einen Tortenboden aus Biskuitmasse ohne Backpulver wird immer nur der Boden, nicht aber der Rand der Form mit Fett ausgestrichen und mit Mehl oder Semmelbröseln ausgestreut. Nur wenn der Biskuitteig mit Backpulver zubereitet wurde, fettet man auch den Rand aus.
- Die zarte Biskuitmasse aus Eigelb, Zucker und Eischnee muß rasch verarbeitet werden. Niemals darf der Eischnee unter die Eigelbmasse gerührt werden, da hierbei die Luftbläschen im Eischnee zerstört werden, und die Lockerheit des Teigs verloren-

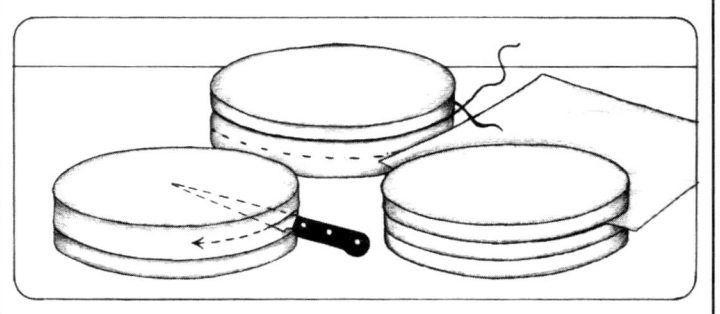

Biskuitböden durchschneiden: Entweder mit einem spitzen, langen Messer bis zur Mitte einstechen und den Boden drehen, bis die Schicht abgetrennt ist; oder die Schichten mit einem starken Faden durchtrennen. Die Schichten am besten mit starkem Papier oder dünner Pappe abheben.

ginge. Auch das gesiebte Mehl, das gegebenenfalls mit Speisestärke, Kakaopulver oder Backpulver vermischt wurde, sollte nicht unter den Teig gerührt, sondern untergezogen oder untergehoben werden: Mit einem Rührlöffel wird die Masse vom Grund der Schüssel immer wieder über den Eischnee beziehungsweise das Mehl gehoben, bis alles gut miteinander gemischt ist.
- Biskuitmasse darf nach dem Zubereiten nicht mehr lange stehen, sondern muß sofort in den gut vorgeheizten Backofen geschoben und gebacken werden. Durch längeres Stehen kann der Teig zusammenfallen und an Lockerheit verlieren.
- Wichtig für die Qualität der Biskuitmasse ist der tadellos steife Eischnee. Damit er gelingt, müssen Schüssel und Schneebesen oder die Rührbesen des Handrührgeräts völlig frei von Fett und Eigelbspuren sein. Die Eier also sehr sorgfältig in Eiweiße und

Wichtige Grundrezepte und Tips

Die Baisermasse

Eigelbe trennen. Das Eiweiß erst ohne Zucker zu einer weichen, flaumigen Masse schlagen. Dann den Zucker langsam einrieseln lassen und weiterschlagen, bis der Eischnee glänzendweiß und steif ist. Ein Schnitt mit dem Messer in die Oberfläche von fertig geschlagenem Eischnee muß sichtbar bleiben.

● Für das Durchschneiden von Tortenböden gibt es mehrere Methoden (→Zeichnung Seite 20).

● Für die Schachbrett-Torte (→Rezept Seite 206) wird ein Schokoladen-Biskuitboden in gleich große Ringe geschnitten. Als Hilfsmittel für das Ausschneiden der Ringe Gläser, Tassen, Untertassen und Teller verwenden. Den untersten ganzen Boden mit Creme bestreichen, dann schichtweise die dunklen Ringe versetzt mit Creme darauflegen, bis alle Ringe verbraucht sind. Den Abschluß bildet ein ganzer Boden. Für eine besonders hohe Torte einen hellen und einen dunklen Biskuitboden in Ringe schneiden.

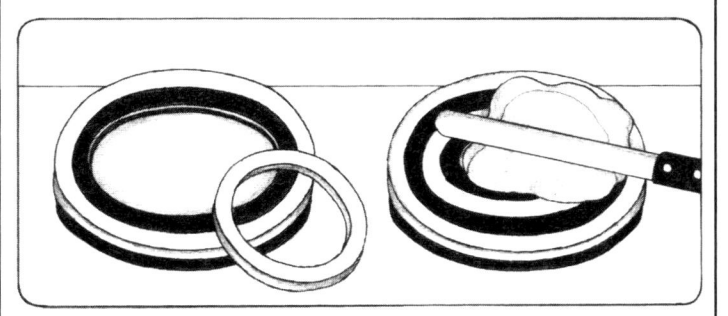

Die Ringe aus hellem und aus dunklem Biskuit versetzt übereinanderlegen und die Zwischenräume immer mit Creme ausstreichen.

Die Baisermasse

Baisermasse, auch nur Baiser oder Meringe genannt, ist »nichts weiter« als getrockneter Eischnee mit Zucker.

Das Grundrezept

Zutaten für etwa 12 Baisers:
¼ l Eiweiß (von etwa 8 Eiern) · 200 g Kristallzucker
150 g Puderzucker · 30 g Speisestärke

Der Arbeitsablauf:
● Die Eiweiße steif schlagen (am besten mit den Rührbesen des elektrischen Handrührgeräts) und unter ständigem Schlagen langsam den Kristallzucker einrieseln lassen.
● Den Puderzucker mit der Speisestärke über den Eischnee sieben und mit dem Rührlöffel – keinesfalls mit den Rührbesen des Handrührgeräts! – unter den Eischnee heben.
● Die Baisermasse in einen Spritzbeutel mit großer Loch- oder Sterntülle füllen und je nach Rezept die gewünschten Formen spritzen.
● Für die Baisermasse wird das Backblech stets mit Pergamentpapier ausgelegt. Am einfachsten zeichnet man sich zuvor mit Bleistift die gewünschten Formen in entsprechendem Abstand auf das Pergamentpapier und füllt sie dann mit der Schaummasse aus.
● Den Backofen auf 100° vorheizen und die Baisermasse auf der mittleren Schiene 8 Stunden trocknen lassen; die Tür des Backofens muß während dieser Zeit durch einen Kochlöffelstiel einen Spalt offen gehalten werden.

● Baiserschalen, Baisertorteletts und Baiserkuchenböden können beliebig mit Sahne, Obst oder Eiscreme gefüllt werden.

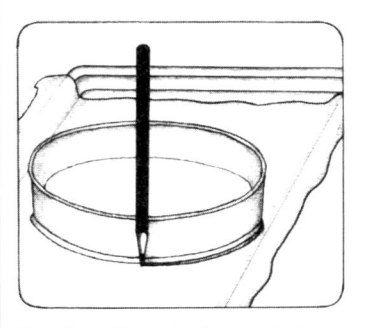

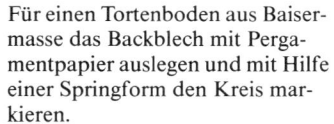

Für einen Tortenboden aus Baisermasse das Backblech mit Pergamentpapier auslegen und mit Hilfe einer Springform den Kreis markieren.

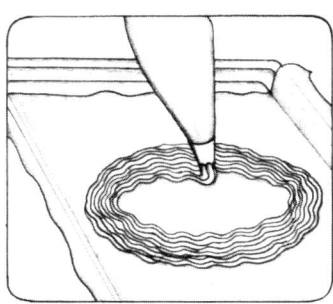

Die Baisermasse in einen Spritzbeutel mit großer Loch- oder Sterntülle füllen und den vorgezeichneten Tortenboden damit ausspritzen.

Nußbaiser

Nußbaiser wird genau nach dem Grundrezept für Baisermasse hergestellt. Zusätzlich zur Speisestärke gibt man 150 g feingemahlene Hasel- und Walnüsse zum Eischnee.

Schokoladenbaiser

Schokoladenbaiser wird genau nach dem Grundrezept hergestellt. Zusätzlich zur Speisestärke gibt man 60 g gesiebtes Kakaopulver oder feingeriebene Schokolade zum Eischnee.

Formen, Rollen, Flechten

Wird zum Backen keine Backform verwendet, müssen Sie den Teig mit den Händen formen. Wie man etwas kompliziertere Teiggebilde formt, zeigen die nachstehenden Zeichnungen.

Brezen

Für Brezen zunächst gleich dicke und gleich lange Teigstränge rollen, deren Enden allmählich dünner werden. Aus den Strängen Brezen formen und die Enden mit leichtem Druck auf den beiden dickeren Seiten befestigen.

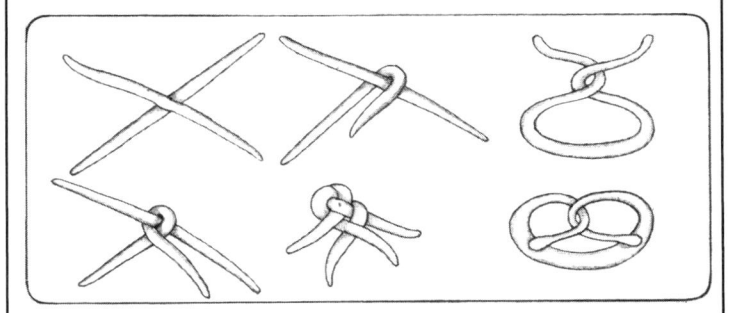

So entstehen Brezen, wie die Hefeteigbrezeln (→Rezept Seite 177) und kleine Viererzöpfe aus zwei Strängen.

Formen, Rollen, Flechten

Wichtige Grundrezepte und Tips

Räder, Schnecken, Schlingen

Die Enden von zwei gleich dicken und gleich langen Teigsträngen oben und unten in entgegengesetzter Richtung leicht einrollen. Die beiden Teigstränge dann in der Mitte übereinanderdrücken und die Enden weiter einrollen, bis sie die Mittelstränge berühren.

Die Enden eines langen Teigstrangs nach den entgegengesetzten Seiten hin zu Schnecken rollen, bis sie sich in der Mitte berühren.

Beliebte Formen für Kleingebäck sind Schnecken und Windräder. Diese Gebilde lassen sich ganz einfach gestalten. (Wichtig für das Rezept für Luxusbrötchen →Seite 179).

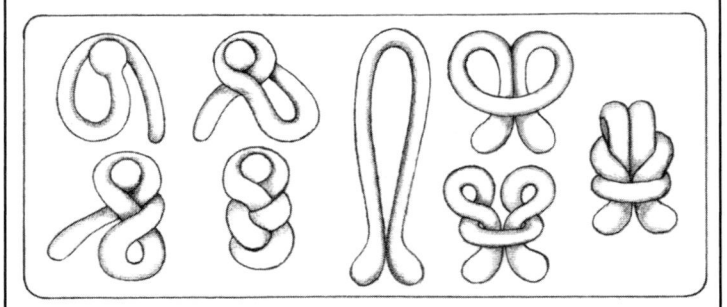

Luxusbrötchen (→Rezept Seite 179) können Sie auch aus einem Strang schlingen, der an einem Ende oder an beiden kugelig verdickt ist.

Teigzöpfe

Für die verschiedenen Zopfarten brauchen Sie entweder gleich dick geformte Stränge oder Stränge, die sich an beiden Enden verjüngen, oder Stränge, die nur an einem Ende dünner werden. Wenn Sie beim Flechten von Zöpfen mit mehr als drei Strängen Schwierigkeiten haben, üben Sie es vorher mit Wollfäden.

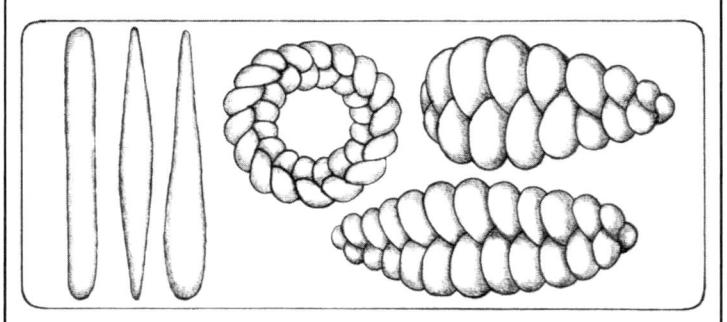

Zöpfe oder Kränze können Sie aus Strängen formen, die entweder gleichmäßig dick sind oder an einem, oder auch an beiden Enden dünn auslaufen. Die Form der Stränge entscheidet über das Aussehen des Backwerks.

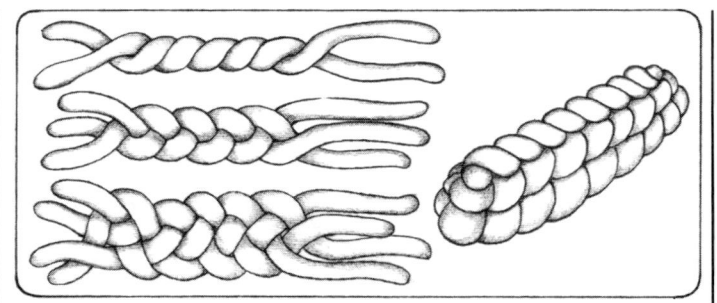

Wird ein Zopf aus mehr als drei Strängen geflochten, so legt man jeweils die beiden äußersten Stränge zur Mitte hin über die anderen. Ein kunstvoller Striezel besteht aus einem Vierer- oder Fünferzopf, auf dem noch ein Dreierzopf und auf diesem ein Zweierzopf liegt.

Halbmonde

Für Halbmonde, die vorwiegend salziges Partygebäck ergeben, auf eine rechteckige Teigplatte paarweise gleich große Quadrate markieren. Auf jedes Quadrat nahe der Mittellinie Füllung geben, die Platte längs zusammenklappen und mit einem Glas Halbmonde ausstechen.

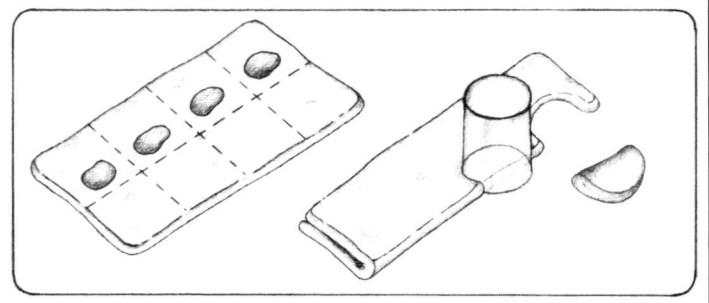

Für gefüllte Halbmonde die Füllung auf eine Seite des Teigblatts geben. Das Teigblatt übereinanderklappen und mit einem Glas Halbmonde ausstechen. Teigreste erneut ausrollen und ebenso verarbeiten.

Knusperhäuschen

Für das Knusperhäuschen (→Rezept Seite 116) schneiden Sie sich nach den gezeichneten Flächen in entsprechender Größe Pappschablonen aus. Die Bodenplatte und die beiden Dachflächen werden aus einer 1 cm dicken Teigplatte mit einem scharfen, spitzen Messer ausgeschnitten. Die beiden Giebel- und Seiten-

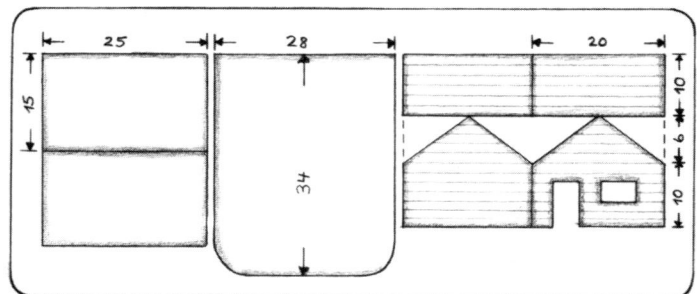

Nach diesem Schema können Sie in den angegebenen Maßen die Schablonen für das Kleine Knusperhäuschen auf Seite 116 zeichnen und ausschneiden. Zusätzlich sollte es natürlich noch einen Kamin bekommen und einige kleine Lebkuchen zum Verzieren der Wände.

Wichtige Grundrezepte und Tips

wände werden aus der gebackenen, noch heißen Blockhausfläche, die aus Teigsträngen besteht, geschnitten. Aus den ½ cm dick ausgerollten Teigresten schneiden Sie die Zaunlatten, die Fensterläden, die Tür, die Kaminflächen und kleine Honigkuchen zum Verzieren des Hauses.

Möchten Sie statt des Blockhauses lieber ein hochgiebeliges Hexenhaus, dann rollen Sie den Teig für die beiden Front- und Seitenwände 1 cm dick aus, für die Dachfläche und den Schornstein nur ½ cm dick. Benützen Sie zum Ausschneiden des ungebackenen Teigs Schablonen in entsprechender Größe nach unserem Vorschlag für ein Hexenhaus, und verzieren Sie das Haus nach eigenen Vorstellungen. Die Bodenplatte können Sie für das hohe Häuschen etwas kleiner halten oder aber einen bunten Zuckergarten auf der verfügbaren Fläche errichten.

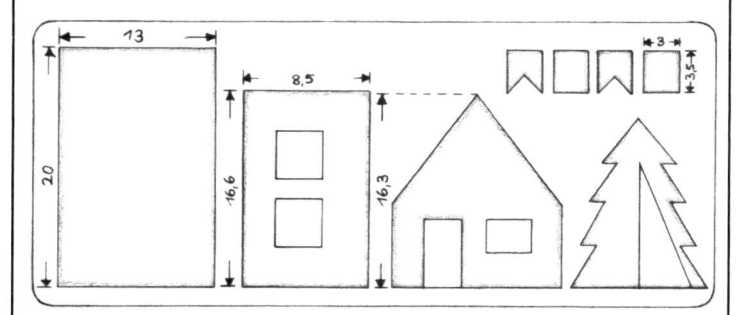

Hier eine Version für ein hochgiebeliges Hexenhäuschen. Die Bodenplatte kann in beliebiger Größe gebacken und mit entsprechend vielen Tannenbäumchen »bepflanzt« werden.

Geflochtener Osterkorb

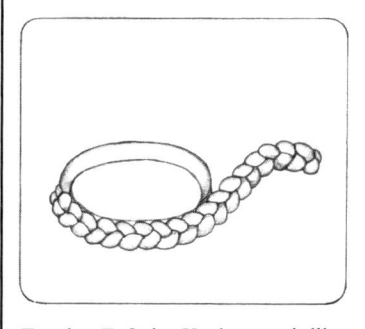

Für den Fuß des Korbes zwei dickere Teigstränge zu einer 40 cm langen Kordel drehen, um einen Ring aus Alufolie legen, die Teigenden zusammendrücken.

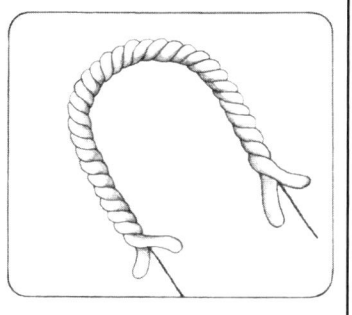

Für den Henkel zwei lange dünnere Stränge zur Kordel drehen, einen starken Draht in Henkelform biegen und in die Kordel stecken. Die Drahtenden frei stehen lassen.

Für den Osterkorb flechten Sie aus langen Teigsträngen, von der Mitte aus beginnend, ein Gitter.

Das Teiggitter muß so groß werden, daß die Schüssel damit umhüllt werden kann.

Formen, Rollen, Flechten

Das Teiggitter über eine feuerfeste Schüssel legen. Zwei Teigstränge im Umfang des Schüsselrandes zu einer Kordel drehen.

Die Kordel mit Eigelb bestreichen, um den Rand legen und die Enden zusammendrücken. Den ganzen Korb mit Eigelb bestreichen.

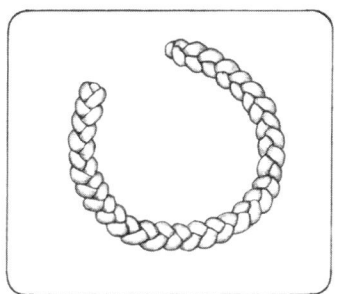

Aus dem restlichen Teig drei Stränge formen und für den oberen Rand des Korbes einen Dreierzopf flechten. Den Zopf zu einem Ring legen, die Enden mit Eigelb bestreichen und gut zusammendrücken.

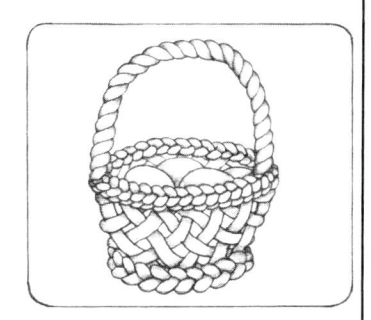

Alle Teile des Korbes mit verquirltem Eigelb bestreichen, wie im Rezept (→Seite 167) angegeben backen und über Nacht ruhen lassen. Dann mit Zuckerguß zusammenkleben und den Henkel mit den Drahtenden in den Korb stecken.

Für den Start in die Praxis

Für den Start in die Praxis

- In den folgenden Rezepten geben wir als Backfett meistens Butter an. Nach Belieben kann sie ohne weiteres durch Margarine ersetzt werden.
- Ist in einem Rezept von Plattenfett die Rede, so sind damit pflanzliche Fette in fester Form gemeint, zum Beispiel Palmin.
- Zitronen oder Orangen, deren Schale abgerieben werden soll, müssen unbedingt unbehandelt sein. Die Kennzeichnung behandelter Zitrusfrüchte ist zwar gesetzliche Vorschrift, Sie sollten sich aber doch durch Fragen noch vergewissern. Zitrusfrüchte vor dem Abreiben der Schale in jedem Fall gründlich heiß abwaschen und gut abtrocknen.
- Backen ist Maßarbeit! Deshalb alle benötigten Zutaten immer exakt abwiegen oder abmessen; Eier sollen stets ein mittleres Gewicht von 60–65 g haben, sonst muß die Gewichtsdifferenz ausgeglichen werden (die Eier am besten mit der Schale wiegen).
- Flüssigkeit auf die im Rezept angegebene Temperatur erwärmen.
- In unseren Rezepten wird immer von »gesiebtem Mehl« gesprochen. Wir befinden uns hier ganz bewußt im Gegensatz zu modernsten Back-Ansichten. Wer jedoch Mehl siebt, sorgt dafür, daß weder Klümpchen noch Unreinheiten den Backerfolg beeinträchtigen können.
- Wenn Sie ein elektrisches Handrührgerät oder eine Küchenmaschine benützen, so schlagen Sie gegebenenfalls zuerst den Eischnee und stellen diesen bis zum Verwenden in den Kühlschrank. Rührbesen und Rührschüssel sind dann garantiert frei von Fett- oder Eigelbspuren, die die Qualität des Eischnees beeinträchtigen könnten.
- Backtrennpapier spart Zeit und Arbeit. Belegen Sie für Plätzchen aller Art das Backblech mit Backtrennpapier. Das Blech braucht dann nicht gefettet zu werden und bleibt sauber, und die Plätzchen lassen sich nach dem Abkühlen leicht vom Papier abheben und brechen nicht so leicht. Das Papier kann mehrmals verwendet werden.
- Wenn Sie für kleine Törtchen nicht genügend Backförmchen zur Verfügung haben, so benützen Sie auch hier Formen aus Backtrennpapier, die es in fast allen großen Supermärkten zu kaufen gibt.
- Öffnen Sie die Backofentür zum Nachsehen niemals zu früh! Bestimmte Teigarten vertragen das nicht. Bei flachen Plätzchen dürfen Sie bereits nach 5 Minuten nachsehen, bei hohen Kuchen, Biskuitböden oder Windbeuteln auf keinen Fall während der ersten zwei Drittel der Backzeit.
- Machen Sie bei hohen Kuchen nach Ende der angegebenen Backzeit unbedingt die Stäbchenprobe (→Seite 226), um sich zu vergewissern, daß der Kuchen tatsächlich durchgebacken ist. Lassen Sie den Kuchen nötigenfalls 10–15 Minuten nachbacken, eventuell mit abgedeckter Oberfläche.
- Das Stürzen von Kuchen aus der Form auf das Kuchengitter geht leichter, wenn Sie das Gitter auf die Form legen, Form und Gitter mit feuchten Küchentüchern anfassen und umwenden.
- Weiche Tortenfüllungen quellen beim Anschneiden der Torte leicht aus den Schichten. Schneiden Sie deshalb den oberen Boden bereits in 12 oder 16 Stücke und belegen Sie erst dann die oberste Creme- oder Sahneschicht damit. – Beim Schneiden von Creme- oder Sahnetorten das Messer jedesmal in warmes Wasser tauchen.
- Machen Sie sich in jedem Fall mit dem Grundrezept vertraut. Dort sind alle Arbeitsgänge ausführlich erklärt, auf wichtige Feinheiten wird besonders hingewiesen. Wenn Sie ein Rezept durchlesen, sollten Sie immer gleich feststellen, wann der richtige Zeitpunkt für das Vorheizen des Backofens ist. Der elektrische Backofen muß 15–20 Minuten vor dem Einschieben des Kuchens vorgeheizt werden. Der Gasbackofen und der Heißluftherd müssen nicht vorgeheizt werden.
- Um Besitzern von Heißluftherden und Gasherden die Arbeit zu erleichtern, haben wir eine Tabelle für die wichtigsten Gebäckarten (→Seite 219) erarbeitet. Sie gibt Durchschnittswerte für die von uns erprobten Backzeiten und Backtemperaturen für die drei verschiedenen Herdtypen an. Bitte beachten Sie aber zusätzlich stets die Bedienungsanleitung Ihres Herdes, da der Hersteller darin eventuell noch besondere Hinweise gibt.

Wichtige Grundrezepte und Tips

Das Zeichen ◊

Wenn Sie in der Zutatenreihe dieses ◊ Zeichen sehen, so bedeutet das, daß alle Zutaten bis zum Zeichen für einen bestimmten Arbeitsvorgang gebraucht werden. Die folgenden Zutaten gehören dann zur Füllung, zum Belegen oder zum Verzieren.

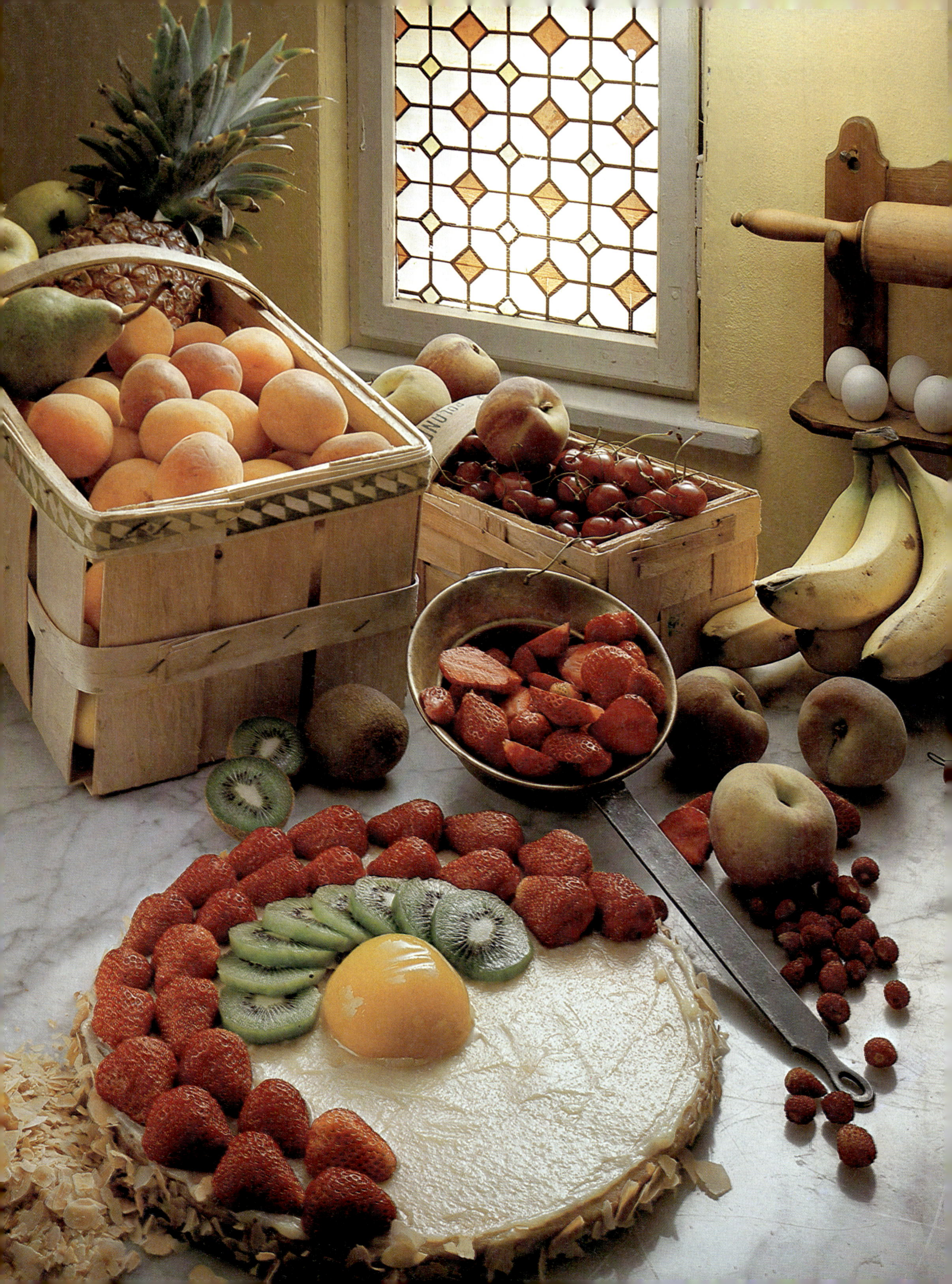

Beliebte Obstkuchen

Wenn Gäste kommen

Heidelbeerkuchen mit Baiser

Zutaten für 1 Springform von 26 cm ⌀ :
250 g Mehl
1 Prise Salz
125 g Butter
1 Ei
1 Päckchen Vanillinzucker
100 g Zucker ⬦
450 g Heidelbeeren
1 Eßl. Speisestärke
1 Eßl. Zucker ⬦
4 Eßl. Stachelbeermarmelade
3 Eiweiße
6 Eßl. Puderzucker

Bei 12 Stücken pro Stück etwa 1195 Joule/285 Kalorien

Das gesiebte Mehl mit dem Salz, der Butter, dem Ei, dem Vanillinzucker und dem Zucker verkneten. Den Mürbeteig 1–2 Stunden zugedeckt im Kühlschrank ruhen lassen. Die Heidelbeeren waschen, verlesen und abtropfen lassen. Die Speisestärke mit kaltem Wasser anrühren und mit dem Zucker aufkochen lassen. Die Heidelbeeren unterheben, alles erkalten lassen. Den Backofen auf 180° vorheizen. Den Teig ausrollen, Boden und Rand einer Springform damit auslegen. Den Boden mehrmals einstechen und auf der zweiten Schiene von unten 20 Minuten backen.
Den abgekühlten Boden mit der Marmelade bestreichen und mit den Heidelbeeren füllen. Die Eiweiße mit dem gesiebten Puderzucker steif schlagen. Mit dem Spritzbeutel ein Gitter über die Beeren spritzen. Die Baisermasse überbacken, bis sie leicht gebräunt ist.

Zwetschgenkuchen

Zutaten für 1 Spring- oder Obstkuchenform von 26 cm ⌀ :
300 g Mehl, 200 g Butter
100 g Zucker, 1 Ei ⬦
1 kg Zwetschgen
2 Eßl. Hagelzucker

Bei 12 Stücken pro Stück etwa 1555 Joule/370 Kalorien

Das Mehl auf ein Backbrett sieben und die Butter in Flöckchen darauf verteilen. Den Zucker über das Mehl streuen und das Ei in die Mitte geben. Mit möglichst kühlen Händen alle Zutaten rasch zu einem geschmeidigen Mürbeteig verkneten. Den Teig in Folie eingewickelt 2 Stunden im Kühlschrank ruhen lassen.
Die Zwetschgen waschen, entsteinen und so einschneiden, daß sie unten noch zusammenhängen. Den Backofen auf 200° vorheizen.
Den Teig auf einer bemehlten Fläche ausrollen und Boden und Rand einer Springform damit auslegen. Den Teigboden mehrmals mit einer Gabel einstechen und mit den Zwetschgen rosettenförmig belegen. Den Kuchen auf der zweiten Schiene von unten 20–30 Minuten backen, dann auf einem Kuchengitter abkühlen lassen. Den Hagelzucker über die Zwetschgen streuen.

> **Unser Tip**
> Zu diesem Kuchen gehört unbedingt leicht gesüßte Schlagsahne!

Wenn Gäste kommen

Beliebte Obstkuchen

Pflaumenkuchen

*Zutaten für 1 Obstkuchenform
von 28 cm Ø :
300 g Mehl, 200 g Butter
100 g Zucker, 1 Ei ◇
6 Blätter weiße Gelatine
1 kg Pflaumen, 3 Eßl. Wasser
100 g Zucker
2 Eßl. Speisestärke
2 Eßl. gemahlene Walnüsse ◇
⅛ l Sahne
12 halbe Walnußkerne*

Bei 12 Stücken pro Stück etwa
1720 Joule/410 Kalorien

Das Mehl auf die Arbeitsfläche sieben. Die Butter darauf verteilen, den Zucker darüberstreuen und das Ei in die Mitte geben. Alles rasch zu einem Mürbeteig verkneten und diesen zugedeckt 2 Stunden im Kühlschrank ruhen lassen. Den Backofen auf 200° vorheizen. Den Teig auf einer bemehlten Fläche ausrollen und Boden und Rand einer Springform damit auslegen. Den Teigboden mehrmals einstechen und auf der zweiten Schiene von unten 20 Minuten backen. Den Kuchenboden erkalten lassen. Die Gelatine in reichlich kaltem Wasser einweichen. Die Pflaumen waschen, entsteinen und mit dem Wasser und dem Zucker 5 Minuten kochen. Die Speisestärke kalt anrühren, zu den Pflaumen gießen und aufkochen lassen. Die Walnüsse unterrühren. Die ausgedrückte Gelatine unter die Pflaumenmasse rühren und den Kuchen damit füllen. Die Masse im Kühlschrank erstarren lassen. Die Sahne steif schlagen. Den Kuchen mit der Schlagsahne und den Nüssen verzieren.

Aprikosenkuchen vom Blech

*Zutaten für 1 Backblech:
500 g Mehl, 30 g Hefe
¼ l lauwarme Milch, 80 g Butter
1 Ei, 1 Prise Salz
2 Eßl. Zucker ◇
1 kg Aprikosen, 500 g Quark
3 Eier, 2 Eßl. Speisestärke
Saft und abgeriebene Schale
von ½ Zitrone
3 Eßl. Zucker
2 Eßl. Mandelblättchen
Für das Backblech: Butter*

Bei 24 Stücken pro Stück etwa
840 Joule/200 Kalorien

Ein Backblech mit Fett bestreichen. Das Mehl in eine Schüssel sieben. In die Mitte eine Vertiefung drücken und die zerbröckelte Hefe mit der Milch und etwas Mehl darin verrühren. Den Hefevorteig 15 Minuten zugedeckt gehen lassen. Die Butter zerlassen, auf den Mehlrand gießen und mit dem Ei, dem Salz, dem Zucker, dem gesamten Mehl und dem Hefevorteig verrühren. Den Teig schlagen, bis er Blasen wirft und zugedeckt noch einmal 30 Minuten gehen lassen.
Die Aprikosen waschen, halbieren und entsteinen. Den Quark mit den Eiern, der Speisestärke, dem Zitronensaft, der -schale und dem Zucker verrühren.
Den Hefeteig ausrollen, auf das Backblech legen, den Quark daraufstreichen und mit den Aprikosen belegen. Die Mandeln darüberstreuen. Den Kuchen 20 Minuten gehen lassen. Den Backofen auf 220° vorheizen. Den Kuchen 35–40 Minuten backen.

27

Beliebte Obstkuchen

Wenn Gäste kommen

Johannisbeerkuchen

Zutaten für 1 Springform von 26 cm Ø :
200 g Mehl
100 g Butter
100 g Zucker, 1 Ei ⋄
500 g Johannisbeeren
3 Eigelbe
100 g Zucker
125 g abgezogene gemahlene Mandeln
3 Eiweiße ⋄
4 Eßl. Puderzucker

Bei 12 Stücken pro Stück etwa 1385 Joule/330 Kalorien

Das Mehl auf ein Backbrett sieben und mit der Butter, dem Zucker und dem Ei zu einem Teig verkneten und diesen in Folie gewickelt 2 Stunden im Kühlschrank ruhen lassen. Die Johannisbeeren abzupfen, abbrausen und abtropfen lassen. Die Eigelbe mit der Hälfte des Zuckers schaumig rühren und mit den Mandeln mischen. Die Eiweiße mit dem restlichen Zucker zu steifem Schnee schlagen und unter die Eigelb-Mandel-Masse heben. Die Johannisbeeren ebenfalls unter die Creme mischen. Den Backofen auf 200° vorheizen. Den Teig auf einer bemehlten Fläche ausrollen und Rand und Boden einer Springform damit auslegen. Den Teigboden mehrmals mit einer Gabel einstechen, die Füllung darauf verteilen und glattstreichen. Den Kuchen auf der zweiten Schiene von unten 40 Minuten backen, dann 5 Minuten in der Form abkühlen lassen und auf ein Kuchengitter legen. Nach dem völligen Erkalten mit dem Puderzucker besieben.

Versunkener Kirschkuchen

Zutaten für 1 Springform von 26 cm Ø :
300 g Kirschen ⋄
5 Eigelbe, 180 g Zucker
80 g weiche Butter
180 g Mehl
½ Päckchen Backpulver
5 Eiweiße ⋄
4 Eßl. Puderzucker
Für die Form: Butter und Mehl

Bei 12 Stücken pro Stück etwa 905 Joule/215 Kalorien

Die Kirschen entstielen, waschen, abtropfen lassen und entsteinen. Eine Springform ausfetten und mit Mehl ausstäuben. Den Backofen auf 200° vorheizen.
Die Eigelbe mit der Hälfte des Zuckers und der Butter schaumig rühren. Nach und nach das mit dem Backpulver gesiebte Mehl unter die Eigelbmasse heben. Die Eiweiße mit dem restlichen Zucker steif schlagen und unter den Teig heben. Den Teig in die Form füllen und die Kirschen darauf verteilen, dabei leicht mit einem Kochlöffelstiel in den Teig drücken. Den Kuchen auf der zweiten Schiene von unten 50–60 Minuten backen, auf einem Kuchengitter abkühlen lassen und mit dem Puderzucker besieben.

Unser Tip
Sie können den Kuchen auch mit Rhabarberstückchen, Stachelbeeren oder Himbeeren backen.

Wenn Gäste kommen

Beliebte Obstkuchen

Mürber Rhabarberkuchen

Zutaten für 1 Backblech:
500 g Mehl
250 g Butter
250 g Zucker
2–3 Eigelbe ◊
2 kg Rhabarber ◊
3 Eiweiße
150 g Zucker

Bei 20 Stücken pro Stück etwa 1240 Joule/295 Kalorien

Das Mehl auf ein Backbrett sieben. Die Butter in Flöckchen auf dem Mehl verteilen, den Zucker darüberstreuen und die Eigelbe in die Mitte geben. Die Zutaten mit möglichst kühlen Händen rasch von innen nach außen zu einem Mürbeteig verkneten. Den Teig in Alufolie oder Pergamentpapier gewickelt 2 Stunden im Kühlschrank ruhen lassen.
Den Rhabarber waschen und abtrocknen und die dünne äußere Haut von oben nach unten abziehen. Die Rhabarberstangen in etwa 5 cm lange Stücke schneiden. Den Backofen auf 200° vorheizen.
Den Teig auf einer bemehlten Fläche in Backblechgröße ausrollen. Das Teigblatt locker zusammenrollen, auf das Backblech legen und wieder auseinanderrollen. Mehrmals mit einer Gabel einstechen. Den Teigboden dicht und gleichmäßig mit den Rhabarberstückchen belegen. Den Kuchen im Backofen auf der mittleren Schiene 30 Minuten backen.
Die Eiweiße zu steifem Schnee schlagen, dabei den Zucker langsam einrieseln lassen. Die Baisermasse in einen Spritzbeutel mit Sterntülle füllen. Den Kuchen nach 30 Minuten Backzeit aus dem Backofen nehmen und etwas abkühlen lassen. Die Baisermasse gleichmäßig diagonal auf den Kuchen spritzen. Das Baisergitter 10 Minuten überbacken, bis es leicht gebräunt ist. Den Kuchen etwas abkühlen lassen, in 20 gleich große Stücke schneiden, vom Backblech nehmen und auf einem Kuchengitter völlig erkalten lassen.

Unser Tip
Ist Ihnen das Spritzen des Baisergitters zu mühsam, dann streichen Sie die Baisermasse mit einem breiten Spatel oder Messer ganzflächig auf den Rhabarber. Der Kuchen sieht dann nicht ganz so festlich aus, schmeckt aber genauso gut. – Statt mit Rhabarber können Sie den Kuchen auch mit Johannisbeeren, Stachelbeeren oder Heidelbeeren belegen. – Wenn Ihnen die Fruchtsäure des Rhabarbers zu intensiv ist, so streuen Sie noch 2–3 Eßlöffel Hagelzucker über das Obst.

Beliebte Obstkuchen

Wenn Gäste kommen

Gedeckter Apfelkuchen

Zutaten für 1 Springform von 26 cm ⌀ :
300 g Mehl, 250 g Zucker
150 g Butter, 1 Ei
1 Prise Salz ⋄
750 g Äpfel, Saft von 1 Zitrone
½ Teel. gemahlener Zimt
je 50 g Korinthen, Mandelblättchen und gemahlene Haselnüsse ⋄
2 Eßl. Aprikosenmarmelade
4 Eßl. Puderzucker
2 Schnapsgläser Kirschwasser

Bei 12 Stücken pro Stück etwa 1765 Joule/420 Kalorien

Das gesiebte Mehl mit 150 g Zucker, der Butter, dem Ei und dem Salz verkneten. Den Teig zugedeckt 2 Stunden im Kühlschrank ruhen lassen. Den Backofen auf 200° vorheizen. Zwei Drittel des Teiges dünn ausrollen, Boden und Rand einer Springform auslegen. Den Teigboden mehrmals einstechen und 15 Minuten auf der zweiten Schiene von unten backen. Die Äpfel schälen, vierteln, vom Kerngehäuse befreien und mit dem restlichen Zucker, dem Zitronensaft, dem Zimt, den Korinthen, den Nüssen und wenig Wasser 10 Minuten dünsten. Den restlichen Teig rund ausrollen. Den Kuchenboden mit den Äpfeln füllen. Die Teigplatte darüberlegen. Den Kuchen weitere 30 Minuten backen, dann in der Form erkalten lassen und mit der erhitzten Marmelade bestreichen. Die Marmelade trocknen lassen. Den Puderzucker mit dem Kirschwasser verrühren und den Kuchen damit glasieren.

Apfel-Gitterkuchen

Zutaten für 1 Springform von 26 cm ⌀ :
300 g Mehl, 200 g Butter
175 g Zucker, 1 Ei
abgeriebene Schale von 1 Zitrone ⋄
1 kg säuerliche Äpfel
Saft von 1 Zitrone
50 g Rosinen
50 g Zucker
½ Teel. gemahlener Zimt ⋄
2 Eier, 3 Eßl. Milch
1 Eßl. Zucker
1 Eßl. Vanille-Puddingpulver

Bei 12 Stücken pro Stück etwa 1595 Joule/380 Kalorien

Das gesiebte Mehl mit der Butter, dem Zucker, dem Ei und der Zitronenschale verkneten. Den Teig zugedeckt 2 Stunden kühl stellen. Die Äpfel schälen, vierteln, vom Kerngehäuse befreien, in dünne Scheibchen schneiden und mit dem Zitronensaft, den Rosinen, dem Zucker und dem Zimt mischen. Den Backofen auf 200° vorheizen. Den Teig ausrollen und Boden und Rand einer Springform damit auslegen, den Teigboden mehrmals einstechen und die Äpfel darauf verteilen. Den restlichen Teig für das Gitter in schmale Streifen schneiden. Die Eier mit der Milch, dem Zucker und dem Puddingpulver verquirlen und über die Äpfel gießen. Die Teigstreifen gitterartig darüberlegen. Den Kuchen auf der zweiten Schiene von unten 50–60 Minuten backen, dann in der Form etwas abkühlen lassen und zum völligen Erkalten auf ein Kuchengitter legen.

Wenn Gäste kommen

Beliebte Obstkuchen

Elsässer Apfelkuchen

Zutaten für 1 Obstkuchenform von 26 cm ⌀:
200 g Mehl, 100 g Butter
1 Eigelb, 30 g Zucker
1 Messerspitze Salz
2 Eßl. kaltes Wasser ⋄
500–750 g säuerliche Äpfel
2 Eßl. Zitronensaft ⋄
100 g Zucker, 3 Eier
1 Vanilleschote, ⅛ l Sahne

Bei 12 Stücken pro Stück etwa 1115 Joule/265 Kalorien

Das gesiebte Mehl mit der Butter, dem Eigelb, dem Zucker, dem Salz und dem Wasser verkneten. Den Teig in Alufolie gewickelt 2 Stunden im Kühlschrank ruhen lassen. Die Äpfel schälen, vierteln und die Kerngehäuse entfernen. Die Apfelviertel gleichmäßig längs einschneiden und mit dem Zitronensaft bestreichen. Den Backofen auf 200° vorheizen.
Den Teig 4 mm dick ausrollen und eine Obstkuchenform mit glattem Rand damit auslegen. Den Boden mit einer Gabel mehrmals einstechen und mit den Apfelvierteln belegen. Den Kuchen auf der zweiten Schiene von unten 35 Minuten backen. Den Zucker mit den Eiern schaumig rühren. Die Vanilleschote aufschlitzen, das Mark herauskratzen und mit der Sahne unter die Eimasse mischen. Den Kuchen damit übergießen und weitere 25–35 Minuten backen. Den Apfelkuchen in der Form etwas abkühlen lassen und zum völligen Erkalten auf ein Kuchengitter legen.

Steyrischer Apfelkuchen

Zutaten für 1 Backblech:
600 g Mehl
1 Päckchen Backpulver
200 g Butter, 50 g Zucker
½ Teel. Salz, ¼ l Milch ⋄
1½ kg Äpfel
4 Eßl. Zitronensaft
abgeriebene Schale von
  1 Zitrone
125 g Zucker
1 Teel. gemahlener Zimt
100 g Rosinen
100 g gehackte Haselnüsse ⋄
200 g Aprikosenmarmelade
100 g Puderzucker
2 Eßl. Zitronensaft

Bei 30 Stücken pro Stück etwa 1030 Joule/245 Kalorien

Das Mehl mit dem Backpulver, der Butter, dem Zucker, dem Salz und der Milch verkneten und zugedeckt 1 Stunde im Kühlschrank ruhen lassen. Die Äpfel schälen, grobraspeln und mit dem Zitronensaft und der -schale, dem Zucker, dem Zimt, den Rosinen und den Nüssen mischen. Den Backofen auf 200° vorheizen. Den Teig ausrollen, Boden und Rand des Backblechs damit auslegen, die Apfelmischung daraufstreichen, vom restlichen Teig Streifen schneiden und diese als Gitter über den Kuchen legen. Den Kuchen auf der mittleren Schiene 30 Minuten backen. Das Teiggitter mit der erhitzten Marmelade bestreichen. Den Puderzucker mit dem Zitronensaft verrühren und das Gitter glasieren. Den abgekühlten Kuchen in 30 Stücke teilen.

Beliebte Obstkuchen

Wenn Gäste kommen

Erdbeerkranz

Zutaten für 12 Stück:
500 g Erdbeeren
1 Eßl. Vanillinzucker ◇
¼ l Wasser, 80 g Butter
1 Prise Salz
abgeriebene Schale von
  ½ Zitrone
200 g Mehl, 4 Eier ◇
½ l Sahne, 6 Eßl. Zucker

Pro Stück etwa 1385 Joule/
330 Kalorien

Die Erdbeeren waschen. 4 große zurückbehalten, die übrigen mit dem Vanillinzucker mischen und durchziehen lassen. Den Backofen auf 230° vorheizen. Das Wasser mit der Butter, dem Salz und der Zitronenschale zum Kochen bringen. Das gesiebte Mehl auf einmal hineinschütten und so lange rühren, bis sich der Teigkloß vom Topfboden löst. Den Teig in einer Schüssel etwas abkühlen lassen und nacheinander die Eier unterrühren. Mit einem Spritzbeutel 12 Windbeutel kreisförmig mit geringem Abstand auf das Backblech spritzen. Sie sollen sich beim Aufgehen berühren und einen Kranz bilden. Auf der zweiten Schiene von unten 20 Minuten backen. Die Erdbeeren durch ein Sieb streichen. Die Sahne mit dem Zucker steif schlagen. 5 Eßlöffel Sahne in einen Spritzbeutel füllen, die restliche Sahne mit dem Erdbeerpüree mischen. Den noch warmen Kranz quer durchschneiden, nach dem Erkalten mit der Erdbeersahne füllen, mit dem oberen Teil bedecken und diesen mit Sahnerosetten und Erdbeerstückchen verzieren.

Erdbeer-Quarkkuchen

Zutaten für 1 Springform von
  24 cm ⌀ :
250 g Mehl
125 g Butter
100 g Zucker
1 Eigelb ◇
250 g Quark
100 g Zucker
1 Päckchen Vanille-
  Puddingpulver
abgeriebene Schale von
  1 Zitrone
4 Eier, ¼ l Sahne ◇
500 g Erdbeeren
1 Päckchen roter Tortenguß

Bei 12 Stücken pro Stück etwa
1555 Joule/370 Kalorien

Das gesiebte Mehl mit der Butter, dem Zucker und dem Eigelb verkneten. Den Teig eingewickelt 2 Stunden im Kühlschrank ruhen lassen. Den Backofen auf 200° vorheizen. Den Teig auf einer bemehlten Fläche ausrollen und Boden und Rand einer Springform damit auslegen. Den Kuchenboden mehrmals mit einer Gabel einstechen und auf der zweiten Schiene von unten 10 Minuten backen.
Den Quark mit dem Zucker, dem Puddingpulver, der Zitronenschale und den Eiern verrühren. Die Sahne steif schlagen und unterheben.
Den Kuchenboden mit der Quarkmasse füllen und 1 Stunde backen, dann etwas abkühlen lassen.
Die Erdbeeren waschen, abtropfen lassen, halbieren und die Quarkfüllung damit belegen. Den Tortenguß nach Vorschrift zubereiten und die Erdbeeren damit überziehen.

Wenn Gäste kommen

Beliebte Obstkuchen

Stachelbeerkuchen mit Haube

Zutaten für 1 Springform von 24 cm ⌀:
250 g Mehl, 150 g Butter
2 Eßl. Zucker, 1 Ei ◊
500 g Stachelbeeren
¼ l Wasser, 2 Eßl. Zucker ◊
½ l Milch, 2 Eigelbe
1 Päckchen Vanille-Puddingpulver
3 Eßl. Zucker ◊
3 Eiweiße, 150 g Puderzucker

Bei 12 Stücken pro Stück etwa 1450 Joule/345 Kalorien

Das gesiebte Mehl mit der Butter, dem Zucker und dem Ei verkneten. Den Teig in Alufolie gewickelt 2 Stunden im Kühlschrank ruhen lassen. Die Stachelbeeren waschen, abzupfen, mit dem Wasser und dem Zucker 15 Minuten kochen und in einem Sieb erkalten lassen. Den Backofen auf 200° vorheizen. Den Teig ausrollen, Boden und Rand einer Springform auslegen. Den Boden mehrmals einstechen und auf der zweiten Schiene von unten 20 Minuten backen. 4 Eßlöffel Milch mit den Eigelben, dem Puddingpulver und dem Zucker verquirlen. Die restliche Milch zum Kochen bringen, das Puddingpulver einrühren und mehrmals aufkochen lassen. Den Pudding auf den Kuchenboden streichen und die Stachelbeeren darauf verteilen. Die Eiweiße mit dem gesiebten Puderzucker zu Schnee schlagen und über die Beeren streichen. Die Baiserhaube 10 Minuten bei 220° überbacken.

Himbeer-Baiserkuchen

Zutaten für 1 Baiserboden von 26 cm ⌀:
¼ l Eiweiß (von etwa 8 Eiern)
200 g Zucker
150 g Puderzucker
30 g Speisestärke ◊
500 g Himbeeren
¼ l Sahne, 2 Eßl. Zucker
1 Schnapsglas Cognac (2 cl)
Für das Backblech:
Pergamentpapier

Bei 12 Stücken pro Stück etwa 1010 Joule/240 Kalorien

Ein Backblech mit Pergamentpapier auslegen. Den Backofen auf 100° vorheizen. Die Eiweiße steif schlagen und unter ständigem Rühren den Zucker einrieseln lassen. Den Puderzucker mit der Speisestärke über den Eischnee sieben und unterheben. Die Baisermasse in einen Spritzbeutel mit großer Lochtülle füllen. Auf das Pergamentpapier spiralförmig einen runden Boden spritzen. Den Rand des Bodens aus aneinandergereihten Baisertupfen bilden. Den Baiserboden etwa 8 Stunden im Backofen trocknen lassen, dabei die Ofentür mit einem Kochlöffel spaltbreit offen halten.
Den Baiserboden aus dem Backofen nehmen, das Pergamentpapier abziehen und den Boden erkalten lassen. Die Himbeeren waschen, verlesen und abtropfen lassen. Die Sahne mit dem Zucker steif schlagen und den Cognac unterrühren. Den Baiserboden dick mit der Cognacsahne bestreichen und mit den abgetropften Himbeeren belegen.

Gebäck mit exotischen Früchten

Wenn Gäste kommen

Französischer Orangenkuchen

Zutaten für 1 Springform von 26 cm Ø :
100 g Butter, 50 g Puderzucker
1 Eigelb, 150 g Mehl ◊
50 g Orangenkonfitüre
¼ l Sahne, 100 g Zucker, 6 Eier
abgeriebene Schale von 3 unbehandelten Zitronen ◊
1 Orange
50 g Zucker, 2 Eßl. Wasser
2 Belegkirschen mit Stiel

Bei 12 Stücken pro Stück etwa 1300 Joule/310 Kalorien

Die Butter mit dem gesiebten Puderzucker und dem Eigelb verkneten, das Mehl darübersieben und rasch unterkneten. Den Mürbeteig zugedeckt 2 Stunden im Kühlschrank ruhen lassen.

Den Teig etwa 3 mm dick ausrollen. Eine Springform damit auslegen und einen 3 cm hohen Rand formen. Den Teigboden mit der Konfitüre bestreichen. Den Backofen auf 200° vorheizen. Die Sahne mit dem Zucker, den Eiern und der Zitronenschale schaumig rühren, die Mischung auf den Teigboden füllen und die Torte auf der zweiten Schiene von unten 50–60 Minuten backen. Die Orange sorgfältig schälen und in dünne Scheiben schneiden. Den Zucker mit dem Wasser unter Rühren kochen lassen, bis er sich völlig aufgelöst hat. Die Orangenscheiben in den heißen Zuckersirup legen, 3 Minuten darin ziehen und dann abtropfen lassen. Die Torte mit den kandierten Orangenscheiben und den Kirschen belegen.

Kiwi-Sahnetorte

Zutaten für 1 Tortenboden von 20 cm Ø :
300 g tiefgefrorener Blätterteig
1 Eigelb ◊
¼ l Sahne
2 Eßl. Zucker
3 Blätter weiße Gelatine
1 Schnapsglas Rum (2 cl) ◊
6 Kiwis
1 Päckchen klarer Tortenguß

Bei 8 Stücken pro Stück etwa 1175 Joule/280 Kalorien

Die Blätterteigscheiben etwa 30 Minuten auftauen lassen. Aus den Teigscheiben 12 Halbmonde ausstechen. Die Teigreste aufeinanderlegen, locker zusammendrücken und zu einer Platte von 20 cm Ø ausrollen. Ein Backblech kalt abspülen, den Tortenboden darauflegen und mit dem verquirlten Eigelb bestreichen. Den Rand des Tortenbodens mit den Halbmonden belegen und diese ebenfalls mit Eigelb bestreichen. Den Tortenboden 15 Minuten ruhen lassen. Den Backofen auf 220° vorheizen und den Tortenboden auf der mittleren Schiene 15 Minuten backen. Dann auf einem Kuchengitter abkühlen lassen. Die Sahne mit dem Zucker steif schlagen. Die Gelatine in kaltem Wasser einweichen, ausdrücken, in 1 Eßlöffel heißem Wasser auflösen und etwas abgekühlt mit dem Rum unter die Sahne ziehen. Die Sahne kuppelartig auf den Blätterteigboden streichen und im Kühlschrank fest werden lassen. Die Kiwis schälen, in Scheiben schneiden, auf die Sahnekuppel legen und mit dem Tortenguß überziehen.

Wenn Gäste kommen

Gebäck mit exotischen Früchten

Mangotorte Coconut

Zutaten für 1 Springform von 24 cm ⌀ :
4 Eigelbe, 100 g Zucker
3 Eiweiße, 100 g Mehl
20 g Speisestärke
20 g Kakaopulver ◇
2 kleine Mangos
2 Eßl. Weißwein
2 Eigelbe, 50 g Zucker
4 Blätter weiße Gelatine
⅜ l Sahne
Kokosraspel von ½ Nuß
Für die Form: Butter

Bei 12 Stücken pro Stück etwa 1090 Joule/260 Kalorien

Den Boden der Springform ausfetten. Den Backofen auf 200° vorheizen. Die Eigelbe mit der Hälfte des Zuckers schaumig rühren. Die Eiweiße mit dem restlichen Zucker steif schlagen und mit dem Mehl, der Speisestärke und dem Kakao unter die Eigelbcreme heben. Den Biskuit in die Form füllen und auf der zweiten Schiene von unten 25 Minuten backen. Den Tortenboden 6–12 Stunden ruhen lassen, dann einmal durchschneiden. Die Mangos schälen und würfeln. Den Wein mit den Eigelben und dem Zucker aufkochen lassen und vom Herd nehmen. Die eingeweichte, ausgedrückte Gelatine in der Weinmischung auflösen. Die Mangowürfel zugeben. Die Sahne steif schlagen. Eine Hälfte unter die Weincreme ziehen, einen Tortenboden damit bestreichen, den zweiten daraufsetzen; erstarren lassen. Die Torte wie auf dem Bild mit Schlagsahne, Kokosraspel und Mangostückchen verzieren.

Exoten-Kuchen

Zutaten für 1 Springform von 24 cm ⌀ :
125 g Mehl, 60 g Butter
50 g Puderzucker
½ Teel. Vanillinzucker
1 Prise Salz, 1 Eigelb ◇
2 Eßl. Aprikosenmarmelade
1 fertiger Biskuitboden von 24 cm ⌀
(→ Rezept Seite 19) ◇
¼ l Milch
½ Päckchen Vanille-Puddingpulver
2 Eßl. Zucker ◇
4 Scheiben Ananas, 2 Kiwis,
1 Mango, 5 Belegkirschen
50 g geröstete Mandelblättchen

Bei 12 Stücken pro Stück etwa 1385 Joule/330 Kalorien

Das Mehl mit der Butter, dem Puderzucker, dem Vanillinzucker, dem Salz und dem Eigelb verkneten und zugedeckt 2 Stunden im Kühlschrank ruhen lassen.
Den Backofen auf 220° vorheizen. Den Teig ausrollen und den Boden einer Springform damit auslegen.
Den Mürbeteig auf der mittleren Schiene 15 Minuten backen, dann mit der erhitzten Marmelade bestreichen und den Biskuitboden daraufsetzen. Aus der Milch, dem Puddingpulver und dem Zucker nach Vorschrift einen Pudding bereiten. Die Oberfläche und den Rand der Torte mit dem Pudding bestreichen und erkalten lassen. Das Obst schälen, in Streifen oder Stücke schneiden und auf der Torte verteilen. Den Rand der Torte mit den gerösteten Mandelblättchen bestreuen.

Die feinen Kuchen zum Kaffee

Wenn Gäste kommen

Sweet Pecannut-Pie

Zutaten für 1 Springform von 26 cm Ø:
250 g Mehl
180 g Butter
1 Prise Salz
5 Eßl. Eiswasser ◊
5 Eier
450 g brauner Rübensirup
40 g Mehl, 60 g Butter
Mark von 1 Vanilleschote
1 Messerspitze Salz
250 g geschälte halbierte Pecannüsse

Bei 16 Stücken pro Stück etwa 1680 Joule/400 Kalorien

Das gesiebte Mehl mit der Butter, dem Salz und dem Eiswasser verkneten. Den Teig eingewickelt 2 Stunden im Kühlschrank ruhen lassen.
Den Backofen auf 200° vorheizen. Den Teig ausrollen, Boden und Rand einer Springform auslegen. Den Boden auf der zweiten Schiene von unten 20 Minuten vorbacken.
Die Eier verquirlen. Den Sirup nach und nach unter die Eimasse mischen und so lange rühren, bis alles gut gebunden ist. Das Mehl und die zerlassene Butter unterrühren. Zuletzt das Vanillemark, das Salz und die Nüsse unterheben.
Die Füllung auf den Teigboden streichen und den Kuchen 30–40 Minuten backen.

Unser Tip
Die Pie kann man warm oder kalt verzehren; Kenner bevorzugen sie warm.

Fräulein Poldis Schokoladenbrot

Zutaten für 1 Rehrückenform von 26 cm Länge:
5 Eigelbe
180 g Zucker
je 1 Messerspitze Salz und gemahlener Zimt
Mark von ½ Vanilleschote
abgeriebene Schale von ½ Zitrone
50 g Butter
5 Eiweiße
100 g geriebene Blockschokolade
100 g Mehl
100 g gemahlene Mandeln ◊
100 g Schokoladen-Fettglasur
50 g geröstete Mandelblättchen
Für die Form: Butter und Semmelbrösel

Bei 15 Stücken pro Stück etwa 905 Joule/215 Kalorien

Die Form ausfetten und mit Semmelbröseln ausstreuen. Den Backofen auf 190° vorheizen.
Die Eigelbe mit der Hälfte des Zuckers und den Gewürzen schaumig rühren. Die Butter schmelzen und wieder abkühlen lassen. Die Eiweiße mit dem restlichen Zucker zu steifem Schnee schlagen. Ein Viertel des Eischnees unter die Eigelbmasse heben. Die Schokolade, das Mehl, die Mandeln und den restlichen Eischnee mit der geschmolzenen Butter unter den Teig heben, in die Rehrückenform füllen, glattstreichen und auf der zweiten Schiene von unten 40–50 Minuten backen.
Die Schokoladen-Fettglasur schmelzen lassen, den kalten Kuchen damit überziehen und auf die noch weiche Glasur die Mandelblättchen streuen.

Wenn Gäste kommen

Die feinen Kuchen zum Kaffee

Margaretenkuchen

Zutaten für 1 Rosen- oder Springform von 26 cm ⌀ :
200 g weiche Butter
100 g Marzipan-Rohmasse
6 Eigelbe
abgeriebene Schale von 1 Zitrone
Mark von ½ Vanilleschote
6 Eiweiße, 140 g Zucker
80 g Speisestärke
120 g Mehl ⋄
150 g Aprikosenmarmelade
200 g Puderzucker
1 Eßl. Zitronensaft
1 Eßl. Wasser, 3 Eßl. Arrak
Für die Form: Butter und Semmelbrösel

Bei 14 Stücken pro Stück etwa 1535 Joule/365 Kalorien

Die Form mit Butter ausstreichen und mit Semmelbröseln ausstreuen. Den Backofen auf 190° vorheizen.
Die Butter mit der Marzipan-Rohmasse schaumig rühren, nach und nach die Eigelbe, die Zitronenschale und das Vanillemark zugeben. Die Eiweiße zu Schnee schlagen. Den Zucker unterrühren. Den Eischnee mit der Butter-Marzipan-Masse mischen. Die Speisestärke mit dem Mehl sieben und unter den Teig heben. Den Teig in die Form füllen und auf der zweiten Schiene von unten 45–60 Minuten backen.
Den Kuchen auf einem Kuchengitter etwas abkühlen lassen, dann mit der erhitzten Marmelade bestreichen, diese 30 Minuten trocknen lassen. Den Puderzucker mit dem Zitronensaft, dem Wasser und dem Arrak verrühren und den Kuchen damit glasieren.

Unser Tip
Ganz besonders hübsch sieht der Margaretenkuchen aus, wenn Sie jede zweite Rippe mit einer halbierten kandierten Kirsche garnieren.

Die feinen Kuchen zum Kaffee

Wenn Gäste kommen

Nußkuchen

Zutaten für 1 Kastenform von 30 cm Länge:
250 g weiche Butter
200 g Zucker
1 Päckchen Vanillinzucker
4 Eier
250 g gemahlene Haselnüsse
250 g Mehl, 3 Teel. Backpulver
1 Schnapsglas Weinbrand (2 cl) ◊
4 Eßl. Puderzucker
Für die Form: Butter

Bei 15 Stücken pro Stück etwa 1680 Joule/400 Kalorien

Die Form ausfetten. Den Backofen auf 175° vorheizen. Die Butter mit dem Zucker und dem Vanillinzucker schaumig rühren. Nacheinander die Eier unterrühren, dann die Haselnüsse. Das Mehl mit dem Backpulver sieben und nach und nach unter den Teig rühren. Zuletzt den Weinbrand unterziehen. Den Teig in die Form füllen und auf der zweiten Schiene von unten 1 Stunde und 10 Minuten backen. Den erkalteten Kuchen mit dem Puderzucker besieben.

Unser Tip
Machen Sie bei hohen Kuchen vorsichtshalber immer die Stäbchenprobe: Gegen Ende der Backzeit ein Holzstäbchen in die Mitte des Kuchens stecken und wieder herausziehen. Bleibt kein Teig mehr am Holzstäbchen hängen, ist der Kuchen gar.

Krümelkuchen

Zutaten für 1 Springform von 26 cm ⌀:
200 g Butter
200 g Zucker
1 Ei
abgeriebene Schale von 1 Zitrone
500 g Mehl
1 Teel. Backpulver ◊
450 g Sauerkirschkonfitüre oder Aprikosenmarmelade
50 g abgezogene gemahlene Mandeln ◊
4 Eßl. Puderzucker
Für die Form: Butter

Bei 12 Stücken pro Stück etwa 2140 Joule/510 Kalorien

Eine Springform mit Butter ausstreichen. Den Backofen auf 175–200° vorheizen. Die Butter mit dem Zucker schaumig rühren. Das Ei und die Zitronenschale unterrühren. Das Mehl mit dem Backpulver sieben und einige Löffel von dem Mehlgemisch unter die Buttermischung rühren. Den Rest des Mehls darüberschütten und rasch mit den Fingerspitzen zu Krümeln verarbeiten. Die Hälfte des Teiges in die Springform füllen, leicht in die Form drücken und die Konfitüre darüberstreichen. Den restlichen Teig mit den Mandeln mischen und über die Konfitüre krümeln. Den Kuchen auf der zweiten Schiene von unten 50 Minuten backen, dann auf einem Kuchengitter abkühlen lassen und mit dem Puderzucker besieben.

Wenn Gäste kommen

Die feinen Kuchen zum Kaffee

Orangenkuchen

Zutaten für 1 Kastenform von
30 cm Länge:
250 g weiche Butter
250 g Zucker, 3 Eier
4 Eigelbe, 100 g Mehl
1 Prise Salz
1 Schnapsglas Orangenlikör
abgeriebene Schale von
2 Orangen und 1 Zitrone
2 Eßl. Orangensaft
100 g Speisestärke
100 g abgezogene gemahlene
Mandeln
100 g feingewürfeltes
Orangeat ◊
100 g Orangengelee
200 g Puderzucker
3 Eßl. Orangensaft
Für die Form: Butter und
Semmelbrösel

Bei 18 Stücken pro Stück etwa
1490 Joule/355 Kalorien

Die Kastenform ausfetten und mit Semmelbröseln ausstreuen. Den Backofen auf 180° vorheizen. Die Butter mit dem Zucker schaumig rühren, nacheinander die Eier, die Eigelbe und wenig Mehl zufügen. Das Salz, den Orangenlikör, die Orangen- und Zitronenschale sowie den -saft unter den Teig rühren. Das restliche Mehl mit der Speisestärke, den Mandeln und 80 g Orangeat unter den Teig heben. Den Teig in die Form füllen und auf der zweiten Schiene von unten 1 Stunde und 20 Minuten–1½ Stunden backen. Den Kuchen mit dem erhitzten Orangengelee bestreichen. Den Puderzucker mit dem Orangensaft verrühren. Den Kuchen damit glasieren und mit dem restlichen Orangeat bestreuen.

Pistazien-Napfkuchen

Zutaten für 1 Rosen- oder
Springform von 22 cm ⌀ :
120 g Marzipan-Rohmasse
100 g geschälte gemahlene
Pistazien
1 Eßl. Arrak ◊
250 g Butter
250 g Zucker
5 Eigelbe
1 Prise Salz
1 Eßl. Arrak
5 Eiweiße
180 g Mehl
140 g Speisestärke
1 Teel. Backpulver ◊
100 g Schokoladen-Fettglasur
25 g gehackte Pistazien
Für die Form: Butter und
Semmelbrösel

Bei 12 Stücken pro Stück etwa
2140 Joule/510 Kalorien

Die Form ausfetten und mit Semmelbröseln ausstreuen. Den Backofen auf 180° vorheizen. Die Marzipan-Rohmasse mit den Pistazien und dem Arrak verkneten, 1 cm dick ausrollen und würfeln. Die Butter mit der Hälfte des Zuckers, den Eigelben, dem Salz und dem Arrak schaumig rühren. Die Eiweiße mit dem restlichen Zucker zu steifem Schnee schlagen und unter die Eigelbmasse heben. Das Mehl mit der Speisestärke, dem Backpulver und den Marzipanwürfeln unterheben. Den Teig in die Form füllen, auf der zweiten Schiene von unten 50–60 Minuten backen und auf einem Kuchengitter abkühlen lassen. Die Fettglasur im Wasserbad zerlassen. Den Kuchen damit überziehen und mit den gehackten Pistazien bestreuen.

Die feinen Kuchen zum Kaffee

Wenn Gäste kommen

Savarin mit Erdbeeren

Zutaten für 1 Kranzform von 26 cm ⌀ :
350 g Mehl
20 g Hefe
⅛ l lauwarme Milch
4 Eier, 40 g Zucker
1 Päckchen Vanillinzucker
½ Teel. Salz
150 g Butter ⋄
3 Schnapsgläser Rum (6 cl)
⅛ l Weißwein
¼ l Wasser
150 g Zucker ⋄
250 g Erdbeeren
¼ l Sahne
50 g Zucker
1 Teel. geschälte gehackte Pistazien
Für die Form: Butter und Mehl

Bei 16 Stücken pro Stück etwa 1345 Joule/320 Kalorien

Eine Kranzform mit Butter ausstreichen und mit Mehl ausstäuben. Das Mehl in eine Schüssel sieben. In die Mitte eine Vertiefung drücken. Die Hefe hineinbröckeln, mit der lauwarmen Milch auflösen und mit etwas Mehl verrühren. Den Hefevorteig zugedeckt 15 Minuten gehen lassen. Die Eier mit dem Zucker schaumig rühren, den Vanillinzucker, das Salz und die geschmolzene Butter untermischen. Die Eier-Butter-Mischung mit dem Hefevorteig und dem gesamten Mehl zu einem fast flüssigen Teig verarbeiten. Den Teig nochmals zugedeckt an einem warmen Platz 30 Minuten gehen lassen. Die Kranzform mit dem Hefeteig füllen. Den Teig vor dem Backen noch einmal so lange zugedeckt gehen lassen, bis er das doppelte Volumen erreicht hat und die Form fast ausfüllt. Den Backofen auf 190° vorheizen. Den Kuchen auf der zweiten Schiene von unten 40 Minuten backen. Dann auf ein Kuchengitter stürzen. Den Rum, den Weißwein, das Wasser und den Zucker in einer Kasserolle, in die der Savarin hineinpaßt, aufkochen lassen. Den Hefekranz kopfüber hineinlegen, bis die gesamte Flüssigkeit aufgesogen ist. Dann den Savarin auf eine Platte setzen.
Die Erdbeeren waschen, entstielen und halbieren. Die Sahne mit dem Zucker steif schlagen. Etwa 200 g Erdbeeren in die Mitte des Savarin füllen, die Sahne darüberspritzen und diese mit den restlichen Erdbeeren und den gehackten Pistazien garnieren.

Unser Tip

Diesen berühmten französischen Hefekranz können Sie statt mit Erdbeeren (aux fraises) auch auf folgende klassische Arten servieren:
Savarin à la Chantilly: 100 g Zucker in ⅛ l kochendem Wasser auflösen und 2 Schnapsgläser Kirschwasser zufügen. Den Kranz darin tränken, aprikotieren und mit Vanille-Schlagsahne füllen.
Savarin mit Himbeeren (aux framboises): Der Kranz wird mit Zuckersirup und mit Himbeergeist getränkt und mit Schlagsahne und Himbeeren gefüllt.

Wenn Gäste kommen

Die feinen Kuchen zum Kaffee

Marzipanzopf

500 g Mehl, 30 g Hefe
¼ l lauwarme Milch
80 g Butter
50 g Zucker
1 Prise Salz ◊
200 g Marzipan-Rohmasse
2 Eiweiße
2 Eßl. Zucker
150 g abgezogene gemahlene Mandeln
1 Schnapsglas Rum (2 cl) ◊
4 Eßl. Puderzucker
2 Eßl. Zitronensaft
Für das Backblech: Butter

Bei 20 Stücken pro Stück etwa 1115 Joule/265 Kalorien

Ein Backblech einfetten. Das Mehl in eine Schüssel sieben und in die Mitte eine Vertiefung drücken. Die Hefe hineinbröckeln, mit der Milch und etwas Mehl verrühren und zugedeckt 15 Minuten gehen lassen. Die Butter zerlassen und mit dem Zucker, dem Salz, dem gesamten Mehl und dem Hefevorteig verrühren. Den Teig so lange schlagen, bis er Blasen wirft. Zugedeckt weitere 30 Minuten gehen lassen. Das Marzipan mit den Eiweißen, dem Zucker, den Mandeln und dem Rum mischen. Den Teig auf 50 × 40 cm ausrollen, mit der Füllung bestreichen und längsseitig aufrollen. Die Rolle der Länge nach halbieren, zu einem Zopf drehen und auf dem Backblech 25 Minuten gehen lassen. Den Backofen auf 220° vorheizen. Den Zopf auf der zweiten Schiene von unten 40 Minuten backen. Den Puderzucker mit dem Zitronensaft und etwas Wasser verrühren und den noch heißen Zopf damit glasieren.

Gefüllter Hefezopf

375 g Mehl, 20 g Hefe
⅛ l lauwarme Milch
50 g Zucker
50 g Butter
2 Eier, ½ Teel. Salz ◊
je 50 g Marzipan-Rohmasse, Aprikosenkonfitüre, Rosinen und gehackte Mandeln ◊
1 Eßl. Zucker, 1 Eßl. Wasser
Für das Backblech: Butter

Bei 15 Stücken pro Stück etwa 860 Joule/205 Kalorien

Das Backblech einfetten. Das Mehl in eine Schüssel sieben, die Hefe in die Mitte bröckeln, mit der Milch, etwas Zucker und etwas Mehl verrühren; 15 Minuten zugedeckt gehen lassen. Die Butter zerlassen, mit den Eiern, dem Salz, dem restlichen Zucker, dem Hefevorteig und dem gesamten Mehl verkneten und den Teig 30 Minuten gehen lassen. Den Teig 1 cm dick 50 × 40 cm groß ausrollen. 3 gleich große Längsfelder markieren. Das Marzipan mit der Konfitüre, den gewaschenen Rosinen und den Mandeln mischen und auf das mittlere Feld streichen. Die äußeren Felder in 2 cm breite schräge Streifen schneiden und die Füllung zopfartig damit belegen (→Zeichnung und genaue Beschreibung Seite 11). Den Zopf auf dem Backblech nochmals 20 Minuten gehen lassen. Den Backofen auf 200° vorheizen. Den Zopf 45 Minuten auf der zweiten Schiene von unten backen. Den Zucker mit dem Wasser aufkochen. Den Zopf 10 Minuten vor Ende der Backzeit damit bestreichen.

Die feinen Kuchen zum Kaffee

Wenn Gäste kommen

Berliner Napfkuchen

*Zutaten für 1 Gugelhupfform
  von 24 cm ⌀ :*
300 g Mehl, 15 g Hefe
knapp ⅛ l lauwarme Milch
100 g Zucker
175 g Butter
1 Prise Salz, 3 Eier
*abgeriebene Schale von
  1 Zitrone*
200 g Korinthen ⋄
100 g Schokoladen-Fettglasur
2 Eßl. Pinienkerne
*Für die Form: Butter und
  Semmelbrösel*

Bei 12 Stücken pro Stück etwa
1595 Joule/380 Kalorien

Die Form mit Fett ausstreichen und mit Semmelbröseln ausstreuen. Das Mehl in eine Schüssel sieben und in die Mitte eine Vertiefung drücken. Die Hefe hineinbröckeln, mit der Milch, etwas Zucker und etwas Mehl verrühren; zugedeckt 15 Minuten gehen lassen. Die Butter zerlassen und mit dem restlichen Zucker, dem Salz, den Eiern, der Zitronenschale, dem gesamten Mehl und dem Hefevorteig verrühren. Den Teig so lange schlagen, bis er Blasen wirft und weitere 30 Minuten gehen lassen. Die gewaschenen Korinthen unter den Hefeteig kneten, den Teig in die Form füllen und weitere 20 Minuten gehen lassen. Den Backofen auf 200° vorheizen. Den Kuchen auf der zweiten Schiene von unten 50 Minuten backen. Die Fettglasur im Wasserbad zerlassen. Den Kuchen damit überziehen und die Pinienkerne sanft in die noch weiche Glasur drücken.

Wiener Gugelhupf

*Zutaten für 1 Gugelhupfform
  von 26 cm ⌀ oder für
  2 Formen von je 12 cm ⌀ :*
500 g Mehl, 35 g Hefe
⅛ l lauwarme Milch
150 g Zucker, 150 g Butter
5 Eier, 1 Prise Salz
⅛ l Sahne, 75 g Sultaninen
2 Schnapsgläser Rum (4 cl)
*abgeriebene Schale von
  1 Zitrone ⋄*
4 Eßl. Puderzucker
Für die Formen: Butter

Bei 12 Stücken pro Stück etwa
1825 Joule/435 Kalorien

Da der Wiener Gugelhupf besonders klein ist, sollten Sie die angegebene Teigmenge möglichst in zwei kleinen Formen backen. Die Formen ausfetten. Das Mehl in eine Schüssel sieben und in die Mitte eine Vertiefung drücken. Die Hefe hineinbröckeln und mit der Milch, etwas Zucker und etwas Mehl verrühren und zugedeckt 15 Minuten gehen lassen. Die Butter zerlassen, mit dem restlichen Zucker, den Eiern, dem Salz und der Sahne schaumig rühren und mit den gewaschenen Sultaninen, dem Rum, der Zitronenschale, dem gesamten Mehl und dem Hefevorteig verrühren. Den Teig rühren, bis er Blasen wirft. Die Formen zu zwei Dritteln mit Teig füllen und diesen 20–30 Minuten gehen lassen. Den Backofen auf 200° vorheizen. Die Kuchen auf der zweiten Schiene von unten 40–60 Minuten backen, dann auf ein Kuchengitter stürzen und gleichmäßig mit dem Puderzucker besieben.

Wenn Gäste kommen

Die feinen Kuchen zum Kaffee

Meisters Mohnkranz

Zutaten für 1 Kranzform von 28 cm Ø :
500 g Mehl, 40 g Hefe
100 g Zucker
¼ l lauwarme Milch
125 g Butter, 2 Eier
Saft und abgeriebene Schale von ½ Zitrone
1 Prise Salz ◊
50 g gemahlener Mohn
⅛ l heißes Wasser
30 g Rosinen
2 Eßl. Honig
1 Prise Salz
1 Messerspitze gemahlener Zimt ◊
1 Eigelb ◊
3 Eßl. Puderzucker
1 Eßl. Zitronensaft
1 Eßl. Wasser
8 kandierte Kirschen
Für die Form: Butter

Bei 16 Stücken pro Stück etwa 1135 Joule/270 Kalorien

Eine Kranzform mit Butter ausstreichen.
Das Mehl in eine Schüssel sieben und in die Mitte eine Vertiefung drücken. Die Hefe hineinbröckeln und mit 1 Teelöffel Zucker, der Milch und etwas Mehl verrühren. Den Vorteig zugedeckt 15 Minuten gehen lassen.
Die Butter zerlassen und mit dem restlichen Zucker, den Eiern, dem Zitronensaft, der Zitronenschale und dem Salz zu dem Hefevorteig geben, mit dem gesamten Mehl zu einem glatten Teig verarbeiten. Den Teig so lange schlagen, bis er sich vom Schüsselrand löst und Blasen wirft, dann zugedeckt weitere 30 Minuten gehen lassen.
Den Mohn in einer Schüssel mit dem heißen Wasser übergießen und 5 Minuten quellen lassen. Die Rosinen heiß waschen und gut abtropfen lassen. Das Wasser vorsichtig vom Mohn abgießen, die Rosinen, den Honig, das Salz und den Zimt unterrühren.
Den Hefeteig auf einer bemehlten Arbeitsfläche zu einem Rechteck ausrollen und mit der Mohnfüllung bestreichen. Den Teig von der Längsseite her aufrollen. Die Kanten und Enden mit dem verquirlten Eigelb bestreichen und gut zusammendrücken, damit die Füllung nicht herausquillt. Die Rolle mit der »Nahtseite« nach unten in die Kranzform legen und die Teigenden gut miteinander verbinden. Den Kranz noch einmal 20 Minuten gehen lassen. Den Backofen auf 200° vorheizen. Den Kuchen auf der zweiten Schiene von unten 50–60 Minuten backen. Den Mohnkranz zum Abkühlen auf ein Kuchengitter stürzen. Den Puderzucker mit dem Zitronensaft und dem Wasser verrühren. Den Kuchen damit glasieren und mit den halbierten kandierten Kirschen verzieren.

Unser Tip
Den Kranzkuchen kann man auch mit einer Füllung aus 200 g gemahlenen Haselnüssen statt des Mohns bereiten. Den Zimt dann durch 1 Messerspitze gemahlenen Ingwer ersetzen.

Sonntags-Torten

Wenn Gäste kommen

Birnen-Quarktorte

Zutaten für 1 Springform von 26 cm ⌀:
125 g Mehl, 60 g Butter
50 g Puderzucker
½ Teel. Vanillinzucker
1 Prise Salz, 1 Eigelb ⋄
480 g Birnen aus der Dose
2½ Schnapsgläser Birnengeist
500 g Quark (20%)
125 g Zucker
Saft von 1 Zitrone
6 Blätter weiße Gelatine
¼ l Sahne, 2 Eßl. Zucker
4 Eßl. Krokantstreusel
2 Eßl. Johannisbeergelee

Bei 14 Stücken pro Stück etwa 1300 Joule/310 Kalorien

Das gesiebte Mehl mit der Butter, dem Puderzucker, dem Vanillinzucker, dem Salz und dem Eigelb verkneten. Den Teig zugedeckt 2 Stunden kühl stellen. Den Backofen auf 200° vorheizen. Den Teig ausrollen, Boden und Rand einer Springform auslegen und auf der zweiten Schiene von unten 20 Minuten backen. Die abgetropften Birnen mit 1 Glas Birnengeist übergießen. Den Quark mit dem Zucker, dem Zitronensaft und dem restlichen Schnaps verrühren. Die eingeweichte Gelatine im erhitzten Birnensaft auflösen und unter den Quark rühren. Die Birnen auf den Boden legen, den Quark darüberstreichen und erstarren lassen. Die Sahne mit dem Zucker steif schlagen, 1 Tasse beiseite stellen. Die restliche Sahne mit 3 Eßlöffeln Krokant und 1 Eßlöffel Gelee verrühren; über die Torte streichen. Mit Sahne, Krokant und Gelee garnieren.

Quarktorte Winzerart

Zutaten für 1 Springform von 26 cm ⌀:
4 Eier, 120 g Zucker
120 g Mehl, 60 g Speisestärke
1 Teel. Backpulver ⋄
500 g Quark (20%), 2 Eigelbe
150 g Zucker
Saft von 1 Zitrone
6 Blätter weiße Gelatine
¼ l Sahne ⋄
je 300 g grüne und blaue Weintrauben
1 Päckchen klarer Tortenguß
100 g Mandelblättchen
Für die Form: Butter

Bei 12 Stücken pro Stück etwa 1595 Joule/380 Kalorien

Den Backofen auf 200° vorheizen. Die Eier in Eigelbe und Eiweiße trennen. Die Eigelbe mit 2 Eßlöffeln warmem Wasser und der Hälfte des Zuckers schaumig rühren. Die Eiweiße mit dem restlichen Zucker steif schlagen und unter die Eigelbmasse heben. Das Mehl mit der Speisestärke und dem Backpulver darübersieben und unterrühren. Den Boden der Form ausbuttern, den Teig einfüllen und 25–35 Minuten backen, dann mindestens 2 Stunden ruhen lassen. Den Quark mit den Eigelben, dem Zucker und dem Zitronensaft verrühren. Die Gelatine einweichen, dann in wenig heißem Wasser auflösen. Die Sahne steif schlagen und mit der Gelatine unter den Quark heben. Den Biskuitboden durchschneiden, mit der Creme füllen, mit den Trauben belegen und diese mit Tortenguß überziehen. Den Rand mit Mandelblättchen bestreuen.

Wenn Gäste kommen

Sonntags-Torten

Käsesahne-Torte

Zutaten für 1 Springform von 26 cm ⌀:

200 g Mehl
120 g Butter
70 g Zucker
1 Eigelb
1 Messerspitze Salz
abgeriebene Schale von ½ Zitrone ◊
8 Blätter weiße Gelatine
¼ l Milch
200 g Zucker
1 Prise Salz
abgeriebene Schale von 1 Zitrone
4 Eigelbe
½ l Sahne
500 g Magerquark
½ Tasse Puderzucker

Bei 12 Stücken pro Stück etwa 1640 Joule/390 Kalorien

Das Mehl auf ein Backbrett sieben und die Butter in Flöckchen darüber verteilen. In die Mitte des Mehls eine Vertiefung drücken und den Zucker, das Eigelb, das Salz und die Zitronenschale hineingeben. Von der Mitte aus alle Zutaten rasch zu einem geschmeidigen Teig verkneten. Den Mürbeteig zu einer Kugel formen und in Alufolie oder Pergamentpapier gewickelt 2 Stunden im Kühlschrank ruhen lassen. Den Backofen auf 200° vorheizen. Den Teig auf einer bemehlten Arbeitsfläche zu 2 Tortenböden von je 26 cm ⌀ ausrollen und auf einem Backblech auf der mittleren Schiene in 8–10 Minuten hellbraun backen.
Einen der Böden noch heiß in 12 gleich große Tortenstücke schneiden, zusammen mit dem ganzen Boden auf einem Kuchengitter abkühlen lassen. Für die Käsesahne die Gelatine in kaltem Wasser einweichen. Die Milch mit dem Zucker, dem Salz, der Zitronenschale und den Eigelben unter ständigem Rühren aufkochen lassen, dann vom Herd nehmen. Die Gelatine gut ausdrücken und in die Milch rühren. Die Milch kühl stellen. Die Sahne steif schlagen. Wenn die Milch zu erstarren beginnt, den Quark und die Schlagsahne unterrühren. Den ungeteilten Tortenboden in eine Springform legen und den Rand der Form mit einem Streifen Pergamentpapier auslegen. Die Quarkcreme auf den Tortenboden füllen und die Oberfläche glattstreichen. Die Creme im Kühlschrank fest werden lassen. Die Torte aus der Form lösen, das Pergamentpapier vom Rand entfernen und den geteilten Tortenboden obenauf legen. Die Torte mit dem Puderzucker besieben.

Unser Tip

Nach Belieben können Sie unter die Quarkcreme auch frische oder tiefgefrorene Erdbeeren oder Himbeeren, Kirschen, Johannisbeeren oder Heidelbeeren mischen. Tiefgefrorene Beeren nur antauen lassen; frische Früchte waschen, trocken tupfen und einige Minuten mit etwas Zucker bestreut stehen lassen, bevor man sie locker unter die Quarkcreme hebt.

Sonntags-Torten

Wenn Gäste kommen

Ananas-Buttercremetorte

Zutaten für 1 Springform von 26 cm Ø:
6 Eigelbe
150 g Zucker
6 Eiweiße
100 g Mehl
60 g Speisestärke
50 g Instant-Schokoladenpulver
50 g abgezogene gemahlene Mandeln
50 g Butter ✧
½ l Milch
100 g Zucker
1 Päckchen Vanille-Puddingpulver
250 g weiche Butter
1 Eßl. Rum ✧
8 Scheiben Ananas aus der Dose
100 g geröstete Mandelblättchen
8 kandierte Kirschen
Für die Form: Butter

Bei 16 Stücken pro Stück etwa 1700 Joule/405 Kalorien

Den Boden einer Springform mit Butter ausstreichen. Den Backofen auf 180° vorheizen. Die Eigelbe mit einem Drittel des Zuckers schaumig rühren. Die Eiweiße zu steifem Schnee schlagen, dabei den restlichen Zucker langsam einrieseln lassen. Das Mehl mit der Speisestärke und dem Schokoladenpulver sieben und mit den gemahlenen Mandeln mischen. Den Eischnee unter die Eigelbmasse heben und das Mehlgemisch unterziehen. Die Butter zerlassen und zuletzt unter den Teig rühren, in die Springform füllen und den Kuchen auf der zweiten Schiene von unten 35–45 Minuten backen. Zum Abkühlen auf ein Kuchengitter stürzen und mindestens 2 Stunden ruhen lassen.

Aus der Milch, dem Zucker und dem Puddingpulver nach Vorschrift auf der Packung einen Vanillepudding bereiten. Den Pudding unter wiederholtem Umrühren abkühlen lassen. Die Butter schaumig rühren und den Rum untermischen. Sobald Pudding und Butter die gleiche Temperatur haben, den Pudding löffelweise unter die Butter rühren. Den Biskuitboden mit einem scharfen Messer zweimal durchschneiden. Die Ananasscheiben abtropfen lassen und in gleich große Stücke schneiden. Den untersten Biskuitboden mit der Buttercreme bestreichen und darauf die Ananasstücke verteilen; 16 Ananasstücke zurückbehalten. Über die Ananasstücke noch etwas Buttercreme streichen, den nächsten Boden daraufsetzen und diesen wiederum mit Buttercreme bestreichen. Den letzten Boden daraufsetzen. Oberfläche und Rand der Torte dünn mit Buttercreme bestreichen, die restliche Buttercreme in einen Spritzbeutel füllen. Den Rand und die Oberfläche der Torte mit den gerösteten Mandelblättchen bestreuen. Auf die Torte 16 Buttercremerosetten spritzen und jede Rosette mit 1 Ananasstück und ½ kandierten Kirsche verzieren.

Wenn Gäste kommen

Sonntags-Torten

Stachelbeer-Baisertorte

Zutaten für 1 Springform von 26 cm Ø:
6 Eigelbe
150 g Zucker
6 Eiweiße
150 g Mehl
60 g Speisestärke
50 g abgezogene gemahlene Mandeln
50 g Butter ◇
150 g Marzipan-Rohmasse
2 Schnapsgläser Rum (4 cl)
2 Eßl. Puderzucker
4 Eßl. Wasser ◇
500 g Stachelbeeren
4 Eßl. Zucker
⅛ l Wasser ◇
4 Eiweiße
170 g Zucker
½ Vanilleschote
100 g geröstete Mandelblättchen
Für die Form: Butter

Bei 16 Stücken pro Stück etwa 1450 Joule/345 Kalorien

Den Boden einer Springform mit Butter ausstreichen. Den Backofen auf 180° vorheizen. Die Eigelbe mit einem Drittel des Zuckers schaumig rühren. Die Eiweiße zu steifem Schnee schlagen, den restlichen Zucker langsam einrieseln lassen und unter den Eischnee rühren. Das Mehl mit der Speisestärke sieben und mit den gemahlenen Mandeln mischen. Den Eischnee unter die Eigelbmasse heben und das Mehlgemisch unterziehen. Die Butter zerlassen und lauwarm unter den Teig rühren. Den Teig in die vorbereitete Springform füllen, die Oberfläche glattstreichen und den Tortenboden auf der zweiten Schiene von unten 25–35 Minuten backen. Zum Abkühlen auf ein Kuchengitter stürzen. Den Boden mindestens 2 Stunden ruhen lassen.
Die Marzipan-Rohmasse mit dem Rum, dem Puderzucker und dem Wasser zu einer glatten Masse verrühren. Den Biskuit einmal durchschneiden und den unteren Tortenboden mit der Marzipanmasse bestreichen. Den zweiten Boden daraufsetzen.
Die Stachelbeeren putzen und waschen. Den Zucker mit dem Wasser verrühren, aufkochen lassen, die Stachelbeeren hineinschütten und zugedeckt bei schwacher Hitze 10 Minuten dünsten lassen. Dann zum Abtropfen in ein Sieb schütten. Die Eiweiße mit dem Zucker zu sehr steifem Schnee schlagen. Die Vanilleschote mit einem spitzen Messer längs aufschlitzen und das Mark herauskratzen. Das Vanillemark unter den Eischnee mischen. Die Torte mit den Stachelbeeren belegen; 16 Stachelbeeren zum Garnieren zurückbehalten.
Die Torte dick mit dem Eischnee bestreichen, den restlichen Eischnee in einen Spritzbeutel mit Sterntülle füllen. Den Backofen auf 250° vorheizen. Mit dem Spritzbeutel von der Mitte nach außen wie abgebildet 16 Eischneegirlanden aufspritzen und jede in eine Rosette auslaufen lassen. Die Baisermasse im Backofen auf der mittleren Schiene leicht bräunen lassen. In jede Eischneerosette eine Stachelbeere legen, Tortenrand und Mitte mit den gerösteten Mandelblättchen bestreuen.

Sonntags-Torten

Wenn Gäste kommen

Kokosnußtorte Basse Pointe

Zutaten für 1 Springform von 26 cm Ø:
4 Eigelbe
2 Eßl. lauwarmes Wasser
140 g Zucker
abgeriebene Schale von ½ Zitrone
4 Eiweiße
200 g Mehl
60 g Speisestärke
1 Teel. Backpulver ◊
1 Kokosnuß
4 Eßl. Kokosmilch
6 Eßl. Zucker
2 Schnapsgläser Rum (4 cl) ◊
½ l Milch, 3 Eigelbe
1 Päckchen Vanille-Puddingpulver
180 g Zucker
3 Eiweiße ◊
16 kandierte Kirschen
Für die Form: Butter

Bei 16 Stücken pro Stück etwa 1595 Joule/380 Kalorien

Den Boden einer Springform mit Butter ausstreichen. Den Backofen auf 180° vorheizen. Die Eigelbe mit dem Wasser, der Hälfte des Zuckers und der Zitronenschale schaumig rühren. Die Eiweiße zu steifem Schnee schlagen, den restlichen Zucker dabei einrieseln lassen und den Eischnee unter die Eigelbmasse heben. Das Mehl mit der Speisestärke und dem Backpulver sieben und unter den Teig ziehen. Den Teig in die Springform füllen, die Oberfläche glattstreichen, und den Biskuit auf der zweiten Schiene von unten 25–30 Minuten backen, dann zum Abkühlen auf ein Kuchengitter stürzen. Den Tortenboden möglichst 24 Stunden ruhen lassen.

Die Kokosnuß an der sichtbar dünnen Stelle der Schale anbohren und die Milch abgießen. Die Kokosnuß durchsägen, das Fleisch herauslösen und zugedeckt aufbewahren. 4 Eßlöffel Kokosmilch mit 6 Eßlöffeln Zucker so lange kochen, bis der Zucker klar ist. Den Rum zufügen und alles abkühlen lassen.
3 Eßlöffel Milch mit den Eigelben und dem Puddingpulver verrühren. Die restliche Milch mit der Hälfte des Zuckers zum Kochen bringen. Die Eiweiße mit dem restlichen Zucker zu steifem Schnee schlagen. Das angerührte Puddingpulver in der Milch aufkochen lassen, den Topf vom Herd nehmen und den Eischnee unterheben. Die Vanillecreme etwas abkühlen lassen. Den Biskuit zweimal durchschneiden und den untersten Boden dick mit Vanillecreme bestreichen. Den zweiten Boden darauflegen, mit Kokosmilch-Zucker-Gemisch tränken, eine Schicht Vanillecreme darüberstreichen und den letzten Tortenboden auflegen. Diesen ebenfalls mit dem Kokosmilch-Zucker-Gemisch tränken und die restliche Vanillecreme darüberstreichen. Die Kokosnußstücke sehr fein und gleichmäßig über die Torte raspeln. Den Rand ebenfalls mit Kokosraspel bedecken. Die Torte in 16 Stücke einteilen und jedes mit 1 Kirsche belegen.
Kokosnüsse und brauner Rum sind typische Produkte der Antilleninsel Martinique. Von dort stammt diese Tortenspezialität. Wirklich »echt« schmeckt sie allerdings nur, wenn man sie mit einer frischen Kokosnuß zubereitet.

Wenn Gäste kommen

Sonntags-Torten

Burgenländer Mohntorte

Zutaten für 1 Springform von 24 cm ⌀:
150 g Butter
150 g Zucker
4 Eigelbe
200 g gemahlener Mohn
45 g sehr fein gehacktes Zitronat
6 Eiweiße ◊
4 Eßl. Puderzucker
Für die Form: Butter und Semmelbrösel

Bei 12 Stücken pro Stück etwa 1300 Joule/310 Kalorien

Eine Springform mit Butter ausstreichen und mit Semmelbröseln ausstreuen. Den Backofen auf 200° vorheizen. Die Butter mit dem Zucker sehr schaumig rühren. Nacheinander die Eigelbe unterrühren, zuletzt den Mohn und das Zitronat. Die Eiweiße zu steifem Schnee schlagen und unter den Teig heben. Den Teig in die vorbereitete Springform füllen und die Oberfläche glattstreichen. Den Kuchen auf der zweiten Schiene von unten 30 Minuten backen. Die Mohntorte zum Abkühlen auf ein Kuchengitter stürzen. Eine Tortenspitze oder ein passendes Plastikdeckchen mit Spitzenmuster als Schablone auf den Kuchen legen und den Kuchen mit dem Puderzucker besieben. Die Tortenspitze oder das Deckchen danach vorsichtig entfernen.

Engadiner Nußtorte

Zutaten für 1 Obstkuchen- oder Springform von 24 cm ⌀:
160 g Butter, 150 g Zucker
1 Prise Salz, 1 Ei
300 g Mehl ◊
20 g Butter, 200 g Zucker
250 g grobgehackte Walnüsse
knapp ¼ l Sahne, 1 Eigelb

Bei 16 Stücken pro Stück etwa 1870 Joule/445 Kalorien

Die möglichst weiche Butter mit dem Zucker, dem Salz und dem Ei verrühren. Das Mehl darübersieben und alles zu einem Mürbeteig verkneten. Den Teig zugedeckt 2 Stunden im Kühlschrank ruhen lassen. Zwei Drittel des Teiges dünn ausrollen. Eine Form damit auslegen und den Teigrand etwas überstehen lassen. Den Backofen auf 200° vorheizen. Die Butter in einem Topf zerlassen, den Zucker zugeben und unter Rühren hellbraun karamelisieren lassen. Die Walnüsse und die Sahne zugeben und alles einmal aufkochen, dann abkühlen lassen. Den restlichen Teig zu einer runden Platte von passender Größe ausrollen. Die Füllung auf den Tortenboden streichen und die Teigplatte darauflegen. Den Rand mit verquirltem Eigelb bestreichen, den überstehenden Rand des Teigbodens darauflegen und festdrücken. Die Oberfläche mit restlichem Eigelb bestreichen und mit einer Gabel mehrmals einstechen. Die Torte auf der zweiten Schiene von unten 30–40 Minuten backen, dann auf einem Kuchengitter abkühlen lassen.

Sonntags-Torten

Wenn Gäste kommen

Schwedische Mazarintorte

Zutaten für 1 Springform von 24 cm Ø :
1 Vanilleschote
150 g weiche Butter
40 g Zucker
1 Prise Salz
2 Eigelbe
200 g Mehl ◇
125 g weiche Butter
125 g Puderzucker
2 Eier
125 g abgezogene gemahlene Mandeln
abgeriebene Schale von 1 Zitrone
20 g Mehl

Bei 12 Stücken pro Stück etwa 1680 Joule/400 Kalorien

Die Vanilleschote längs aufschlitzen, das Mark mit einem spitzen Messer herauskratzen und mit der möglichst weichen Butter, dem Zucker, dem Salz und den Eigelben verrühren. Das Mehl darübersieben, alles zu einem Mürbeteig verkneten und diesen in Folie oder Pergamentpapier eingewickelt 2 Stunden im Kühlschrank ruhen lassen.
Den Backofen auf 200° vorheizen.
Die Butter mit dem gesiebten Puderzucker und den Eiern schaumig rühren. Löffelweise die Mandeln, die Zitronenschale und das Mehl unterrühren. Den Mürbeteig ausrollen. Boden und Rand einer Springform damit auslegen. Die Füllung auf den Boden streichen und die Torte auf der zweiten Schiene von unten 45 Minuten backen. Die Torte in der Form abkühlen lassen.

Spanische Vanilletorte

Zutaten für 1 Rosenform von 26 cm Ø :
250 g Marzipan-Rohmasse
150 g Zucker
Mark von 1 Vanilleschote
1 Prise Salz, 1 Ei
6 Eigelbe
6 Eiweiße
150 g Mehl
50 g Speisestärke
60 g gehackte Blockschokolade ◇
200 g Schokoladen-Fettglasur
20 g gehackte Pistazien
Für die Form: Butter

Bei 16 Stücken pro Stück etwa 1070 Joule/255 Kalorien

Die Form mit Butter ausstreichen. Den Backofen auf 190° vorheizen.
Die Marzipan-Rohmasse mit der Hälfte des Zuckers, dem Vanillemark, dem Salz, dem Ei und den Eigelben schaumig rühren. Die Eiweiße mit dem restlichen Zucker zu steifem Schnee schlagen und unter die Marzipan-Eigelb-Masse ziehen. Das Mehl mit der Speisestärke über die Eimasse sieben und unterheben. Zuletzt die Schokolade unter den Teig mischen. Den Teig in die Form füllen und die Oberfläche glattstreichen. Die Torte auf der zweiten Schiene von unten 45–60 Minuten backen, dann in der Form etwas abkühlen lassen, auf ein Kuchengitter stürzen und erkalten lassen. Die Schokoladen-Fettglasur im Wasserbad schmelzen lassen, die Torte damit überziehen und die Pistazien auf die noch weiche Glasur streuen.

Wenn Gäste kommen

Sonntags-Torten

Wiener Kirschtorte

Zutaten für 1 Springform von 26 cm Ø:
100 g Butter, 60 g Zucker
150 g Mehl ◇
100 g Butter, 200 g Zucker
6 Eigelbe, abgeriebene Schale von 1 Zitrone
1 Messerspitze Salz, 6 Eiweiße
150 g Mehl, 150 g Speisestärke
½–1 Päckchen Backpulver ◇
450 g Sauerkirschen aus dem Glas ◇
4 Eßl. Puderzucker

Bei 14 Stücken pro Stück etwa 1220 Joule/290 Kalorien

Die Butter mit dem Zucker verrühren. Das Mehl darübersieben, alles zu einem Mürbeteig verkneten und diesen eingewickelt 2 Stunden im Kühlschrank ruhen lassen. Den Backofen auf 220° vorheizen. Den Teig ausrollen und den Boden einer Springform damit auslegen. Den Boden einstechen und auf der mittleren Schiene 15 Minuten vorbacken. Für den Rührteig die Butter mit der Hälfte des Zuckers, den Eigelben, der Zitronenschale und dem Salz schaumig rühren. Die Eiweiße mit dem restlichen Zucker steif schlagen und unter die Eigelbmasse heben. Das Mehl mit der Speisestärke und dem Backpulver mit der Eimasse mischen.
Den Rührteig auf den Mürbeteigboden füllen und die abgetropften Kirschen auf dem Teig verteilen. Den Kuchen bei 190° weitere 70–80 Minuten auf der zweiten Schiene von unten backen. Abgekühlt mit dem Puderzucker besieben.

Orangentorte Alt-Yafo

Zutaten für 1 Springform von 26 cm Ø:
7 Eigelbe
280 g Zucker
abgeriebene Schale und Saft von 2 Orangen
7 Eiweiße
30 g Mehl
80 g Biskuitbrösel
280 g gemahlene Mandeln ◇
200 g Orangengelee
100 g geröstete Mandelblättchen
7 kandierte Orangenscheiben
Für die Form: Butter und Semmelbrösel

Bei 14 Stücken pro Stück etwa 2165 Joule/515 Kalorien

Eine Springform mit Butter ausstreichen und mit Semmelbröseln ausstreuen. Den Backofen auf 200° vorheizen.
Die Eigelbe mit der Hälfte des Zuckers schaumig rühren und die Orangenschale und den Orangensaft zugeben. Die Eiweiße mit dem restlichen Zucker steif schlagen und unter die Eigelbmasse ziehen. Das Mehl darübersieben und mit den Biskuitbröseln und den Mandeln unterheben. Den Teig in die Springform füllen und die Oberfläche glattstreichen. Die Torte auf der zweiten Schiene von unten 30–40 Minuten backen.
Die Orangentorte auf einem Kuchengitter etwas abkühlen lassen. Das Orangengelee erhitzen und die Torte damit bestreichen, mit den Mandelblättchen bestreuen und mit den halbierten kandierten Orangenscheiben garnieren.

Sonntags-Torten

Wenn Gäste kommen

Festliche Schokoladentorte

Zutaten für 1 Springform von 26 cm Ø :
4 Eier, 200 g Zucker
4 Eßl. heißes Wasser
1 Prise Salz, 250 g Mehl
3 Teel. Backpulver ◊
3 Eßl. Orangenmarmelade
1 Eßl. Cointreau
  (Orangenlikör) ◊
250 g weiche Butter
220 g Puderzucker
2 gehäufte Eßl. Kakaopulver
4 Eier ◊
8 kandierte Orangenspalten
  oder Geleefrüchte
8 kandierte Kirschen
100 g Schokoladenstreusel
Für die Form: Butter,
  Pergamentpapier

Bei 16 Stücken pro Stück etwa 1805 Joule/430 Kalorien

Eine Springform mit Pergamentpapier auslegen und dieses mit Butter bestreichen. Den Backofen auf 180° vorheizen. Die Eier in Eigelbe und Eiweiße trennen. 3 Eßlöffel Zucker wegnehmen und den restlichen Zucker mit den Eigelben und dem heißen Wasser cremig rühren. Die Eiweiße mit dem Salz und dem restlichen Zucker zu steifem Schnee schlagen und auf die Eigelbmasse gleiten lassen. Das Mehl mit dem Backpulver über den Eischnee sieben und beides unter die Eigelbmasse ziehen. Den Teig in die Springform füllen und auf der zweiten Schiene von unten 30 Minuten backen. Den Biskuit zum Auskühlen auf ein Kuchengitter stürzen und das Pergamentpapier abziehen. Den Tortenboden mindestens 2 Stunden ruhen lassen.

Die Orangenmarmelade mit dem Cointreau mischen. Die Butter schaumig rühren. Den Puderzucker und den Kakao durchsieben. Die Eier verquirlen und das Puderzucker-Kakao-Gemisch nach und nach unter die Eimasse rühren. Die Eimasse löffelweise unter die schaumige Butter mengen. Den Biskuitboden dreimal durchschneiden. Drei Böden dünn mit der angerührten Orangenmarmelade und etwas Buttercreme bestreichen. Die Böden aufeinandersetzen und den obersten Boden sowie den Rand der Torte ebenfalls mit Buttercreme bestreichen.
Die restliche Buttercreme in einen Spritzbeutel mit Sterntülle füllen. Mit einem Messer 16 gleich große Tortenstücke markieren und jedes mit einer Buttercremegirlande und -rosette verzieren. Die Orangenspalten halbieren und jede Rosette damit garnieren. Zu den Orangenstücken jeweils ½ Kirsche setzen. Den Rand der Torte mit den Schokoladenstreuseln garnieren.

Unser Tip

Wenn Sie schon vor der Zubereitung wissen, daß Sie eine Buttercremetorte einfrieren werden, so sollten Sie die Buttercreme nie mit Pudding bereiten, sondern wie in diesem Rezept mit Puderzucker und Eiern, da sich gekochter Pudding, auch wenn er mit reichlich Butter gemischt wurde, nicht zum Einfrieren eignet.

Wenn Gäste kommen

Sonntags-Torten

Mokkacreme-Torte

Zutaten für 1 Springform von 26 cm ⌀:
125 g weiche Butter
200 g Zucker
je 1 Messerspitze Salz, gemahlener Zimt und abgeriebene Zitronenschale
6 Eigelbe
100 g Schokoladen-Fettglasur
6 Eiweiße
200 g Mehl ◇
½ l Milch
1 Päckchen Mokka-Puddingpulver
1 Eßl. Pulverkaffee (Instant)
150 g Zucker
250 g weiche Butter ◇
17 Mokkabohnen-Konfekt
50 g geröstete Mandelblättchen
Für die Form: Butter

Bei 16 Stücken pro Stück etwa 1890 Joule/450 Kalorien

Den Boden einer Springform mit Butter ausstreichen. Den Backofen auf 190° vorheizen. Die Butter mit der Hälfte des Zuckers, dem Salz, dem Zimt und der Zitronenschale schaumig rühren. Die Eigelbe nacheinander unter die Buttermasse rühren. Die Fettglasur im Wasserbad schmelzen, aber nicht warm werden lassen, unter die Buttermasse ziehen. Die Eiweiße mit dem restlichen Zucker zu steifem Schnee schlagen und unter die Buttermasse heben. Das Mehl sieben und nach und nach unter den Teig ziehen. Den Teig in die Springform füllen und auf der zweiten Schiene von unten 30 Minuten backen. Den Biskuit zum Abkühlen auf ein Kuchengitter stürzen und mindestens 2 Stunden vor dem Durchschneiden ruhen lassen. Von der Milch 5 Eßlöffel abnehmen und das Puddingpulver damit anrühren. Die restliche Milch mit dem Pulverkaffee und dem Zucker zum Kochen bringen, das angerührte Puddingpulver einrühren und einige Male aufkochen lassen. Den Pudding vom Herd nehmen und unter öfterem Umrühren völlig erkalten lassen. Die Butter schaumig rühren. Sobald Pudding und Butter dieselbe Temperatur haben, den Pudding löffelweise unter die Butter rühren.
Den Biskuit dreimal durchschneiden. Drei Böden mit der Mokkacreme bestreichen und aufeinandersetzen. Die Oberfläche und den Rand der Torte ebenfalls mit Creme bestreichen. Mit einem Messer 16 Tortenstücke in die Oberfläche markieren. Die restliche Mokkacreme in einen Spritzbeutel mit Sterntülle füllen und jedes Tortenstück mit einer Girlande, die in eine Rosette ausläuft, garnieren. In die Mitte der Torte einen Rosettenkranz spritzen und jede Rosette mit einer Mokkabohne belegen. Den Rand der Torte mit den Mandelblättchen bestreuen.

Unser Tip
Zum Schneiden einer Cremetorte tauchen Sie ein möglichst langes und scharfes Messer vor jedem Schnitt in warmes Wasser.

Sonntags-Torten

Wenn Gäste kommen

Aida-Torte

Zutaten für 1 Springform von 26 cm ⌀:
4 Eigelbe, 140 g Zucker
2 Eßl. warmes Wasser
abgeriebene Schale von
  ½ Zitrone
4 Eiweiße, 120 g Mehl
60 g Speisestärke
1 Teel. Backpulver ⋄
100 g Nougat
100 g Marzipan-Rohmasse
1 Schnapsglas Kirschwasser
1 Eßl. Puderzucker ⋄
100 g Aprikosenmarmelade
50 g geröstete Mandelblättchen
4 Tassen gemischte Früchte
1 Päckchen klarer Tortenguß
Für die Form: Butter

Bei 12 Stücken pro Stück etwa 1345 Joule/320 Kalorien

Den Boden einer Springform ausfetten. Den Backofen auf 190° vorheizen. Die Eigelbe mit der Hälfte des Zuckers, dem Wasser und der Zitronenschale schaumig rühren. Die Eiweiße mit dem restlichen Zucker steif schlagen und unter die Eigelbmasse heben. Das Mehl mit der Speisestärke und dem Backpulver sieben und unter den Teig ziehen, diesen in die Springform füllen und auf der zweiten Schiene von unten 30 Minuten backen. Den Biskuit aus der Form stürzen, erkalten lassen und mindestens 2 Stunden ruhen lassen. Den Tortenboden zweimal durchschneiden. Das Nougat im Wasserbad schmelzen lassen, einen Boden damit bestreichen, den zweiten daraufsetzen. Das Marzipan mit dem Kirschwasser, 2 Eßlöffeln Wasser und dem Puderzucker verrühren und den zweiten Tortenboden damit bestreichen. Den dritten Boden daraufsetzen. Oberfläche und Rand der Torte mit der Marmelade bestreichen, den Rand mit Mandelblättchen bestreuen. Die Torte mit den Früchten belegen. Den Guß nach Vorschrift kochen, etwas abkühlen lassen und das Obst damit überziehen.

Wenn Gäste kommen

Sonntags-Torten

Birnen-Sahnetorte

Zutaten für 1 Springform von 26 cm ⌀ :
6 Eigelbe
150 g Zucker
6 Eiweiße
100 g Mehl
30 g Speisestärke
50 g Kakaopulver
50 g abgezogene gemahlene Mandeln
50 g Butter ◊
1 kg Birnen
1 l Wasser, 50 g Zucker
Saft von 1 Zitrone ◊
½ l Sahne, 60 g Zucker
200 g Johannisbeergelee
50 g geröstete Mandelblättchen
8 kandierte Kirschen
Für die Form: Butter

Bei 16 Stücken pro Stück etwa 1720 Joule/410 Kalorien

Den Boden der Springform ausfetten. Den Backofen auf 190° vorheizen. Die Eigelbe mit einem Drittel des Zuckers schaumig rühren. Die Eiweiße mit dem restlichen Zucker steif schlagen und unter die Eigelbmasse heben. Das Mehl mit der Speisestärke und dem Kakao sieben, mit den gemahlenen Mandeln mischen und nach und nach unter die Eimasse ziehen. Die geschmolzene Butter lauwarm unter den Teig rühren. Den Teig in die Springform füllen, glattstreichen und auf der zweiten Schiene von unten 25–35 Minuten backen.
Den Biskuit zum Abkühlen auf ein Kuchengitter stürzen. Den Tortenboden mindestens 2 Stunden ruhen lassen.
Die Birnen achteln, schälen und vom Kerngehäuse befreien. Das Wasser mit dem Zucker und dem Zitronensaft zum Kochen bringen und die Birnenachtel darin zugedeckt etwa 10 Minuten kochen lassen. Danach in einem Sieb abtropfen und erkalten lassen.
Den Biskuit zweimal durchschneiden. Die Sahne mit dem Zucker steif schlagen. Zwei der Tortenböden mit dem Johannisbeergelee bestreichen und mit den Birnenachteln belegen; 16 Birnenachtel zurückbehalten.
Die Hälfte der Schlagsahne auf den Birnenspalten verteilen und die beiden Böden aufeinandersetzen. Den dritten Boden daraufsetzen, die Torte dick mit Schlagsahne überziehen und diese schön glattstreichen. Den Rand der Torte mit den Mandelblättchen bestreuen. Die restliche Schlagsahne in einen Spritzbeutel mit Sterntülle füllen. 16 Tortenstücke in die Sahneschicht markieren und auf jedes 1 Rosette spritzen. Jede Rosette mit 1 Birnenspalte und ½ Kirsche belegen.

Unser Tip
Wenn Sie einen Biskuitboden in einzelne Lagen zerschneiden wollen, brauchen Sie dazu ein langes, dünnes Messer. Das Messer bis zur Mitte des Tortenbodens führen. Dann wird der Boden gedreht, bis die oberste Schicht rundum abgeschnitten ist. Oder Sie legen einen starken Faden um den Tortenrand und ziehen diesen langsam zu, bis die Schicht abgetrennt ist.
(→Zeichnung Seite 20)

Für den Teilchen-Teller

Wenn Gäste kommen

Erdbeerroulade

200 g reife Erdbeeren
2 Eßl. Zucker ⬦
8 Eigelbe
100 g Zucker
4 Eiweiße
80 g Mehl
20 g Speisestärke ⬦
½ l Sahne
2 Eßl. Zucker ⬦
4 Eßl. Puderzucker
Für das Backblech:
  Pergamentpapier

Bei 10 Stücken pro Stück etwa 1510 Joule/360 Kalorien

Ein Backblech mit Pergamentpapier auslegen. Den Backofen auf 220° vorheizen.
Die Erdbeeren waschen, trockentupfen, von den Stielen befreien und je nach Größe halbieren oder vierteln, mit Zucker bestreuen und zugedeckt ziehen lassen.
Die Eigelbe mit der Hälfte des Zuckers schaumig rühren. Die Eiweiße mit dem restlichen Zucker steif schlagen und unter die Eigelbmasse heben. Das Mehl mit der Speisestärke darübersieben und unterziehen. Den Teig auf das Pergamentpapier streichen und auf der mittleren Schiene 8–12 Minuten backen.
Die Teigplatte auf ein mit Zucker bestreutes Tuch stürzen. Das Pergamentpapier abziehen und den Biskuit mit einem feuchten Tuch bedeckt erkalten lassen.
Die Sahne mit dem Zucker steif schlagen, mit den Erdbeeren verrühren und auf die Biskuitplatte streichen. Die Platte mit Hilfe des Tuches zur Rolle formen und mit dem Puderzucker besieben.

Zitronenröllchen

Zutaten für 12 Röllchen:
je 100 g Butter und Zucker
2 Eigelbe
Saft von 2 Zitronen ⬦
abgeriebene Schale von
  ½ Zitrone
4 Eigelbe
50 g Zucker
3 Eiweiße, 60 g Mehl ⬦
4 Eßl. Puderzucker
6 kandierte Kirschen
Für das Backblech:
  Pergamentpapier

Pro Stück etwa 1090 Joule/260 Kalorien

Ein Backblech mit Pergamentpapier auslegen. Den Backofen auf 220° vorheizen.
Die Butter zerlassen und mit dem Zucker, den Eigelben, dem Zitronensaft und der Zitronenschale verrühren; einmal aufkochen und erkalten lassen. Die Eigelbe mit der Hälfte des Zuckers schaumig rühren. Die Eiweiße mit dem restlichen Zucker zu Schnee schlagen und unter die Eigelbmasse heben. Das Mehl darübersieben und unter die Eimasse ziehen. Den Biskuitteig auf das Pergamentpapier streichen und auf der mittleren Schiene 8–10 Minuten backen. Den Teig vom Backblech stürzen, mit einem angefeuchteten Tuch bedecken und erkalten lassen. Das Pergamentpapier abziehen. Die Zitronencreme gleichmäßig auf den Teig streichen. 12 Quadrate schneiden, jedes aufrollen und mit der »Naht« nach unten auf eine Platte legen. Die Röllchen mit dem Puderzucker besieben und mit je ½ kandierten Kirsche garnieren.

Wenn Gäste kommen

Für den Teilchen-Teller

Himbeersahne-Roulade

400 g Himbeeren ◊
8 Eigelbe
100 g Zucker
4 Eiweiße
80 g Mehl
20 g Speisestärke ◊
½ l Sahne, 100 g Zucker
Für das Backblech:
Pergamentpapier

Bei 10 Stücken pro Stück etwa 1430 Joule/340 Kalorien

Die Himbeeren verlesen, waschen und abtropfen lassen. Ein Backblech mit Pergamentpapier belegen. Den Backofen auf 220° vorheizen.
Die Eigelbe mit der Hälfte des Zuckers schaumig rühren. Die Eiweiße mit dem restlichen Zucker steif schlagen und unter die Eigelbmasse heben. Das Mehl mit der Speisestärke darübersieben und unterziehen. Den Teig auf das Pergamentpapier streichen und auf der mittleren Schiene 8–12 Minuten backen.
Die Teigplatte auf ein mit Zucker bestreutes Tuch stürzen, mit einem angefeuchteten Tuch bedecken und erkalten lassen. Das Pergamentpapier abziehen.
10 Himbeeren beiseite stellen, die restlichen mit einer Gabel zerdrücken. Die Sahne mit dem Zucker steif schlagen, etwa 1 Tasse davon in einen Spritzbeutel füllen, den Rest mit den zerdrückten Himbeeren mischen. Die Roulade mit der Himbeersahne bestreichen und aufrollen. Mit Sahnetupfen besprützen und mit den zurückbehaltenen Himbeeren garnieren.

Fürst-Pückler-Roulade

8 Eigelbe
100 g Zucker
4 Eiweiße
80 g Mehl
20 g Speisestärke
40 g Kakaopulver ◊
200 g Erdbeeren
½ l Sahne
100 g Zucker
1 Eßl. Kakaopulver
Für das Backblech:
Pergamentpapier

Bei 10 Stücken pro Stück etwa 1510 Joule/360 Kalorien

Ein Backblech mit Pergamentpapier auslegen. Den Backofen auf 220° vorheizen.
Die Eigelbe mit der Hälfte des Zuckers schaumig rühren. Die Eiweiße mit dem restlichen Zucker steif schlagen und unter die Eigelbmasse heben. Das Mehl mit der Speisestärke und dem Kakao darübersieben und unterziehen. Den Biskuitteig auf das Pergamentpapier streichen und auf der mittleren Schiene 8–12 Minuten backen.
Die Teigplatte auf ein mit Zucker bestreutes Tuch stürzen, mit einem angefeuchteten Tuch bedecken und erkalten lassen. Das Pergamentpapier abziehen. Die Erdbeeren waschen, trockentupfen, von den Stielen befreien und pürieren. Die Sahne mit dem Zucker steif schlagen und die eine Hälfte mit dem Erdbeerpüree mischen. Die eine Längshälfte der Roulade mit der weißen Sahne, die andere mit der Erdbeersahne bestreichen. Die Roulade aufrollen und mit dem Kakao besieben.

Für den Teilchen-Teller

Wenn Gäste kommen

Stachelbeertörtchen

Zutaten für 10 Tortelettförmchen von 8 cm ⌀ :
160 g Mehl, 100 g Butter
60 g Zucker, 1 Prise Salz,
3 Eßl. saure Sahne
2 Eigelbe ◊
500 g Stachelbeeren
je 6 Eßl. Zucker und Cognac ◊
½ Päckchen Vanille-Puddingpulver
¼ l Milch
je 4 Eßl. Sahne und Puderzucker ◊
4 Eiweiße, 150 g Puderzucker

Pro Stück etwa 1745 Joule/ 415 Kalorien

Aus dem Mehl, der Butter, dem Zucker, dem Salz, der sauren Sahne und den Eigelben rasch einen Mürbeteig kneten; 2 Stunden kühl stellen. Die Stachelbeeren putzen, waschen und mit dem Zucker und dem Cognac zugedeckt so lange kochen, bis sie platzen. Das Puddingpulver mit 2 Eßlöffeln Milch anrühren. Die restliche Milch mit der Sahne und dem Puderzucker zum Kochen bringen, das Puddingpulver einrühren und aufkochen, dann erkalten lassen. Den Backofen auf 200° vorheizen. Den Teig 3 mm dick ausrollen, die Förmchen damit auslegen und die Törtchen auf der mittleren Schiene 10 Minuten backen. Die abgekühlten Törtchen mit der Vanillecreme füllen und mit den Beeren belegen. Die Eiweiße mit dem Puderzucker steif schlagen. Ein Baisergitter über die Beeren spritzen. Das Baiser bei 250° und leicht geöffneter Backofentür überbacken.

Himbeertörtchen

Zutaten für 8 Tortelettförmchen von 8 cm ⌀ :
125 g Mehl, 60 g Butter
50 g Puderzucker
½ Teel. Vanillinzucker
1 Messerspitze Salz
1 kleines Eigelb, 1 Eßl. Milch ◊
450 g Himbeeren ◊
je 50 g Butter und Zucker
1 Eigelb
Saft und abgeriebene Schale von 1 Zitrone
1 Teel. Speisestärke ◊
3 Eßl. Aprikosenmarmelade
100 g geröstete Mandelblättchen
⅛ l Sahne, 1 Eßl. Zucker

Pro Stück etwa 1575 Joule/ 375 Kalorien

Das Mehl mit der Butter, dem Puderzucker, dem Vanillinzucker, dem Salz, dem Eigelb und der Milch verkneten. Den Mürbeteig zugedeckt 2 Stunden im Kühlschrank ruhen lassen. Die Himbeeren waschen und abtropfen lassen.
Den Backofen auf 200° vorheizen. Den Teig dünn ausrollen und die Förmchen damit auslegen; auf der mittleren Schiene 10 Minuten backen. Die Törtchen auf einem Kuchengitter abkühlen lassen. Die Butter mit dem Zucker, dem Eigelb, Zitronensaft und -schale und der Speisestärke aufkochen, dann erkalten lassen. Die Törtchen mit der Creme füllen und mit den Himbeeren belegen. Den Rand der Törtchen mit der erhitzten Marmelade bestreichen und mit Mandelblättchen bestreuen. Die Sahne mit dem Zucker steif schlagen, auf die Törtchen spritzen und mit Mandelblättchen garnieren.

Wenn Gäste kommen

Für den Teilchen-Teller

Schillerlocken Konditorenart

Zutaten für 8 Schillerlocken:
300 g Blätterteig, tiefgefroren oder selbstbereitet (→ Rezept Seite 12)
2 Eigelbe
1 Eßl. Milch
50 g Mandelblättchen ◊
4 Eßl. Puderzucker ◊
150 g Erdbeeren
2 Eßl. Zucker
¼ l Sahne
1 Päckchen Vanillinzucker

Pro Stück etwa 1300 Joule/ 310 Kalorien

Zum Backen von Schillerlocken benötigen Sie spezielle tütenartige Formen. Tiefgefrorenen Blätterteig aus der Verpackung nehmen und in 30–60 Minuten auftauen lassen. Den Blätterteig auf einer bemehlten Arbeitsfläche zu einer Platte von 30 × 16 cm ausrollen. Aus der Teigplatte mit einem Teigrädchen 8 Streifen von 2 cm Breite schneiden. Die Teigstreifen 15 Minuten ruhen lassen. Den Backofen auf 220° vorheizen. Die Schillerlocken-Formen mit kaltem Wasser abspülen. Die Eigelbe mit der Milch verquirlen. Die Teigstreifen an einem Längsrand mit dem verquirlten Ei bestreichen. Die Teigstreifen, vom spitzen Ende angefangen, so auf die Formen rollen, daß jeweils der mit Eigelb bestrichene Rand ½ cm über dem unbestrichenen liegt. Beide Ränder gut zusammendrücken. Die Schillerlocken mit dem restlichen Eigelb bestreichen und die Hälfte davon mit den Mandelblättchen bestreuen. Die Schillerlocken in 15 Minuten auf der zweiten Schiene von unten goldgelb backen.
Die Schillerlocken noch heiß von den Formen lösen und auf einem Kuchengitter abkühlen lassen. Die nicht mit Mandeln bestreuten Schillerlocken mit dem Puderzucker besieben. Die Erdbeeren waschen, abtropfen lassen, entstielen und im Mixer pürieren oder durch ein Sieb streichen. Das Erdbeermus mit dem Zucker verrühren. Die Sahne mit dem Vanillinzucker steif schlagen. Die Hälfte der Sahne in einen Spritzbeutel mit Sterntülle füllen und die mit Puderzucker besiebten Schillerlocken damit füllen. Die andere Hälfte der Sahne mit dem Erdbeerpüree mischen und in die mit Mandeln bestreuten Schillerlocken spritzen.

Unser Tip

Wenn Sie Schillerlocken backen möchten, aber nicht die speziellen Formen besitzen, so können Sie sich aus fester Pappe entsprechende Rollen kleben und mit Alufolie überziehen (→ Zeichnung Seite 14). Da Alufolie aber ein schlechter Hitzeleiter ist, dauert die Backzeit 2–3 Minuten länger. In diesen letzten Backminuten die Schillerlocken mit Pergamentpapier abdecken, damit sie außen nicht zu dunkel werden, innen aber trotzdem gut durchgebacken sind.

Für den Teilchen-Teller

Wenn Gäste kommen

Obers-Stanitzel

Zutaten für etwa 14 Stanitzel:
100 g Marzipan-Rohmasse
50 g abgezogene gemahlene Mandeln
100 g Puderzucker
1 Ei
2 Eiweiße, 40 g Mehl
2 Eßl. Sahne
1 Prise Salz
1 Prise gemahlener Zimt ◇
3/8 l Sahne
40 g Zucker
1 Tasse abgetropfte Sauerkirschen aus dem Glas
2 Eßl. Schokoladenspäne
Für das Backblech: Backtrennpapier

Pro Stück etwa 945 Joule/ 225 Kalorien

Ein Backblech mit Backtrennpapier auslegen. Den Backofen auf 180° vorheizen. Die Marzipan-Rohmasse mit den Mandeln, dem gesiebten Puderzucker, dem Ei und den Eiweißen zu einer glatten Masse verkneten. Das gesiebte Mehl, die Sahne, das Salz und den Zimt unterkneten.
Aus Pappe einen Ring von 12 cm Innendurchmesser schneiden. Die Schablone auf das Backblech legen, etwas Teig in die Mitte geben und verstreichen. In dieser Weise verfahren, bis der Teig verbraucht ist. Die Teigscheiben auf der mittleren Schiene 5–7 Minuten backen, dann sehr heiß noch im Backofen zu Tüten aufrollen. Die Sahne mit dem Zucker steif schlagen und die Tüten zur Hälfte damit füllen. Die Kirschen daraufgeben und mit je 1 Sahnerosette zuspritzen. Mit Schokoladenspänen garnieren.

Fruchtschiffchen

Zutaten für 20 Schiffchenformen oder Papierförmchen:
40 g Datteln
50 g kandierte Ananas
je 40 g Rosinen und Korinthen
40 g gehackte geröstete Mandeln
2 Eßl. Rum
2 Eßl. Mehl ◇
190 g weiche Butter
190 g Zucker
3 Eier
3 Eigelbe
190 g Mehl ◇
100 g Schokoladen-Fettglasur
2–3 Eßl. Krokantstreusel
Für die Förmchen: Butter

Pro Stück etwa 1070 Joule/ 255 Kalorien

20 Förmchen mit Butter ausstreichen. Die Datteln und die Ananas feinwürfeln, mit den gewaschenen Rosinen und den Korinthen, den gehackten Mandeln und dem Rum mischen und zugedeckt 2 Stunden durchziehen lassen.
Die 2 Eßlöffel Mehl mit der Fruchtmasse mischen. Den Backofen auf 180° vorheizen. Die Butter mit dem Zucker schaumig rühren. Nacheinander die Eier, die Eigelbe und das gesiebte Mehl zugeben und zuletzt die Fruchtmasse unterziehen. Den Teig bis zum Rand in die Förmchen füllen und auf der zweiten Schiene von unten 15 Minuten backen. Die Törtchen erkalten lassen. Die Schokoladenglasur im Wasserbad zerlassen. Die Oberfläche der Schiffchen damit überziehen und mit den Krokantstreuseln garnieren.

Wenn Gäste kommen

Für den Teilchen-Teller

Schlotfeger

*Zutaten für 18 Schlotfeger:
120 g Marzipan-Rohmasse
100 g Puderzucker
30 g Mehl, 4 Eiweiße
½ Teel. gemahlener Zimt
abgeriebene Schale von
½ Zitrone
4 Eßl. Sahne ◊
100 g Schokoladen-Fettglasur
¼ l Sahne
Für die Backbleche: Butter,
Mehl*

Pro Stück etwa 610 Joule/
145 Kalorien

Die Marzipan-Rohmasse mit dem gesiebten Puderzucker, dem gesiebten Mehl, den Eiweißen, dem Zimt und der Zitronenschale glattrühren. Den Teig zugedeckt über Nacht im Kühlschrank ruhen lassen. Den Backofen auf 190° vorheizen. Zwei Backbleche dünn mit Butter bestreichen und mit Mehl bestäuben. Die Sahne unter den Marzipanteig rühren. Den Teig gleichmäßig dünn auf beide Backbleche streichen und nacheinander auf der mittleren Schiene in 3–4 Minuten hellbraun backen. Die Teigplatten mit einem Teigrädchen in Quadrate von 11 × 11 cm schneiden. Die Quadrate weiterbacken, bis sie knusprig braun sind, dann nacheinander noch heiß vom Blech nehmen und jedes über einen dicken Holzlöffelstiel legen. An einem Ende zusammendrücken, die Rollen vom Holz schieben und erkalten lassen. Die Schokoladenglasur im Wasserbad zerlassen. Die Schlotfeger damit bestreichen und von beiden Seiten mit der Schlagsahne füllen.

Bobbes

*Zutaten für 20 Bobbes:
250 g weiche Butter
150 g Puderzucker, 2 Eigelbe
1 Prise Salz, 400 g Mehl ◊
200 g Marzipan-Rohmasse
2 Schnapsgläser Arrak (4 cl)
80 g feingehacktes Zitronat
50 g feingehacktes Orangeat ◊
1 Eigelb
20 Stückchen Zitronat
20 abgezogene Mandeln*

Pro Stück etwa 1220 Joule/
290 Kalorien

Die Butter mit dem gesiebten Puderzucker, den Eigelben und dem Salz verrühren. Das Mehl darübersieben. Alles zu einem Mürbeteig verkneten und diesen in Alufolie gewickelt 2 Stunden im Kühlschrank ruhen lassen. Den Backofen auf 200° vorheizen. Den Teig auf einer bemehlten Fläche 5 mm dick zu einer Platte von 25 × 40 cm ausrollen. Die Marzipan-Rohmasse mit dem Arrak zu einer streichfähigen Masse verrühren; eventuell noch etwas Wasser zugeben. Die Marzipanmasse auf die Teigplatte streichen und das Zitronat und das Orangeat darüberstreuen. Die Teigplatte von der Längsseite her aufrollen und in 2 cm dicke Scheiben schneiden. Die Scheiben hochkant in größeren Abständen auf ein Backblech setzen, die Oberfläche mit verquirltem Eigelb bestreichen und jede Scheibe mit 1 Stückchen Zitronat und mit 1 Mandel belegen. Die Bobbes auf der zweiten Schiene von unten 20 Minuten backen und auf einem Kuchengitter abkühlen lassen.

Für den Teilchen-Teller

Wenn Gäste kommen

Schwedische Apfeltörtchen

Zutaten für 8 Förmchen von 6 cm ⌀:
130 g Mehl
¼ Teel. Backpulver
5 Eßl. Butter
60 g Puderzucker
1 Ei ◊
1½ Tassen Apfelmus
2 Eßl. gemahlene geröstete Mandeln ◊
4 Eßl. Puderzucker
Für die Förmchen: Butter

Pro Stück etwa 1135 Joule/ 270 Kalorien

8 Förmchen mit Zackenrand mit Butter ausstreichen. Das Mehl mit dem Backpulver auf ein Backbrett sieben und mit der Butter, dem Puderzucker und dem Ei verkneten und zugedeckt 1 Stunde im Kühlschrank ruhen lassen.
Den Backofen auf 180° vorheizen. Das Apfelmus mit den Mandeln verrühren. Zwei Drittel des Mürbeteiges etwa 6 mm dick ausrollen, 8 Kreise ausstechen und die Förmchen damit auslegen. In jedes Förmchen etwa 2 Eßlöffel Apfelmus geben. Den restlichen Mürbeteig nur 3 mm dick ausrollen, mit einem leeren Förmchen 8 Deckel ausstechen und die Ränder mit kaltem Wasser bestreichen. Die Teigdeckel auf die gefüllten Förmchen legen und gut andrücken. Die Törtchen auf der mittleren Schiene 20–30 Minuten backen.
Die noch heißen Törtchen mit einem Messer am Rand lockern, aber in den Förmchen erkalten lassen. Die Törtchen vor dem Servieren mit dem Puderzucker besieben.

Orangenschnitten

Zutaten für 1 Backblech:
100 g Butter
1 Päckchen Vanillinzucker
120 g Zucker, 1 Prise Salz
4 Eigelbe
Saft von 1 und abgeriebene Schale von 2 Orangen
3 Eiweiße, 90 g Mehl
30 g Speisestärke
100 g abgezogene gemahlene Mandeln ◊
200 g Orangenmarmelade
200 g Puderzucker
4 Eßl. Orangensaft
2 Eßl. Cointreau
Für das Backblech: Butter und Mehl

Bei 30 Stücken pro Stück etwa 590 Joule/140 Kalorien

Ein Backblech ausfetten und mit Mehl bestäuben. Den Backofen auf 200° vorheizen. Die Butter mit dem Vanillinzucker, der Hälfte des Zuckers und dem Salz verrühren, nach und nach die Eigelbe, den Orangensaft und die Orangenschale zugeben. Die Eiweiße mit dem restlichen Zucker steif schlagen und unter die Buttermasse heben. Das Mehl mit der Speisestärke und den Mandeln mischen und unterrühren. Den Teig 1 cm hoch auf das Backblech streichen und auf der mittleren Schiene 10 Minuten backen. Die Teigplatte nach mindestens 2 Stunden Ruhezeit waagrecht durchschneiden. Eine Platte mit der Marmelade bestreichen, die zweite daraufsetzen. Den gesiebten Puderzucker mit dem Orangensaft und dem Cointreau verrühren und die Platte damit überziehen; in 30 Stücke schneiden.

Wenn Gäste kommen

Für den Teilchen-Teller

Kirschtörtchen exquisit

Zutaten für 12 Tortelett- förmchen von 8 cm ⌀:
125 g weiche Butter
100 g Puderzucker
1 Teel. Vanillinzucker
1 Prise Salz, 1 Eigelb
250 g Mehl, 1–2 Eßl. Milch ◇
450 g Sauerkirschen aus dem Glas ◇
je ⅛ l Sahne und Milch
50 g Butter, 1 Ei
1 Eigelb, 20 g Speisestärke
1 Prise Salz, 2 Teel. Zucker

Pro Stück etwa 1325 Joule/ 315 Kalorien

Die Butter mit dem gesiebten Puderzucker, dem Vanillinzucker, dem Salz und dem Eigelb verrühren. Das Mehl darübersieben, alles mit der Milch zu einem Teig verkneten und in Folie gewickelt 2 Stunden im Kühlschrank ruhen lassen. Den Backofen auf 200° vorheizen. Den Teig dünn ausrollen und die Förmchen damit auslegen. Die Törtchen 10 Minuten auf der mittleren Schiene backen, dann aus dem Ofen nehmen, aber in der Form lassen. Die Kirschen abtropfen lassen und die Törtchen damit belegen. Die Sahne, die Milch, die Butter, das Ei, das Eigelb, die Speisestärke, das Salz und den Zucker in einem Topf mischen und unter Rühren aufkochen lassen. Die Creme über die Kirschen geben und die Törtchen weitere 20–25 Minuten auf der zweiten Schiene von unten backen. Die Törtchen in den Förmchen etwas abkühlen lassen, dann auf einem Kuchengitter völlig erkalten lassen.

Zitronenschnitten

Zutaten für 8 Schnitten:
4 Platten tiefgefrorener Blätterteig (aus einer 300-g-Packung) ◇
100 g Zucker
200 g abgezogene gemahlene Mandeln
1 Eigelb
Saft von 2, abgeriebene Schale von 1 Zitrone ◇
1 Eigelb
2 Eßl. Zitronengelee

Pro Schnitte etwa 1555 Joule/ 370 Kalorien

Den Blätterteig in 30–60 Minuten auftauen lassen. Den Backofen auf 225° vorheizen. Den Blätterteig auf einer bemehlten Fläche zu doppelter Länge ausrollen. Ein Backblech kalt abspülen. 2 Teigplatten nebeneinander auf das Backblech legen. Den Zucker, die Mandeln, das Eigelb, den Zitronensaft und die Zitronenschale mischen und auf die Teigplatten streichen. Die Teigränder mit verquirltem Eigelb bestreichen und die beiden anderen Teigplatten darauflegen. Die Ränder leicht zusammendrücken, die Oberfläche mit dem restlichen Eigelb bestreichen und mehrmals mit einer Gabel einstechen. Auf der mittleren Schiene 10–15 Minuten backen. Das Zitronengelee glattrühren und das noch heiße Gebäck damit bestreichen. Den Kuchen nach dem völligen Erkalten in 8 gleich große Schnitten zerteilen.

Für den Teilchen-Teller

Wenn Gäste kommen

Griechische Hefekrapfen

Zutaten für 40 Krapfen:
450 g Mehl, 30 g Hefe
2 Teel. Zucker
⅛ l lauwarme Milch
⅛ l lauwarmes Wasser
1 Ei
½ Teel. Salz
abgeriebene Schale von
1 Zitrone ◇
200 g Zucker
½ Tasse Honig
⅛ l Wasser
1 Eßl. Zitronensaft
30 g gehackte Pistazien
Zum Fritieren: 1–2 l Öl

Pro Stück etwa 335 Joule/ 80 Kalorien

Das Mehl in eine Schüssel sieben und in die Mitte eine Vertiefung drücken. Die Hefe hineinbröckeln und mit dem Zucker, der Milch und etwas Mehl verrühren. Den Vorteig mit Mehl bestäuben und zugedeckt 15 Minuten an einem warmen Ort gehen lassen. Das lauwarme Wasser, das Ei, das Salz und die Zitronenschale miteinander verquirlen und mit dem Mehl und dem Vorteig vermengen. Den Teig so lange schlagen, bis er sich vom Schüsselrand löst und Blasen wirft. Zugedeckt nochmals 40 Minuten gehen lassen. Das Öl in einer elektrischen Friteuse oder in einem Fritiertopf auf 180° erhitzen. Besitzen Sie kein Fritierthermometer, so machen Sie die Brotprobe: Ein Weißbrotwürfelchen ins heiße Fett werfen. Ist es in Sekunden knusprig braun, hat das Fett die richtige Temperatur.
Mit einem nassen Eßlöffel jeweils 3–4 Bällchen vom Hefeteig abstechen, ins heiße Öl geben und die Krapfen etwa 4 Minuten fritieren, dabei mit dem Schaumlöffel einmal wenden. Die fertig gebackenen Krapfen auf Küchenkrepp abtropfen lassen und anschließend warm stellen. Nach und nach den ganzen Hefeteig auf diese Weise verarbeiten.
Den Zucker mit dem Honig, dem Wasser und dem Zitronensaft in einem Topf verrühren und unter Rühren so lange erhitzen, bis sich der Zucker völlig gelöst hat. Die Zuckerlösung weitere 5 Minuten unter Rühren kochen lassen. Der Sirup muß so weit eingedickt sein, daß sich beim Eintauchen ein Löffel damit überzieht. Die Hefekrapfen mit dem heißen Sirup überziehen und mit den gehackten Pistazien bestreuen. Auf eine vorgewärmte Platte schichten.

Unser Tip

Die griechischen Hefekrapfen können Sie auch gefüllt servieren. Den zum zweitenmal gegangenen Hefeteig etwa 1 cm dick ausrollen und runde Plätzchen von 10 cm Durchmesser daraus ausstechen. Den Sirup bereiten, aber das Wasser weglassen. Jeweils 1 Teelöffel davon in die Mitte eines Plätzchens geben, die Ränder über der Füllung gut zusammendrücken und die Krapfen noch einmal 10 Minuten gehen lassen, dann fritieren und mit dem restlichen Sirup beträufeln.

Wenn Gäste kommen

Für den Teilchen-Teller

Kopenhagener Schnecken

Zutaten für 20 Schnecken:
450 g Mehl, 30 g Hefe
¼ l lauwarme Milch
50 g Butter, 1 Eigelb
½ Teel. Salz ◊
150 g Butter, 50 g Mehl ◊
2 Eßl. Farinzucker
½ Teel. gemahlener Zimt
50 g Rosinen

Pro Stück etwa 840 Joule/ 200 Kalorien

Das Mehl in eine Schüssel sieben, in der Mitte die zerbröckelte Hefe mit etwas Mehl und der Milch verrühren und 15 Minuten gehen lassen. Die Butter zerlassen, mit dem Eigelb, dem Salz und dem Hefevorteig zu einem lockeren Teig schlagen und 30 Minuten gehen lassen. Die Butter mit dem Mehl verkneten und zu einer Platte von 15 × 15 cm formen. Den Hefeteig 20 × 35 cm groß ausrollen, die Butterplatte darauflegen und die beiden Schmalseiten über die Butterplatte schlagen. Die Teigränder gut zusammendrücken. Den Teig 30 × 40 cm groß ausrollen und von der Schmalseite her zweimal übereinanderklappen. Den Teig 15 Minuten in den Kühlschrank legen. Diesen Vorgang noch zweimal wiederholen (→Grundrezept für Plunderteig Seite 15). Den Backofen auf 220° vorheizen. Den Teig 35 × 50 cm groß ausrollen, mit Wasser bestreichen, mit Farinzucker, Zimt und Rosinen bestreuen, von den Längsseiten her bis zur Mitte aufrollen. 2½ cm breite Scheiben abschneiden; 10–15 Minuten backen.

Feine Nußkämme

Zutaten für 9 Nußkämme:
300 g tiefgefrorener oder selbstbereiteter Blätterteig (→Seite 13) ◊
150 g gemahlene Haselnüsse
1 Ei
80 g Zucker
1 Eßl. Rum
1 Eigelb

Pro Stück etwa 1320 Joule/ 315 Kalorien

Den tiefgefrorenen Blätterteig in 30–60 Minuten auftauen lassen.
Den Blätterteig auf einer bemehlten Fläche zu einer Platte von 30 × 30 cm ausrollen. Aus der Teigplatte 9 Quadrate von je 10 cm Seitenlänge schneiden. Die Haselnüsse mit dem Ei, dem Zucker und dem Rum verrühren. Auf die Mitte jedes Teigquadrats einen Streifen Nußfülle geben. Eine Seite jedes Teigquadrats mit verquirltem Eigelb bestreichen, die gegenüberliegende Seite darüberklappen, in gleichmäßigen Abständen einschneiden und die Einschnitte etwas auseinanderziehen, so daß ein Kamm entsteht. Ein Backblech mit kaltem Wasser abspülen. Die Nußkämme mit genügend Abstand daraufsetzen und ihre Oberfläche mit verquirltem Eigelb bestreichen. Das Gebäck 15 Minuten ruhen lassen. Den Backofen auf 230° vorheizen. Die Nußkämme auf der mittleren Schiene 15–20 Minuten backen. Das Gebäck auf einem Kuchengitter abkühlen lassen.

Für den Teilchen-Teller

Wenn Gäste kommen

Glasierte Nußschleifen

Zutaten für 20 Schleifen:
450 g Mehl, 30 g Hefe
knapp ¼ l lauwarme Milch
50 g Butter, 1 Eigelb
½ Teel. Salz ⋄
150 g Butter, 50 g Mehl ⋄
100 g gemahlene geröstete
  Haselnüsse, 50 g Zucker
2 Eßl. Rum, 1 Eiweiß ⋄
3–4 Eßl. Puderzucker
2 Eßl. Rum

Pro Stück etwa 1050 Joule/ 250 Kalorien

Aus den Zutaten von Mehl bis Salz nach dem Rezept für Kopenhagener Schnecken, Seite 65, einen Hefeteig bereiten. Die Butter mit dem Mehl verkneten und wie im gleichen Rezept beschrieben mit dem Hefeteig verarbeiten. Nachdem der Teig dreimal zusammengeschlagen, wieder ausgerollt und kühlgestellt wurde, den Backofen auf 220° vorheizen. Den Teig zuletzt zu einer Platte von 25 × 70 cm ausrollen. Die Haselnüsse mit dem Zucker, dem Rum und dem Eiweiß verrühren und eine Längshälfte der Teigplatte damit bestreichen. Die unbestrichene Seite über die Füllung klappen und die Ränder zusammendrücken. Den Streifen in 3½ cm breite Stücke schneiden. In die Mitte jedes Stücks einen 7 cm langen Schlitz schneiden und ein Ende durch diese Öffnung ziehen. Die Schleifen auf dem Backblech 20 Minuten gehen lassen, dann 10–15 Minuten backen. Das noch warme Gebäck mit Puderzucker-Rum-Glasur bestreichen.

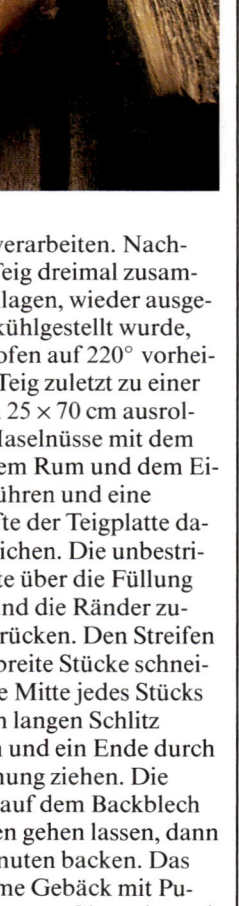

Orangen-Plunder

Zutaten für 20 Stück:
450 g Mehl, 30 g Hefe
¼ l lauwarme Milch
50 g Butter, 1 Eigelb
½ Teel. Salz ⋄
150 g Butter, 50 g Mehl ⋄
80 g Marzipan-Rohmasse
Saft und abgeriebene Schale
  von 1 Orange
2 Eßl. Orangenlikör
40 g gemahlene Mandeln
30 g feingehacktes Orangeat
1 Eiweiß ⋄ *2 Eigelbe*
2–3 Eßl. Puderzucker
1 Eßl. Orangensaft
50 g geröstete Mandelblättchen

Pro Stück etwa 1090 Joule/ 260 Kalorien

Aus den Zutaten von Mehl bis Salz nach dem Rezept für Kopenhagener Schnecken, Seite 65, einen Hefeteig bereiten. Die Butter mit dem Mehl verkneten und wie im gleichen Rezept beschrieben mit dem Hefeteig verarbeiten. Den Teig zuletzt 40 × 50 cm groß ausrollen. Die Marzipan-Rohmasse mit den Zutaten von Orangensaft bis Eiweiß mischen und die Platte damit bestreichen. Die Ränder 2 cm breit frei lassen und mit verquirltem Eigelb bestreichen. Die Platte der Länge nach teilen und jede von der randlosen Seite her längs aufrollen (→ Zeichnung Seite 16). Die Rollen in 5 cm lange Stücke schneiden und in der Mitte eindrücken; auf dem Backblech 25 Minuten gehen lassen. Den Backofen auf 220° vorheizen. Den Plunder mit Eigelb bestreichen 15–20 Minuten backen. Mit Puderzucker-Glasur und den Mandelblättchen verzieren.

Wenn Gäste kommen

Sahne-Windbeutel

Zutaten für 14 Windbeutel:
¼ l Wasser, 60 g Butter
1 Prise Salz
abgeriebene Schale von
 ½ Zitrone
200 g Mehl, 4 Eier ⋄
½ l Sahne, 60 g Zucker
4 Eßl. Puderzucker

Pro Stück etwa 1090 Joule/ 260 Kalorien

Das Wasser mit der Butter, dem Salz und der Zitronenschale zum Kochen bringen. Das gesiebte Mehl auf einmal in die Flüssigkeit schütten und so lange rühren, bis der Teig einen Kloß bildet und sich vom Topf löst. Den Teig in eine Schüssel geben, etwas abkühlen lassen und die Eier einzeln unterrühren.
Den Backofen auf 230° vorheizen. Von dem Brandteig mit einem Spritzbeutel kleine Windbeutel in genügendem Abstand voneinander auf das Backblech spritzen. ½ Tasse Wasser auf den Boden des Backofens schütten. Die Windbeutel auf der zweiten Schiene von unten 15–20 Minuten backen. Während der ersten 10 Minuten den Backofen nicht öffnen! Die Windbeutel würden sonst zusammenfallen. Die noch warmen Windbeutel quer durchschneiden. Die Sahne mit dem Zucker steif schlagen und auf die unteren Hälften der Windbeutel spritzen. Die Deckel daraufsetzen, mit dem Puderzucker besieben.

Unser Tip

Aus dem Brandteig können Sie mit dem Spritzbeutel auch Brezen spritzen und diese mit Sahne füllen – oder die länglichen Eclairs, die mit Mokkasahne gefüllt und mit Mokkaglasur überzogen werden.

Für den Teilchen-Teller

Für den Teilchen-Teller

Wenn Gäste kommen

Schokoladenschnitten

Zutaten für 20 Schnitten:
100 g Blockschokolade
125 g Butter, 200 g Zucker
je 1 Prise Salz, gemahlener
Zimt und abgeriebene
Zitronenschale
6 Eigelbe, 6 Eiweiße
150 g Mehl ✧
200 g zartbittere Schokolade
2 Eier, 200 g Puderzucker
120 g Kokosfett, 4 cl Rum
Für das Backblech :
Pergamentpapier und Butter

Pro Stück etwa 1660 Joule/ 395 Kalorien

Ein Backblech mit gefettetem Pergamentpapier auslegen. Den Backofen auf 180° vorheizen. Die Schokolade zerlassen, aber nicht erhitzen. Die Butter mit der Hälfte des Zuckers und den Gewürzen schaumig rühren, die Eigelbe und die geschmolzene Schokolade zufügen. Die Eiweiße mit dem restlichen Zucker zu Schnee schlagen und mit dem gesiebten Mehl unter den Teig heben. Den Teig auf das Backblech streichen und auf der mittleren Schiene 20 Minuten backen. Den noch heißen Kuchen auf ein mit Zucker bestreutes Tuch stürzen, das Pergamentpapier abziehen, die Biskuitplatte der Länge nach halbieren und abkühlen lassen. Die Schokolade feinreiben und mit den Eiern, dem Puderzucker, dem geschmolzenen Kokosfett sowie dem Rum mischen. Einen Boden mit Schokoladencreme bestreichen, den zweiten daraufsetzen und mit Creme überziehen; in 20 Schnitten teilen.

Nougatschnitten

Zutaten für 12 Schnitten:
8 Eigelbe, 100 g Zucker
4 Eiweiße, 80 g Mehl
20 g Speisestärke
40 g Kakaopulver ✧
½ l Milch
1 Päckchen Vanille-
Puddingpulver
2 Eigelbe, 150 g Zucker
250 g Butter, 100 g Nougat ✧
100 g Schokoladen-Fettglasur
6 kandierte Kirschen
Für das Backblech:
Pergamentpapier

Pro Stück etwa 1890 Joule/ 450 Kalorien

Ein Backblech mit Pergamentpapier auslegen. Den Backofen auf 220° vorheizen. Die Eigelbe mit 50 g Zucker schaumig rühren, die Eiweiße mit dem restlichen Zucker steif schlagen und unterheben. Das Mehl mit der Speisestärke und dem Kakao darübersieben und unterziehen. Den Biskuitteig auf das Pergament streichen und auf der mittleren Schiene 8–10 Minuten backen. Die Teigplatte auf ein Tuch stürzen und das Pergamentpapier abziehen; erkalten lassen. In 3 Längsstreifen schneiden. Aus der Milch, dem Puddingpulver, den Eigelben und dem Zucker einen Pudding bereiten und erkalten lassen. Die Butter schaumig rühren, den Pudding und das geschmolzene Nougat löffelweise untermischen. Zwei Teigstreifen mit der Creme bestreichen, mit dem dritten bedecken und mit Creme und zerlassener Glasur überziehen. Den Block in 12 Schnitten teilen, mit Creme und den Kirschen verzieren.

Wenn Gäste kommen

Für den Teilchen-Teller

Budapester Roulade

¼ l Milch
½ Päckchen Vanille-
   Puddingpulver
5 Eßl. Zucker ◊
7 Eiweiße, 150 g Zucker
Mark von 1 Vanilleschote
100 g Blockschokolade
60 g Mehl ◊
100 g Himbeermarmelade
200 g weiche Butter
1 Schnapsglas Kirschwasser ◊
1 Eßl. Kakaopulver
4 kandierte Kirschen
Für das Backblech:
   Pergamentpapier

Bei 8 Stücken pro Stück etwa 2140 Joule/510 Kalorien

Aus der Milch, dem Puddingpulver und dem Zucker einen Pudding bereiten. Ein Backblech mit Pergamentpapier auslegen. Den Backofen auf 200° vorheizen. Die Eiweiße mit dem Zucker und dem Vanillemark steif schlagen. Die Schokolade zerlassen, unter den Eischnee ziehen und das gesiebte Mehl unterheben. Den Teig mit einem Spritzbeutel mit Lochtülle zu einer Platte von 30 × 40 cm auf das Pergament spritzen und 10 Minuten backen. Das Teigblatt auf ein Tuch stürzen, mit einem angefeuchteten Tuch bedecken und erkalten lassen. Das Pergamentpapier abziehen. Die Marmelade auf das Teigblatt streichen. Die Butter schaumig rühren, den kalten Pudding mit dem Kirschwasser untermischen. Den Biskuit mit Vanillecreme bestreichen, aufrollen, mit dem Kakao besieben und mit Cremetupfen und halbierten Kirschen verzieren.

Mokkaschnitten

Zutaten für 10 Schnitten:
8 Eigelbe, 100 g Zucker
4 Eiweiße, 60 g Mehl
20 g Speisestärke
80 g gemahlene Mandeln ◊
½ l Milch
1 Päckchen Vanille-
   Puddingpulver
5 Eßl. Zucker
3 Eßl. Pulverkaffee (Instant)
250 g weiche Butter
3 Eßl. Puderzucker ◊
50 g Krokantstreusel
10 Mokkabohnen-Konfekt
Für das Backblech:
   Pergamentpapier

Pro Stück etwa 2185 Joule/520 Kalorien

Ein Backblech mit Pergamentpapier auslegen. Den Backofen auf 220° vorheizen. Die Eigelbe mit 50 g Zucker schaumig rühren, die Eiweiße mit dem restlichen Zucker steif schlagen und unterziehen. Das Mehl mit der Speisestärke darübersieben und mit den Mandeln unterheben. Den Biskuitteig als 30 × 45 cm große Platte auf das Pergament streichen und auf der mittleren Schiene 8–12 Minuten backen. Den Biskuit auf ein Tuch stürzen und das Pergament abziehen. Die Teigplatte der Länge nach in 3 Streifen schneiden. Aus der Milch, dem Puddingpulver, dem Zucker und dem Kaffee einen Pudding bereiten und erkalten lassen. Die Butter mit dem Puderzucker und dem Pudding verrühren. 2 Biskuitstreifen damit bestreichen, alle 3 aufeinandersetzen, mit Creme überziehen und mit Krokant, Cremerosetten und Mokkabohnen verzieren.

Für den Teilchen-Teller

Wenn Gäste kommen

Petits fours à la Ritz

Zutaten für 20 Stück:
200 g Mehl, 65 g Zucker
1 Eigelb, 1 Eßl. Milch
100 g Butter ◇
4 Eigelbe, 125 g Zucker
1 Messerspitze Salz
½ Päckchen Vanille-
 Puddingpulver
¼ l Milch
Mark von 1 Vanilleschote
200 g weiche Butter
80 g Puderzucker ◇
2 Eßl. Kakaopulver
1 Eßl. Curaçao
2 Eßl. Pulverkaffee (Instant)
1 Eßl. Kaffeelikör
2 Schnapsgläser Cognac (4 cl)
Zum Verzieren: kandierte
 Kirschen und Veilchen,
 Schokoladenstreusel,
 Mokkabohnen, Pistazien
20 Petits-fours-Förmchen

Pro Stück etwa 1050 Joule/ 250 Kalorien

Das Mehl auf ein Backbrett sieben. Eine Mulde hineindrücken und den Zucker, das Eigelb und die Milch hineingeben. Die Butter in Flöckchen auf dem Mehl verteilen und alle Zutaten von außen her rasch zu einem geschmeidigen Mürbeteig verkneten. Den Teig in Alufolie gewickelt 2 Stunden im Kühlschrank ruhen lassen.
Den Backofen auf 200° vorheizen. Den Teig auf einer bemehlten Fläche 3 mm dick ausrollen und die Förmchen damit auskleiden. Am Rand überstehende Teigreste abschneiden. Die Förmchen, eventuell in zwei Partien, auf ein Backblech setzen und den Teig jeweils in 8 Minuten hellbraun backen.

Die Törtchen vorsichtig mit einem Messer von der Form lösen, auf ein Kuchengitter stürzen und erkalten lassen. Die Eigelbe mit dem Zucker, dem Salz und dem Puddingpulver schaumig rühren. Die Milch mit dem Vanillemark zum Kochen bringen, die Eigelbmischung mit dem Schneebesen kräftig unter die Milch schlagen und einmal aufkochen lassen. Die Vanillecreme unter wiederholtem Umrühren abkühlen lassen. Die Butter mit dem Puderzucker schaumig rühren. Sobald Butter und Vanillecreme die gleiche Temperatur haben, die Creme löffelweise unter die Butter rühren. Die Buttercreme in drei gleich große Portionen teilen. Ein Drittel mit dem Kakao und dem Curaçao verrühren, das zweite Drittel mit dem Pulverkaffee und dem Kaffeelikör,

das letzte Drittel mit dem Cognac. Die Petits fours mit jeweils einer Creme ausspritzen, dann für 1–2 Stunden in den Kühlschrank stellen, damit die Creme fest wird.
Nach Belieben können Sie die Buttercreme noch mit halbierten kandierten Kirschen, Schokoladenstreuseln oder gehackten Pistazien garnieren.

Unser Tip
Besonders kunstvoll wirken die Petits fours, wenn Sie einige davon in geschmolzene Schokoladen-Fettglasur tauchen und die noch weiche Glasur mit Silberperlen, Schokoladenstreuseln oder gehackten Pistazien garnieren.

Wenn Gäste kommen

Für den Teilchen-Teller

Klassische Petits fours

Zutaten für 45 Stück:
6 Eigelbe
80 g Marzipan-Rohmasse
abgeriebene Schale von 1 Zitrone
120 g Zucker
5 Eiweiße, 120 g Mehl ◇
150 g Aprikosenmarmelade
200 g Marzipan-Rohmasse
70 g Puderzucker ◇
500 g Trockenfondant
1 Eßl. weißer Rum
rote und gelbe Lebensmittelfarbe
Zum Verzieren: kandierte Kirschen und Veilchen, gehackte Pistazien, Silberperlen
Zum Servieren: 45 Papierschälchen
Für die Backbleche: Pergamentpapier

Pro Stück etwa 380 Joule/ 90 Kalorien

Zwei Backbleche mit Pergamentpapier auslegen. Den Backofen auf 220° vorheizen. Die Eigelbe mit der Marzipan-Rohmasse, der Zitronenschale und der Hälfte des Zuckers schaumig rühren. Die Eiweiße steif schlagen, den restlichen Zucker einrieseln lassen und gut unterrühren. Den Eischnee unter die Eigelbmasse heben und zuletzt das gesiebte Mehl nach und nach unter den Teig ziehen. Den Biskuitteig gleichmäßig dünn auf die beiden Backbleche streichen und die Böden auf der mittleren Schiene 8–10 Minuten backen. Die Teigböden noch heiß vom Backblech stürzen und das Pergamentpapier abziehen. Eine Teigplatte mit der Marmelade bestreichen und die zweite Platte darauflegen. Die Teigplatte in drei gleich breite Streifen schneiden, diese ebenfalls mit Marmelade bestreichen und aufeinandersetzen. Die Marzipan-Rohmasse mit dem gesiebten Puderzucker verkneten. Das Marzipan zur Größe der Bikuitschichten ausrollen und diese damit belegen. Das Marzipan mit Pergamentpapier oder Alufolie belegen, mit einem Holzbrett beschweren und 24 Stunden stehen lassen.
Dann aus dem Biskuit 4 × 4 cm große Quadrate oder 2½ × 5 cm große Rechtecke schneiden.
Für den Überzug den Fondant im Wasserbad auflösen und glattrühren. Achtung, der Fondant darf nur lauwarm werden! Den aufgelösten Fondant mit dem Rum verrühren, gegebenenfalls etwas Eiweiß zufügen. Der Fondant muß dickflüssig sein. Die Petits fours damit überziehen. Soll der Überzug verschiedenfarbig werden, so kann man einen Teil des flüssigen Fondants mit einigen Tropfen Lebensmittelfarbe färben. Kleine Tütchen aus Pergamentpapier drehen und winzige Spitzen abschneiden. Die restliche Fondantmasse in die Tütchen füllen und beliebige Muster auf die Petits fours spritzen. Nach Belieben kann man die Petits fours noch mit kleingeschnittenen kandierten Kirschen, kandierten Veilchen, gehackten Pistazien oder Silberperlen garnieren. Die Petits fours 1–2 Stunden auf einem Kuchengitter gut trocknen lassen. Zum Servieren in Papierschälchen setzen.

Das schmeckt zum 5-Uhr-Tee

Wenn Gäste kommen

Bath Buns

Zutaten für 24 Stück:
500 g Mehl, 30 g Hefe
3/16 l lauwarme Milch
80 g Zitronat
50 g Orangeat
125 g Butter, 2 Eier
80 g Zucker
je ½ Teel. Salz und Anis
1 Messerspitze gemahlener Kümmel
abgeriebene Schale von ½ Zitrone
80 g Rosinen ◊
1 Eigelb, 60 g Hagelzucker
Für das Backblech: Butter

Pro Stück etwa 755 Joule/ 180 Kalorien

Ein Backblech mit Butter bestreichen. Das Mehl in eine Schüssel sieben. In der Mitte die zerbröckelte Hefe mit wenig Mehl und der Milch verrühren. Den Hefevorteig 15 Minuten zugedeckt an einem warmen Platz gehen lassen.
Das Zitronat und das Orangeat kleinwiegen. Die zerlassene Butter mit den Eiern, dem Zucker, dem Hefevorteig und dem gesamten Mehl verkneten. Den Teig schlagen, bis er Blasen wirft. Dann das Zitronat, das Orangeat, die Gewürze und die heiß gewaschenen und abgetropften Rosinen unterkneten. Den Teig nochmals zugedeckt 30 Minuten gehen lassen. 50 g schwere Teigklößchen auf das Backblech setzen und zugedeckt zu doppelter Größe aufgehen lassen. Den Backofen auf 200° vorheizen. Die Buns mit dem verquirlten Eigelb bestreichen, mit dem Hagelzucker bestreuen und 50 Minuten backen.

Shrewsbury Biscuits

Zutaten für 60 Biscuits:
500 g Mehl
300 g Zucker, 2 Eier
je 1 Messerspitze Salz und gemahlener Zimt
300 g Butter
Für die Backbleche: Pergamentpapier

Pro Stück etwa 380 Joule/ 90 Kalorien

Zwei Backbleche mit Pergamentpapier auslegen.
Das Mehl auf ein Backbrett sieben, in die Mitte eine Mulde drücken und den Zucker, die Eier, das Salz und den Zimt hineingeben. Die Butter in Flöckchen über dem Mehl verteilen und alle Zutaten rasch zu einem Mürbeteig verkneten. Den Teig in Alufolie gewickelt 2 Stunden im Kühlschrank ruhen lassen.
Den Backofen auf 200° vorheizen. Den Teig auf einer bemehlten Fläche etwa 4 mm dick ausrollen und runde Plätzchen von 6–7 cm Ø ausstechen. Die Plätzchen auf das Pergamentpapier legen und 10–12 Minuten auf der mittleren Schiene backen.
Die Biscuits auf dem Pergamentpapier erkalten lassen, das Papier dann abziehen.

Unser Tip
Shrewsbury Biscuits können Sie gut auf Vorrat backen; in einer Blechdose aufbewahrt bleiben sie 2–3 Wochen knusprig.

Wenn Gäste kommen

Das schmeckt zum 5-Uhr-Tee

Shortbread Fingers

Zutaten für 30 Stück:
300 g weiche Butter
200 g Zucker
⅓ Teel. Salz
500 g Mehl
1 Tasse feiner Zucker

Pro Stück etwa 800 Joule/ 190 Kalorien

Die Butter mit dem Zucker und dem Salz verrühren. Das gesiebte Mehl unterkneten und den Mürbeteig zugedeckt 2 Stunden im Kühlschrank ruhen lassen.
Den Backofen auf 190° vorheizen. Den Teig auf einer bemehlten Fläche 1½ cm dick in der Größe eines Backblechs ausrollen und auf das Backblech legen. Die randlose Seite des Blechs mit einer Holzleiste oder mit einem vierfach gefalteten Alufolienstreifen abschließen, damit der Teig nicht auslaufen kann. Die Teigplatte mit einer Gabel mehrmals einstechen und auf der mittleren Schiene 25–30 Minuten bakken.
Das noch heiße Shortbread mit einem scharfen Messer in Streifen von 1½ × 7 cm Größe schneiden und sofort in dem Zucker wenden.

Englische Teacakes

Die englischen Teacakes bereiten Sie aus dem gleichen Teig wie die Bath Buns (Rezept Seite 72), nur wird der Teig statt mit 80 g Zucker nur mit 1 Teelöffel Zucker gesüßt. Anis, Kümmel, Zitronenschale und Zitronat entfallen. Geben Sie 50 g gewürfeltes Orangeat und statt der Rosinen 150 g gewaschene, abgetrocknete Korinthen zum Teig. Die Teacakes werden vor dem Backen nur mit Eigelb bestrichen.

Das schmeckt zum 5-Uhr-Tee

Wenn Gäste kommen

Löffelbiskuits

Zutaten für 36 Biskuits:
4 Eigelbe, 125 g Zucker
4 Eiweiße, 50 g Speisestärke
100 g Mehl
4 Eßl. Puderzucker
Für das Backblech:
Pergamentpapier

Pro Stück etwa 250 Joule/ 60 Kalorien

Ein bis zwei Backbleche mit Pergamentpapier auslegen. Den Backofen auf 200° vorheizen. Die Eigelbe mit einem Drittel des Zuckers schaumig rühren. Die Eiweiße zu steifem Schnee schlagen, den restlichen Zucker unterrühren und zuletzt die Speisestärke unterziehen. Die Eigelbmasse unter den Eischnee heben und das gesiebte Mehl unterrühren. Den sehr »steifen« Biskuitteig in einen Spritzbeutel mit großer Lochtülle füllen und mit genügend Abstand 8 cm lange Stangen auf das Backblech spritzen. Die Löffelbiskuits auf der mittleren Schiene in 12–15 Minuten hellgelb backen. Die Biskuits auf dem Pergamentpapier erkalten lassen und mit dem Puderzucker besieben.

> **Unser Tip**
> Vom gleichen Teig können Sie auch runde Plätzchen auf das Backblech spritzen. Nach dem Erkalten je 2 Plätzchen mit geschmolzener Kuvertüre zusammensetzen und einseitig mit Kuvertüre überziehen.

Tee-Makronen

Zutaten für 40 Makronen:
200 g Marzipan-Rohmasse
100 g abgezogene gemahlene Mandeln
200 g Zucker
⅛ l Eiweiß (von etwa 4 Eiern)
Für das Backblech:
Pergamentpapier

Pro Stück etwa 315 Joule/ 75 Kalorien

Ein bis zwei Backbleche mit Pergamentpapier auslegen. Den Backofen auf 190° vorheizen. Die Marzipan-Rohmasse mit den Mandeln, dem Zucker und einigen Eßlöffeln vom Eiweiß zu einem glatten Teig verkneten. Das restliche Eiweiß mit einem Kochlöffel unter den Teig rühren. (Der Teig soll nicht schaumig werden, deshalb besser kein Rührgerät benützen.) Den Teig in einen Spritzbeutel mit mittelgroßer Lochtülle füllen und auf das Pergamentpapier mit genügend Zwischenraum Häufchen spritzen. Die Makronen auf der mittleren Schiene des Backofens in 15–20 Minuten hellbraun backen.
Die Makronen auf dem Pergamentpapier abkühlen lassen, dann das Pergament umdrehen, mit Wasser bestreichen und abziehen.

> **Unser Tip**
> Die Tee-Makronen können Sie statt mit Mandeln auch mit Haselnüssen bereiten.

Wenn Gäste kommen

Das schmeckt zum 5-Uhr-Tee

Makronenzwieback

*Zutaten für 2 Rehrückenformen
   von 35 cm Länge:
500 g Mehl
30 g Hefe
¼ l lauwarme Milch
50 g Butter
50 g Zucker
½ Teel. Salz
abgeriebene Schale von
   ½ Zitrone
2 Eier ◊
100 g Marzipan-Rohmasse
80 g Puderzucker
1 Eiweiß
1 Eßl. Rum
Für die Formen: Butter*

Bei 40 Scheiben pro Stück etwa 380 Joule/90 Kalorien

Die Rehrückenformen mit Butter ausstreichen.
Das Mehl in eine Schüssel sieben, in die Mitte eine Vertiefung drücken, die Hefe hineinbröckeln und mit der Milch und etwas Mehl verrühren. Den Hefevorteig mit ein wenig Mehl bestäuben und zugedeckt an einem warmen Ort 15 Minuten gehen lassen.
Die Butter zerlassen. Den Zucker, das Salz, die Zitronenschale und die Eier mit der Butter verrühren, zum Hefevorteig geben und alles mit dem gesamten Mehl zu einem trockenen Hefeteig verarbeiten. Den Hefeteig so lange schlagen, bis er Blasen wirft, dann zugedeckt nochmals 30 Minuten gehen lassen. Auf einer bemehlten Fläche aus dem Hefeteig zwei gleich große Rollen formen, diese in die Rehrückenformen legen und darin so lange gehen lassen, bis sich das Teigvolumen verdoppelt hat. Den Backofen auf 220° vorheizen.
Den gut aufgegangenen Teig auf der zweiten Schiene von unten 25–35 Minuten backen, bis er goldgelb ist.
Die beiden Kuchen auf ein Kuchengitter stürzen und über Nacht abkühlen lassen.
Den Backofen auf 200° vorheizen. Die erkalteten Kuchen in gleich dicke Scheiben schneiden, auf ein Backblech legen und auf der mittleren Schiene von einer Seite in 5 Minuten hellgelb rösten, anschließend erkalten lassen. Die Marzipan-Rohmasse mit dem gesiebten Puderzucker, dem Eiweiß und dem Rum zu einer streichfähigen Masse verrühren. Die Marzipanmasse auf die ungeröstete Seite der Zwiebackscheiben streichen und so lange überbacken, bis sie sich leicht hellbraun färbt.

Unser Tip
Wenn Sie nur eine Rehrückenform haben, so können Sie die zweite Teigrolle auch in einer kleinen Kastenform backen. Oder Sie bakken die beiden Kuchen nacheinander in der Rehrückenform. Bewahren Sie in diesem Fall den ungebackenen Teig bis zur Verwendung in Pergamentpapier gewickelt im Kühlschrank auf.

Das schmeckt zum 5-Uhr-Tee

Wenn Gäste kommen

Türkischer Teekuchen

Zutaten für 1 Kastenform von 30 cm Länge:
125 g Rosinen
300 g weiche Butter
250 g Zucker
1 Päckchen Vanillinzucker
abgeriebene Schale von 1 Zitrone
6 Eier
3 Eßl. Madeirawein
300 g Mehl
80 g Speisestärke
2 Teel. Backpulver
150 g kandierte Kirschen
150 g Walnußkerne
½ Teel. Salz
1 Teel. gemahlener Zimt
½ Teel. gemahlener Kardamom ◊
100 g Schokoladen-Fettglasur
50 g gehackte Pistazien
Für die Form: Butter und Semmelbrösel

Bei 15 Stücken pro Stück etwa 2100 Joule/500 Kalorien

Eine Kastenform gut ausfetten und mit Semmelbröseln ausstreuen. Den Backofen auf 190° vorheizen.
Die Rosinen heiß waschen und abtropfen lassen. Die Butter mit dem Zucker, dem Vanillinzucker und der Zitronenschale schaumig rühren. Nacheinander die Eier und zuletzt den Madeira unterrühren. Das Mehl mit der Speisestärke und dem Backpulver sieben und mit den Rosinen mischen. Die Kirschen und die Nüsse grobhacken und mit dem Salz, dem Zimt und dem Kardamom zum Mehl geben. Das Mehlgemisch unter die Buttermasse ziehen und in die Kastenform füllen. Den Kuchen auf der zweiten Schiene von unten 1 Stunde und 20–40 Minuten backen.
Den Kuchen in der Form abkühlen lassen, dann auf ein Kuchengitter stürzen. Die Schokoladenglasur im Wasserbad schmelzen lassen, den Kuchen damit überziehen und mit den Pistazien bestreuen.

Wenn Gäste kommen

Das schmeckt zum 5-Uhr-Tee

Rumkuchen

Zutaten für 1 Kastenform von 26 cm Länge:
180 g Butter, 200 g Zucker
5 Eier, 250 g Mehl
80 g Maismehl
1 Päckchen Backpulver
2½ Schnapsgläser Rum (5 cl)
je 2 Eßl. Zitronen- und Orangensaft
abgeriebene Schale von je ½ Zitrone und Orange
Für die Form: Butter und Mehl

Bei 12 Stücken pro Stück etwa 1470 Joule/350 Kalorien

Die Kastenform mit Butter ausstreichen und mit Mehl ausstäuben. Den Backofen auf 190° vorheizen. Die Butter mit dem Zucker schaumig rühren und nacheinander die Eier unterrühren. Das Mehl mit dem Maismehl und dem Backpulver sieben und unter das Butter-Zucker-Gemisch ziehen. Löffelweise den Rum, den Zitronen- und den Orangensaft sowie die Zitronen- und die Orangenschale unter den Teig mischen. Den Teig in die Kastenform füllen und den Kuchen auf der zweiten Schiene von unten 60–65 Minuten backen.
Den Kuchen auf ein Kuchengitter stürzen; erkalten lassen.

> **Unser Tip**
> Wenn Sie vorne auf das Reibeisen ein Stück Pergamentpapier pressen, ehe Sie Zitronen- oder Orangenschale abreiben, läßt es sich danach mühelos säubern.

Königskuchen

Zutaten für 1 Kastenform von 30 cm Länge:
50 g Zitronat
100 g abgezogene Mandeln
200 g Rosinen
300 g Mehl
250 g weiche Butter
200 g Zucker
4 Eier
100 g Speisestärke
3 Teel. Backpulver
4 Eßl. Rum
Für die Form: Butter und Semmelbrösel

Bei 15 Stücken pro Stück etwa 1720 Joule/410 Kalorien

Eine Kastenform mit Butter ausstreichen und mit Semmelbröseln ausstreuen. Den Backofen auf 190° vorheizen. Das Zitronat und die Mandeln hacken. Die Rosinen heiß waschen, abtropfen lassen und in etwas Mehl wenden. Die Butter mit dem Zucker schaumig rühren und nacheinander die Eier unterrühren.
Das Mehl mit der Speisestärke und dem Backpulver sieben und unter den Teig ziehen. Den Rum, das Zitronat, die Mandeln und die Rosinen ebenfalls unter den Teig mischen. Den Teig in die Kastenform füllen, die Oberfläche glattstreichen und den Kuchen auf der zweiten Schiene von unten 1¼–1½ Stunden backen. Den Kuchen gegen Ende der Backzeit gegebenenfalls mit Pergamentpapier oder Alufolie abdecken, damit die Oberfläche nicht zu dunkel wird. Den Kuchen auf ein Kuchengitter stürzen und vor dem Anschneiden abkühlen lassen.

Das schmeckt zum 5-Uhr-Tee

Wenn Gäste kommen

Mandelschnitten

Zutaten für etwa 50 Schnitten:
250 g Butter
150 g Puderzucker
1 Ei
3 Eßl. Milch
abgeriebene Schale von
¼ Zitrone
500 g Mehl
200 g grobgehackte Mandeln ◊
100 g Schokoladen-Fettglasur
200 g geröstete Mandelstifte

Pro Stück etwa 610 Joule/
145 Kalorien

Die Butter mit dem gesiebten Puderzucker, dem Ei, der Milch und der Zitronenschale verkneten. Das Mehl sieben und nach und nach mit den grobgehackten Mandeln unter das Butter-Zucker-Gemisch kneten. Den Mürbeteig zu einer langen Rolle formen und die Rolle zu einer eckigen Stange drücken. Die Stange in Alufolie oder Pergamentpapier gewickelt 2 Stunden im Kühlschrank ruhen lassen. Den Backofen auf 200° vorheizen. Von der Teigstange etwa 6 mm dicke Scheiben abschneiden, auf ein Backblech legen und auf der mittleren Schiene 15 Minuten backen, bis sie goldgelb sind. Dann etwas abkühlen lassen.
Die Schokoladenglasur im Wasserbad schmelzen lassen und die Mandelschnitten dick damit bestreichen. Auf die noch weiche Schokoladenglasur die gerösteten Mandelstifte streuen. Die Glasur anschließend gut trocknen lassen.

Zuckerbrezeln

Zutaten für 24 Brezeln:
20 g Hefe
½ Tasse lauwarme Milch
80 g Butter
1 Ei
½ Teel. Salz
1 Messerspitze gemahlener
  Kardamom
350 g Mehl ◊
1 Eigelb
1 Tasse Hagelzucker
Für das Backblech: Butter

Pro Stück etwa 590 Joule/
140 Kalorien

Ein Backblech leicht mit Butter bestreichen.
Die Hefe in die lauwarme Milch bröckeln und darin verrühren. Die Butter schmelzen lassen und das Ei, das Salz und den Kardamom unterrühren. Das Mehl in eine Schüssel sieben, die angerührte Hefe und die Buttermischung zum Mehl geben und alles zu einem festen Hefeteig verkneten. Den Hefeteig nicht gehen lassen! Den Backofen auf 220° vorheizen. Den Hefeteig auf einer bemehlten Fläche zu einer dicken, langen Rolle formen. Die Rolle in 24 Scheiben schneiden, jede Scheibe zu einem etwa 50 cm langen Strang ausrollen und daraus Brezeln formen. Die Brezeln mit dem verquirlten Eigelb bestreichen, mit der bestrichenen Seite in den Hagelzucker drücken, auf das Backblech legen und auf der mittleren Schiene 12–15 Minuten backen.
Die Brezeln vorsichtig vom Backblech heben und auf einem Kuchengitter abkühlen lassen. Sie schmecken am besten ganz frisch.

Wenn Gäste kommen

Das schmeckt zum 5-Uhr-Tee

Würzige Friesenkekse

Zutaten für etwa 80 Kekse:
150 g Butter
100 g Zucker
je 1 Messerspitze Salz und geriebene Muskatnuß
abgeriebene Schale von 1 Orange
2 Eigelbe
250 g Mehl
½ Tasse Hagelzucker

Pro Stück etwa 170 Joule/ 40 Kalorien

Die Butter mit dem Zucker, dem Salz, der Muskatnuß, der Orangenschale und 1 Eigelb verrühren. Das gesiebte Mehl unterkneten. Den Mürbeteig zu einer Rolle von 4 cm Ø formen und in Alufolie oder Pergamentpapier gewickelt 2 Stunden im Kühlschrank ruhen lassen.
Den Backofen auf 200° vorheizen. Das zweite Eigelb verquirlen, die Teigrolle damit bestreichen und im Hagelzucker wenden. Etwa 5 mm dicke Scheiben von der Rolle abschneiden und mit etwas Zwischenraum auf ein Backblech legen. Die Kekse auf der mittleren Schiene 12–15 Minuten backen, bis sie hellbraun sind. Die Kekse 5 Minuten abkühlen lassen, dann mit einem breiten Messer vorsichtig vom Backblech heben und auf einem Kuchengitter völlig erkalten lassen.

Katzenzungen

Zutaten für etwa 40 Stück:
1 Vanilleschote
250 g weiche Butter
200 g Puderzucker
1 Messerspitze Salz
1 Ei
1 Eigelb
250 g Mehl ⋄
200 g Nougat
Für das Backblech: Butter

Pro Stück etwa 590 Joule/ 140 Kalorien

Ein oder zwei Backbleche mit Butter bestreichen. Den Backofen auf 200° vorheizen. Die Vanilleschote mit einem spitzen Messer der Länge nach aufschlitzen und das Mark herausschaben. Die Butter mit dem Puderzucker, dem Vanillemark und dem Salz schaumig rühren. Nacheinander das Ei und das Eigelb zugeben und zuletzt das gesiebte Mehl unterziehen. Den Teig in einen Spritzbeutel mit Lochtülle füllen und auf das Backblech Stangen von etwa 8 cm Länge spritzen. Zwischen den Stangen genügend Zwischenraum lassen, da der Teig beim Bakken etwas auseinanderläuft. Die Katzenzungen auf der mittleren Schiene 10–15 Minuten backen, bis sie goldgelb sind. Dann etwas abkühlen lassen.
Den Nougat im Wasserbad schmelzen lassen. Die Unterseite der Katzenzungen mit der Nougatmasse bestreichen und jeweils 2 Katzenzungen leicht zusammendrücken. Die Nougatfüllung fest werden lassen.

Gebäck zu Bier und Wein

Wenn Gäste kommen

Quiche lorraine

Lothringer Käsetorte

Zutaten für 1 Springform von 26 cm Ø :
200 g Mehl
100 g Butter
½ Teel. Salz
5 Eßl. Wasser ◊
200 g Frühstücksspeck (Bacon) oder gekochter Schinken
3 Eier
¼ l Sahne
1 Prise weißer Pfeffer
125 g frisch geriebener Emmentaler Käse
Für die Form: Butter und Mehl

Bei 12 Stücken pro Stück etwa 1260 Joule/300 Kalorien

Eine Springform von 26 cm Ø oder zwei kleine Springformen mit Butter ausstreichen und mit Mehl ausstäuben.

Das Mehl auf ein Backbrett sieben, die Butter in Flöckchen darüber verteilen und das Salz darüberstreuen. In die Mitte des Mehls eine Mulde drücken, das Wasser hineingießen und alle Zutaten rasch zu einem Mürbeteig verkneten. Den Teig in Alufolie oder Pergamentpapier eingewickelt 2 Stunden im Kühlschrank ruhen lassen.
Den Backofen auf 200° vorheizen. Den Teig auf einer bemehlten Fläche etwa 4 mm dick ausrollen und Rand und Boden der Springform damit auslegen. Den Teigboden mehrmals mit einer Gabel einstechen.
Den Speck in Scheiben schneiden und den Teig damit belegen. Die Eier mit der Sahne und dem Pfeffer verquirlen. Den geriebenen Käse unterziehen. Die Masse über die Speckscheiben gießen und glattstreichen. Die Quiche auf der zweiten Schiene von unten 30 Minuten backen.
Die Quiche lorraine nach dem Backen einige Minuten in der Form abkühlen lassen, dann auf eine Tortenplatte schieben und noch warm aufschneiden. Man ißt die Quiche zum Wein. Am besten paßt dazu ein trockener Elsässer Weißwein.

Unser Tip

Sie können die Quiche lorraine auch mit Hefeteig zubereiten. Dafür 250 g Mehl mit 15 g Hefe, ⅛ l lauwarmer Milch, 1 Prise Salz, 1 Ei und 40 g geschmolzener Butter verkneten.
Soll die Quiche für einen größeren Personenkreis reichen, so können Sie sie auch auf einem Backblech backen. Den Rand des Backblechs vorsichtshalber an der einen Schmalseite durch einen dreifach gefalteten Streifen aus Alufolie erhöhen, damit die Füllung beim Backen nicht vom Blech läuft.

Wenn Gäste kommen

Gebäck zu Bier und Wein

Zartes Käsegebäck

Zutaten für etwa 50 Stück:
450 g Blätterteig, tiefgefroren oder selbstbereitet (→ Rezept Seite 12)
100 g geriebener Sbrinz-Käse (milder Schweizer Hartkäse)
2 Eßl. Milch, 2 Eigelbe
100 g geriebener Emmentaler Käse
½ Teel. edelsüßes Paprikapulver

Pro Stück etwa 230 Joule/ 55 Kalorien

Tiefgefrorenen Blätterteig in 30–60 Minuten auftauen lassen, dann in zwei Teile teilen. Für die Käseschleifen das Backbrett mit einem Teil des geriebenen Sbrinz-Käses bestreuen und darauf den Blätterteig ½ cm dick ausrollen. Die Milch mit den Eigelben verquirlen und die Oberfläche des Teiges damit bestreichen. Wieder einen Teil des Käses daraufstreuen, den Teig zusammenfalten und nochmals ausrollen. Die Oberfläche zuletzt mit dem restlichen Käse bestreuen. Dann den Teig 3 mm dick ausrollen, in 8 cm breite Streifen zerschneiden und jeweils 4 Streifen übereinanderlegen. Davon ½ cm dicke Scheibchen abschneiden und diese zu Schleifen drehen. Ein Backblech kalt abspülen, die Schleifen darauflegen und 15 Minuten ruhen lassen. Den Backofen auf 210° vorheizen. Die Käseschleifen 8–10 Minuten auf der mittleren Schiene backen.
Mit der zweiten Teighälfte wie mit der ersten verfahren, nur jeweils den mit dem Paprikapulver vermischten Emmentaler Käse auf den Teig streuen. Aus der Teigplatte mit einem Teigrädchen 10 cm lange Streifen schneiden, diese mit dem restlichen verquirlten Eigelb bestreichen und den restlichen Käse daraufstreuen. Die Stangen ebenfalls auf einem kalt abgespülten Backblech 15 Minuten ruhen lassen, dann 8–10 Minuten backen.

Gebäck zu Bier und Wein

Wenn Gäste kommen

Champignon-Halbmonde

Zutaten für 16 Stück:
300 g tiefgefrorener Blätterteig ◊
100 g gewürfelter durchwachsener Speck
6 Eßl. Zwiebelwürfel
1 Tasse Champignons
2 Eßl. Tomatenmark
½ Teel. Selleriesalz
¼ Teel. weißer Pfeffer
2 Eßl. Butter ◊
1 Eigelb, 2 Eßl. Milch

Pro Stück etwa 630 Joule/ 150 Kalorien

Den Blätterteig in 30–60 Minuten auftauen lassen.
Die Speckwürfel und die Zwiebelwürfel anbraten. Die Champignons waschen, abtropfen lassen, blättrig schneiden und mit dem Tomatenmark, dem Selleriesalz, dem Pfeffer, der Butter und den Speckwürfeln so lange braten, bis die Flüssigkeit eingekocht ist. Den Blätterteig messerrückendick ausrollen und mit einer Tasse Scheiben ausstechen. Auf eine Hälfte jeder Scheibe 2 Teelöffel von der Füllung geben, die Ränder mit Wasser befeuchten, die andere Hälfte darüberschlagen und festdrücken, so daß ein Halbmond entsteht. Die Oberfläche einige Male einstechen. Das Eigelb mit der Milch verquirlen und das Gebäck damit bestreichen. Ein Backblech kalt abspülen, die Halbmonde darauflegen und 15 Minuten ruhen lassen. Den Backofen auf 180° vorheizen.
Das Gebäck auf der zweiten Schiene von unten 25 Minuten backen; heiß servieren.

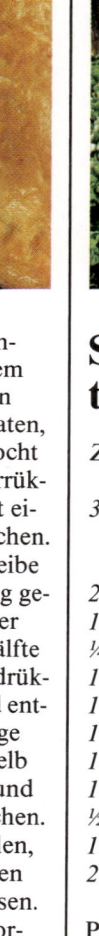

Schlemmertörtchen

Zutaten für 12 Förmchen von 8 cm ⌀:
300 g Blätterteig, tiefgefroren oder selbstbereitet (→ Rezept Seite 12) ◊
250 g Hackfleisch
1 Teel. Salz
¼ Teel. weißer Pfeffer
1 Ei ◊
1 Tasse kleine Champignons
100 g Schnittkäse
100 g Pökelzunge in Scheiben
100 g Jagdwurst in Scheiben ◊
½ Salatgurke
100 g Kalbsleberwurst
2 Eßl. gehackte Petersilie

Pro Törtchen etwa 1115 Joule/ 265 Kalorien

Tiefgefrorenen Blätterteig in 30–60 Minuten auftauen lassen. Die Förmchen kalt ausspülen. Den Backofen auf 220° vorheizen.
Den Blätterteig dünn ausrollen und die Förmchen damit auslegen. Das Hackfleisch mit etwas Salz, dem Pfeffer und dem Ei mischen und vier Förmchen randvoll damit füllen.
Die geputzten Champignons hacken, den Käse, die Zunge und die Jagdwurst kleinwürfeln, mit den Champignons mischen, etwas salzen; vier weitere Förmchen damit füllen.
Die Gurke schälen, grobraspeln, mit der Leberwurst, der Petersilie und etwas Salz verrühren und die restlichen Förmchen damit füllen. Alle Törtchen auf der mittleren Schiene 20 Minuten backen. Die Törtchen aus der Form stürzen und warm oder kalt servieren.

Wenn Gäste kommen

Gebäck zu Bier und Wein

Feine Fleischtaschen

Zutaten für 10 Stück:
300 g Mehl, 30 g Speisestärke
1 Prise Salz, 150 g Butter ⋄
1 Zwiebel, 30 g Butter
1 Eßl. Mehl, ⅛ l Fleischbrühe
6 Eßl. Sahne
je 1 Prise Salz, schwarzer
　Pfeffer, Zucker, Currypulver,
　Ingwerpulver und
　Cayennepfeffer
200 g kalter Schweinebraten
100 g Champignons
1 Eßl. gehackte Petersilie ⋄
1 Eigelb

Pro Stück etwa 1555 Joule/
370 Kalorien

Das Mehl mit der Speisestärke sieben und mit dem Salz, der Butter und etwas Wasser zu einem festen Teig verkneten. Den Teig zugedeckt 2 Stunden im Kühlschrank ruhen lassen. Die Zwiebel feinwürfeln, in der Butter hellgelb braten, mit dem Mehl bestäuben und mit der Brühe und der Sahne ablöschen. Alles 5 Minuten kochen lassen. Die Sauce mit den Gewürzen abschmecken. Den Schweinebraten und die geputzten Champignons feinwürfeln und mit der Petersilie untermischen. Den Backofen auf 220° vorheizen.
Den Teig 3 mm dick ausrollen und 10 Scheiben von 9 cm ⌀ ausstechen. Je 1 Eßlöffel Farce daraufgeben, die Ränder mit Wasser bestreichen, die Scheiben zusammenklappen und die Ränder gut zusammendrücken. Das Eigelb verquirlen und die Fleischtaschen damit bestreichen. Auf der mittleren Schiene 20 Minuten bakken und heiß servieren.

Vagabunden-Taler

*Zutaten für 12 glattrandige
　Tortelettförmchen von
　10 cm ⌀ :*
400 g Blätterteig, tiefgefroren
　oder selbstbereitet
　(→ Rezept Seite 12) ⋄
150 g gekochter Schinken im
　ganzen
150 g Schnittkäse
2 Zwiebeln
4 Tomaten
12 Scheiben Salami
½ Teel. schwarzer Pfeffer
1 Teel. edelsüßes Paprikapulver
½ Teel. Pilzpulver
4 Eßl. gehackte Petersilie
6 Eßl. Öl

Pro Stück etwa 1345 Joule/
320 Kalorien

Tiefgefrorenen Blätterteig in 30–60 Minuten auftauen lassen. Förmchen kalt ausspülen. Den Schinken und den Käse würfeln. Die Zwiebeln und die Tomaten in Scheiben schneiden. Den Backofen auf 200° vorheizen.
Den Blätterteig dünn ausrollen und die Förmchen damit auslegen. Die Teigböden mehrmals mit einer Gabel einstechen. Die enthäuteten Salamischeiben in die Törtchen legen. Schinkenwürfel und Zwiebelscheiben darauf verteilen, mit Pfeffer, Paprika- und Pilzpulver würzen. Die Tomatenscheiben darauflegen, mit den Käsewürfelchen und der Petersilie bestreuen. Die Törtchen 15 Minuten ruhen lassen, dann mit dem Öl beträufeln und auf der mittleren Schiene 20 Minuten backen. Die Vagabunden-Taler heiß servieren.

Gebäck zu Bier und Wein

Wenn Gäste kommen

Piroschki

Zutaten für 50 Stück:
½ l Milch
125 g Butter
40 g Hefe
1 Prise Zucker
¼ Teel. Salz
2 Eier
1 kg Mehl ◊
3 Stangen Lauch (Porree)
2 Zwiebeln, 1 Eßl. Öl
500 g rohe Bratwürste
4 Eßl. Semmelbrösel ◊
2 Eigelbe

Pro Stück etwa 630 Joule/ 150 Kalorien

Die Milch mit der Butter erwärmen und mit der zerbröckelten Hefe, dem Zucker, dem Salz, den Eiern und etwas Mehl glattrühren, dann das gesamte Mehl unterrühren. Den Teig zugedeckt an einem warmen Platz 40 Minuten gehen lassen. Den Lauch waschen und in Scheibchen schneiden. Die Zwiebeln würfeln. Zwiebelwürfel und Lauchscheibchen in dem Öl 5 Minuten braten. Die Bratwurstmasse in eine Schüssel drücken, die Lauchmischung und die Semmelbrösel zugeben und die Masse verkneten. Den Backofen auf 200° vorheizen.
Den Hefeteig auf 50 × 80 cm ausrollen und daraus 100 Rechtecke von 5 × 8 cm schneiden. Auf die Hälfte der Teigstücke 1–2 Eßlöffel der Füllung geben, die Ränder befeuchten, ein zweites Teigstück darüberlegen und die Ränder gut festdrücken. Die Piroschki mit verquirltem Eigelb bestreichen und auf der zweiten Schiene von unten 30 Minuten backen; warm servieren.

Käse-Windbeutel

Zutaten für 24 Stück:
¼ l Wasser
60 g Butter
1 Prise Salz, 200 g Mehl
4 kleine Eier ◊
125 g Magerquark
125 g Doppelrahm-Frischkäse
½ Teel. Paprikapulver
1 Prise Selleriesalz
½ Tasse Portwein
4 Eßl. Milch ◊
Zum Garnieren: kandierte Kirschen, Oliven, Gewürzgürkchen und Walnußkerne

Pro Stück etwa 380 Joule/ 90 Kalorien

Den Backofen auf 230° vorheizen.
Das Wasser mit der Butter und dem Salz zum Kochen bringen. Das gesiebte Mehl auf einmal hineinschütten und so lange rühren, bis sich der Teig als Kloß vom Topf löst. Den Teig in eine Schüssel geben, etwas abkühlen lassen und die Eier einzeln unterrühren.
Mit einem Spritzbeutel 24 kirschgroße Teigtupfen auf das Backblech spritzen und 20 Minuten auf der mittleren Schiene backen.
Die Windbeutel noch warm quer durchschneiden. Die Zutaten von Quark bis Milch verrühren.
Die Windbeutel mit der Käsecreme füllen, die Deckelchen aufsetzen und mit kleinen Cremerosetten verzieren. Die Rosetten nach Belieben mit halbierten kandierten Kirschen, Olivenscheiben, halbierten Walnußkernen oder fächerartig geschnittenen Gewürzgürkchen garnieren.

Wenn Gäste kommen

Gebäck zu Bier und Wein

Mürbes Käsegebäck

Zutaten für 80 Stück:
150 g Butter
180 g geriebener Greyerzer Käse (Gruyère) oder Emmentaler Käse
½ Tasse Sahne
½ Teel. Salz
1 Teel. edelsüßes Paprikapulver
½ Teel. Backpulver
250 g Mehl ⋄
2 Eigelbe
Zum Verzieren: Mohn, Sesamsamen, gehackte Pistazien, Kümmel und abgezogene halbierte Mandeln

Pro Stück etwa 190 Joule/ 45 Kalorien

Die Butter mit dem Käse gut verrühren, die Sahne, das Salz und das Paprikapulver unterkneten. Das Backpulver mit dem Mehl sieben und ebenfalls unterkneten. Den Mürbeteig in zwei oder drei Teile schneiden und in Alufolie oder Pergamentpapier gewickelt 2 Stunden im Kühlschrank ruhen lassen.
Den Backofen auf 200–210° vorheizen. Die Teigportionen nacheinander aus dem Kühlschrank nehmen und auf einer bemehlten Fläche etwa 6 mm dick ausrollen. Plätzchen von beliebiger Form – z. B. Ringe, Herzen, Halbmonde oder Sterne – ausstechen und auf ein Backblech legen. Die Eigelbe mit 1 Eßlöffel Wasser verquirlen. Die Plätzchen damit bestreichen und das noch feuchte Eigelb mit Mohn, Sesamsamen, Kümmel oder gehackten Pistazien bestreuen oder 1 Mandelhälfte in die Mitte setzen. Die Plätzchen auf der mittleren Schiene 10–15 Minuten backen. Das Käsegebäck noch warm vorsichtig mit einem breiten Messer vom Backblech heben und auf einem Kuchengitter abkühlen lassen.

Unser Tip

Von diesem Käsegebäck gibt es auch eine italienische Variante mit Gorgonzola-Käse: Bakken Sie Plätzchen wie im Rezept angegeben und bestreuen Sie die Hälfte davon mit Sesamsamen. 80 g Gorgonzola durch ein Sieb streichen und mit 125 g Doppelrahm-Frischkäse, 1 Eigelb, je 1 Prise Salz und Cayennepfeffer und 1 Teelöffel edelsüßem Paprikapulver verrühren. Die Käsecreme in einen Spritzbeutel mit Sterntülle füllen und die unbestreuten gebakkenen Plätzchen damit bespritzen.

Knusperkleine Snacks

Party-Gebäck für viele

Schinken-Käse-Hörnchen

Zutaten für 5 Hörnchen:
300 g Blätterteig, tiefgefroren oder selbstbereitet (→ Rezept Seite 12) ◊
100 g mittelalter Goudakäse
100 g gekochter Schinken
1 Eigelb
je 1 Eßl. kleingehackte Petersilie und Zwiebel
je 1 Messerspitze weißer Pfeffer und getrockneter Oregano ◊
1 Eigelb

Pro Stück etwa 1765 Joule/ 420 Kalorien

Tiefgefrorenen Blätterteig in 30–60 Minuten auftauen lassen.
Den Blätterteig auf einer bemehlten Fläche zu einer Platte von 45 × 25 cm ausrollen. Den Teig in 5 Dreiecke mit zwei sehr langen Seiten schneiden (→ Bild links).
Den Käse und den Schinken kleinwürfeln und mit dem Eigelb, der Petersilie, den Zwiebelwürfeln, dem Pfeffer und dem Oregano mischen. Von der Füllung je 1 Eßlöffel auf ein Teigdreieck setzen. Die kurze Seite des Dreiecks jeweils mit einem Einschnitt versehen und die Dreiecke zu Hörnchen aufrollen; sie sollen sehr locker gewickelt werden. Ein Backblech kalt abspülen, die Hörnchen darauflegen, mit verquirltem Eigelb bestreichen und 15 Minuten ruhen lassen. Den Backofen auf 220° vorheizen. Die Hörnchen dann auf der zweiten Schiene von unten 12–15 Minuten backen; am besten warm servieren.

Unser Tip
Statt der Hörnchen können Sie auch Teigröllchen formen, die Sie nach Belieben statt mit Schinken und Käse mit gut gewürztem Rinderhackfleisch füllen.

Party-Gebäck für viele

Knusperkleine Snacks

Schinkentaschen

Zutaten für 20 Stück:
300 g tiefgefrorener Blätterteig ◊
20 dünne Scheiben roher Schinken ◊
2 Eigelbe

Pro Stück etwa 880 Joule/ 210 Kalorien

Die Blätterteigscheiben nebeneinanderlegen und bei Raumtemperatur in etwa 30 Minuten auftauen lassen.
Die Teigscheiben dann halbieren und jede Hälfte auf einer bemehlten Fläche zu einem 10 × 20 cm großen Rechteck ausrollen. Von der langen Seite jeweils einen Streifen von ½ cm abschneiden. Die Platten in je 2 Quadrate teilen. Auf jedes Quadrat 1 aufgerollte Schinkenscheibe legen. Oder den Schinken feinwürfeln und auf den Teigquadraten verteilen. Die Teigränder mit verquirltem Eigelb bestreichen. Die Quadrate zusammenklappen und die Ränder gut zusammendrücken. Die Oberflächen der Taschen ebenfalls mit Eigelb bestreichen. Die schmalen Teigstreifen mit Eigelb bestreichen und kreuzweise über die Taschen legen. Den Backofen auf 210–220° vorheizen. Ein Backblech kalt abspülen, die Blätterteigtaschen daraufflegen und 15 Minuten ruhen lassen. Dann auf der zweiten Schiene von unten 10–15 Minuten backen. Die Taschen möglichst heiß servieren.

Wildpastetchen

Zutaten für 20 Pastetchen:
300 g Blätterteig, tiefgefroren oder selbstbereitet (→ Rezept Seite 12) ◊
500 g mageres Rehfleisch
1 Eßl. Butter
250 g Champignons
Saft von 1 Orange
¼ Teel. getrockneter Majoran
¼ Teel. Pfeffer, ½ Teel. Salz
1 Schnapsglas Cognac (2 cl)
5 Eßl. Schlagsahne
1 Bund gehackte Petersilie ◊
1 Eßl. Milch, 2 Eigelbe

Pro Stück etwa 525 Joule/ 125 Kalorien

Tiefgefrorenen Blätterteig in 30–60 Minuten auftauen lassen. Das Rehfleisch durch den Fleischwolf drehen und unter Rühren in der Butter anbraten. Die Champignons waschen, kleinschneiden und mit dem Orangensaft, dem Majoran, dem Pfeffer und dem Salz zum Fleisch geben. Die Flüssigkeit fast ganz einkochen lassen. Den Cognac darübergießen, anzünden und abbrennen lassen. Unter die abgekühlte Farce die Schlagsahne und die Petersilie heben.
Den Blätterteig ausrollen und in 20 gleich große Vierecke zerschneiden. Auf jedes Viereck 1–2 Eßlöffel der Füllung geben, die Teigstücke zusammenklappen und die Ränder zusammendrücken. Die Milch mit den Eigelben verquirlen, die Teigtaschen damit bestreichen, auf ein kalt abgespültes Backblech legen und 15 Minuten ruhen lassen. Den Backofen auf 200° vorheizen und die Pastetchen 10–15 Minuten backen. Heiß servieren.

Herzhaftes vom Blech

Party-Gebäck für viele

Schwäbischer Speckkuchen

*Zutaten für 1 Backblech oder
 für 2 Obstkuchenformen von
 26 cm Ø :
400 g Mehl, 30 g Hefe
¼ l lauwarme Milch
1 Prise Zucker
60 g Butter, 1 Ei
½ Teel. Salz ◇
400 g durchwachsener Speck
2 Eßl. Kümmel
2 Eßl. grobes Salz
Für das Backblech oder die
 Formen: Butter*

Bei 30 Stücken pro Stück etwa
820 Joule/195 Kalorien

Das Backblech oder die Obstkuchenformen leicht ausfetten. Das Mehl in eine Schüssel sieben, in die Mitte eine Vertiefung drücken und die zerbröckelte Hefe mit der Milch, dem Zucker und wenig Mehl verrühren. Den Vorteig 15 Minuten gehen lassen. Die Butter zerlassen, mit dem Ei und dem Salz verrühren, zum Vorteig geben und mit dem gesamten Mehl so lange schlagen, bis der Teig Blasen wirft. Den Teig 30 Minuten gehen lassen. Den Speck erst in dünne Scheiben und dann in Quadrate schneiden. Den Hefeteig auf einer bemehlten Fläche ausrollen, die Kuchenformen oder das Backblech damit belegen und die Speckquadrate dicht nebeneinander darauf verteilen. Den Kümmel und das Salz darüberstreuen und den Kuchen 15 Minuten gehen lassen. Den Backofen auf 220° vorheizen. Den Kuchen auf der zweiten Schiene von unten 25–30 Minuten backen und heiß servieren.

Badischer Zwiebelkuchen

*Zutaten für 1 Backblech:
300 g Mehl, 20 g Hefe
⅛ l lauwarme Milch
80 g Butter
1 Teel. Salz ◇
1½ kg Zwiebeln
100 g durchwachsener Speck
knapp ¼ l saure Sahne, 4 Eier
1 Prise Salz, 1 Eßl. Kümmel
Für das Backblech: Butter*

Bei 30 Stücken pro Stück etwa
715 Joule/170 Kalorien

Ein Backblech ausfetten. Das Mehl in eine Schüssel sieben, in die Mitte eine Vertiefung drücken, die Hefe hineinbröckeln und mit der Milch und wenig Mehl verrühren; zugedeckt 15 Minuten gehen lassen. Die Butter zerlassen, mit dem Salz zum Vorteig geben und alles mit dem gesamten Mehl so lange schlagen, bis der Teig Blasen wirft. Den Hefeteig nochmals 30 Minuten gehen lassen. Den Backofen auf 200° vorheizen. Die Zwiebeln in Scheiben schneiden oder hobeln. Den Speck würfeln und in einer Pfanne ausbraten, die Zwiebelringe zugeben und glasig werden lassen. Den Teig auf einer bemehlten Fläche ausrollen und das Backblech damit belegen. Die saure Sahne mit den Eiern, dem Salz und dem Kümmel verquirlen, die Zwiebelmischung untermengen und die Masse auf der Teigplatte verteilen. Den Kuchen weitere 15 Minuten gehen lassen, dann auf der mittleren Schiene 20–30 Minuten backen. Den Zwiebelkuchen nach Möglichkeit heiß servieren.

Party-Gebäck für viele

Illustrierte Quadrate

Zutaten für 10 Quadrate:
300 g tiefgefrorener Blätterteig ◊
1 kleine Zwiebel
1 Knoblauchzehe
1 Eßl. Öl
400 g geschälte Tomaten aus der Dose
1 Teel. Salz
½ Teel. schwarzer Pfeffer
1 Eßl. gehackte gemischte Kräuter ◊
Zum Illustrieren nach Belieben: Salamischeiben, paprikagefüllte Oliven, Kapern und gehackte Kräuter oder ◊
Muscheln, paprikagefüllte Oliven, Champignons, Zwiebelringe und grobgemahlener schwarzer Pfeffer oder ◊
Streifen von roter Paprikaschote, schwarze Oliven, Silberzwiebeln und Sardellenfilets ◊
Zum Bestreuen: 200 g grobgeriebener Emmentaler Käse

Pro Stück etwa 1700 Joule/ 405 Kalorien

Die Blätterteigscheiben nebeneinanderlegen und in 30 Minuten auftauen lassen.
Die Zwiebel und die Knoblauchzehe feinhacken und im Öl glasig braten. Die Tomaten etwas zerkleinern, zu der Zwiebel geben, das Salz und den Pfeffer untermischen und alles zugedeckt 15 Minuten leicht kochen lassen. Zuletzt die Kräuter unterrühren.
Die Blätterteigscheiben ausrollen und in 10 Quadrate schneiden. Ein Backblech kalt abspülen, die Quadrate darauflegen, mit der Tomatenmasse bestreichen und nach Belieben mit den angegebenen Zutaten belegen. Die Quadrate reichlich mit Käse bestreuen und 15 Minuten ruhen lassen. Den Backofen auf 220° vorheizen und die Quadrate 15–18 Minuten backen. Am besten ofenfrisch servieren.

Herzhaftes vom Blech

Pizza-Varianten

Party-Gebäck für viele

Seemanns-Pizza

Zutaten für 1 Springform von 26 cm Ø:
300 g Blätterteig, tiefgefroren oder selbstbereitet (→ Rezept Seite 12) ⋄
1 Zwiebel
10 Sardellenfilets
4 Eßl. Tomatenmark
2 Eßl. Öl
100 g entsteinte grüne Oliven
750 g Tomaten
100 g Thunfisch aus der Dose
1 Röhrchen Kapern
100 g tiefgefrorene Garnelen (Krabben)
je 1 Prise Knoblauchpulver und getrockneter Oregano

Bei 12 Stücken pro Stück etwa 1050 Joule/250 Kalorien

Tiefgefrorenen Blätterteig aus der Verpackung nehmen und in 30–60 Minuten auftauen lassen. Die Zwiebel in Ringe schneiden. Die Sardellen wässern. Den Backofen auf 200° vorheizen.
Den aufgetauten Blätterteig auf einer bemehlten Fläche ausrollen und eine mit kaltem Wasser ausgespülte Springform so damit auslegen, daß ein etwa 2 cm hoher Rand entsteht.
Das Tomatenmark mit 1 Eßlöffel Öl verrühren. Mit dem restlichen Öl den Teig bestreichen. Die Oliven in Scheiben schneiden. Die Tomaten kurz überbrühen, häuten und in Scheiben schneiden. Den Teigboden mit dem Tomatenmark bestreichen und mit den Tomaten- und Olivenscheiben belegen. Den Thunfisch etwas abtropfen lassen, zerpflücken und mit den Zwiebelringen, den abgetropften Sardellen, den abgetropften Kapern und den angetauten Garnelen auf den Tomatenscheiben verteilen. Die Pizza mit dem Knoblauchpulver und dem zerriebenen Oregano würzen und im Backofen auf der zweiten Schiene von unten 20 Minuten backen. Die Seemanns-Pizza heiß servieren.

Unser Tip

An mancher italienischen Küste wird die Seemanns-Pizza mit folgendem Belag gebacken: 250 g in Stücke geteilten Räucherfisch, 400 g abgezogene gewürfelte Tomaten, 100 g durchwachsenen, gewürfelten Speck, 100 g gewürfelten Hartkäse und 1 gewürfelte Zwiebel auf der Pizza verteilen. 1 Ei mit 2 Eßlöffeln Olivenöl, ½ Teelöffel Salz, 1 Messerspitze Knoblauchpulver und 1 Teelöffel edelsüßem Paprikapulver verquirlen und über den Belag gießen.

Party-Gebäck für viele

Pizza-Varianten

Sizilianische Sfincione

Zutaten für 4 Fladen:
500 g Mehl
30 g Hefe
¼ l lauwarme Milch
1 Ei, ½ Teel. Salz ◊
1 kg Tomaten
3 Knoblauchzehen
2 Zwiebeln, 1 Teel. Salz
4 Eßl. Olivenöl
20 schwarze Oliven
1 Teel. getrockneter Oregano
200 g Caciocavallo
   (italienischer Hartkäse
   aus Schafmilch)
Für das Backblech: Olivenöl

Pro Stück etwa 4055 Joule/ 965 Kalorien

Ein Backblech einölen. Das Mehl in eine Schüssel sieben. Die Hefe in der lauwarmen Milch auflösen und mit dem Ei, dem Salz und dem Mehl zu einem lockeren Teig schlagen. Den Hefeteig 40 Minuten zugedeckt gehen lassen.
Die Tomaten überbrühen, häuten, in Stücke schneiden und in eine Schüssel geben. Die Knoblauchzehen und die Zwiebeln schälen, feinhacken und mit dem Salz und 2 Eßlöffeln Olivenöl zu den Tomaten geben. Den Backofen auf 200° vorheizen. Aus dem Hefeteig 4 dicke Fladen formen und eine Vertiefung hineindrücken. Die Fladen auf das Backblech legen und mit der Tomatenmischung füllen. Die Oliven halbieren, entsteinen und mit dem Oregano und dem zerbröckelten Käse über die Füllung streuen. Das restliche Olivenöl über den Belag träufeln. Die Sfincione auf der zweiten Schiene von unten 25–30 Minuten backen.

Sfincione vom Blech

Der Hefeteig wird in Größe eines Backblechs ausgerollt. Den Teig mit einer Gabel mehrmals einstechen, damit er beim Backen keine Blasen wirft. Den Tomatenbelag wie im nebenstehenden Rezept beschrieben zubereiten und auf dem Teig verteilen. Nach Möglichkeit frische, grob zerkleinerte Pfefferminzblättchen und ½ Eßlöffel Basilikum über den Belag streuen. Die doppelte Menge schwarzer Oliven verwenden und 250 g Schafkäse darüberstreuen. Die Sfincione bei 220° 20–25 Minuten backen.
Obgleich die Sfincione unbestreitbar an die Pizza der Neapolitaner erinnert, wäre es doch unverzeihlich, diese sizilianische Spezialität eine »Pizza« zu nennen. Die Sfincione wird aus den Produkten des Landes hergestellt, und die Sizilianer behaupten, daß sie schon gebacken wurde, ehe man in Italien auch nur daran dachte, eine Pizza zu bereiten. Die Sfincione ist das typische sizilianische Gebäck der Bauern und Landarbeiter, niemals werden Sie sie aber in einer Pizzeria angeboten bekommen. Natürlich gibt es einige Varianten für den Belag und für das Würzen. Die Grundzutaten bleiben aber immer die gleichen. Einmal wird Sfincione nur mit Oregano gewürzt, ein anderes Mal auch mit Basilikum, manchmal wird sie in kleinen runden Fladen gebakken, dann wieder als Blechkuchen serviert.

Pizza-Varianten

Party-Gebäck für viele

Sardellenpizza

Zutaten für 4 Portionen:
200 g Mehl
10 g Hefe
½ Teel. Zucker
½ Tasse lauwarme Milch
3 Eßl. Olivenöl
½ Teel. Salz ◇
8 fleischige Tomaten
100 g Schnittkäse in Scheiben
10 Sardellenfilets in Öl, aus der Dose
1½ Teel. getrockneter Oregano
3 Eßl. Olivenöl
Für das Backblech: Olivenöl

Pro Portion etwa 2080 Joule/ 495 Kalorien

Ein Backblech mit Olivenöl bestreichen.
Das Mehl in eine Schüssel sieben und eine Vertiefung hineindrücken. Die zerbröckelte Hefe mit dem Zucker, der Milch und wenig Mehl darin verrühren. Den Vorteig 15 Minuten gehen lassen.
Den Vorteig mit dem gesamten Mehl, 3 Eßlöffeln Olivenöl und dem Salz verkneten. Zwei gleich große runde Teigplatten ausrollen, auf das Backblech legen und weitere 20 Minuten gehen lassen. Den Backofen auf 200° vorheizen.
Die Tomaten überbrühen, häuten, halbieren und auf die Pizzen legen. Die Käsescheiben in Quadrate schneiden und mit den Sardellenfilets in den Zwischenräumen verteilen. Den Oregano zerreiben und über den Belag streuen, das Olivenöl darüberträufeln und die Pizzen auf der zweiten Schiene von unten 20–30 Minuten backen. Heiß servieren.

Champignonpizza

Zutaten für 4 Portionen:
200 g Mehl
10 g Hefe
½ Teel. Zucker
½ Tasse lauwarme Milch
3 Eßl. Olivenöl
½ Teel. Salz ◇
8 fleischige Tomaten
100 g Champignons
60 g Schnittkäse in Scheiben
4 Eßl. gehackte Petersilie
3 Eßl. Olivenöl
Für das Backblech: Olivenöl

Pro Portion etwa 1850 Joule/ 440 Kalorien

Ein Backblech mit Olivenöl bestreichen.
Das Mehl in eine Schüssel sieben und eine Vertiefung hineindrücken. Die zerbröckelte Hefe mit dem Zucker, der Milch und etwas Mehl darin verrühren und den Vorteig zugedeckt an einem warmen Platz 15 Minuten gehen lassen.
Den Vorteig mit 3 Eßlöffeln Olivenöl, dem Salz und dem gesamten Mehl verkneten. Zwei gleich große runde Teigplatten ausrollen, auf das Backblech legen und weitere 20 Minuten gehen lassen. Den Backofen auf 200° vorheizen.
Die Tomaten überbrühen, häuten und in Scheiben schneiden. Die Pizzen mit den Tomaten belegen. Die Champignons putzen, waschen, in Scheiben schneiden und auf die Tomaten streuen. Die Käsescheiben darüberlegen. Die Petersilie über den Belag streuen und das Olivenöl darüberträufeln. Die Pizzen auf der zweiten Schiene von unten 20–30 Minuten backen und möglichst heiß servieren.

Party-Gebäck für viele

Pizza-Varianten

Scharfe Salamipizza

Zutaten für 4 Portionen:
200 g Mehl, 10 g Hefe
½ Teel. Zucker
½ Tasse lauwarme Milch
3 Eßl. Olivenöl
½ Teel. Salz ◊
6 fleischige Tomaten
6 kleine Pfefferschoten
  (Peperoni aus dem Glas)
60 g Schnittkäse in Scheiben
50 g Mailänder Salami in
  Scheiben
3 Eßl. Olivenöl
Für das Backblech: Olivenöl

Pro Portion etwa 2185 Joule/ 520 Kalorien

Ein Backblech mit Olivenöl bestreichen.
Das Mehl in eine Schüssel sieben und eine Vertiefung hineindrücken. Die zerbröckelte Hefe mit dem Zucker, der Milch und etwas Mehl darin verrühren. Den Vorteig 15 Minuten gehen lassen.
Den Vorteig mit dem Mehl, 3 Eßlöffeln Olivenöl und dem Salz verkneten. Zwei runde Teigplatten ausrollen, auf das Backblech legen und weitere 20 Minuten gehen lassen. Den Backofen auf 180° vorheizen. Die Tomaten häuten, halbieren und mit der Schnittfläche nach oben auf die Teigböden legen. Die Pfefferschoten von den Stielen befreien, halbieren und entkernen. Den Käse in 1 cm breite Streifen schneiden. Pfefferschoten, Käsestreifen und Salamischeiben zwischen den Tomaten verteilen. Das Olivenöl darüberträufeln und die Pizzen auf der zweiten Schiene von unten 20–30 Minuten backen. Heiß servieren.

Pizza pugliese

Zutaten für 4 Portionen:
200 g Mehl, 10 g Hefe
½ Teel. Zucker
½ Tasse lauwarme Milch
6 Eßl. Olivenöl, ½ Teel. Salz ◊
6 fleischige Tomaten
1 Teel. Selleriesalz
½ Teel. schwarzer Pfeffer
2 Teel. getrockneter Oregano
150 g Mozzarellakäse oder
  körniger Frischkäse
2 Zwiebeln
10 Sardellenfilets
1 Röhrchen kleine Kapern
Für das Backblech: Olivenöl

Pro Portion etwa 2015 Joule/ 480 Kalorien

Ein Backblech einölen.
Das Mehl in eine Schüssel sieben und eine Vertiefung hineindrücken. Die zerbröckelte Hefe mit dem Zucker, der Milch und etwas Mehl darin verrühren. Den Vorteig 15 Minuten gehen lassen.
Den Vorteig mit dem gesamten Mehl, 3 Eßlöffeln Olivenöl und dem Salz verkneten. Zwei runde Teigplatten ausrollen, auf das Backblech legen und 20 Minuten gehen lassen. Den Backofen auf 200° vorheizen. Die Tomaten überbrühen, häuten, in dicke Scheiben schneiden und auf den Teigböden verteilen. Mit dem Selleriesalz, dem Pfeffer und dem Oregano würzen. Die Zwischenräume mit dem Käse füllen. Die Zwiebeln feinwürfeln und mit den ganzen Sardellen und den Kapern über die Pizzen verteilen. Das restliche Öl darüberträufeln und die Pizzen auf der zweiten Schiene von unten 40 Minuten backen; möglichst heiß servieren.

Für den Kindergeburtstag

Backen für Familienfeste

Kleine Schoko-Igel

Zutaten für 16 Igel:
100 g Butter, 60 g Zucker
1 Prise Salz, 160 g Mehl ◊
1 Päckchen
    Vanille-Puddingpulver
½ l Milch, 2 Eigelbe
150 g Zucker
250 g weiche Butter
40 g Kakaopulver ◊
1 Biskuitboden, fertig gekauft
    oder selbstgebacken
    (→ Rezept Seite 19)
50 g Zucker, ½ Tasse Wasser ◊
100 g Mandelstifte
300 g Schokoladen-Fettglasur

Pro Stück etwa 2015 Joule/
480 Kalorien

Aus der Butter, dem Zucker, dem Salz und dem gesiebten Mehl einen Mürbeteig kneten. Den Teig in Alufolie oder Pergamentpapier gewickelt 2 Stunden im Kühlschrank ruhen lassen.
Aus Karton eine Schablone von 7 cm Länge in Form eines zugespitzten Ovals schneiden. Den Backofen auf 200° vorheizen.
Den Teig ½ cm dick ausrollen und mit Hilfe der Schablone 16 igelförmige Plätzchen aus dem Teig schneiden. Die Plätzchen auf der mittleren Schiene 8–10 Minuten backen, dann auf einem Kuchengitter erkalten lassen.
Das Puddingpulver mit 3 Eßlöffeln Milch anrühren und mit den Eigelben verquirlen. Die restliche Milch mit dem Zucker zum Kochen bringen, das Puddingpulver hineinrühren und einige Male aufkochen lassen. Den Pudding abkühlen lassen.
Die Butter schaumig rühren. Wenn Pudding und Butter dieselbe Temperatur haben, den Pudding löffelweise unter die Butter rühren. 3 Eßlöffel Buttercreme zum Garnieren zurückbehalten, die restliche Creme mit dem Kakaopulver verrühren.
Den Biskuitboden in Würfel schneiden und in eine Schüssel geben. Den Zucker mit dem Wasser aufkochen, die Biskuitwürfel damit übergießen und zugedeckt 30 Minuten ziehen lassen. Die Biskuitwürfel unter die Buttercreme mischen; die Würfel sollen dabei möglichst nicht zerfallen. Die Creme igelförmig auf die Mürbeteigplätzchen streichen und die Igel mit den Mandelstiften spicken. Den Kopf frei lassen. Die Igel 1 Stunde im Kühlschrank fest werden lassen. Die Schokoladen-Fettglasur im Wasserbad zerlassen. Die Igel auf Pergamentpapier setzen und mit der Glasur überziehen. Mit der zurückbehaltenen Buttercreme Nase und Augen aufspritzen.

Unser Tip

Wenn die Schoko-Igel nicht für Kinder, sondern für den Geburtstagskaffee Erwachsener bestimmt sind, kann man die Biskuitwürfel statt mit Zuckerwasser mit Rumwasser übergießen. Nehmen Sie auf 3 Eßlöffel Wasser 1 Schnapsglas Rum.

Backen für Familienfeste

Für den Kindergeburtstag

Marzipanfigürchen

Zutaten für 20 Stück:
1 kg Marzipan-Rohmasse
600 g Puderzucker
rote und gelbe Speisefarbe
etwas Kakaopulver
einige abgezogene
*   Mandelhälften*
4 Eßl. Puderzucker
1 Eiweiß
etwas Schokoladen-Fettglasur

Pro Stück etwa 1680 Joule/ 400 Kalorien

Die Marzipan-Rohmasse mit dem gesiebten Puderzucker verkneten und in 4 gleich große Stücke teilen. Ein Viertel der Marzipanmasse weiß lassen, ein Viertel mit der roten Farbe rosa, das andere Viertel mit der gelben Farbe gelb färben. Das letzte Viertel des Marzipans mit Kakaopulver braun färben. Die Viertel bis zum Verarbeiten in Alufolie einwickeln. Von der Marzipanmasse Stücke von 75 g abschneiden. Nach Vorschlägen auf dem Bild Tiere oder Figürchen nach Ihrer Phantasie formen. Den Schweinchen Füße und Ohren aus Mandeln anstecken. Die einzelnen Teile der Figürchen mit Holzspießchen zusammenstecken. Den Puderzucker mit dem Eiweiß verrühren. Die Schokoladenglasur schmelzen lassen. Aus beiden Glasuren die Gesichter der Figürchen gestalten.

Unser Tip
Wenn Sie die kleinen Marzipanfiguren nur zum Verzieren einer Torte brauchen, so verwenden Sie nur die Hälfte der angegebenen Mengen von Zutaten in diesem Rezept. Einfache kunstgewerbliche Plastiken können zum Formen der Figuren ebenfalls als Vorbild dienen.

Für den Kindergeburtstag

Backen für Familienfeste

Gratulations-Mäuse

Zutaten für 32 Mäuse:
500 g Mehl, 40 g Hefe
⅛ l lauwarme Milch
80 g Zucker
80 g Rosinen
100 g kandierte Früchte
2 Eigelbe
½ Teel. Salz ◇
64 abgezogene halbierte Mandeln
64 Rosinen ◇
½ Tasse Puderzucker
Zum Fritieren: 1 l Öl oder 1 kg Plattenfett

Pro Stück etwa 505 Joule/ 120 Kalorien

Das Mehl in eine Schüssel sieben und in die Mitte eine Vertiefung drücken. Die Hefe hineinbröckeln und mit der lauwarmen Milch, 1 Teelöffel Zucker und etwas Mehl zu einem Vorteig verrühren. Den Hefeteig mit etwas Mehl bestäuben und zugedeckt an einem warmen Platz 20 Minuten gehen lassen.
Die Rosinen überbrühen, in einem Sieb abtropfen lassen, dann auf ein Tuch schütten und gut trockenreiben. Die kandierten Früchte sehr fein hacken. Rosinen und kandierte Früche auf das Mehl schütten. Die Eigelbe mit dem Salz verquirlen, mit dem restlichen Zucker auf das Mehl geben und alle Zutaten zu einem glatten Hefeteig verarbeiten. Den Teig so lange schlagen, bis er Blasen wirft und sich vom Schüsselrand löst, dann zugedeckt nochmals 40 Minuten gehen lassen. Den Hefeteig zu einer langen Rolle formen und in 32 gleich große Stücke schneiden. Mit bemehlten Händen aus jedem Teigstück eine kleine Maus formen (→Bild oben). Als Ohren zwei Mandelhälften in das Köpfchen stecken und als Augen zwei Rosinen hineindrücken. Die fertigen Mäuschen auf ein bemehltes Backbrett setzen und zugedeckt nochmals 15 Minuten gehen lassen.
Das Öl oder das Plattenfett in der Friteuse oder in einem Topf auf 175° erhitzen. Jeweils 6 Mäuschen ins heiße Fett gleiten lassen. Nach 2 Minuten Fritierzeit die Mäuschen mit dem Schaumlöffel umdrehen und weitere 2 Minuten backen, bis sie goldgelb sind. Die Mäuschen mit einem Schaumlöffel herausheben und auf Küchenkrepp gut abtropfen lassen.
Jedem Mäuschen aus einem Stückchen ausgefranster Schnur ein Schwänzchen ansetzen: Einen Knoten in die Schnur machen, einen Zahnstocher durchstecken und mit dessen Hilfe die Schnur in den Teig drücken. Die Mäuschen mit dem Puderzucker besieben und noch warm servieren.

Unser Tip

Wenn Sie die Sache mit der Schnur für die Schwänze der Mäuse zu mühevoll finden, so stecken Sie einfach Holzspießchen ins hintere Ende. Die Spießchen sind ein ganz guter Ersatz für die Schwänzchen und zugleich eine Hilfe beim Verzehren der noch warmen Mäuschen.

Backen für Familienfeste

Für den Kindergeburtstag

Lachende Mohrenköpfe

Zutaten für 15 Mohrenköpfe:
4 Eigelbe, 2 Eßl. Zucker
abgeriebene Schale von
  ½ Zitrone
2 Eßl. Wasser, 6 Eiweiße
90 g Zucker, 50 g Mehl
60 g Speisestärke ◇
100 g Aprikosenmarmelade
100 g Schokoladen-Fettglasur
½ Tasse Puderzucker
1 Eßl. Eiweiß
Für das Backblech:
  Backpapierförmchen

Pro Stück etwa 545 Joule/
130 Kalorien

Den Backofen auf 180° vorheizen. Die Eigelbe mit dem Zucker, der Zitronenschale und dem Wasser schaumig rühren. Die Eiweiße mit dem Zucker steif schlagen und unter die Eigelbmasse ziehen. Das Mehl mit der Speisestärke darübersieben und unterheben. Den Biskuitteig in einen Spritzbeutel mit großer Lochtülle füllen und in die Papierförmchen gleich große Halbkugeln spritzen. Die Kugeln auf der zweiten Schiene von unten 12–15 Minuten backen. Erkalten lassen, das Papier abziehen und je zwei Mohrenköpfe mit etwas Marmelade zusammensetzen. Die restliche Marmelade unter Rühren erhitzen und die Mohrenköpfe damit bestreichen. Die Schokoladenglasur schmelzen lassen und die Mohrenköpfe damit überziehen. Den Puderzucker mit dem Eiweiß verrühren, in eine kleine Spritztüte aus Pergamentpapier füllen und die Mohrenköpfe damit verzieren.

Süßes ABC

Zutaten für 30 Buchstaben:
250 g Mehl
1 Ei
100 g Zucker
1 Päckchen Vanillinzucker
100 g Butter ◇
200 g Puderzucker
einige Eßl. Zitronensaft
100 kleine Gummibärchen

Pro Stück etwa 485 Joule/
115 Kalorien

Das Mehl auf ein Backbrett sieben und mit dem Ei, dem Zucker, dem Vanillinzucker und der Butter in Flöckchen zu einem Mürbeteig verkneten. Den Teig in Alufolie gewickelt 2 Stunden im Kühlschrank ruhen lassen.
Den Backofen auf 200° vorheizen. Nacheinander vom Teig 30 Stücke abschneiden und daraus auf einer bemehlten Arbeitsfläche etwa 1 cm dicke Stränge rollen. Aus jeder Teigrolle einen Buchstaben formen und etwas flachdrücken. Die Buchstaben auf der mittleren Schiene 10–15 Minuten backen.
Den gesiebten Puderzucker mit so viel Zitronensaft verrühren, daß eine dicke, aber streichfähige Glasur entsteht. Die noch warmen Buchstaben damit überziehen und auf die noch weiche Glasur die Gummibärchen drücken.

Kein Festtag ohne Kuchen

Backen für Familienfeste

Nußeis-Waffelherzen

Zutaten für 12 Waffelherzen:
50 g Butter, 25 g Zucker
1 Eßl. Vanillinzucker
1 Prise Salz, 2 Eier
125 g Mehl
½ Teel. Backpulver
½–1 Tasse Buttermilch ◊
⅛ l Sahne, 1 Eßl. Zucker
100 g Schokoladen-Fettglasur
1 Haushaltsbecher Nußeis
20 g gehackte Pistazien
Für das Waffeleisen: Butter

Pro Stück etwa 860 Joule/ 205 Kalorien

Die Butter mit dem Zucker, dem Vanillinzucker und dem Salz schaumig rühren. Nacheinander die Eier, dann das mit dem Backpulver gesiebte Mehl unterrühren. So viel Buttermilch zum Teig geben, daß er dünnflüssig wird.
Das Waffeleisen aufheizen und mit Butter bestreichen. Für jede Waffel 1 Eßlöffel Teig in das Waffeleisen geben und goldbraun backen. Die Waffeln in einzelne Herzen trennen und abkühlen lassen.
Die Sahne mit dem Zucker steif schlagen und in einen Spritzbeutel mit Sterntülle füllen. Die Schokoladenglasur im Wasserbad schmelzen lassen. Das Nußeis auf einen Teller stürzen, von oben nach unten vierteln und jedes Viertel in drei Scheiben schneiden. Jeweils ein Waffelherz mit 1 Eisscheibe belegen und ein zweites Herz daraufsetzen. Die Herzen mit Sahnetupfen bespritzen und mit Schokoladenglasur sowie den gehackten Pistazien wie auf dem Foto abgebildet garnieren.

Eisroulade Fürstenart

Zutaten für 8 Portionen:
8 Eigelbe, 100 g Zucker
4 Eiweiße, 80 g Mehl
20 g Speisestärke ◊
400 g Orangenmarmelade
⅛ l Sahne
1 Eßl. Zucker
2 Haushaltspackungen Fürst-Pückler-Eis
Für das Backblech: Pergamentpapier

Pro Portion etwa 1280 Joule/ 305 Kalorien

Ein Backblech mit Pergamentpapier auslegen. Den Backofen auf 240° vorheizen.
Die Eigelbe mit der Hälfte des Zuckers schaumig rühren. Die Eiweiße steif schlagen, den restlichen Zucker dabei einrieseln lassen und den Eischnee unter die Eigelbmasse heben. Das Mehl mit der Speisestärke darübersieben und unterziehen. Den Biskuitteig gleichmäßig auf das Pergamentpapier streichen und auf der mittleren Schiene 8–10 Minuten backen. Die Teigplatte noch heiß auf ein mit Zucker bestreutes Tuch stürzen und das Pergamentpapier abziehen. Die Marmelade durch ein Sieb streichen und gleichmäßig auf dem Teigblatt verteilen. Die Teigplatte mit Hilfe des Tuches locker aufrollen und erkalten lassen. Die Sahne mit dem Zucker steif schlagen und in einen Spritzbeutel mit Sterntülle füllen. Die erkaltete Roulade in 16 gleich dünne Scheiben schneiden und zwischen je 2 Scheiben 1 Scheibe Fürst-Pückler-Eis geben. Jede Portion mit Sahnerosetten garnieren.

Backen für Familienfeste

Kein Festtag ohne Kuchen

Mokkabaisers

Zutaten für 12 Baisers:
¼ l Eiweiß (von etwa 8 Eiern)
200 g Zucker
150 g Puderzucker
30 g Speisestärke
2 Eßl. Pulverkaffee (Instant) ◊
200 g Sauerkirschen aus dem Glas (mit Saft)
50 g Zucker
½ Teel. gemahlener Zimt
2 Teel. Speisestärke
⅜ l Sahne, 1 Eßl. Zucker
Für das Backblech:
 Pergamentpapier

Pro Stück etwa 1135 Joule/ 270 Kalorien

Zwei Backbleche mit Pergamentpapier auslegen. Den Backofen auf 100° vorheizen. Die Eiweiße steif schlagen und den Zucker einrieseln lassen. Den Puderzucker mit der Speisestärke über den Eischnee sieben und unterheben. Den Pulverkaffee in wenig warmem Wasser auflösen, abkühlen lassen und unter den Eischnee heben. Mit einem Spritzbeutel mit Sterntülle 24 Rosetten auf die Backbleche spritzen. Die Baisers 8 Stunden im Backofen trocknen lassen, dabei die Tür einen Spalt offenhalten. Die Baisers vom Blech nehmen und das Pergamentpapier abziehen. Den Sauerkirschensaft mit dem Zucker und dem Zimt aufkochen und mit der kalt angerührten Speisestärke binden, die Kirschen zugeben und einmal aufkochen, dann abkühlen lassen. Die Sahne mit dem Zucker steif schlagen. Die Hälfte der Baisers mit Sahne bespritzen, mit Kirschen belegen und ein zweites Baiser daraufsetzen.

Bananenmeringen

Zutaten für 12 Meringen:
¼ l Eiweiß (von etwa 8 Eiern)
200 g Zucker
150 g Puderzucker
30 g Speisestärke ◊
½ l Sahne, 3 Eßl. Zucker
2 Eßl. Kakaopulver
100 g Schokoladen-Fettglasur
6 Bananen
50 g Krokantstreusel
Für das Backblech:
 Pergamentpapier

Pro Stück etwa 1700 Joule/ 405 Kalorien

Ein Backblech mit Pergamentpapier auslegen. Den Backofen auf 100° vorheizen. Die Eiweiße steif schlagen und den Zucker einrieseln lassen. Den Puderzucker mit der Speisestärke darübersieben und unterheben. Die Baisermasse in einen Spritzbeutel mit Lochtülle füllen und auf das Backblech 12 Bögen in Bananenform spritzen und 8 Stunden im Backofen trocknen lassen; die Tür dabei einen Spalt offenhalten.
Das Pergamentpapier abziehen, die Baisers abkühlen lassen. Die Sahne mit dem Zucker steif schlagen, mit dem gesiebten Kakaopulver verrühren und auf die Baisers spritzen. Die Schokoladenglasur im Wasserbad zerlassen. Die Bananen längs halbieren, auf die Sahne legen, mit der Schokoladenglasur überziehen und mit dem Krokant bestreuen.

Die Torte zur Hochzeit

Backen für Familienfeste

Wedding Cake

Englische
Hochzeitstorte

Zutaten für 1 Springform von
24 cm ⌀:
250 g Butter
250 g Farinzucker
5 Eier
Saft und abgeriebene Schale
  von 1 Zitrone
1 Schnapsglas Rum (2 cl)
250 g Mehl
½ Teel. gemahlener Zimt
1 Messerspitze geriebene
  Muskatnuß
150 g grobgehackte kandierte
  Kirschen
je 400 g Korinthen und Rosinen
je 100 g feingehacktes Zitronat
  und Orangeat
50 g gehackte Mandeln ⋄
500 g Puderzucker
2–3 Eiweiße
1 Teel. Zitronensaft

*Zum Verzieren: buntes
  Zuckerwerk
Für die Form: Butter*

Bei 22 Stücken pro Stück etwa
2330 Joule/555 Kalorien

Eine Springform mit Butter ausfetten. Den Backofen auf 180° vorheizen.
Die Butter mit dem Farinzucker schaumig rühren. Nacheinander die Eier, den Zitronensaft, die Zitronenschale und den Rum zugeben und alles gut verrühren. Zwischendurch 1–2 Eßlöffel Mehl unter die Masse rühren, damit sie nicht gerinnt. Das restliche Mehl sieben und mit dem Zimt, der Muskatnuß, den kandierten Kirschen, den Korinthen, den Rosinen, dem Zitronat, dem Orangeat und den Mandeln mischen und unter die Eier-Butter-Masse ziehen.
Den Teig in die Springform füllen, glattstreichen und auf der zweiten Schiene von unten 1½ Stunden backen. Unbedingt die Stäbchenprobe (→ Seite 226) machen, ehe der Kuchen aus dem Backofen genommen wird. Wenn nötig, den Kuchen etwas länger backen. Auf einem Kuchengitter abkühlen lassen.
Den Puderzucker sieben und mit so viel Eiweiß und Zitronensaft verrühren, daß eine feste Glasur entsteht; den Kuchen auf der Oberfläche und am Rand damit bestreichen. Die restliche Glasur in einen kleinen Spritzbeutel mit kleiner Sterntülle und in eine kleine Spritztüte aus Pergamentpapier füllen. Den Kuchen nach Vorschlägen auf dem Bild mit der Glasur und dem bunten Zuckerwerk verzieren.

Unser Tip

Am besten schmeckt der Wedding Cake, wenn Sie ihn mindestens 14 Tage vor dem Fest backen und gut in Alufolie gewickelt aufbewahren. Glasiert und verziert wird er erst vor Gebrauch.
Der Kuchen hält sich gut verpackt sogar bis zu einem Jahr. In England ist es in vielen Familien üblich, das Stück Hochzeitskuchen, das von der Feier übriggeblieben war, gut in Alufolie verpackt bis zur Taufe des ersten Kindes aufzubewahren.

Backen für Familienfeste

Die Torte zur Hochzeit

Hochzeitstorte in drei Etagen

*Zutaten für je 1 Springform von 24 cm, 18 cm und 11,5 cm ⌀:
Für diese festliche Hochzeitstorte brauchen Sie die doppelte Menge aller Zutaten wie für den nebenstehenden Wedding Cake
Zum Verzieren: bunte Zuckerkugeln, kandierte Veilchen und Kirschen, Angelika (Engelwurz) und 4 runde Oblaten*

Bei 56 Stücken pro Stück etwa 1825 Joule/435 Kalorien

Den Backofen auf 180° vorheizen. Die drei Springformen einfetten. Den Teig nach dem Rezept Wedding Cake zubereiten, in die Formen verteilen und die Oberfläche glattstreichen. Die Kuchen nacheinander auf der zweiten Schiene von unten backen: den Kuchen in der großen Springform etwa 1½ Stunden, den in der mittleren etwa 1 Stunde und den in der kleinen 40 Minuten. Vor dem Herausnehmen der Kuchen aus dem Backofen unbedingt die Stäbchenprobe machen (→ Seite 226). Wenn nötig, die Kuchen etwas länger backen; dann auf einem Kuchengitter abkühlen lassen und in Alufolie gewickelt 14 Tage lagern.
Alle drei Kuchen auf der Oberfläche und am Rand mit der festen Glasur aus dem gesiebten Puderzucker, den Eiweißen und Zitronensaft bestreichen und aufeinandersetzen. Die restliche Glasur in einen Spritzbeutel mit kleiner Sterntülle und in eine kleine Spritztüte aus Pergamentpapier füllen. Die Torte nach Vorschlägen auf dem Bild rechts mit der Glasur, Zuckerkugeln, kandierten Kirschen und Veilchen und Angelika verzieren. Auf dem mittleren Boden 10 Oblatenviertel mit Glasur festkleben und verzieren. Als Krone auf die Torte 3 Oblatenhälften setzen und ebenfalls verzieren.

Beliebte Begleiter

Menü-Gebäck mit Tradition

Fleurons

Zutaten für 20 Fleurons:
200 g tiefgefrorener Blätterteig
1 Eigelb

Pro Stück etwa 210 Joule/
50 Kalorien

Die Blätterteigscheiben nebeneinanderlegen und bei Raumtemperatur in 20–30 Minuten auftauen lassen. Die Teigscheiben nicht ausrollen. Mit einem runden Ausstecher oder mit einem Glas 20 Halbmonde aus dem Teig stechen. Die Teigreste übereinanderlegen, locker zusammendrücken, etwas ausrollen und wieder Halbmonde ausstechen. Ein Backblech kalt abspülen, die Halbmonde darauflegen und mit dem verquirlten Eigelb bestreichen. Die Fleurons mit einem Messer rautenförmig leicht einschneiden und 15 Minuten ruhen lassen. Den Backofen auf 200° vorheizen. Die Fleurons 15 Minuten auf der mittleren Schiene backen und möglichst noch warm servieren.

Unser Tip
Fleurons werden bei festlichen Menüs zu jeder feinen Suppe gereicht oder zu Vorspeisen aus besonders exquisiten Zutaten.

Gedrehte Käsestangen

Zutaten für 15 Stangen:
3 Scheiben tiefgefrorener Blätterteig
1 Ei ◊
50 g geriebener Emmentaler Käse
½ Teel. Salz
¼ Teel. weißer Pfeffer

Pro Stück etwa 275 Joule/
65 Kalorien

Die Blätterteigscheiben nebeneinanderlegen und bei Raumtemperatur in 20–30 Minuten auftauen lassen. Das Ei verquirlen. Eine Blätterteigscheibe reichlich mit dem verquirlten Ei bestreichen und mit der Hälfte des Käses, des Salzes und des Pfeffers bestreuen. Die zweite Teigscheibe ebenfalls mit Ei bestreichen und mit der bestrichenen Seite auf die erste Scheibe legen. Die Oberfläche wiederum mit Ei bestreichen, mit dem restlichen Käse, Salz und Pfeffer bestreuen. Die letzte Teigscheibe mit Ei bestreichen und mit der bestrichenen Seite darauflegen. Die Teigscheiben mit nur leichtem Druck auf eine Größe von 10 × 20 cm ausrollen. Aus dem Teig 15 Streifen von 10 cm Länge schneiden und leicht drehen.
Ein Backblech kalt abspülen, die Käsestangen darauflegen und an der Oberfläche – aber nicht an den Schnittflächen – mit dem restlichen Ei bestreichen. 15 Minuten ruhen lassen. Den Backofen auf 200° vorheizen.
Die Käsestangen auf der mittleren Schiene 15 Minuten backen; noch warm servieren.

Menü-Gebäck mit Tradition

Beliebte Begleiter

Muffins

Zutaten für 8 Muffins:
¼ l Milch
200 g feiner Maisgrieß
30 g Mehl
2 Teel. Backpulver
1 Teel. Salz
1 Eßl. Zucker
1 Ei
40 g weiche Butter
Für die Förmchen: Butter und Semmelbrösel

Pro Stück etwa 755 Joule/ 180 Kalorien

8 Förmchen für Muffins mit Butter ausstreichen und mit Semmelbröseln ausstreuen. Den Backofen auf 200° vorheizen.
Die Milch aufkochen, den Grieß damit übergießen und zugedeckt 10 Minuten quellen lassen. Das Mehl mit dem Backpulver dazusieben und mit dem Salz, dem Zucker, dem Ei und der möglichst weichen Butter unter den Grieß rühren. Den Teig in die vorbereiteten Förmchen füllen und auf der zweiten Schiene von unten 20–30 Minuten backen. Die Muffins sofort aus den Förmchen stürzen und noch heiß mit kalter Butter servieren.
Muffins werden in England als feines Frühstücksgebäck oder bei einem festlichen Menü statt des üblichen Weißbrots gereicht. – Die heißen Muffins reißt man an der Oberseite mit zwei Gabeln auseinander und füllt sie mit einem Stück frischer kalter Butter.

Anchovishappen

Zutaten für
15 Anchovishappen:
300 g tiefgefrorener Blätterteig ◇
1 Dose Anchovisfilets
2 Eigelbe
1–2 Eßl. grobkörniges Salz

Pro Stück etwa 670 Joule/ 160 Kalorien

Die Blätterteigscheiben nebeneinanderlegen und bei Raumtemperatur in 20–30 Minuten auftauen lassen.
Die Blätterteigscheiben auf einer bemehlten Fläche zu doppelter Größe ausrollen und 30 runde Plätzchen von 6 cm Ø ausstechen. Die Hälfte der Plätzchen mit je ½ Anchovisfilet belegen. Das Eigelb verquirlen und die Ränder sämtlicher Plätzchen damit bestreichen. Je zwei Plätzchen aufeinandersetzen und die Ränder gut zusammendrücken. Die Oberfläche der Plätzchen ebenfalls mit Eigelb bestreichen und mit dem Salz bestreuen. Die Plätzchen auf ein kalt abgespültes Backblech legen und 15 Minuten ruhen lassen. Den Backofen auf 210–220° vorheizen.
Die Anchovishappen 10–15 Minuten auf der zweiten Schiene von unten backen. Am besten noch warm servieren.

Unser Tip
Statt der Anchovisfilets können Sie auch Sardellenfilets für die Füllung verwenden.

Pastete und Pastetchen

Menü-Gebäck mit Tradition

Pastetenhaus Vol-au-vent

600 g tiefgefrorener Blätterteig
2 Eigelbe

Den Blätterteig in 30–60 Minuten bei Raumtemperatur auftauen lassen.
Damit der Blätterteig nicht zu sehr treibt, wird er für das Pastetenhaus besonders behandelt: Die Teigstücke in 8–10 Streifen schneiden. Die Streifen schnell zusammenkneten und etwa 15 Minuten ruhen lassen.
Zeichnungen, die das Herstellen des Pastetenhauses genau erklären, finden Sie auf der Seite 15.
Eine glockenförmige Schüssel von etwa 30 cm Ø mit einem großen Stück Alufolie auskleiden und mit kleingeschnittenen Papierservietten oder Osterwolle füllen. Die Alufolie über der Füllung zusammenlegen und gut zusammenkniffen. Die Halbkugel aus der Schüssel nehmen.
Ein Drittel des Blätterteiges zu einer Platte von etwa 35 cm Ø ausrollen. Ein Backblech kalt abspülen, die Teigplatte darauflegen und mehrmals mit einer Gabel einstechen, damit sie beim Backen keine Blasen wirft.
Die Folienhalbkugel auf den Teig legen. Den übrigen Teig etwa 2 mm dick zu einer großen Platte ausrollen. Den Teigboden rund um die Alufolie mit verquirltem Eigelb bestreichen. Die zweite Teigplatte auf die Alukugel legen und den Rand beider Teigplatten gut zusammendrücken. Entstehende Falten ebenfalls fest zusammendrücken. Die überstehenden Teigreste mit einem Teigrädchen oder mit einem scharfen Messer in gleichmäßigem Abstand rundherum abschneiden; es soll ein Rand von etwa 5 cm stehen bleiben. Diesen Rand in Abständen von 2 cm strahlenförmig einschneiden. Das ganze Pastetenhaus mit verquirltem Eigelb bestreichen. Den restlichen Teig zusammendrücken, noch einmal ausrollen, Streifen daraus schneiden und Plätzchen ausstechen, nach eigener Phantasie oder nach Vorschlägen auf dem Bild. Diese Verzierungen ebenfalls mit Eigelb bestreichen und auf das Pastetenhaus legen. Das Pastetenhaus 20–25 Minuten ruhen lassen. Den Backofen auf 220° vorheizen. Das Pastetenhaus 20–25 Minuten auf der untersten Schiene backen. Die Pastete etwas abkühlen lassen. Solange sie noch lauwarm ist, oben einen Deckel von etwa 8 cm Ø herausschneiden. Die Papierfüllung und die Alufolie vorsichtig herausziehen. Die Pastete kann nun mit einem warmen Ragout aus Kalbfleisch oder Zunge, mit kaltem Hummercocktail oder Krebsschaum gefüllt werden. Sie können die Pastete aber auch mit einer süßen Creme oder mit Sahne füllen.

Unser Tip
Vol-au-vent, gefüllt mit warmem Ragout oder kaltem Cocktail, wird als Vorspeise eines Menüs serviert.

Menü-Gebäck mit Tradition

Pastete und Pastetchen

Königin-Pastetchen

Zutaten für 6 Stück:
300 g tiefgefrorener Blätterteig
1 Eigelb

Pro Pastete ohne Füllung etwa 905 Joule/215 Kalorien

Für Königin-Pastetchen brauchen Sie scharfe Ausstecher: einen Ring von 7½ cm Außen- und 4 cm Innendurchmesser, einen runden Ausstecher von 7½ cm Ø und einen Ausstecher von 5 cm Ø. Beachten Sie die gezeichneten Erklärungen für das Herstellen der Pastetchen auf Seite 15.
Den Blätterteig in 30–60 Minuten auftauen lassen. Den Teig zu einer Platte von 16 × 24 cm ausrollen und 6 Ringe ausstechen. Den übrigen Teig zusammenkneten, sehr dünn ausrollen und 6 Plätzchen von 7½ cm Ø und 6 Plätzchen von 5 cm Ø ausstechen. Die Ringe nur an der Oberseite mit verquirltem Eigelb bestreichen und mit der bestrichenen Seite auf die gleich großen Bodenplätzchen setzen. Den oberen Rand ebenfalls mit Eigelb bestreichen. Ein Backblech mit kaltem Wasser abspülen und die Pastetchen daraufsetzen. Die kleinen Plätzchen mit Eigelb bestreichen und neben die Pastetchen auf das Backblech legen. Kleine Rollen aus Alufolie formen und in die Öffnungen der Pastetchen stecken. Das Gebäck 15 Minuten ruhen lassen. Den Backofen auf 230° vorheizen. Die Pastetchen auf der zweiten Schiene von unten 10–15 Minuten backen und mit Ragoût fin füllen.

Spanische Pastete

Zutaten für 1 Pastete von 26 cm Ø:
25 g Hefe, ¼ l lauwarme Milch
2 Eßl. Butter
1 Prise Salz, 500 g Mehl ◇
4 Tomaten, 1 kleine Zwiebel
1 grüne Paprikaschote
100 g roher Schinken
300 g gegartes Hühnerfleisch
1 Eßl. Öl, je 1 Prise Salz, Pfeffer und Knoblauchpulver, 1 Ei
Für das Backblech: Butter

Bei 12 Stücken pro Stück etwa 1135 Joule/270 Kalorien

Ein Backblech einfetten. Die Hefe mit der Milch, der geschmolzenen Butter, dem Salz und dem Mehl zu einem Teig verarbeiten. So lange schlagen, bis er Blasen wirft. Zugedeckt 40 Minuten gehen lassen. Die Tomaten häuten und in kleine Stücke schneiden. Die Zwiebel kleinwürfeln, ebenso die Paprikaschote, den Schinken und das Hühnerfleisch. Zwiebel-, Paprika-, Schinken- und Hühnerfleischwürfel in dem Öl anbraten. Die Tomatenstücke zugeben und so lange mitbraten, bis alle Flüssigkeit eingekocht ist. Mit den Gewürzen abschmecken. Den Hefeteig zu zwei runden Platten von 26 cm Ø ausrollen. Die Ränder mit Wasser befeuchten. Eine Teigplatte auf das Backblech legen. Die Füllung in die Mitte geben, die zweite Teigplatte darüberlegen und die Ränder gut zusammendrücken. Die Pastete mit dem verquirlten Ei bestreichen und 30 Minuten gehen lassen. Die Pastete auf der zweiten Schiene von unten bei 200° 45 Minuten backen. Heiß servieren.

Gebackene Desserts

Menü-Gebäck mit Tradition

Himbeereis-Torte

Zutaten für 1 Springform von 22 cm ⌀:
4 Eigelbe, 120 g Zucker
1 Prise Salz, 4 Eiweiße
120 g Mehl
40 g Speisestärke ◊
200 g frische oder tiefgefrorene Himbeeren
1 Schnapsglas Himbeergeist
3/8 l Sahne, 200 g Zucker
1 Eßl. Schokoladenspäne
Für die Form: Butter

Bei 12 Stücken pro Stück etwa 1555 Joule/370 Kalorien

Den Boden einer Springform ausfetten. Den Backofen auf 180° vorheizen. Die Eigelbe mit 60 g Zucker und dem Salz schaumig rühren. Die Eiweiße mit 60 g Zucker steif schlagen und unter die Eigelbmasse heben. Das Mehl mit der Speisestärke darübersieben und unterziehen. Den Biskuitteig in die Springform füllen und auf der zweiten Schiene von unten 25–30 Minuten backen. Den Biskuitboden nach 24 Stunden einmal durchschneiden. Einen der Böden in die Springform legen. Den Rand der Form mit Alufolie auslegen. Die aufgetauten Himbeeren mit dem Himbeergeist übergießen und zugedeckt 1 Stunde marinieren. 12 Himbeeren zurückbehalten. 1/4 l Sahne mit 100 g Zucker steif schlagen, mit den Himbeeren mischen und in die Springform füllen. Den zweiten Boden darauflegen und die Torte im Gefriergerät 5–10 Stunden gefrieren. 1/8 l Sahne mit 100 g Zucker steif schlagen. Die Torte damit bestreichen und wie auf dem Foto abgebildet verzieren.

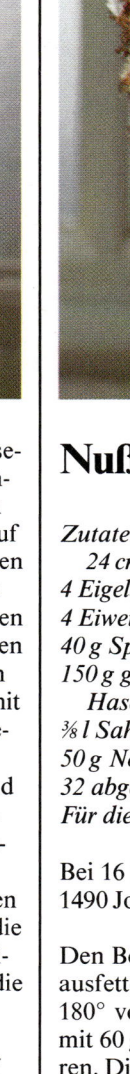

Nußeis-Torte

Zutaten für 1 Springform von 24 cm ⌀:
4 Eigelbe, 120 g Zucker
4 Eiweiße, 100 g Mehl
40 g Speisestärke
150 g gemahlene, geröstete Haselnüsse ◊
3/8 l Sahne, 150 g Zucker
50 g Nougat
32 abgezogene Haselnüsse
Für die Form: Butter

Bei 16 Stücken pro Stück etwa 1490 Joule/355 Kalorien

Den Boden einer Springform ausfetten. Den Backofen auf 180° vorheizen. Die Eigelbe mit 60 g Zucker schaumig rühren. Die Eiweiße mit 60 g Zucker steif schlagen und unter die Eigelbmasse ziehen. Das Mehl mit der Speisestärke darübersieben und mit 60 g Haselnüssen unterheben. Den Biskuitteig auf der zweiten Schiene von unten 25–30 Minuten backen. Den Tortenboden nach 24 Stunden einmal durchschneiden. Einen der Böden in die Springform legen. Den Rand der Form mit Alufolie auslegen. 1/4 l Sahne mit dem Zucker steif schlagen. Den Nougat im Wasserbad schmelzen, dann abkühlen lassen und noch flüssig mit 50 g gemahlenen Haselnüssen unter die Schlagsahne ziehen. Die Nußsahne auf den Biskuitboden streichen und den zweiten Boden darauflegen. Die Torte im Gefriergerät 5–10 Stunden gefrieren. 1/8 l Sahne steif schlagen und die Torte damit bestreichen. Die Oberfläche und den Rand mit den restlichen gemahlenen Nüssen bestreuen und die Torte verzieren.

Menü-Gebäck mit Tradition

Gebackene Desserts

Kirscheis-Überraschung

50 g Marzipan-Rohmasse
50 g Aprikosenmarmelade
1 Eßl. Rum
50 g gehacktes Zitronat
4 Eiweiße, 150 g Zucker
1 fertiger Biskuitboden
1 Haushaltsbecher Kirscheis
12 kandierte Kirschen
1 Teel. Mandelblättchen

Bei 12 Stücken pro Stück etwa 1220 Joule/290 Kalorien

Den Backofen auf 240° vorheizen. Das Marzipan mit der Marmelade, dem Rum und dem Zitronat mischen. Die Eiweiße mit dem Zucker steif schlagen. Aus dem Biskuitboden eine Platte von 12 cm ⌀ schneiden, auf eine feuerfeste Platte legen und mit der Marzipanmasse bestreichen. Den Boden mit dem Kirscheis belegen, mit dem Eischnee bespritzen und mit den Kirschen und den Mandelblättchen verzieren. Das Dessert überbacken, bis der Eischnee leicht bräunt; sofort servieren.

Gebackenes Fürst-Pückler-Eis

4 Eiweiße, 150 g Zucker
1 Teel. Kakaopulver
1 fertiger Biskuitboden
2 Eßl. Johannisbeergelee
1 Haushaltspackung
 Fürst-Pückler-Eis
1 Eßl. Kakaopulver

Bei 10 Stücken pro Stück etwa 1260 Joule/300 Kalorien

Die Eiweiße mit dem Zucker steif schlagen und den Kakao unterrühren. Aus dem Biskuitboden ein Rechteck von 10 × 15 cm schneiden, auf eine feuerfeste Platte legen und mit dem Gelee bestreichen. Den Eisblock darauflegen, mit dem Eischnee überziehen und im vorgeheizten Backofen bei 240° überbacken. Das Dessert mit Kakao besieben; sofort servieren.

Gebackene Desserts

Menü-Gebäck mit Tradition

Mokka-Eis-Baisers

Zutaten für 15 Baisers:
¼ l Eiweiß (von etwa 8 Eiern)
375 g Zucker
30 g Speisestärke ⋄
1 Eßl. Pulverkaffee (Instant)
¼ l Sahne
3 Eßl. Zucker
200 g Sauerkirschen aus dem Glas
2 Haushaltsbecher Vanilleeis
Für das Backblech:
*   Pergamentpapier*

Pro Stück etwa 1155 Joule/ 275 Kalorien

Ein Backblech mit dem Pergamentpapier auslegen. Den Backofen auf 100° vorheizen. Die Eiweiße mit der Hälfte des Zuckers zu steifem Schnee schlagen. Den restlichen Zucker mit der Stärke mischen und unter den Eischnee ziehen. Die Baisermasse in einen Spritzbeutel mit Sterntülle füllen und auf das Backblech 15 Rosetten spritzen. Die Baisers auf der mittleren Schiene etwa 8 Stunden im Backofen trocknen lassen. Dabei die Backofentür mit einem Kochlöffel einen Spalt offenhalten. Den Pulverkaffee mit 1 Eßlöffel heißem Wasser auflösen und erkalten lassen. Die Sahne mit Zucker steif schlagen und den Kaffee unterrühren. Die Sahne mit einem Spritzbeutel ringförmig auf die Baisers spritzen. Einige abgetropfte Kirschen darauflegen, je 1 Scheibe Vanilleeis über die Kirschen legen und die restlichen Kirschen darauf verteilen.

Orangencreme-Törtchen

Zutaten für 16 Tortelett-
*   förmchen von 8 cm ⌀:*
200 g Butter, 100 g Puderzucker
1 Eigelb, 1 Eßl. Milch
375 g Mehl ⋄
6 Blätter weiße Gelatine
¼ l Orangensaft
¼ l Weißwein
100 g Zucker, ½ l Sahne ⋄
1 Eßl. Zucker
50 g Kakaopulver
1 Haushaltspackung
*   Cassis-Vanilleeis*
50 g geröstete Mandelblättchen

Pro Stück etwa 1765 Joule/ 420 Kalorien

Die Butter mit dem gesiebten Puderzucker, dem Eigelb, der Milch und dem gesiebten Mehl verkneten. Den Teig zugedeckt 2 Stunden im Kühlschrank ruhen lassen. Den Backofen auf 200° vorheizen. Den Teig dünn ausrollen und die Tortelettförmchen damit auslegen. Auf der mittleren Schiene 10 Minuten backen. Die Gelatine in kaltem Wasser einweichen. Den Orangensaft mit dem Wein und dem Zucker aufkochen und etwas abkühlen lassen. Die ausgedrückte Gelatine in der heißen Mischung auflösen und in den Kühlschrank stellen. Die Sahne steif schlagen. Sobald das Orangengelee anfängt zu erstarren, die Hälfte der Sahne unterziehen, in die Torteletts füllen und fest werden lassen. Die restliche Sahne mit dem Zucker und dem Kakaopulver mischen. Auf jedes Törtchen 1 Scheibe Eis legen und mit Schokosahne und Mandelblättchen verzieren.

Menü-Gebäck mit Tradition

Gebackene Desserts

Erdbeer-Windbeutel

Zutaten für 20 Windbeutel:
450 g tiefgefrorene Erdbeeren
3 Eßl. Zucker
1 Schnapsglas Rum (2 cl) ◇
¼ l Wasser, 60 g Butter
1 Prise Salz, 200 g Mehl
4 Eier ◇
⅛ l Sahne, 1 Eßl. Zucker
2 Haushaltsbecher Erdbeereis
2 Eßl. Puderzucker

Pro Stück etwa 775 Joule/ 185 Kalorien

Die Erdbeeren in einer Schüssel mit dem Zucker und dem Rum vermischen und zugedeckt auftauen lassen. Den Backofen auf 230° vorheizen. Das Wasser mit der Butter und dem Salz zum Kochen bringen. Das gesiebte Mehl auf einmal hineinschütten und kräftig rühren, bis sich der Teig als Kloß vom Topfboden löst. Den Teig in eine Schüssel geben, etwas abkühlen lassen und die Eier einzeln unterrühren. Den Teig in einen Spritzbeutel mit großer Lochtülle füllen und 20 kleine Rosetten auf das Backblech spritzen. Die Rosetten auf der mittleren Schiene 20 Minuten backen. Die Windbeutel erkalten lassen, dann von jedem ein Deckelchen abschneiden. Die unteren Hälften mit den marinierten Erdbeeren füllen. Die Sahne mit dem Zucker steif schlagen. Mit einem flachen Löffel Scheiben vom Erdbeereis abziehen und auf die Erdbeeren legen. Auf das Eis Sahnetupfen spritzen. Zuletzt die Deckelchen der Windbeutel auflegen und mit dem Puderzucker besieben.

Exotische Eismeringen

Zutaten für etwa 14 Meringen:
¼ l Eiweiß (von etwa 8 Eiern)
200 g Zucker
175 g Puderzucker
30 g Speisestärke
50 g Kakaopulver ◇
¼ l Sahne
3 Eßl. Zucker
6 Kiwis
2 Haushaltspackungen Maracuja-Eis
Für das Backblech:
Pergamentpapier

Pro Stück etwa 1280 Joule/ 305 Kalorien

Ein Backblech mit Pergamentpapier auslegen. Den Backofen auf 100° vorheizen. Die Eiweiße mit dem Zucker zu steifem Schnee schlagen. Den Puderzucker mit der Speisestärke und dem Kakaopulver sieben und unter den Eischnee ziehen. Den Eischnee in einen Spritzbeutel mit Lochtülle füllen und 14 ovale, schneckenförmige Meringen auf das Pergamentpapier spritzen. Die Meringen etwa 8 Stunden auf der mittleren Schiene im Backofen trocknen lassen. Dabei die Backofentür mit einem Kochlöffel einen Spalt offenhalten.
Die Sahne mit dem Zucker steif schlagen und in einen Spritzbeutel mit Sterntülle füllen. Die abgekühlten Meringen ringförmig mit der Sahne bespritzen. Die Kiwis schälen, in Scheiben schneiden und auf der Sahne verteilen. Auf die Kiwis dicke Scheiben Maracuja-Eis legen.

Gebackene Desserts

Menü-Gebäck mit Tradition

Babas mit Früchten

Zutaten für 18 Savarinförmchen von 8 cm ⌀:
350 g Mehl
20 g Hefe
1 Tasse lauwarme Milch
4 Eier, 50 g Zucker
1 Päckchen Vanillinzucker
½ Teel. Salz
150 g Butter ⋄
¼ l Wasser, 150 g Zucker
abgeriebene Schale von 1 Zitrone
3 Schnapsgläser Rum (6 cl)
⅛ l Weißwein ⋄
¼ l Sahne
1 Teel. Kakaopulver
250 g Früchte wie Ananas, Stachelbeeren, Kirschen, Kumquats, Kiwis
50 g Mandelblättchen
Für die Förmchen: Butter und Mehl

Pro Stück etwa 1240 Joule/ 295 Kalorien

Die Savarinförmchen mit Butter ausstreichen und mit Mehl bestäuben.
Das Mehl in eine Schüssel sieben und eine Mulde in die Mitte drücken. Die Hefe hineinbröckeln und mit der Milch und etwas Mehl verrühren. Den Vorteig 15 Minuten zugedeckt an einem warmen Platz gehen lassen.
Die Eier mit dem Zucker schaumig rühren, den Vanillinzucker und das Salz zugeben. Die Butter schmelzen, aber nicht heiß werden lassen. Zum Eiergemisch geben und mit dem Vorteig und dem gesamten Mehl einen fast flüssigen Hefeteig schlagen. Den Teig zugedeckt nochmals 30 Minuten gehen lassen.
Die Savarinförmchen zur Hälfte mit dem Hefeteig füllen und nochmals zugedeckt 20 Minuten gehen lassen. Den Backofen auf 210° vorheizen. Die Törtchen auf der zweiten Schiene von unten 30 Minuten backen. Auf ein Kuchengitter stürzen und auskühlen lassen. Das Wasser mit dem Zucker, der Zitronenschale, dem Rum und dem Weißwein unter Rühren so lange kochen lassen, bis der Zucker völlig gelöst ist. Die Babas mit der Unterseite nach oben auf eine Platte setzen und mit der Flüssigkeit tränken. Sie müssen ganz vollgesogen sein. Die Sahne steif schlagen und in zwei Hälften teilen. Eine Hälfte mit dem Kakaopulver verrühren. Die helle und die dunkle Sahne nacheinander in einen Spritzbeutel mit Sterntülle füllen und in die Mitte der Babas je einen Sahnetupfen spritzen.
Die Früchte wenn nötig abtropfen lassen, eventuell auch kleinschneiden und die Babas mit den Früchten und den Mandelblättchen garnieren.

Unser Tip

Wenn Sie nicht 18 Savarinförmchen besitzen, so müssen Sie die Törtchen eventuell in zwei Partien backen. Sie können aber statt der Savarinförmchen auch konische Tortenförmchen verwenden oder selbst passende Förmchen aus extra starker oder doppelt gefalteter Alufolie herstellen.

Menü-Gebäck mit Tradition

Cassata italiana

Zutaten für 1 Cassata von 28 cm Länge:
1 fertiger Rührkuchen (→ Rezept Seite 11) ◊
500 g Quark (20%)
2 Eßl. Sahne
60 g Zucker
3 Eßl. Orangenlikör
3 Eßl. gehackte kandierte Früchte
50 g zartbittere Schokolade ◊
300 g Blockschokolade
6 Eßl. starker Kaffee
250 g Butter
Zum Verzieren: beliebige kandierte Früchte

Bei 15 Stücken pro Stück etwa 2205 Joule/525 Kalorien

Einen Rührkuchen in Kastenform backen, erkalten lassen, rundum die Kruste abschneiden und den Kuchen waagrecht dreimal durchschneiden. Den Quark durch ein Sieb streichen und mit der Sahne, dem Zucker und dem Orangenlikör glattrühren. Die gehackten kandierten Früchte unterheben. Die zartbittere Schokolade grobhacken und ebenfalls untermischen. Drei Kuchenböden mit der Quarkfüllung bestreichen und aufeinandersetzen. Den vierten Boden daraufsetzen, dabei den Kuchen etwas zusammendrücken. Den Kuchen 2 Stunden in den Kühlschrank stellen.
Die Blockschokolade in Stückchen schneiden, bei schwacher Hitze im Kaffee zergehen lassen. Die Butter stückchenweise unterrühren, bis eine glatte Creme entstanden ist. Die Schokocreme in den Kühlschrank stellen, bis sie streichfähig ist. Den Kuchen rundherum mit der Schokoladencreme bestreichen. Den Rest in einen Spritzbeutel füllen und den Kuchen damit girlandenförmig verzieren. Die Cremegirlanden mit kleingeschnittenen kandierten Früchten belegen. Die Cassata locker in Alufolie einschlagen und vor dem Servieren 1 Tag in den Kühlschrank stellen.

Gebackene Desserts

Backbeginn November

Große Weihnachtsbäckerei

Christstollen

Zutaten für 2 Stollen:
1 kg Mehl
100 g Hefe
⅜ l lauwarme Milch
100 g Zucker
2 Eier
Mark von 1 Vanilleschote
abgeriebene Schale von
  1 Zitrone
½ Teel. Salz
400 g Butter, 200 g Mehl
350 g Rosinen
100 g abgezogene gehackte
  Mandeln
100 g gehacktes Zitronat
50 g gehacktes Orangeat
1 Schnapsglas Rum (2 cl)
150 g Butter, 150 g Zucker
Für das Backblech:
  Pergamentpapier und Butter

Bei 30 Stücken pro Stück etwa 1720 Joule/410 Kalorien

Ein Backblech mit Pergamentpapier belegen und dieses mit Butter bestreichen.
Das Mehl in eine Schüssel sieben und eine Mulde in die Mitte drücken. Die Hefe hineinbröckeln und mit der Milch, etwas Zucker und etwas Mehl verrühren. Den Vorteig zugedeckt 20 Minuten gehen lassen. Den restlichen Zucker mit den Eiern, der Vanille, der Zitronenschale und dem Salz verrühren und mit dem gesamten Mehl und dem Vorteig zu einem Hefeteig verarbeiten; nochmals 40 Minuten zugedeckt gehen lassen.
Die Butter mit dem Mehl verkneten, unter den Hefeteig arbeiten und den Teig nochmals 30 Minuten gehen lassen.
Die Rosinen heiß waschen, auf Küchenkrepp trockentupfen und mit den gehackten Mandeln, dem Zitronat und dem Orangeat mischen, mit dem Rum übergießen und zugedeckt durchziehen lassen. Dann die Fruchtmischung rasch unter den Teig kneten und diesen nochmals 30 Minuten gehen lassen.
Aus dem Hefeteig 2 Stangen formen und leicht ausrollen, so daß sie in der Mitte dünner als an den Rändern sind (→Zeichnung Seite 11). Den Teig längs einmal zusammenklappen – dadurch entsteht die typische Stollenform –, auf das Backblech legen und zugedeckt weitere 20 Minuten gehen lassen; die Stollen müssen deutlich an Volumen gewinnen.
Den Backofen auf 200–210° vorheizen.
Die Stollen 1 Stunde–1 Stunde und 20 Minuten backen, noch heiß mit der zerlassenen Butter bestreichen und dick mit dem Zucker bestreuen.

Mandelstollen

Zutaten für 2 Stollen:
1 kg Mehl, 80 g Hefe
¼ l lauwarme Milch
350 g Butter, ½ Teel. Salz
150 g Zucker
1 Päckchen Vanillinzucker
250 g abgezogene gehackte
  Mandeln
250 g gehacktes Zitronat

Bei 30 Stücken pro Stück etwa 1725 Joule/410 Kalorien

Den Hefeteig wie im Rezept für Christstollen beschrieben zubereiten. Nach dem zweiten Gehen die Mandeln und das Zitronat unter den Teig arbeiten. Den Teig nochmals 30 Minuten gehen lassen, formen, auf dem Backblech nochmals 20 Minuten zugedeckt gehen lassen und backen.

Große Weihnachtsbäckerei

Backbeginn November

Traditionelles Früchtebrot

Zutaten für 2 Laibe:
200 g entsteinte Backpflaumen
300 g getrocknete Birnen
200 g getrocknete Feigen
1 l Wasser ⋄
je 100 g Haselnüsse, Walnüsse, Rosinen und Korinthen
50 g kleingewürfeltes Zitronat
50 g kleingewürfeltes Orangeat
125 g Zucker
½ Teel. gemahlener Zimt
je 1 Prise Piment, gemahlener Anis und Salz
2 Eßl. Rum
2 Eßl. Zitronensaft ⋄
100 g Schwarzbrotteig vom Bäcker
200 g Mehl
50 g abgezogene halbierte Mandeln
60 g gemischte kandierte Früchte

Für das Backblech: Butter

Bei 60 Stücken pro Stück etwa 460 Joule/110 Kalorien

Die Backpflaumen, die Birnen und die Feigen mit dem Wasser übergießen und zugedeckt über Nacht weichen lassen. Ein Backblech mit Butter bestreichen. Die eingeweichten Trockenfrüchte in einem Sieb abtropfen lassen und in sehr kleine Würfel schneiden. Die Haselnüsse und die Walnüsse feinhacken. Die Rosinen und die Korinthen heiß waschen, auf Küchenkrepp trocknen lassen. Das Zitronat und das Orangeat mit allen Trockenfrüchten und den Nüssen mischen, den Zucker, den Zimt, das Piment, den Anis, das Salz, den Rum und den Zitronensaft zugeben, alles gut mischen und zugedeckt weitere 30 Minuten durchziehen lassen.

Den Backofen auf 180° vorheizen. Die Fruchtmasse mit dem Schwarzbrotteig und dem gesiebten Mehl verkneten. Zwei Brotlaibe aus dem Teig formen, die Hände in kaltes Wasser tauchen und die Laibe damit glattstreichen. Mit den Mandelhälften und den kandierten Früchten nach den Vorschlägen auf dem Bild verzieren. Die Früchtebrote auf das Backblech setzen und auf der untersten Schiene 1 Stunde und 10 Minuten–1 Stunde und 20 Minuten backen.

Unser Tip

Das Früchtebrot schmeckt mit der angegebenen Mischung aus verschiedenen Früchten ganz besonders reizvoll. Fehlt Ihnen aber einmal eine Sorte der Trockenfrüchte, so können Sie den Anteil der anderen Früchte entsprechend erhöhen. Allerdings sollten Sie darauf achten, daß eine Hälfte der Masse aus dunklen, die andere Hälfte aus hellen Früchten besteht. – Übrigens, Früchtebrote bleiben lange frisch und saftig, wenn sie in einer Blechdose aufbewahrt oder gut in Alufolie eingewickelt werden.

Backbeginn November

Große Weihnachtsbäckerei

Hutzelbrot Sankt Nikolaus

Zutaten für 4 Laibe:
400 g getrocknete Birnen
¾ l Wasser
300 g entsteinte Backpflaumen
400 g getrocknete Feigen
je 50 g Zitronat und Orangeat
150 g Walnüsse, 100 g Rosinen
125 g Sultaninen, 200 g Zucker
2 Teel. gemahlener Zimt
je 1 Teel. Nelkenpulver, Salz und Anis
1 Schnapsglas Birnengeist ◇
1 kg Mehl, 40 g Hefe
⅜ l lauwarmer Birnensaft ◇
1 kg Schwarzbrotteig vom Bäcker
Für das Backblech: Butter

Bei 60 Stücken pro Stück etwa 800 Joule/190 Kalorien

Die Birnen im Wasser in 30 Minuten zugedeckt weich kochen. Die Birnen abtropfen lassen, das Kochwasser aufbewahren. Die Birnen, die Backpflaumen, die Feigen, das Zitronat, das Orangeat und die Walnüsse grobhacken. Die gewaschenen Rosinen und Sultaninen, den Zucker, die Gewürze und den Birnengeist untermischen und zugedeckt durchziehen lassen. Das Mehl in eine Schüssel sieben, in die Mitte eine Vertiefung drücken und die zerbröckelte Hefe darin mit etwas Zucker, Mehl und dem Birnensaft verrühren. Den Hefevorteig zugedeckt 15 Minuten gehen lassen. Die Früchte zum Hefevorteig geben, alles gut verkneten und noch einmal 40 Minuten gehen lassen. Aus dem Teig vier ovale Laibe formen. Je 250 g Brotteig ausrollen. Die Hefelaibe mit Wasser bestreichen und in den Brotteig einschlagen. Die Ränder mit Wasser bepinseln und gut zusammendrücken. Ein Backblech einfetten, die Laibe darauflegen, mit Wasser bestreichen und 30 Minuten gehen lassen. Den Backofen auf 190° vorheizen. Die Hutzelbrote nacheinander auf der zweiten Schiene von unten jeweils 1 Stunde backen.

Große Weihnachtsbäckerei

Backbeginn November

Panettone

Zutaten für 1 hohen Topf von 18 cm ⌀:
650 g Mehl, 50 g Hefe
150 g Zucker
¼ l lauwarme Milch
200 g Butter, 5 Eigelbe
1 gehäufter Teel. Salz
1 Prise geriebene Muskatnuß
abgeriebene Schale von 1 Zitrone
100 g gehacktes Zitronat
50 g gehacktes Orangeat
150 g Rosinen
Für die Form: Pergamentpapier und Butter

Bei 12 Stücken pro Stück etwa 1995 Joule/475 Kalorien

Den Topf mit gefettetem Pergamentpapier auslegen. Das Mehl in eine Schüssel sieben, in die Mitte eine Vertiefung drücken, die Hefe hineinbröckeln und mit etwas Zucker, der Milch und etwas Mehl verrühren. Den Vorteig 15 Minuten gehen lassen. Die zerlassene Butter, die Eigelbe, die Gewürze und die Zitronenschale mit dem Vorteig und dem gesamten Mehl so lange schlagen, bis der Teig Blasen wirft. Den Teig 30 Minuten gehen lassen. Das Zitronat, das Orangeat und die Rosinen unterkneten, den Teig zu einer Kugel formen, in den Topf legen und weitere 30 Minuten gehen lassen. Den Backofen auf 200° vorheizen.
Den Kuchen kreuzweise einschneiden und auf der untersten Schiene 1½ Stunden backen. Den Kuchen im Topf etwas abkühlen lassen, auf ein Kuchengitter stürzen und völlig erkalten lassen, dann das Pergamentpapier abziehen.

Liegnitzer Honigkuchen

Zutaten für etwa 12 Herzen:
500 g Honig
500 g brauner Rübensirup
½ Tasse Wasser
700 g Weizenmehl
300 g Roggenmehl
1 Teel. Hirschhornsalz
3 Teel. Pottasche, 1 Eßl. Milch
200 g Marzipan-Rohmasse
100 g Zucker, 2 Eiweiße
1 Schnapsglas Rum (2 cl)
100 g gehackte kandierte Früchte
100 g gehackte Mandeln
300 g Schokoladen-Fettglasur
ganze kandierte Früchte

Pro Stück etwa 3005 Joule/ 715 Kalorien

Den Honig mit dem Sirup und dem Wasser aufkochen; abkühlen lassen. Das Mehl und das Hirschhornsalz mit der Honigmasse verkneten. Die Pottasche in der Milch auflösen und unter den Teig mischen. Eine Kugel daraus formen und in Alufolie gewickelt 2 Tage bei Raumtemperatur ruhen lassen. Die Marzipan-Rohmasse mit dem Zucker, den Eiweißen, dem Rum, den kandierten Früchten und den Mandeln mischen. Den Backofen auf 200° vorheizen. Den Teig 1½ cm dick ausrollen und Herzformen damit auslegen. Die Füllung in die Mitte geben. Die Ränder mit Milch bestreichen, eine zweite Teigschicht auf die Füllung legen und die Herzen auf der zweiten Schiene von unten 20–30 Minuten backen. Die Herzen mit der Schokoladenglasur überziehen und mit den kandierten Früchten belegen.

Gebackene Kinderwünsche

Große Weihnachtsbäckerei

Kleines Knusperhäuschen

1 kg Honig
¼ l Wasser
650 g Roggenmehl
600 g Weizenmehl
je 100 g feingehacktes Zitronat und Orangeat
40 g Lebkuchengewürz
30 g Natron ◊
5 abgezogene Mandeln
2 Eßl. Zitronensaft
3 Eiweiße
300 g Puderzucker
buntes Zuckerwerk
Für die Backbleche: Butter

Den Honig mit dem Wasser unter Rühren aufkochen, dann abkühlen lassen. Das Mehl auf ein Backbrett sieben und das Zitronat, das Orangeat und das Lebkuchengewürz darüberstreuen. In die Mitte eine Vertiefung drücken und den fast erkalteten Honig hineingießen. Alle Zutaten zu einem geschmeidigen Teig verkneten. Zuletzt das Natron kräftig unter den Teig mischen. Den Teig zugedeckt 1–2 Tage lagern lassen; er wird dadurch besonders locker.

Für das Knusperhäuschen schneiden Sie sich am besten Pappschablonen zu. Die genauen Maße ersehen Sie aus den Arbeitsplänen für das Knusperhäuschen auf Seite 22. Zwei Backbleche leicht einfetten. Den Backofen auf 200° vorheizen. Aus dem Honigkuchenteig 40 cm lange, 1½ cm starke Stränge rollen und im Abstand von 2–3 mm nebeneinander auf das Backblech legen. Es soll ein Rechteck von 40 × 26 cm entstehen. Der Teig geht beim Backen auf, so daß sich die Zwischenräume schließen und der Eindruck einer Blockhauswand entsteht. Diese Platte auf der mittleren Schiene des Backofens 20–30 Minuten backen. Den restlichen Honigkuchenteig 1 cm dick ausrollen und eine Platte von etwa 25 × 15 cm, sowie eine zweite von 35 × 28 cm daraus schneiden. Die Platten auf das Backblech legen, mehrmals mit einer Gabel einstechen und auf der mittleren Schiene 12–18 Minuten bakken. Aus der 40 × 26 cm großen Platte, die als erste gebakken wurde, mit Hilfe der Schablonen mit einem dünnen, spitzen Messer Giebel und Seitenwände des Blockhauses schneiden. Aus der Vorderfront eine Tür und ein Fenster ausschneiden. Aus den glatten Platten mit Hilfe der Schablone eine Bodenplatte und zwei Dachflächen ausschneiden. Den Teigrest ½ cm stark ausrollen, 10 kleine Lebkuchen ausschneiden und mit jeweils 1 Mandelhälfte belegen.

Außerdem die Flächen für den Kamin und die Streifen für den Zaun ausschneiden und 12–15 Minuten backen. Aus dem Zitronensaft, den Eiweißen und dem Puderzucker eine streichfähige, zähe Glasur rühren. Die Teile des Knusperhäuschens mit Hilfe der Glasur zusammensetzen; die Glasur jeweils gut trocknen lassen, ehe das nächste Teil ans Haus gebaut wird. Das Dach und den Kamin so mit Zuckerguß bestreichen, daß es wie frisch gefallener Schnee wirkt. Das Haus nach eigner Phantasie oder nach Vorschlägen auf dem obenstehendem Bild mit den Lebkuchen und dem bunten Zuckerwerk verzieren.

Große Weihnachtsbäckerei

Gebackene Kinderwünsche

Lustige Weihnachtsmänner

Zutaten für 8 Stück:
500 g Honig, ½ Tasse Wasser
250 g Roggenmehl
250 g Weizenmehl
100 g feingehacktes Zitronat
20 g Lebkuchengewürz
20 g Natron ◇
1 Eigelb
1 Eiweiß
100 g Puderzucker
Zum Verzieren: abgezogene halbierte Mandeln, Pistazien und Zuckerwerk (z. B. farbige und Silberperlchen)
Für das Backblech: Butter

Pro Stück etwa 2730 Joule/ 650 Kalorien

Den Honig mit dem Wasser aufkochen und etwas abkühlen lassen. Das Roggen- und das Weizenmehl sieben und mit dem Zitronat und dem Lebkuchengewürz mischen. Auf einem Backbrett mit dem lauwarmen Honig zu einem glatten, festen Teig verkneten. Zuletzt das Natron unterkneten. Den Teig zugedeckt 24 Stunden ruhen lassen. Ein bis zwei Backbleche mit Fett bestreichen. Den Backofen auf 200° vorheizen. Aus Pappe die Schablone eines Weihnachtsmanns ausschneiden. Den Teig auf einer bemehlten Fläche 1 cm dick ausrollen und mit Hilfe der Schablone Weihnachtsmänner ausschneiden. Die Figuren auf das Backblech legen, mit dem verquirlten Eigelb bestreichen und auf der mittleren Schiene 15 Minuten backen.
Die Weihnachtsmänner auf einem Kuchengitter abkühlen lassen. Das Eiweiß mit dem Puderzucker verrühren und mit der Glasur die halbierten Mandeln, die Pistazien und das Zuckerwerk nach eigenem Geschmack auf die Weihnachtsmänner kleben. Gesichter und Bärte mit der Zuckerglasur aufspritzen.

Geschenke aus Teig

Große Weihnachtsbäckerei

Lebkuchen-Familie

Zutaten für 2 Elternpaare (40 cm) und 4 Kinder (20 cm):
200 g Butter
550 g Honig, 250 g Zucker
1 Päckchen
 Pfefferkuchengewürz
15 g Kakaopulver
1200 g Mehl
1 Päckchen Backpulver
1 Prise Salz, 2 Eier ◊
2 Eiweiße
375 g Puderzucker
100 g Schokoladen-Fettglasur
einige abgezogene Mandeln,
 Pistazien, Rosinen, Zitronat,
 kandierte Kirschen
Für das Backblech: Butter

Pro große Figur etwa
3800 Joule/905 Kalorien
Pro kleine Figur etwa
2100 Joule/500 Kalorien

Ein bis zwei Backbleche ausfetten. Die Butter, den Honig, den Zucker, das Pfefferkuchengewürz und das Kakaopulver verrühren und bei schwacher Hitze erwärmen, bis sich der Zucker aufgelöst hat. Abkühlen lassen. Das Mehl und das Backpulver in eine Schüssel sieben und mit dem Salz, den Eiern und der Honigmasse zu einem glatten Teig verkneten. Zugedeckt über Nacht bei Raumtemperatur ruhen lassen. Aus Pappe Schablonen für die Figuren ausschneiden. Den Backofen auf 200° vorheizen. Den Teig ½ cm dick ausrollen, die Figuren ausschneiden und auf der mittleren Schiene 12–15 Minuten backen; noch warm vom Blech lösen. Die Eiweiße mit dem gesiebten Puderzucker steif schlagen. Die Figuren wie abgebildet verzieren.

Gefüllter Tannenbaum

Zutaten für 1 Tannenbaum:
300 g Mehl, 150 g Butter
100 g Puderzucker, 1 Ei ◊
¼ l Milch, 1 Eßl. Zucker
½ Päckchen Vanille-
 Puddingpulver
2 Eiweiße
2 Eßl. Puderzucker ◊
4 Eßl. Aprikosenmarmelade
100 g Kokosraspel
etwas Schokoladen-Fettglasur
 und bunte Zuckerstreusel

Bei 10 Portionen pro Portion etwa 1700 Joule/405 Kalorien

Aus Pappe eine etwa 33 cm hohe und 27 cm breite Schablone für den Tannenbaum schneiden. Das Mehl auf ein Backbrett sieben, mit der Butter, dem Puderzucker und dem Ei verkneten und zugedeckt 2 Stunden im Kühlschrank ruhen lassen. Aus der Milch, dem Zucker und dem Puddingpulver einen Pudding bereiten; erkalten lassen. Die Eiweiße mit dem gesiebten Puderzucker steif schlagen und unter den Pudding heben. Den Backofen auf 190° vorheizen. Den Teig ausrollen, zwei Tannenbäume ausschneiden und beliebige kleine Plätzchen ausstechen. Auf der mittleren Schiene 15–20 Minuten backen. Einen Tannenbaum mit dem Vanillepudding bestreichen, den anderen darauflegen; erkalten lassen. Die Marmelade erhitzen, den Tannenbaum damit bestreichen und dick mit Kokosraspeln bestreuen. Die Plätzchen mit Glasur überziehen, mit Zuckerstreuseln bestreuen und mit Marmelade aufkleben.

Große Weihnachtsbäckerei

Geschenke aus Teig

Lebkuchen-Christbaum

Zutaten für 1 Tannenbaum:
100 g Butter, 250 g Honig
125 g Zucker
½ Päckchen Lebkuchengewürz
600 g Mehl
2 Teel. Kakaopulver
½ Päckchen Backpulver
1 Prise Salz, 1 Ei ◊
1 Eiweiß, 1 Tasse Puderzucker
kleine rote Kerzen
Für das Backblech: Butter

Ein Backblech ausfetten. Die Butter mit dem Honig, dem Zucker und dem Lebkuchengewürz unter Rühren aufkochen, dann abkühlen lassen. Das Mehl mit dem Kakaopulver und dem Backpulver sieben und mit dem Salz und dem Ei in die Honigmasse rühren. Den Teig gut durchkneten und zugedeckt über Nacht bei Raumtemperatur ruhen lassen. Pappschablonen für 9 Sterne von 5–15 cm ⌀ und 7 runde Plätzchen von 3 cm ⌀ ausschneiden. Den Backofen auf 200° vorheizen.
Den Teig ½ cm dick ausrollen und die Sterne und Plätzchen ausschneiden. Auf dem Backblech auf der mittleren Schiene 10 Minuten backen, noch heiß vom Blech lösen und abkühlen lassen. Das Eiweiß mit so viel Puderzucker verrühren, daß eine geschmeidige Masse entsteht. Zwischen je 2 Sterne ein Plätzchen mit Zuckerguß kleben. Den kleinsten Stern senkrecht als Spitze daraufsetzen. Den Baum mit dem restlichen Puderzucker besieben und die Kerzen mit Zuckerglasur an die Zacken der Sterne kleben.

Brioches-Zwerge

Zutaten für 30 Zwerge:
500 g Mehl, 30 g Hefe
3 Eßl. lauwarme Milch
1 Teel. Zucker, 200 g Butter
4 Eier, ½ Teel. Salz ◊
1 Eigelb ◊
200 g Marzipan-Rohmasse
100 g Puderzucker
1 Eßl. Kakaopulver
etwas rote Speisefarbe
1 Eiweiß, 1 Tasse Puderzucker
Für die Förmchen: Butter

Pro Stück etwa 820 Joule/ 195 Kalorien

10 Tortelettförmchen mit Butter ausstreichen. Aus den Zutaten von Mehl bis Salz nach dem Grundrezept Seite 10 einen Hefeteig bereiten. Den Teig in 30 gleich große Stücke teilen. Von jedem Stück ein Viertel abschneiden und je 1 große und 1 kleine Kugel daraus rollen. Die großen Kugeln in die Förmchen setzen, in die Mitte eine Vertiefung drücken, diese mit verquirltem Eigelb ausstreichen und die kleinen Kugeln hineinsetzen. Die Zwerge mit Eigelb bestreichen und 10 Minuten gehen lassen. Den Backofen auf 220° vorheizen und die Zwerge 20 Minuten backen. Die Marzipan-Rohmasse mit dem gesiebten Puderzucker verkneten, eine Hälfte mit dem Kakaopulver mischen, ausrollen, die Hüte formen, aus dem hellen die Bärte schneiden. Wenig Marzipan rot färben. Aus Eiweiß und Puderzucker eine Spritzglasur bereiten. Die Gesichter nach Vorschlag auf dem Bild mit Glasur und Marzipan gestalten und die Hüte mit Glasur befestigen.

Geschenke aus Teig

Große Weihnachtsbäckerei

Honigkuchen-Baumbehang

Zutaten für etwa 160 Stück:
200 g Butter
500 g Honig
250 g Zucker
1 Päckchen
  Pfefferkuchengewürz
15 g Kakaopulver
1200 g Mehl
1 Päckchen Backpulver
1 Prise Salz
2 Eier ◊
2 Eiweiße
300 g Puderzucker
rote, blaue und gelbe
  Lebensmittelfarbe
buntes Zuckerwerk (z. B.
  Silberperlen, Zuckerstreusel)
Für das Backblech: Butter

Pro Stück etwa 250 Joule/
60 Kalorien (ohne Zuckerwerk)

Die Butter mit dem Honig, dem Zucker, dem Pfefferkuchengewürz und dem Kakaopulver in einem Topf unter ständigem Rühren bei schwacher Hitze einmal aufkochen lassen. Anschließend abkühlen lassen. Das Mehl mit dem Backpulver sieben und mit dem Salz und den Eiern auf einmal in das Honiggemisch geben. Zuerst alles mit einem Kochlöffel vermengen, dann den Teig auf einer bemehlten Fläche gut durchkneten. Den Teig zu einer Kugel formen, in Alufolie oder Pergamentpapier wickeln und mit einer Schüssel bedeckt bei Raumtemperatur über Nacht ruhen lassen.
Ein bis zwei Backbleche leicht mit Butter bestreichen. Den Backofen auf 200° vorheizen. Den Teig auf einer bemehlten Fläche etwa 4 mm dick ausrollen, kleine Figuren oder Formen ausstechen und auf dem Backblech auf der mittleren Schiene 15 Minuten bakken. Das Gebäck mit einem breiten Messer vom Backblech heben und auf einem Kuchengitter erkalten lassen. Die Eiweiße steif schlagen und unter ständigem Rühren langsam so viel gesiebten Puderzucker einrieseln lassen, daß eine spritzfähige Glasur entsteht. Die Glasur auf drei Tassen verteilen und jede mit einer anderen Farbe verrühren. Aus Pergamentpapier kleine Spitztüten drehen, die Glasur einfüllen, die Spitzen abschneiden und die Figürchen gefällig nach der Vorlage auf dem Bild verzieren. Das Zuckerwerk mit etwas Glasur auf die Honigkuchenplätzchen kleben.

Unser Tip
Wenn Sie nicht die geeigneten Ausstechformen zur Verfügung haben, so schneiden sie sich aus Pappe verschiedene Schablonen. – Ein kleiner Tannenbaum oder Tannenzweige, die mit diesem Baumbehang geschmückt wurden, sind ein hübscher Weihnachtsgruß an Freunde und Verwandte. Wenn Sie die Figürchen aber als Anhänger für Weihnachtspäckchen benützen möchten, so könnten Sie zu den Verzierungen noch die Namen der Beschenkten auf die Honigkuchenplätzchen spritzen.

Große Weihnachtsbäckerei

Geschenke aus Teig

Baiser-Christbaumschmuck

Zutaten für etwa 30 Stück:
150 g Puderzucker
3 Eiweiße
Lebensmittelfarbe nach
  Belieben
Silberperlen
bunte Zuckerstreusel
Für das Backblech: Alufolie

Pro Stück etwa 145 Joule/
35 Kalorien

Ein bis zwei Backbleche mit Alufolie auslegen. Den Backofen auf 100° vorheizen. Den Puderzucker sieben. Die Eiweiße zu steifem Schnee schlagen und unter ständigem Rühren langsam den Puderzucker einrieseln lassen. Den Eischnee in verschiedene Schüsselchen verteilen und zart mit verschiedenen Lebensmittelfarben färben. Die Eischneeportionen nacheinander in einen Spritzbeutel mit Sterntülle füllen und auf die Alufolie beliebige Formen nach den Vorschlägen auf dem Bild spritzen. Achten Sie aber darauf, daß jede Form ein Loch für den Aufhängefaden aufweist. Die Baiserformen nach Belieben mit Silberperlen oder Zuckerstreuseln verzieren.
Das Baiser im Backofen auf der mittleren Schiene trocknen lassen. Das dauert 2–3 Stunden. Die Backofentür dabei durch Einklemmen eines Kochlöffelstiels einen Spalt offen halten, damit die Feuchtigkeit entweichen kann.

Makronenringe

Zutaten für etwa 70 Stück:
4 Eigelbe
50 g Zucker
abgeriebene Schale von
  ½ Zitrone
200 g gemahlene Mandeln
250 g Marzipan-Rohmasse
1 Eßl. Rum ◊
100 g Schokoladen-Fettglasur
50 g gehackte Pistazien
50 g Silberperlen
Für das Backblech:
  Pergamentpapier

Pro Stück etwa 230 Joule/
55 Kalorien

Ein Backblech mit Pergamentpapier auslegen. Den Backofen auf 190° vorheizen. Die Eigelbe mit dem Zucker und der Zitronenschale schaumig rühren. Die Mandeln, die Marzipan-Rohmasse und den Rum unter die Eigelbmasse kneten und in einen Spritzbeutel mit Sterntülle füllen. Aus der Makronenmasse auf das Pergamentpapier gleich große Ringe spritzen. Die Ringe auf der mittleren Schiene 10–15 Minuten backen. Das Pergamentpapier mit etwas Wasser bestreichen, von den Makronenringen lösen und diese auf einem Kuchengitter abkühlen lassen. Die Schokoladen-Fettglasur im Wasserbad schmelzen lassen und die Ringe damit überziehen. In die noch weiche Schokoladenglasur die Pistazien und die Silberperlen drücken. Die Schokoladenglasur auf einem Kuchengitter völlig trocknen lassen.

Geschenke aus Teig

Große Weihnachtsbäckerei

Bunte Weihnachtssterne

Zutaten für etwa 60 Sterne:
500 g Mehl, 30 g Hefe
¼ l lauwarme Milch
100 g Butter, 100 g Zucker
2 Eigelbe, ½ Teel. Salz
abgeriebene Schale von
  ½ Zitrone
80 g abgezogene gehackte
  Mandeln ◇
1 Eigelb
80 g kandierte Kirschen
50 g Zitronat in Stücken
80 g abgezogene Mandeln
50 g Rosinen
Für das Backblech: Butter

Pro Stück etwa 355 Joule/ 85 Kalorien

Zwei Backbleche ausfetten. Eine Pappschablone von 8 cm ⌀ für die Sterne herstellen. Das Mehl in eine Schüssel sieben. In der Mitte die zerbröckelte Hefe mit der Milch und wenig Mehl verrühren. Den Hefevorteig zugedeckt 15 Minuten gehen lassen.
Die Butter zerlassen und mit dem Zucker, den Eigelben, dem Salz und der Zitronenschale, dem Hefevorteig und dem gesamten Mehl verrühren und einen trockenen Hefeteig schlagen. Zuletzt die Mandeln unter den Teig mischen. Den Teig 30 Minuten gehen lassen, dann 1 cm dick ausrollen und Sterne ausschneiden. Die Sterne auf das Backblech legen, mit verquirltem Eigelb bestreichen und mit halbierten kandierten Kirschen, Zitronatstücken, Mandeln und Rosinen belegen. Den Backofen auf 210° vorheizen. Die Sterne auf der mittleren Schiene 10–15 Minuten backen.

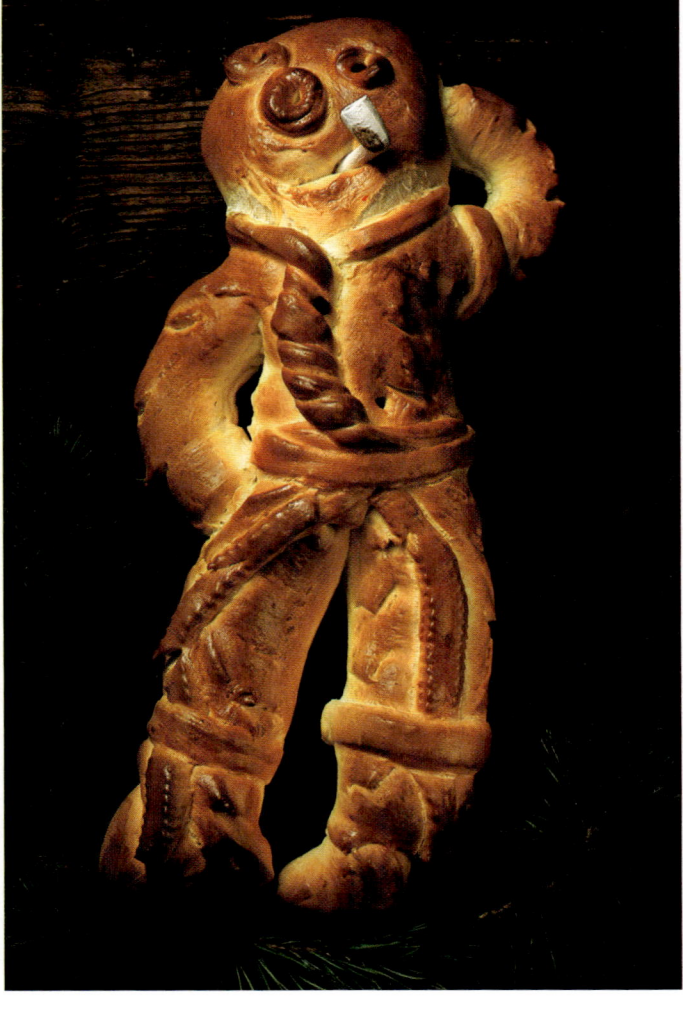

Grittibänz

Schweizer Weihnachtsmänner

Zutaten für 4 Figuren:
500 g Mehl
30 g Hefe
¼ l lauwarme Milch
50 g Butter
50 g Zucker, 1 Ei
1 Prise Salz
abgeriebene Schale von
  ½ Zitrone ◇
1 Eigelb
Für das Backblech: Butter

Pro Stück etwa 5230 Joule/ 1245 Kalorien

Ein Backblech mit Fett bestreichen. Das Mehl in eine Schüssel sieben, in die Mitte eine Vertiefung drücken und die zerbröckelte Hefe mit der lauwarmen Milch und etwas Mehl darin verrühren. Den Vorteig 15 Minuten zugedeckt gehen lassen. Die Butter zerlassen, mit dem Zucker, dem Ei, dem Salz und der Zitronenschale verrühren und zusammen mit dem Vorteig und dem gesamten Mehl so lange schlagen, bis der Teig Blasen wirft. Den Teig weitere 30 Minuten gehen lassen. Den Backofen auf 200° vorheizen. Den Teig in 4 gleich schwere Stücke teilen, aus jedem Stück eine Kugel sowie eine dickere und eine dünnere Rolle drehen. Aus Kugeln und Rollen Figuren nach dem Muster des Bildes oben formen. Aus den Teigresten Streifen schneiden und die Figuren damit belegen. Die Weihnachtsmänner mit dem verquirlten Eigelb bestreichen und auf dem Backblech auf der zweiten Schiene von unten 20–25 Minuten backen.

Große Weihnachtsbäckerei

Geflochtener Schmetterling

Zutaten für 2 Figuren:
600 g Mehl, 40 g Hefe
gut ¼ l lauwarme Milch
100 g Butter, 2 Eier, 1 Teel. Salz
1 Messerspitze geriebene
 Muskatnuß
abgeriebene Schale von
 ½ Zitrone ⋄
2 Eigelbe
Für das Backblech: Butter

Pro Figur etwa 6885 Joule/
1640 Kalorien

Ein Backblech ausfetten. Das Mehl in eine Schüssel sieben. In der Mitte die zerbröckelte Hefe mit der lauwarmen Milch und wenig Mehl zu einem Vorteig verrühren. Zugedeckt 15 Minuten gehen lassen. Die Butter zerlassen, aber nicht erhitzen, mit den Eiern, dem Salz, der Muskatnuß und der Zitronenschale auf den Mehlrand um den Hefeteig geben und alles mit der gesamten Mehlmenge zu einem trockenen, festen Teig schlagen. Den Teig zugedeckt noch einmal 30 Minuten gehen lassen. Den Teig in 16 gleich große Stücke teilen und aus jedem Stück einen etwa fingerdicken Strang rollen. Aus den Strängen nach dem Vorschlag auf dem nebenstehenden Bild einen Schmetterling und einen Stern flechten (→Zeichnungen Seite 22). Die Enden der Stränge jeweils mit Eigelb bestreichen und gut zusammendrücken. Den geflochtenen Schmetterling und Stern auf das Backblech legen und noch einmal 20 Minuten gehen lassen. Den Backofen auf 210° vorheizen.
Das Gebäck mit verquirltem Eigelb bestreichen und auf der zweiten Schiene von unten 20–25 Minuten backen.
Der geflochtene Schmetterling ist hauptsächlich als Dekoration gedacht. Wollen Sie ihn als süßes Naschwerk verschenken, fügen Sie der zerlassenen Butter noch 200 g Zucker zu.

Geschenke aus Teig

Für den bunten Teller

Große Weihnachtsbäckerei

Husaren-Krapferl

Zutaten für etwa 60 Krapferl:
1 Vanilleschote
200 g Butter
100 g Zucker
2 Eigelbe
1 Prise Salz
300 g Mehl
100 g gemahlene Haselnüsse ◊
½ Tasse Puderzucker
150 g Johannisbeermarmelade

Pro Stück etwa 315 Joule/75 Kalorien

Die Vanilleschote der Länge nach aufschlitzen und das Mark herauskratzen. Die Butter mit dem Zucker, den Eigelben, dem Vanillemark und dem Salz auf einem Backbrett verkneten. Das Mehl darübersieben, die gemahlenen Haselnüsse darüberstreuen und alles zu einem Mürbeteig verarbeiten. Den Teig in Alufolie gewickelt 2 Stunden im Kühlschrank ruhen lassen.
Den Backofen auf 200° vorheizen. Aus dem Teig eine lange Rolle formen, gleichmäßige Scheiben davon abschneiden, diese zu Kugeln formen und in jede Kugel mit dem Kochlöffelstiel eine kleine Vertiefung drücken. Die Krapferl auf ein Backblech legen und auf der mittleren Schiene 12–15 Minuten backen.
Die Krapferl auf einem Kuchengitter erkalten lassen, dann mit dem Puderzucker besieben. Die Marmelade erhitzen, glattrühren und die Vertiefungen der Krapferl damit füllen. Die Marmelade 1–2 Tage gut trocknen lassen, ehe die Krapferl in eine Dose geschichtet werden.

Linzer Kranzerl

Zutaten für etwa 50 Stück:
4 hartgekochte Eigelbe
120 g Puderzucker
200 g Butter
2 Päckchen Vanillinzucker
1 Prise Salz, 300 g Mehl ◊
120 g Mandeln, 100 g Zucker
2 Eigelbe
½ Tasse Johannisbeergelee

Pro Stück etwa 420 Joule/100 Kalorien

Die hartgekochten Eigelbe durch ein Haarsieb streichen und mit 80 g gesiebtem Puderzucker und der Butter schaumig rühren. Den Vanillinzucker, das Salz und das gesiebte Mehl zufügen und alles verkneten. Den Mürbeteig in Alufolie gewickelt 2 Stunden im Kühlschrank ruhen lassen.
Die Mandeln mit kochendheißem Wasser überbrühen, abziehen und grobhacken. Die Mandelstücke mit dem Zucker mischen. Den Backofen auf 200° vorheizen.
Den Teig 4 mm dick ausrollen und Ringe von etwa 5 cm Ø ausstechen. Die rohen Eigelbe verquirlen, die Ringe einseitig damit bestreichen und mit der feuchten Seite in die Mandel-Zucker-Mischung drücken. Die Ringe mit der Mandelseite nach oben auf ein Backblech legen und auf der mittleren Schiene des Backofens 10–15 Minuten backen.
Das Gebäck vom Backblech heben und abkühlen lassen. Dann die Unterseiten mit Johannisbeergelee bestreichen, je zwei Ringe zusammensetzen und mit dem restlichen Puderzucker besieben.

Große Weihnachtsbäckerei

Für den bunten Teller

Basler Leckerli

Zutaten für etwa 80 Stück:
350 g Honig
350 g Zucker
je 100 g abgezogene Mandeln, Haselnüsse und Walnüsse
je 125 g Orangeat und Zitronat
500 g Mehl
30 g gemahlener Zimt
abgeriebene Schale von 1 Zitrone
2 Teel. gemahlene Gewürznelken
1 Messerspitze geriebene Muskatnuß
2 Teel. Pottasche
2 Teel. Hirschhornsalz
je 1 Schnapsglas Arrak und Kirschwasser (je 2 cl)
Für das Backblech: Butter

Pro Stück etwa 380 Joule/ 90 Kalorien

Den Honig mit 250 g Zucker unter Rühren aufkochen lassen. Die Mandeln, die Hasel- und die Walnüsse, das Orangeat und das Zitronat kleinhacken. Das gesiebte Mehl damit mischen. Alle Gewürze von Zimt bis Hirschhornsalz mit der Mehlmasse und dem heißen Honig-Zucker-Gemisch verrühren. Das Kirschwasser und den Arrak unterkneten, einen Laib formen und diesen zugedeckt 3–4 Stunden bei Raumtemperatur stehen lassen. Den Backofen auf 200° vorheizen. Das Backblech mit Fett bestreichen. Den Teig fingerdick ausrollen, auf das Backblech legen und auf der mittleren Schiene 20 Minuten backen. Den restlichen Zucker mit wenig Wasser aufkochen, dick auf die noch warme Teigplatte streichen und diese in Rechtecke schneiden.

Wiener Vanillekipferl

Zutaten für etwa 80 Kipferl:
50 g Mandeln
50 g Haselnüsse
300 g Mehl, 100 g Zucker
1 Prise Salz, 200 g Butter
2 Eigelbe ⋄
5 Päckchen Vanillinzucker
½ Tasse Puderzucker

Pro Stück etwa 230 Joule/ 55 Kalorien

Die Mandeln überbrühen, abziehen und feinmahlen. Die Haselnüsse ebenfalls feinmahlen. Das Mehl auf ein Backbrett sieben, Mandeln und Haselnüsse, den Zucker, das Salz, die kalte Butter in Flöckchen und die Eigelbe darübergeben und alles zu einem Mürbeteig verkneten. Den Teig in Alufolie gewickelt 2 Stunden im Kühlschrank ruhen lassen. Den Backofen auf 190° vorheizen. Den Teig portionsweise zu bleistiftdicken Röllchen formen. Die Röllchen in 5 cm lange Stücke schneiden und zu Hörnchen (Kipferl) biegen. Die Vanillekipferl auf der mittleren Schiene in 10–12 Minuten goldgelb backen.
Den Vanillinzucker mit dem Puderzucker mischen und die noch warmen Kipferl vorsichtig darin wenden.

> **Unser Tip**
> Die Kipferl zum Aufbewahren lagenweise zwischen Pergamentpapier in eine Dose legen, damit sie nicht zerbrechen.

Für den bunten Teller

Große Weihnachtsbäckerei

Amerikanische Ingwerschnitten

Zutaten für etwa 20 Schnitten:
6 kandierte Ingwerpflaumen
150 g Butter
100 g Zucker
1 Ei
1 Prise Salz
½ Teel. Ingwerpulver
300 g Mehl ◊
1 Eigelb

Pro Stück etwa 630 Joule/ 150 Kalorien

3 Ingwerpflaumen feinwiegen, die übrigen in kleine Würfel schneiden. Die Butter mit dem Zucker, dem Ei, dem Salz, dem Ingwerpulver und den gewiegten Ingwerpflaumen verkneten. Das Mehl darübersieben und alles rasch zu einem glatten Mürbeteig verkneten. Den Teig zu einer Kugel formen und in Alufolie oder Pergamentpapier gewickelt 2 Stunden im Kühlschrank ruhen lassen.
Den Backofen auf 200° vorheizen. Den Teig in drei Teile teilen und portionsweise auf einer bemehlten Fläche etwa ½ cm dick ausrollen. Aus den Teigplatten Rechtecke von 4 × 7 cm Größe schneiden. Die Plätzchen auf ein Backblech legen. Das Eigelb mit etwas Wasser verquirlen. Die Plätzchen damit bestreichen, dann mit den Ingwerwürfelchen bestreuen und auf der mittleren Schiene 15 Minuten backen. Die Ingwerschnitten mit einem breiten Messer vom Blech heben und auf einem Kuchengitter erkalten lassen.

Brune kager

Dänische braune Kuchen

Zutaten für etwa 100 Stück:
250 g Butter
200 g Zucker
125 g Ahornsirup
75 g abgezogene gehackte
  Mandeln
75 g gehacktes Zitronat
½ Teel. gemahlene
  Gewürznelken
2 Teel. gemahlener Zimt
½ Teel. Ingwerpulver
7 g Pottasche
500 g Mehl
Für das Backblech: Butter

Pro Stück etwa 230 Joule/ 55 Kalorien

Die Butter zusammen mit dem Zucker und dem Sirup zum Kochen bringen. Die Mischung vom Herd nehmen, die Mandeln, das Zitronat, das Nelkenpulver, den Zimt und das Ingwerpulver unterrühren. Die Pottasche in wenig kochendem Wasser auflösen, unter die Sirupmasse rühren und diese abkühlen lassen. Das Mehl darübersieben und unterkneten. Aus dem Teig zwei Rollen formen, in Alufolie oder Pergamentpapier wickeln und 24 Stunden im Kühlschrank ruhen lassen.
Ein bis zwei Backbleche mit Butter bestreichen. Den Backofen auf 200° vorheizen. Die Teigrollen in gleich dünne Scheiben schneiden und diese mit genügend Abstand auf ein Backblech legen. Die braunen Kuchen 8–10 Minuten auf der mittleren Schiene backen. Dann mit einem breiten Messer vom Backblech heben und auf einem Kuchengitter erkalten lassen.

Große Weihnachtsbäckerei

Für den bunten Teller

Norwegische Weihnachtsringe

Zutaten für etwa 80 Stück:
½ Vanilleschote
3 Eier
1 Eigelb
150 g Puderzucker
250 g weiche Butter
350 g Mehl ◊
1 Eigelb
1 Tasse Hagelzucker

Pro Stück etwa 250 Joule/ 60 Kalorien

Die Vanilleschote mit einem spitzen Messer längs aufschlitzen und das Mark herauskratzen. Die Eier 10–12 Minuten kochen, kalt abschrecken und schälen. Die Eigelbe durch ein feines Sieb streichen und mit dem rohen Eigelb und dem gesiebten Puderzucker verrühren. Nach und nach die möglichst weiche Butter und das Vanillemark unterarbeiten. Zuletzt das gesiebte Mehl zugeben und alles zu einem Mürbeteig verkneten. Den Teig in Alufolie gewickelt 3 Stunden im Kühlschrank ruhen lassen. Den Backofen auf 190° vorheizen. Den Teig in walnußgroße Stücke aufteilen und jedes Stück zu etwa 10 cm Länge ausrollen. Die Stangen an beiden Enden mit verquirltem Eigelb bestreichen und zu Ringen formen. Die Ringe völlig mit Eigelb bestreichen und mit dem Hagelzucker bestreuen. Das Gebäck auf ein Blech legen und auf der mittleren Schiene des Backofens 10–12 Minuten backen. Die Weihnachtsringe mit einem breiten Messer vom Backblech heben und auf einem Kuchengitter erkalten lassen.

Schwedische Julkuchen

Zutaten für etwa 100 Stück:
250 g Butter, 120 g Zucker
1 Ei, 400 g Mehl
1 Teel. Backpulver
½ Teel. Salz ◊ 1 Eiweiß
¼ Tasse grober Zucker
¼ Tasse gemahlener Zimt

Pro Stück etwa 165 Joule/ 40 Kalorien

Die Butter mit dem Zucker und dem Ei schaumig rühren. Das Mehl mit dem Backpulver sieben und mit dem Salz nach und nach unter die Buttermasse kneten. Den Teig zu einer Kugel formen und eingewickelt 3 Stunden im Kühlschrank ruhen lassen. Den Backofen auf 200° vorheizen. Den Teig in drei Teile schneiden. Die Teigportionen nacheinander verarbeiten. Nur die jeweils benötigte Portion aus dem Kühlschrank holen und auf einer bemehlten Fläche etwa 3 mm dick ausrollen. Runde Plätzchen von 6 cm Ø ausstechen und auf ein Backblech legen. Das Eiweiß verquirlen, die Plätzchen damit bestreichen, mit Zimt-Zucker bestreuen und auf der mittleren Schiene 8–10 Minuten backen.

Unser Tip
Beim Bestreuen der Plätzchen mit Zucker und Zimt fällt sicher einiges auf das Backblech. Entfernen Sie Zucker und Zimt gleich vor dem Backen mit einem Backpinsel.

Für den bunten Teller

Große Weihnachtsbäckerei

Allgäuer Butter-S

Zutaten für etwa 50 Stück:
400 g Mehl, 250 g Butter
125 g Zucker
3 Eigelbe, 1 Prise Salz
abgeriebene Schale von
　½ Zitrone ⋄
1 Eigelb
etwa ½ Tasse Hagelzucker
Für das Backblech: Butter

Pro Stück etwa 380 Joule/
90 Kalorien

Zwei Backbleche mit Butter ausfetten. Das Mehl in eine Schüssel sieben. Die Butter in Flöckchen über dem Mehl verteilen. In die Mitte des Mehls eine Vertiefung drücken und den Zucker, 3 Eigelbe, das Salz und die Zitronenschale hineingeben. Alle Zutaten zu einem glatten Teig verkneten. Den Teig in eine Teigspritze oder in einen Spritzbeutel mit Lochtülle füllen und in gleichmäßigen Abständen S-Förmchen auf die Backbleche spritzen. Die Backbleche mit den Butterplätzchen 1 Stunde kalt stellen. Den Backofen auf 190° vorheizen.
Die Butterplätzchen mit dem restlichen verquirlten Eigelb bestreichen und mit Hagelzucker bestreuen. Hagelzucker, der auf das Backblech fällt, mit einem Pinsel wieder entfernen, damit er nicht verbrennt. Die Butterplätzchen auf der mittleren Schiene in 8–10 Minuten hellbraun backen.
Die Plätzchen etwa 6 Minuten auf dem Blech abkühlen lassen, dann mit einem breiten Messer oder einem Spatel vom Blech heben und auf einem Kuchengitter vollständig erkalten lassen.

Badener Chräbeli

Zutaten für etwa 40 Stück:
250 g Mehl, 250 g Zucker
2 Eier, 1 Eßl. Aniskörner
abgeriebene Schale von
　½ Zitrone
Für das Backblech: Butter und Mehl

Pro Stück etwa 230 Joule/
55 Kalorien

Zwei Backbleche mit Butter bestreichen und mit Mehl bestäuben. Das Mehl in eine Schüssel sieben. Den Zucker mit den Eiern schaumig rühren und das Mehl löffelweise unter den Teig mischen. Zuletzt die Aniskörner und die Zitronenschale untermengen. Den Teig zu fingerdicken Rollen formen, in 5–6 cm lange Stücke schneiden und halbmondähnlich formen. Die Oberseite der kleinen Halbmonde mit einem dünnen, scharfen Messer dreimal schräg einschneiden. Die Chräbeli auf das Backblech legen und über Nacht bei Raumtemperatur ruhen lassen.
Den Backofen auf 190° vorheizen. Die Chräbeli auf der mittleren Schiene 10–15 Minuten backen.

> **Unser Tip**
> Die Halbmonde sind die typische Form für die Chräbeli. Sie können aber auch die Rolle einfach in gleich dicke Scheiben schneiden, diese mit Einschnitten versehen und wie im Rezept angegeben weiter verarbeiten.

Große Weihnachtsbäckerei

Für den bunten Teller

Mandel-Spekulatius

*Zutaten für 40–80 Stück,
je nach Größe der Modeln:*
250 g Butter, 300 g Zucker
100 g Marzipan-Rohmasse
1 Ei, 2 Teel. gemahlener Zimt
½ Teel. gemahlener Kardamom
je 1 Messerspitze gemahlene
 Gewürznelken, gemahlene
 Muskatblüte und Salz
500 g Mehl
*Für die Modeln und das
 Backblech:* Mehl und 100 g
 Mandelblättchen

Bei 80 Formen pro Stück etwa 335 Joule/80 Kalorien

Spekulatius wird in besonderen Modeln gebacken, die es in Spezialgeschäften zu kaufen gibt. Alle Modeln leicht mit Mehl ausstäuben. Ein oder zwei Backbleche mit Mehl bestäuben und mit den Mandelblättchen bestreuen. Die Butter mit dem Zucker und der Marzipan-Rohmasse verkneten. Das Ei, den Zimt, den Kardamom, das Nelkenpulver, die Muskatblüte, das Salz und das gesiebte Mehl unterkneten. Den Teig in Alufolie gewickelt 2 Stunden im Kühlschrank ruhen lassen. Den Backofen auf 200° vorheizen. Kleine Teigstücke fest in die Holzmodeln drücken. Danach überstehenden Teig entlang der Model abschneiden, so daß nur die Vertiefungen ausgefüllt sind. Die Teigfiguren durch kräftiges Schlagen auf das Backblech stürzen und auf der mittleren Schiene 10 Minuten backen. Die Figürchen mit einem breiten Messer vom Backblech heben.

Unser Tip
Die Mandelblättchen geben dem Spekulatius eine besonders festliche Note; das Gebäck schmeckt aber auch ohne Mandelblättchen ausgezeichnet.

Für den bunten Teller

Große Weihnachtsbäckerei

Holländische Zebras

Zutaten für etwa 60 Stück:
250 g Butter
200 g Zucker
½ Teel. Salz, 4 Eigelbe
250 g Mehl
100 g Speisestärke
½ Päckchen Backpulver
3 Eßl. Rum
5 Eßl. Kakaopulver ⋄
3 Eßl. Hagelzucker

Pro Stück etwa 355 Joule/ 85 Kalorien

Die Butter mit dem Zucker und dem Salz schaumig rühren. Nacheinander die Eigelbe zugeben und gut glattrühren. Das Mehl mit der Stärke und dem Backpulver sieben, zur Buttermasse geben und einen festen Teig daraus kneten. Den Teig halbieren, die eine Hälfte mit dem Rum, die andere mit dem Kakaopulver mischen. Beide Teigportionen zugedeckt mindestens 1 Stunde im Kühlschrank ruhen lassen. Den Backofen auf 190° vorheizen. Den hellen und den dunklen Teig getrennt auf einer bemehlten Fläche gut ½ cm dick ausrollen und jede Teigplatte halbieren. Helle und dunkle Teigplatten abwechselnd aufeinandersetzen und gut zusammendrücken.
Aus dem Teig 2 × 3 cm große Scheiben schneiden. Jede Scheibe mit Hagelzucker bestreuen und den Hagelzucker etwas festdrücken. Die Zebras auf der mittleren Schiene 10–15 Minuten backen.
Die Plätzchen mit einem Messer vom Backblech heben und auf einem Kuchengitter erkalten lassen.

Französische Madeleines

Zutaten für 20 Stück:
125 g Zucker, 125 g Mehl
125 g Butter, 3 Eier
1 Prise Salz
60 g abgezogene gemahlene Mandeln
1 Eßl. Orangenblütenwasser (aus der Drogerie)
¼ Teel. Vanilleextrakt
Für die Förmchen: Butter

Pro Stück etwa 545 Joule/ 130 Kalorien

Für Madeleines brauchen Sie die typischen kleinen Muschelförmchen. Die Förmchen mit Fett ausstreichen. Den Zucker und das gesiebte Mehl auf ein Backbrett geben. Die Butter zerlassen, aber nicht bräunen. Die Eier mit einem Teigspatel unter die Mehl-Zucker-Mischung kneten und nach und nach die abgekühlte Butter, das Salz, die Mandeln, das Orangenblütenwasser und den Vanilleextrakt unterkneten. Den Teig dabei nicht mit den Händen, sondern mit dem Teigspatel bearbeiten! Den Teig zugedeckt 1 Stunde im Kühlschrank ruhen lassen. Den Backofen auf 250° vorheizen. Vom Teig kleine Stücke in die Madeleineförmchen drücken. Auf der mittleren Schiene 15 Minuten backen.

Unser Tip
Madeleineförmchen können Sie selbst herstellen, indem Sie extra starke Alufolie in ein Schnapsglas drücken.

Große Weihnachtsbäckerei

Für den bunten Teller

Marillenringe

Zutaten für etwa 50 Stück:
400 g Mehl, 120 g Zucker
1 Prise Salz
abgeriebene Schale von
  1 Zitrone
1 Päckchen Vanillinzucker
1 Eigelb
1 Schnapsglas Rum (2 cl)
250 g Butter ⋄
2 Eßl. Puderzucker
250 g Aprikosenmarmelade
  (Marillenmarmelade)

Pro Stück etwa 420 Joule/100 Kalorien

Das Mehl auf ein Backbrett sieben. In die Mitte eine Vertiefung drücken, den Zucker, das Salz, die Zitronenschale, den Vanillinzucker, das Eigelb und den Rum hineingeben. Die Butter in Flöckchen auf dem Mehl verteilen. Alle Zutaten zu einem Mürbeteig verkneten. Den Teig in Alufolie gewickelt 2 Stunden im Kühlschrank ruhen lassen. Den Backofen auf 180° vorheizen. Den Teig auf einer bemehlten Fläche portionsweise 3 mm dünn ausrollen. Aus dem Teig runde Plätzchen und Ringe von 4 cm ⌀ in gleicher Anzahl ausstechen. Beide auf der mittleren Schiene 10–15 Minuten backen. Das Gebäck mit einem breiten Messer vom Blech heben und auf einem Kuchengitter abkühlen lassen. Die Ringe mit dem Puderzucker besieben. Die Marmelade bei schwacher Hitze glattrühren, die runden Plätzchen damit bestreichen und die Ringe daraufsetzen. In die Mitte der Ringe noch etwas von der Marmelade geben. Die Marillenringe trocknen lassen.

Italienische Pangani

Zutaten für etwa 80 Stück:
200 g Butter
300 g Zucker
1 Päckchen Vanillinzucker
1 Ei
3 Eßl. Milch
je 1 Messerspitze gemahlener
  Kardamom und Zimt
abgeriebene Schale von
  1 Zitrone
3 gemahlene bittere Mandeln
500 g Mehl ⋄
100 g Blockschokolade oder
  Kuvertüre

Pro Stück etwa 335 Joule/80 Kalorien

Die Butter in einer großen Schüssel mit dem Zucker und dem Vanillinzucker verkneten. Das Ei, die Milch, den Kardamom, den Zimt, die Zitronenschale und die gemahlenen bitteren Mandeln zugeben und das gesiebte Mehl unter den Teig kneten. Aus dem Teig rechteckige Stangen formen. Die Stangen in Alufolie gewickelt 2 Stunden im Kühlschrank ruhen lassen.
Den Backofen auf 190° vorheizen. Die Stangen in ½ cm dicke Scheiben schneiden, auf ein Backblech legen und auf der mittleren Schiene in 15 Minuten goldgelb backen.
Die Plätzchen mit einem breiten Messer herunterheben und auf einem Kuchengitter abkühlen lassen. Die Blockschokolade oder die Kuvertüre im Wasserbad schmelzen lassen. Die Plätzchen so in die Schokolade tauchen, daß sie diagonal zur Hälfte damit überzogen sind. Auf Pergamentpapier trocknen lassen.

Beliebte Weihnachtsplätzchen

Große Weihnachtsbäckerei

Honigkuchen-Herzen

Zutaten für etwa 120 Herzen:
450 g Honig, 250 g Zucker
100 g Butter, 2 Eier
1 Prise Salz
je 50 g Zitronat und Orangeat
1 Teel. gemahlener Zimt
½ Teel. gemahlene
   Gewürznelken
1 kg Mehl
2 Päckchen Backpulver ◇
½ Tasse Johannisbeergelee
200 g zartbittere Schokolade
Für das Backblech: Butter

Pro Stück etwa 295 Joule/
70 Kalorien

Ein oder zwei Backbleche mit Butter bestreichen. Den Honig mit dem Zucker und der Butter unter Rühren erhitzen, bis alles zu einer glatten Masse verschmolzen ist. Die Honigmasse vom Herd nehmen und weiterrühren, bis sie nur noch lauwarm ist. Die Eier mit dem Salz verquirlen. Das Zitronat und das Orangeat kleinwürfeln und mit den verquirlten Eiern, dem Zimt, dem Nelkenpulver und dem mit dem Backpulver gesiebten Mehl unter die Honigmasse ziehen. Den Teig gut durchkneten und auf einem bemehlten Backbrett etwa 1 cm dick ausrollen. Den Backofen auf 220° vorheizen. Aus dem Teig Herzen ausstechen, auf die Backbleche legen und auf der mittleren Schiene 15 Minuten backen. Die Herzen noch warm auf der Unterseite mit dem Johannisbeergelee bestreichen und jeweils zwei Herzen zusammensetzen. Die Schokolade im Wasserbad schmelzen lassen. Die Herzen zur Hälfte eintauchen.

Mandel-Lebkuchen

Zutaten für etwa
   40 Lebkuchen:
4 Eier, 250 g Zucker
500 g Mehl
1 Teel. Backpulver
400 g gemahlene Mandeln
je 50 g gehacktes Zitronat und
   Orangeat
1 Teel. gemahlener Zimt
je 1 Messerspitze gemahlene
   Gewürznelken, geriebene
   Muskatnuß und gemahlener
   Piment ◇
1 Eigelb
80 abgezogene Mandeln

Pro Stück etwa 880 Joule/
210 Kalorien

Die Eier mit dem Zucker gut schaumig rühren. Das Mehl mit dem Backpulver sieben, mit den Mandeln, dem Zitronat, dem Orangeat, dem Zimt, dem Nelkenpulver, der Muskatnuß und dem Piment mischen und alles unter den Teig kneten. Den Teig in Alufolie oder Pergamentpapier gewickelt 2 Stunden im Kühlschrank ruhen lassen.
Den Backofen auf 180° vorheizen. Den Teig auf einer bemehlten Fläche etwa 1 cm dick ausrollen und in 40 gleich große Rechtecke schneiden. Die Rechtecke auf ein Backblech legen. Das Eigelb mit wenig Wasser verquirlen und die Rechtecke damit bestreichen. In jede Lebkuchenecke 1 Mandelhälfte drücken. Die Lebkuchen auf der mittleren Schiene 20 Minuten backen, bis sie hellbraun sind, dann mit einem Messer vom Backblech heben und auf einem Kuchengitter abkühlen lassen.

Große Weihnachtsbäckerei

Beliebte Weihnachtsplätzchen

Honigkuchen vom Blech

Zutaten für 40 Honigkuchen:
500 g Honig
gut ⅛ l Öl
250 g Zucker
700 g Mehl
1 Päckchen Backpulver
250 g abgezogene gemahlene Mandeln
2 Teel. gemahlener Zimt
1 Messerspitze gemahlene Gewürznelken
½ Teel. Piment
1 Prise Salz
3 Eier
je 100 g gehacktes Zitronat und Orangeat ◊
3 Eßl. Dosenmilch
je 100 g abgezogene Mandeln, Zitronat und kandierte Kirschen
Für das Backblech: Öl

Pro Stück etwa 1030 Joule/ 245 Kalorien

Den Honig mit dem Öl und dem Zucker unter Rühren aufkochen und wieder abkühlen lassen. Das Mehl mit dem Backpulver sieben und mit den Mandeln, allen Gewürzen, den Eiern, dem Zitronat und dem Orangeat mischen. Die Honig-Öl-Masse zu dem Mehlgemisch geben und alles gut verkneten. Sollte der Teig zu weich sein, noch etwas Mehl zufügen. Den Teig zugedeckt 1 Stunde im Kühlschrank ruhen lassen.
Ein Backblech einölen. Den Backofen auf 200° vorheizen. Den Teig mit bemehlten Händen auf das Backblech drükken, glattstreichen und mit Dosenmilch bepinseln. In das Teigblatt mit einem Messer 6 × 6 cm große Quadrate leicht einschneiden. Jedes Quadrat mit Mandeln, Kirschenhälften und Zitronatstücken verzieren. Die Honigkuchen auf der mittleren Schiene in 35–45 Minuten hellbraun backen. Die Honigkuchen etwas abkühlen lassen, dann vom Backblech nehmen und in die markierten Quadrate teilen.

Beliebte Weihnachtsplätzchen

Große Weihnachtsbäckerei

Lübecker Kokosmakrönchen

*Zutaten für etwa
  60 Makrönchen:*
250 g Kokosraspel
5 Eiweiße
250 g Puderzucker
400 g Marzipan-Rohmasse
*abgeriebene Schale von
  ½ Zitrone*
2 Eßl. Rum ◇
½ Tasse Zucker
100 g Schokoladen-Fettglasur

Pro Stück etwa 335 Joule/
80 Kalorien

Die Kokosraspel zwischen den Handflächen zerreiben, auf ein Backblech streuen und bei 100° im geöffneten Backofen 20 Minuten trocknen lassen. Die Eiweiße zu steifem Schnee schlagen. Die Hälfte des gesiebten Puderzuckers mit der Marzipan-Rohmasse und dem Eischnee verrühren. Die Kokosraspel, den restlichen Puderzucker, die Zitronenschale und den Rum zufügen und alles zu einem grobflockigen, zähflüssigen Teig verarbeiten. Den Backofen auf 160° vorheizen. Den Teig in einen Spritzbeutel mit Lochtülle füllen und walnußgroße Kügelchen auf das Backblech spritzen. Die Makrönchen mit dem Zucker bestreuen und auf der mittleren Schiene 15–20 Minuten backen; sie sollen außen eine braune Kruste haben, innen aber weich bleiben. Auf einem Kuchengitter abkühlen lassen. Die Schokoladenglasur im Wasserbad zerlassen und die Makrönchen zu einem Drittel eintauchen und zum Trocknen der Glasur auf ein Kuchengitter legen.

Punschbrezeln

Zutaten für etwa 60 Brezeln:
½ Vanilleschote
200 g Butter
100 g Puderzucker
1 Eigelb
1 Prise Salz
300 g Mehl ◇
1 Eiweiß
3 Schnapsgläser Rum (6 cl)
2 Teel. Zitronensaft
200 g Puderzucker

Pro Stück etwa 295 Joule/
70 Kalorien

Die Vanilleschote mit einem spitzen Messer der Länge nach aufschlitzen und das Mark herauskratzen. Die Butter mit dem gesiebten Puderzucker zu einer glatten Masse verkneten und das Eigelb, das Salz sowie das Vanillemark zugeben. Das Mehl sieben und unter den Teig kneten. Den Mürbeteig in Alufolie gewickelt 2 Stunden im Kühlschrank ruhen lassen. Den Backofen auf 180° vorheizen. Vom Teig jeweils nur ein Stück abschneiden; den Rest wieder in den Kühlschrank zurücklegen. Aus dem Teig bleistiftdünne Stangen von etwa 10 cm Länge rollen und diese zu Brezeln formen. Die Brezeln auf der mittleren Schiene 10–15 Minuten backen. Das Eiweiß mit dem Rum, dem Zitronensaft und den 200 g Puderzucker verrühren. Die Brezeln etwas abkühlen lassen, mit einem breiten Messer vom Backblech heben und die Oberseite des Gebäcks möglichst dick mit der Glasur bestreichen. Die Punschbrezeln auf ein Kuchengitter legen und den Zuckerguß völlig trocknen lassen.

Große Weihnachtsbäckerei

Beliebte Weihnachtsplätzchen

Kleine Spitzbuben

*Zutaten für etwa
   60 Spitzbuben:
400 g Mehl
200 g Butter
3 Eigelbe, 100 g Zucker
1 Päckchen Vanillinzucker
abgeriebene Schale
   von 1 Zitrone
50 g gemahlene Haselnüsse ◇
½ Tasse Erdbeermarmelade
Saft von 1 Zitrone
½ Tasse Puderzucker*

Pro Stück etwa 315 Joule/
75 Kalorien

Das Mehl auf ein Backbrett sieben und die Butter in Flöckchen darauf verteilen. Die Eigelbe, den Zucker, den Vanillinzucker, die Zitronenschale und die gemahlenen Nüsse in die Mitte geben und alle Zutaten zu einem Mürbeteig verkneten. Den Teig in Alufolie oder Pergamentpapier gewickelt 2 Stunden im Kühlschrank ruhen lassen.
Den Backofen auf 200° vorheizen. Den Teig portionsweise auf einer bemehlten Fläche dünn ausrollen und Plätzchen und Ringe in gleicher Anzahl von 3½ cm Ø ausstechen. Plätzchen und Ringe auf ein Backblech legen und auf der mittleren Schiene 10 Minuten backen, bis sie goldgelb sind. Die Plätzchen vorsichtig mit einem Messer vom Backblech heben und auf einem Kuchengitter abkühlen lassen. Die Marmelade mit dem Zitronensaft verrühren. Die Ringe mit dem Puderzucker besieben. Die runden Plätzchen mit der Marmelade bestreichen und jeweils 1 Ring daraufsetzen.

Schwäbische Springerle

*Zutaten für etwa 60 Springerle:
500 g Puderzucker, 4 Eier
abgeriebene Schale von
   1 Zitrone, 500 g Mehl
Für das Backblech: Butter,
   Mehl und Anis*

Pro Stück etwa 295 Joule/
70 Kalorien

Für Springerle brauchen Sie kleine Holzmodeln von möglichst verschiedener Form. Ein Backblech mit Butter bestreichen, mit Mehl bestäuben und mit Anis bestreuen. Den Puderzucker mit den Eiern schaumig rühren, am besten mit dem Handrührgerät. Die Zitronenschale und das gesiebte Mehl nach und nach unter die Schaummasse rühren. Zuletzt den Teig durchkneten und 1 cm dick ausrollen. Die Holzmodeln mit Mehl ausstäuben. Die Oberfläche der Teigplatte dünn mit Mehl bestäuben. Kleine Teigstücke in die Modeln drücken, die Kanten mit einem Messer glattschneiden und den Teig wieder aus den Modeln klopfen. Das Mehl an der Teigoberfläche mit einem Pinsel entfernen. Die Springerle auf das Backblech legen und 24 Stunden bei Raumtemperatur trocknen lassen.
Den Backofen auf 160° vorheizen. Die Springerle 20–30 Minuten auf der mittleren Schiene bei leicht geöffneter Backofentür backen. Die Oberfläche der Springerle soll weiß bleiben, nur die Unterseite darf leicht bräunen. Die Springerle 2–3 Wochen kühl lagern; dann sind sie weicher.

Beliebte Weihnachtsplätzchen

Große Weihnachtsbäckerei

Mürbes Spritzgebäck

Zutaten für etwa 80 Stück:
300 g Butter
250 g Puderzucker
125 g Speisestärke
3/16 l Milch
1 Messerspitze Salz
abgeriebene Schale von
  1 Zitrone
500 g Mehl ◊
100 g Schokoladen-Fettglasur
Für das Backblech: Butter

Pro Stück etwa 295 Joule/
70 Kalorien

Ein bis zwei Backbleche mit Butter bestreichen.
Die Butter mit dem Puderzucker und der Speisestärke zu einer glatten, aber nicht schaumigen Masse verrühren. Zunächst nur ⅛ l Milch zufügen. Das Salz, die Zitronenschale und zuletzt das gesiebte Mehl erst unterrühren, den Teig dann kneten. Die restliche Milch nur dann zum Teig geben, wenn er zum Spritzen zu fest sein sollte. Den Backofen auf 190° vorheizen.
Den Teig entweder in einen Spritzbeutel mit Sterntülle füllen und S-Förmchen und Ringe auf das Backblech spritzen, oder den Teig durch den Fleischwolf mit dem Spritzvorsatz drehen oder eine Gebäckspritze verwenden. Das Spritzgebäck auf der mittleren Schiene 10–12 Minuten backen, bis es hellgelb ist.
Die Schokoladenglasur im Wasserbad schmelzen lassen und das etwas abgekühlte Gebäck zu einem Drittel in die Schokolade tauchen; auf einem Kuchengitter gut trocknen lassen.

Nougatkipferl

Zutaten für etwa 80 Kipferl:
100 g weiche Butter
200 g Nougat
1 Ei
1 Päckchen Vanillinzucker
1 Messerspitze Salz
300 g Mehl
½ Teel. Backpulver ◊
50 g Schokoladen-Fettglasur

Pro Stück etwa 170 Joule/
40 Kalorien

Die möglichst weiche Butter mit dem Nougat gut verkneten. Das Ei, den Vanillinzucker und das Salz zugeben und alles gut mischen. Das Mehl mit dem Backpulver sieben und nach und nach unter die Nougatmasse kneten. Den Teig zu einer Kugel formen und in Alufolie gewickelt 3–4 Stunden im Kühlschrank ruhen lassen.
Den Backofen auf 190° vorheizen. Den Teig zu einer langen, dünnen Rolle formen und diese in 80 etwa 6 cm lange Stücke schneiden. Kleine Hörnchen (Kipferl) daraus formen und auf ein Backblech legen. Die Kipferl auf der mittleren Schiene 12–15 Minuten backen, bis sie hellbraun sind. Die Kipferl mit einem breiten Messer vorsichtig vom Backblech heben und auf einem Kuchengitter abkühlen lassen. Die Schokoladenglasur im Wasserbad schmelzen lassen und die Spitzen der Hörnchen in die Glasur tauchen. Die Kipferl auf ein Kuchengitter legen. Die Schokoladenglasur gut trocknen lassen, ehe die Kipferl zum Aufbewahren in eine Dose geschichtet werden.

Große Weihnachtsbäckerei

Beliebte Weihnachtsplätzchen

Echter Heidesand

Zutaten für etwa 70 Stück:
200 g Butter, 100 g Puderzucker
50 g Marzipan-Rohmasse
1 Teel. Vanillinzucker
abgeriebene Schale von
½ Zitrone
250 g Mehl ◊
1 Eigelb, 1 Tasse Zucker

Pro Stück etwa 230 Joule/
55 Kalorien

Die möglichst weiche Butter mit dem Puderzucker, dem Marzipan, dem Vanillinzucker und der Zitronenschale verrühren. Das Mehl über die Buttermasse sieben und unterkneten. Aus dem Teig gleich große Rollen von etwa 5 cm Ø formen, die Rollen in Alufolie wickeln und über Nacht im Kühlschrank ruhen lassen. Den Backofen auf 190° vorheizen. Die Teigstangen mit dem verquirlten Eigelb bestreichen und im Zucker rollen. ½ cm dicke Scheiben abschneiden, auf ein Backblech legen und auf der mittleren Schiene 10–15 Minuten backen. Die Plätzchen auf einem Kuchengitter erkalten lassen.

Unser Tip
Marzipan-Rohmasse kann man selbst herstellen: Im Mixer 500 g abgezogene und 25 g bittere Mandeln pürieren, mit 500 g Puderzucker und 50 g Rosenwasser (in der Apotheke erhältlich) zu einer geschmeidigen Masse mischen.

Zarte Zimtsterne

Zutaten für etwa 70 Sterne:
500 g Mandeln, 5 Eiweiße
450 g Puderzucker
2 Teel. gemahlener Zimt
1 Eßl. Kirschwasser

Pro Stück etwa 315 Joule/
75 Kalorien

Die Mandeln in der Mandelmühle feinreiben. Die Eiweiße zu steifem Schnee schlagen. Den gesiebten Puderzucker unterrühren, 1 Tasse der Eischneemasse für die Glasur beiseite stellen. Die Mandeln, den Zimt und das Kirschwasser unter den Eischnee mischen, alles schnell zusammenkneten und den Teig zugedeckt 1 Stunde im Kühlschrank ruhen lassen. Eine Arbeitsfläche mit Zucker bestreuen, den Teig darauf 1 cm dick ausrollen und Sterne ausstechen. Die Sterne gleichmäßig mit der Eischneeglasur überziehen, auf ein Backblech legen und über Nacht bei Raumtemperatur trocknen lassen.
Den Backofen auf 160° vorheizen und die Zimtsterne 7–8 Minuten backen. Die Sterne sollen innen noch weich sein, und die Oberfläche soll weiß bleiben.

Unser Tip
Nach Belieben können Sie die Zimtsterne auf ein mit Anis bestreutes Backblech legen. Das Gebäck nimmt dadurch den Geschmack an.

Beliebte Weihnachtsplätzchen

Große Weihnachtsbäckerei

Schwarzweiß-Gebäck

Zutaten für etwa 80 Plätzchen:
300 g Butter
150 g Puderzucker
1 Prise Salz, 400 g Mehl
40 g Kakaopulver ◇ 2 Eiweiße

Pro Stück etwa 250 Joule/ 60 Kalorien

Die Butter auf einem Backbrett mit dem gesiebten Puderzucker und dem Salz verkneten. Das gesiebte Mehl unterarbeiten und den Teig in zwei Teile teilen. Einen Teil mit dem Kakaopulver verkneten. Beide Teigportionen eingewickelt 2 Stunden im Kühlschrank ruhen lassen.
Den Backofen auf 190° vorheizen. Von beiden Teigportionen jeweils ein Stück abschneiden und beide Teigstücke auf einer bemehlten Fläche 2 mm dünn ausrollen. Eine Teigplatte mit verquirltem Eiweiß bestreichen, mit der anderen Teigplatte belegen und zu einer Rolle formen. Oder aus dunklem und hellem Teig rechteckige Stränge formen, diese mit Eiweiß bestreichen und schachbrettartig zusammensetzen. Die Stränge mit hellem oder dunklem Teig umhüllen (→Arbeitsanleitung und Zeichnung auf Seite 17). Die Teigrolle nochmals im Kühlschrank sehr fest werden lassen, dann in etwa ½ cm dicke Scheiben schneiden. Das Gebäck auf der mittleren Schiene 10–14 Minuten backen, bis es hellgelb ist.
Die Plätzchen auf dem Backblech etwas abkühlen lassen, dann auf einem Kuchengitter vollständig erkalten lassen.

Runde Pfeffernüsse

Zutaten für etwa 200 Pfeffernüsse:
500 g Honig
300 g Zucker, 3 Eier
15 g Hirschhornsalz
1 Teel. gemahlener Zimt
½ Teel. gemahlene Gewürznelken
je 1 Messerspitze geriebene Muskatnuß, Koriander, Ingwerpulver, Piment und Kardamom oder
2 Päckchen gemischtes Lebkuchengewürz (fertig zu kaufen)
knapp 1 Teel. weißer Pfeffer
1 kg Mehl ◇
100 g Puderzucker
Für das Backblech: Butter

Pro Stück etwa 145 Joule/ 35 Kalorien

Ein oder zwei Backbleche mit Fett bestreichen. Den Honig bei schwacher Hitze dünnflüssig werden lassen. Den Zucker, die Eier, das Hirschhornsalz und sämtliche Gewürze gut mit dem Honig verrühren. Das gesiebte Mehl nach und nach zuerst unterrühren, später unterkneten. Den Backofen auf 180° vorheizen.
Aus dem Teig kleine Kugeln von etwa 2 cm ⌀ formen und in genügendem Abstand voneinander auf das Backblech legen. Die Pfeffernüsse auf der mittleren Schiene 10–15 Minuten backen, bis sie goldgelb sind und auf einem Kuchengitter abkühlen lassen. Den Puderzucker mit wenig Wasser unter Rühren aufkochen lassen und die Pfeffernüsse mit dieser Glasur bestreichen, auf ein Kuchengitter legen, und den Guß gut trocknen lassen.

Große Weihnachtsbäckerei

Beliebte Weihnachtsplätzchen

Anisplätzchen

Zutaten für etwa 60 Plätzchen:
150 g Puderzucker
2 Eier
1 Prise Salz
1 Päckchen Vanillinzucker
150 g Mehl
1 Teel. gemahlener Anis
Für die Backbleche: Butter und Mehl

Pro Stück etwa 85 Joule/ 20 Kalorien

2 Backbleche mit Butter bestreichen und mit Mehl bestäuben. Den Puderzucker sieben und mit den Eiern, dem Salz und dem Vanillinzucker möglichst mit dem elektrischen Rührgerät im Wasserbad bei mittlerer Hitze schaumig rühren. Die Masse aus dem Wasserbad nehmen, wieder kalt rühren und das gesiebte Mehl mit dem Anis unter die Schaummasse heben. Den Teig in einen Spritzbeutel mit Lochtülle füllen und auf die Backbleche etwa markstückgroße Plätzchen spritzen. Die Plätzchen 12 Stunden bei Raumtemperatur trocknen lassen.
Den Backofen auf 140° vorheizen. Die Anisplätzchen 20–30 Minuten auf der mittleren Schiene backen. Die Plätzchen sind fertig, wenn sie an der Unterseite leicht zu bräunen beginnen, die Häubchen aber noch fast weiß sind. Die Anisplätzchen abkühlen lassen und vor dem Verzehr möglichst 2–3 Wochen kühl lagern, damit sie weicher werden.

Schokoladenmakronen

Zutaten für etwa 40 Makronen:
250 g Mandeln
100 g zartbittere Schokolade
4 Eiweiße, 200 g Zucker
40 kleine Backoblaten

Pro Stück etwa 315 Joule/ 75 Kalorien

Die nicht abgezogenen Mandeln in der Mandelmühle mahlen. Die Schokolade auf dem Reibeisen oder ebenfalls in der Mandelmühle reiben. Die Eiweiße zu steifem Schnee schlagen, am besten mit dem Handrührgerät. Den Zucker einrieseln lassen und den Schnee 10 Minuten weiterschlagen. Mandeln und Schokolade unter den Eischnee heben. Den Backofen auf 180° vorheizen. Zwei Backbleche mit kaltem Wasser abspülen. Die Backoblaten auf den Backblechen verteilen und mit 2 nassen Teelöffeln Teighäufchen daraufsetzen. Die Makronen auf der mittleren Schiene 10–15 Minuten backen. Nach 10 Backminuten nachsehen, ob die Makronen nicht zu dunkel werden; Schokoladengebäck schmeckt dann nämlich leicht bitter. Die Makronen auf einem Kuchengitter abkühlen lassen.

Unser Tip
Wer Backoblaten nicht mag, kann von den noch heißen Makrönchen die Oblaten abziehen. Sind sie bereits erkaltet, dann haften sie zu fest.

Beliebte Weihnachtsplätzchen

Große Weihnachtsbäckerei

Muskatzonen

Zutaten für etwa 30 Stück:
125 g Butter, 125 g Zucker
1 Ei
abgeriebene Schale von
 ¼ Zitrone
1 Messerspitze geriebene
 Muskatnuß
je 1 Prise gemahlener Zimt und
 Gewürznelken
125 g Mehl
125 g gemahlene Haselnüsse
125 g Semmelbrösel ◊
1 Eigelb
15 abgezogene Mandeln

Pro Stück etwa 505 Joule/
120 Kalorien

Die Butter mit dem Zucker, dem Ei, der Zitronenschale, der Muskatnuß, dem Zimt und dem Nelkenpulver verkneten. Das gesiebte Mehl mit den Haselnüssen und den Semmelbröseln mischen, über die Buttermasse geben und alles rasch zu einem Teig verkneten. Den Teig zugedeckt 2 Stunden im Kühlschrank ruhen lassen. Den Backofen auf 200° vorheizen. Den Teig ½ cm dick ausrollen. Bögen ausstechen oder ausschneiden, auf ein Backblech legen, mit dem verquirlten Eigelb bestreichen, mit je ½ Mandel belegen und auf der mittleren Schiene 12–15 Minuten backen.

Unser Tip
Wenn Sie kein entsprechendes Förmchen haben, so fertigen Sie sich eine Pappschablone an, mit deren Hilfe Sie die Bögen ausschneiden.

Kleine Gewürzschnitten

Zutaten für etwa 50 Schnitten:
150 g Butter
125 g Zucker
1 Ei
je 1 Messerspitze gemahlener
 Zimt, gemahlene
 Gewürznelken und geriebene
 Muskatnuß
abgeriebene Schale von
 1 Zitrone
125 g Mehl
125 g gemahlene Mandeln
125 g Semmelbrösel ◊
200 g Puderzucker
3–4 Eßl. Zitronensaft
je 30 g Zitronat und Orangeat

Pro Stück etwa 380 Joule/
90 Kalorien

Die Butter mit dem Zucker schaumig rühren. Das Ei, die Gewürze und die Zitronenschale unterrühren. Das Mehl darübersieben, die Mandeln und die Semmelbrösel nach und nach zugeben und alles zu einem glatten Mürbeteig verkneten. Den Teig eingewickelt 2 Stunden im Kühlschrank ruhen lassen. Den Backofen auf 200° vorheizen. Den Teig auf einer bemehlten Fläche 3 mm dick ausrollen und 3 × 6 cm große Rechtecke ausschneiden. Die Schnitten mit genügend Abstand voneinander auf ein Backblech legen und auf der mittleren Schiene 10–12 Minuten backen. Den Puderzucker sieben, mit dem Zitronensaft glattrühren und die etwas abgekühlten Schnitten damit dick überziehen. Das Zitronat und das Orangeat in feine Streifen schneiden und auf die noch weiche Glasur drücken.

Große Weihnachtsbäckerei

Beliebte Weihnachtsplätzchen

Orangen-Schokoplätzchen

Zutaten für etwa 70 Plätzchen:
100 g zartbittere Schokolade
125 g Butter
125 g Zucker
1 Prise Salz
1 Ei
abgeriebene Schale von
   1 Orange
200 g Mehl
1 Teel. Backpulver ⋄
100 g Puderzucker
2–3 Eßl. Orangensaft

Pro Stück etwa 190 Joule/ 45 Kalorien

Die Schokolade grobraspeln. Die Butter mit dem Zucker, dem Salz, dem Ei und der Orangenschale verkneten. Das Mehl mit dem Backpulver darübersieben, die Schokolade zugeben und alles rasch zu einem geschmeidigen Teig verkneten. Den Teig zu einer Kugel formen und in Alufolie gewickelt 2 Stunden im Kühlschrank ruhen lassen.
Den Backofen auf 200° vorheizen. Den Teig auf einer bemehlten Fläche ½ cm dick ausrollen und Plätzchen von 5 cm ∅ ausstechen. Die Plätzchen mit genügend Abstand voneinander auf ein Backblech legen und auf der mittleren Schiene 8–10 Minuten backen. Die Plätzchen mit einem breiten Messer vorsichtig vom Backblech heben und auf einem Kuchengitter abkühlen lassen. Den Puderzucker sieben, mit dem Orangensaft verrühren und die Plätzchen mit dieser Glasur überziehen. Die Orangen-Schokoplätzchen auf dem Kuchengitter völlig erkalten, den Guß gut trocknen lassen.

Zarte Mandelherzen

Zutaten für etwa 60 Herzen:
250 g Butter
100 g Puderzucker
1 Eigelb
100 g gemahlene Mandeln
350 g Mehl ⋄
1 Eigelb
60 abgezogene Mandeln

Pro Stück etwa 335 Joule/ 80 Kalorien

Die Butter mit dem gesiebten Puderzucker und 1 Eigelb schaumig rühren. Die gemahlenen Mandeln und das gesiebte Mehl darübergeben und alles rasch zu einem festen Mürbeteig verkneten. Den Teig zu 1 Kugel formen und in Alufolie oder Pergamentpapier gewickelt 2 Stunden im Kühlschrank ruhen lassen.
Den Backofen auf 200° vorheizen. Den Teig auf einer bemehlten Fläche ½ cm dick ausrollen und 60 Herzen ausstechen. Die Herzen auf das Backblech legen. Das zweite Eigelb verquirlen, die Herzen damit bestreichen und auf jedes Herz 2 Mandelhälften legen. Die Herzen auf der mittleren Schiene 10–12 Minuten backen.
Die Herzen auf dem Backblech etwas abkühlen lassen, noch warm mit einem breiten Messer vom Blech nehmen und auf einem Kuchengitter vollständig erkalten lassen.

Weihnachtsspezialitäten

Große Weihnachtsbäckerei

Torte für den Weihnachtstag

Zutaten für 1 Springform von 26 cm ⌀ :
- 6 Eigelbe
- 4 Eßl. Wasser
- 150 g Zucker
- 1 Päckchen Vanillinzucker
- 6 Eiweiße
- 150 g Mehl
- 100 g Speisestärke
- 3 Teel. Backpulver ◊
- 2 Blätter weiße Gelatine
- ¾ l Sahne
- 150 g Zucker
- 40 g Kakaopulver
- 1 Eßl. Rum
- 5 Eßl. Preiselbeerkompott ◊
- 100 g Blockschokolade
- 8 kandierte Kirschen
- 1 Teel. Puderzucker
- 2 Eßl. geröstete Mandelblättchen
- Für die Form: Butter

Bei 16 Stücken pro Stück etwa 1615 Joule/385 Kalorien

Die Springform mit Butter ausstreichen. Den Backofen auf 190° vorheizen. Die Eigelbe mit dem Wasser, der Hälfte des Zuckers und dem Vanillinzucker schaumig rühren. Die Eiweiße mit dem restlichen Zucker steif schlagen und unter die Eigelbmasse heben. Das Mehl mit der Speisestärke und dem Backpulver darübersieben und unter den Teig ziehen. Den Biskuitteig in die Springform füllen und 20–30 Minuten backen. Den Biskuitboden 12 Stunden ruhen lassen, dann zweimal quer durchschneiden. Die Gelatine in kaltem Wasser einweichen. Die Sahne mit dem Zucker steif schlagen. Ein Drittel der Sahne mit dem Kakao und dem Rum verrühren. Die Schokoladensahne als erste Schicht auf den untersten Boden streichen und den zweiten Boden darauflegen. Ein weiteres Drittel der Sahne mit dem Preiselbeerkompott und der gut ausgedrückten, im Wasserbad aufgelösten Gelatine verrühren und den zweiten Boden damit bestreichen. Den dritten Boden darauflegen. Die Torte rundherum mit dem dritten Teil der Sahne bestreichen und 16 Rosetten auf die Torte spritzen. Die Hälfte der Blockschokolade im Wasserbad schmelzen lassen und dünn auf Pergamentpapier oder Alufolie streichen. Einen kleinen Sternausstecher in heißes Wasser tauchen, aus der bereits erstarrten Schokolade Sternchen ausstechen und mit den halbierten Kirschen auf die Sahnerosetten setzen. Die restliche Schokolade grobraspeln und auf die Mitte der Torte streuen. Die Schokoladenraspel leicht mit Puderzucker besieben. Den Rand der Torte mit den gerösteten Mandelblättchen bestreuen.

Unser Tip

Aus der Blockschokolade kann man auch dünne Schokoladenspäne herstellen, wie sie auf dem Bild für die Torte verwendet wurden. Dafür die geschmolzene Schokolade hauchdünn auf eine Resopalplatte streichen. Von der fast erstarrten Schokolade mit einem Messer Späne abschaben. Die Späne vollständig erkaltet auf die Torte streuen.

Große Weihnachtsbäckerei

Bûche de Noël

Zutaten für 1 Roulade:
8 Eigelbe
150 g Zucker
abgeriebene Schale von
   ½ Zitrone
4 Eiweiße
100 g Mehl ◇
250 g Blockschokolade
250 g weiche Butter
125 g Puderzucker
1 Schnapsglas Rum (2 cl)
3 kandierte Kirschen
2 dünne Schokoladenblättchen
1 Teel. gehackte Pistazien
Für das Backblech:
   Pergamentpapier

Bei 10 Stücken pro Stück etwa 2165 Joule/515 Kalorien

Ein Backblech mit Pergamentpapier auslegen. Den Backofen auf 230° vorheizen. Die Eigelbe mit 1 Eßlöffel Zucker und der Zitronenschale schaumig rühren. Die Eiweiße mit dem restlichen Zucker steif schlagen und unter die Eigelbmasse heben. Das Mehl darübersieben und unterheben. Den Biskuitteig auf das Pergamentpapier streichen und auf der mittleren Schiene 5–10 Minuten backen. Die Teigplatte auf ein mit Zucker bestreutes Tuch stürzen, das Papier abziehen und den Biskuit mit einem feuchten Tuch bedecken. Die Blockschokolade im Wasserbad schmelzen, dann abkühlen lassen. Die Butter mit dem gesiebten Puderzucker schaumig rühren; 3 Eßlöffel davon zurückbehalten. Unter die restliche Buttercreme die Schokolade und den Rum ziehen. Den Biskuit mit zwei Dritteln der Creme bestreichen und aufrollen. Die restliche Creme mit einem Spritzbeutel in Längsstreifen auf die Biskuitroulade spritzen. Die Kirschen halbieren. Aus den Schokoladenblättchen Blätter schneiden. Die Roulade mit der zurückbehaltenen Buttercreme, den Kirschen, den Schokoladenblättchen und den Pistazien garnieren.

Weihnachtsspezialitäten

Weihnachtsspezialitäten

Große Weihnachtsbäckerei

Tannenzapfen Märchenwald

Zutaten für 1 Kuchen:
1 fertig gekaufter Sandkuchen
½ l Milch
1 Päckchen Vanille-
  Puddingpulver
2 Eigelbe, 100 g Zucker
250 g Butter
50 g Blockschokolade
50 g Kakaopulver
200 g kleine Schokoladentaler

Bei 20 Stücken pro Stück etwa 1595 Joule/380 Kalorien

Den Sandkuchen in Form eines großen Tannenzapfens zurechtschneiden. ½ Tasse Milch mit dem Puddingpulver und den Eigelben verquirlen. Den Zucker mit der restlichen Milch aufkochen und nach Vorschrift einen Pudding bereiten. Den Pudding erkalten lassen. Die Butter schaumig rühren. Nach und nach den Pudding löffelweise unterrühren. Die Blockschokolade im Wasserbad auflösen und mit dem Kakaopulver unter die Buttercreme mischen. Den Tannenzapfen dreimal längs durchschneiden, mit der Buttercreme füllen und rundherum damit überziehen. Die Schokoladentaler leicht auf die Buttercreme drücken.

Unser Tip
Schokoladentaler können Sie selbst herstellen: Die geschmolzene Schokolade mit einem Papiertütchen in Tupfen auf Alufolie spritzen und erkalten lassen.

Brüsseler Früchtebrot

Zutaten für 1 Kastenform von
  30 cm Länge:
je 200 g kandierte Ananas und
  Birnen
100 g Zitronat
250 g kandierte rote und grüne
  Kirschen
100 g feingehackte Walnüsse
je 200 g feingehackte
  Pekannüsse, Mandeln und
  Haselnüsse
400 g Rosinen
4 Schnapsgläser Sherry (8 cl) ⋄
225 g Butter, 450 g Zucker
je 1 Prise Salz und Muskatnuß
6 Eier, 450 g Mehl
2 Teel. Backpulver ⋄
2 Schnapsgläser Sherry (4 cl)
Zum Verzieren: kandierte
  Früchte
Für die Form: Butter und
  Pergamentpapier

Bei 20 Stücken pro Stück etwa 2855 Joule/680 Kalorien

Die Früchte kleinwürfeln und mit den Nüssen, den Rosinen und dem Sherry mischen. Über Nacht ruhen lassen. Eine Kastenform mit gefettetem Pergamentpapier auslegen. Den Backofen auf 135° vorheizen. Die Butter mit Zucker, Salz, dem Muskat und den Eiern schaumig rühren. Das Mehl mit dem Backpulver unterheben. Den Teig mit der Fruchtmasse mischen. In der Form auf der untersten Schiene 2½ Stunden backen. Den abgekühlten Kuchen vom Papier befreien, in ein sherrygetränktes Tuch und in Alufolie wickeln, 4 Wochen im Kühlschrank lagern. Wöchentlich das Tuch erneut mit Sherry tränken. Den Kuchen mit kandierten Früchten verzieren.

Große Weihnachtsbäckerei

Weihnachtsspezialitäten

Dundee Cake

Zutaten für 1 Springform von 26 cm Ø:
250 g weiche Butter
250 g Farinzucker
Mark von 1 Vanilleschote
1 Messerspitze Salz
1 Schnapsglas Rum (2 cl)
6 Eier
350 g Mehl
2 Teel. Backpulver
400 g Sultaninen
50 g gemahlene Mandeln
100 g gewürfeltes Zitronat ◊
100 g abgezogene, halbierte Mandeln ◊
2 Eßl. Zucker
5 Eßl. Wasser
100 g Marzipan-Rohmasse
60 g Puderzucker
2 Eßl. Aprikosenmarmelade
Nach Belieben Lebensmittelfarbe
Für die Form: Pergamentpapier

Bei 12 Stücken pro Stück etwa 2855 Joule/680 Kalorien

Die Form mit Pergamentpapier auslegen. Den Backofen auf 180° vorheizen.
Die möglichst weiche Butter mit dem Farinzucker, der Vanille, dem Salz und dem Rum verrühren. Die Eier nacheinander unterrühren. Es soll eine flaumige Masse entstehen. Sollte die Eiermasse leicht gerinnen, so gibt man 1 Eßlöffel Mehl zu. Das Mehl mit dem Backpulver sieben und mit den Sultaninen, den gemahlenen Mandeln und dem Zitronat mischen. Die Mehlmischung nach und nach unter die Eiermasse rühren. Den Teig in die Kuchenform füllen, die Oberfläche glattstreichen und dicht mit den Mandelhälften belegen. Den Kuchen auf der zweiten Schiene von unten 1 Stunde–1 Stunde und 20 Minuten backen. Vor dem Herausnehmen unbedingt die Stäbchenprobe machen (→Seite 226). Den Kuchen auf ein Kuchengitter stürzen, das Pergamentpapier aber bis zum Anschneiden am Kuchen lassen. Den Kuchen umdrehen. Den Zucker mit dem Wasser unter Rühren 2–3 Minuten kochen lassen, bis der Zucker sich völlig aufgelöst hat. Die Oberfläche des Kuchens mit der Glasur bestreichen.
Die Marzipan-Rohmasse mit dem Puderzucker verarbeiten. Den Rand des Kuchens mit der Marmelade bestreichen. Das Marzipan dünn ausrollen, den Rand des Kuchens damit belegen und am oberen Ende in Streifchen schneiden. Die restliche Marzipanmasse nach Belieben mit Lebensmittelfarbe färben, weihnachtliche Figuren nach Vorschlägen auf dem Bild ausstechen und mit Eiweiß auf den Kuchen kleben.

Unser Tip

Den Dundee Cake, diese berühmte englische Spezialität, dürfen Sie eigentlich nicht mit veränderten Zutaten bakken, sonst fehlt ihm die Originalität. Aber Sie dürfen durchaus kleine weihnachtliche Marzipanfiguren fertig kaufen und den Kuchen damit verzieren. Für den Rand schneiden Sie dann einfach Streifen aus Lübekker Marzipan ohne Schokoladenüberzug.

Weihnachtsspezialitäten

Große Weihnachtsbäckerei

Mohnstollen

500 g Mehl
30 g Hefe
50 g Zucker
¼ l lauwarme Milch
2 Eier
150 g Butter
35 g abgezogene gehackte Mandeln
15 g abgezogene gehackte bittere Mandeln
abgeriebene Schale von 1 Zitrone
1 Prise Salz ◇
250 g gemahlener Mohn
½ l Milch
1 Päckchen Vanille-Puddingpulver
1 Eßl. weiche Butter
1 Eigelb
100 g Zucker ◇
200 g Puderzucker
1 Eiweiß
Saft von 1 Zitrone
2 Eßl. geröstete Mandelblättchen
Für das Backblech: Butter

Bei 20 Stücken pro Stück etwa 1510 Joule/360 Kalorien

Ein Backblech mit Butter bestreichen.
Das Mehl in eine Schüssel sieben und eine Vertiefung in die Mitte drücken. Die Hefe hineinbröckeln und mit 1 Eßlöffel Zucker, der Milch und etwas Mehl zu einem Vorteig verrühren. Ein wenig Mehl darüberstäuben und den Vorteig zugedeckt an einem warmen Ort 15 Minuten gehen lassen. Die Eier, den restlichen Zucker, die Butter, die Mandeln, die Zitronenschale und das Salz auf dem Mehl verteilen und alles mit dem Vorteig gut verkneten. Den Teig schlagen, bis er Blasen wirft und weitere 40 Minuten zugedeckt gehen lassen. Den Mohn mit ⅜ l Milch aufkochen und 10 Minuten quellen lassen. Das Puddingpulver mit der restlichen Milch, der Butter, dem Eigelb und dem Zucker verrühren, zur Mohnmasse geben und einmal unter Rühren aufkochen, dann abkühlen lassen.
Den Hefeteig auf einer bemehlten Fläche zu einer Platte von 1 cm Dicke ausrollen. Die Mohnfüllung gleichmäßig darauf verstreichen, beide Längsseiten zweimal von außen nach innen einschlagen und einen Stollen formen. Den Stollen auf das Backblech legen und nochmals 20 Minuten gehen lassen. Den Backofen auf 220° vorheizen.
Den Stollen auf der untersten Schiene 35–45 Minuten backen. Den Puderzucker sieben und mit dem Eiweiß und dem Zitronensaft verrühren. Den noch warmen Stollen damit bestreichen und auf die noch weiche Glasur die gerösteten Mandelblättchen streuen.

Unser Tip
Der Mohnstollen eignet sich nicht zum längeren Lagern. Er sollte so frisch wie möglich gegessen werden. Wenn Sie den Stollen aber fest in Alufolie einschlagen, trocknet er nicht aus und behält sein volles Aroma 3–4 Tage.

Aprikosen-Zopfkuchen

Zutaten für 1 Kastenform von 30 cm Länge:
500 g Mehl, 30 g Hefe
50 g Zucker, ¼ l lauwarme Milch
150 g getrocknete Aprikosen
100 g abgezogene gehackte Mandeln
50 g gehacktes Zitronat
1 Schnapsglas Arrak (2 cl)
2 Eier, 150 g Butter
abgeriebene Schale von 1 Zitrone
1 Prise Salz ◊
75 g Butter, 75 g Puderzucker
Für die Form: Butter und Mehl

Bei 15 Stücken pro Stück etwa 820 Joule/195 Kalorien

Die Form mit Fett ausstreichen und mit Mehl ausstäuben. Das Mehl in eine Schüssel sieben, in die Mitte eine Mulde drücken und darin die zerbröckelte Hefe mit wenig Zucker, der Milch und etwas Mehl verrühren. Den Vorteig 15 Minuten gehen lassen. Die Aprikosen kleinschneiden und mit den Mandeln, dem Zitronat und dem Arrak mischen. Die Eier, den restlichen Zucker, die Butter, die Zitronenschale und das Salz mit dem Vorteig und dem gesamten Mehl mischen. Die Früchte unterkneten, den Teig 40 Minuten gehen lassen, dann drei Rollen formen, einen Zopf daraus flechten, in die Kastenform legen und weitere 20 Minuten gehen lassen. Den Backofen auf 200–220° vorheizen. Den Zopf auf der untersten Schiene 50 Minuten backen. Noch warm mit der zerlassenen Butter bestreichen, mit dem Puderzucker besieben.

Lockerer Quarkstollen

500 g Mehl
1 Päckchen Backpulver
250 g Schichtkäse oder trockener Quark
2 Eier, 150 g Zucker
1 Päckchen Vanillinzucker
1 Prise Salz
125 g Butter
je 100 g gehackte Mandeln und Rosinen
je 50 g Zitronat und Orangeat
4 Eßl. zerlassene Butter
6 Eßl. Puderzucker
Für das Backblech: Butter und Mehl

Bei 20 Stücken pro Stück etwa 1260 Joule/300 Kalorien

Ein Backblech mit Butter bestreichen und mit Mehl bestäuben. Den Backofen auf 200° vorheizen. Das Mehl mit dem Backpulver auf ein Backbrett sieben, in die Mitte eine Vertiefung drücken und den Schichtkäse oder den Quark, die Eier, den Zucker, den Vanillinzucker und das Salz hineingeben. Die Butter in Flöckchen auf den Mehlrand schneiden und die gehackten Mandeln darüberstreuen. Die Rosinen heiß waschen. Das Zitronat und das Orangeat kleinhacken und mit den Rosinen zum Mehl geben. Alles zu einem trockenen festen Teig verkneten und diesen zugedeckt 20 Minuten ruhen lassen. Den Teig dann zu einem Stollen formen, auf das Backblech legen und auf der untersten Schiene im Backofen 1 Stunde backen. Den Quarkstollen mit der zerlassenen Butter bestreichen und mit dem Puderzucker besieben.

Festliches Konfekt

Große Weihnachtsbäckerei

Vornehmes Schokoladenkonfekt

Zutaten für etwa 30 Würfel:
knapp ⅛ l Wasser
3 Eßl. schwarzer Tee
50 g weiche Butter
2 Eigelbe
100 g Puderzucker
abgeriebene Schale von
  ½ Orange
300 g Blockschokolade ◊
½ Tasse Kakaopulver
Für die Form: Alufolie oder
  Pergamentpapier

Pro Stück etwa 420 Joule/ 100 Kalorien

Eine flache, eckige Kuchenform oder eine andere Form mit Alufolie oder Pergamentpapier auslegen. Das Wasser zum Kochen bringen und den schwarzen Tee damit überbrühen. Den Tee 3 Minuten ziehen lassen, durchseihen und abkühlen lassen. Die Butter mit den Eigelben und dem gesiebten Puderzucker schaumig rühren. Die abgeriebene Orangenschale untermischen. Die Blockschokolade grob zerschneiden und im Wasserbad schmelzen lassen. Den abgekühlten Tee und die geschmolzene Blockschokolade unter die Butter-Zucker-Masse rühren und etwas erstarren lassen. Die Schokoladenmasse etwa 2 cm hoch auf die Alufolie oder das Pergamentpapier streichen und im Kühlschrank erstarren lassen. Aus der fest gewordenen Schokoladenmasse 3 cm große Quadrate schneiden. Die Schokoladenwürfel im gesiebten Kakaopulver wenden.

Babettes Quittenbrot

Zutaten für etwa 120 Rauten:
2 kg frische Quitten
abgeriebene Schale von je
  1 Orange und Zitrone
2 Teel. gemahlener Zimt
2 Eßl. Kirschwasser
je 50 g Zitronat und Orangeat
etwa 1 kg Zucker
Für die Form: Alufolie

Pro Stück etwa 190 Joule/ 45 Kalorien

Die Quitten mit einem Tuch gründlich abreiben, vierteln und die Stiele und die Blütenansätze entfernen. Die Quittenviertel mit Wasser bedeckt 45 Minuten bei schwacher Hitze zugedeckt kochen lassen, dann in einem Sieb abtropfen lassen und in eine Schüssel geben. Die Orangen- und die Zitronenschale, den Zimt und das Kirschwasser mit den Quitten mischen und alles über Nacht zugedeckt stehen lassen. Das Zitronat und das Orangeat sehr fein wiegen. Die Fettpfanne des Backofens mit Alufolie auslegen. Das Quittenmus durch ein Haarsieb streichen, abwiegen, und mit der gleichen Menge Zucker mischen. Das Mus unter ständigem Rühren mit einem Holzlöffel so lange kochen, bis es sich vom Topf löst. Zuletzt das Zitronat und das Orangeat untermengen. Das Quittenmus 1 cm hoch in die ausgelegte Fettpfanne streichen und bei 50° auf der mittleren Schiene 3–4 Stunden trocknen lassen. Die Platte erkalten lassen, in gleich große Rauten schneiden und in restlichem Zucker wenden.

Große Weihnachtsbäckerei

Festliches Konfekt

Feigenkugeln Baron M.

Zutaten für etwa 32 Kugeln:
250 g Marzipan-Rohmasse
80 g Puderzucker
1 Schnapsglas Arrak (2 cl) oder Rum
8 getrocknete Feigen
4 Eßl. Orangenmarmelade
100 g Krokantstreusel

Pro Stück etwa 380 Joule/ 90 Kalorien

Die Marzipan-Rohmasse mit dem gesiebten Puderzucker und dem Arrak oder dem Rum verkneten. Die Feigen in Viertel schneiden. Jedes Feigenstück mit Marzipan umhüllen und zu einer Kugel formen. Die Orangenmarmelade leicht erhitzen und glattrühren. Die Marzipankugeln erst in der Marmelade, dann in den Krokantstreuseln wälzen. Die Kugeln anschließend auf Pergamentpapier gut trocknen lassen. Die Feigenkugeln zwischen Pergamentpapier geschichtet in einer Dose aufbewahren.

Unser Tip
Statt mit Feigen können Sie die Kugeln auch mit gewürfelten getrockneten Aprikosen, mit festem Quittengelee, mit gewürfelten Datteln oder mit je 1 Cocktailkirsche füllen.

Rahmkaramellen

Zutaten für 30 Karamellen:
300 g Zucker
⅛ l kochendes Wasser
1 Eßl. Butter, ⅛ l Sahne
1 Päckchen Vanillinzucker
Für das Backblech: Alufolie, Öl

Pro Stück etwa 250 Joule/ 60 Kalorien

Ein Backblech mit geölter Alufolie auslegen.
Den Zucker in einer Pfanne unter ständigem Rühren bräunen, bis er sich aufgelöst hat. Das kochende Wasser nach und nach zugießen und so lange kochen lassen, bis es fast verdampft ist. Die Butter, die Sahne und den Vanillinzucker unterrühren. Das Zuckergemisch unter ständigem Rühren so lange kochen lassen, bis die Masse dick wird. Das dauert etwa 20–30 Minuten.
Die Masse 1 cm dick auf das vorbereitete Backblech streichen. Wenn die Karamelmasse beginnt fest zu werden, die Alufolie abziehen und die Masse mit einem scharfen, dünnen Messer in 1½ cm große Würfel schneiden. Die Bonbons sofort voneinander trennen, damit sie nicht zusammenkleben können, und gut abkühlen lassen.

Unser Tip
Wollen Sie die Rahmkaramellen verschenken, so sieht es besonders hübsch aus, wenn Sie jede Karamelle in ein Stückchen farbiges Zellophan wickeln.

Festliches Konfekt

Große Weihnachtsbäckerei

Weiße Aprikosentaler

Zutaten für etwa 30 Taler:
200 g getrocknete Aprikosen
250 g Kokosraspel
Saft von 1 Zitrone
etwa 300 g Puderzucker

Pro Stück etwa 440 Joule/ 105 Kalorien

Die Aprikosen überbrühen und zugedeckt 3 Stunden quellen lassen.
Das Trockenobst gut ausdrükken und durch die feine Scheibe des Fleischwolfs drehen. Die Aprikosenmasse mit 200 g Kokosraspeln mischen und nochmals durch den Fleischwolf drehen. Die Aprikosen-Kokos-Mischung mit dem Zitronensaft und so viel Puderzucker verkneten, daß ein formbarer Teig entsteht. Aus dem Teig eine etwa 4 cm dicke Rolle formen und davon ½ cm dicke »Taler« abschneiden. Die restlichen Kokosraspel zwischen den Händen zerreiben, damit sich alle Klümpchen lösen, auf einen Teller schütten und die Aprikosentaler darin wenden. Die Aprikosentaler schichtweise zwischen Pergamentpapier in eine Dose legen und mindestens 2 Tage trocknen lassen.

Unser Tip
Statt mit Aprikosen können Sie die Taler auch mit entsteinten Backpflaumen zubereiten. Bei Pflaumen mit Steinen die doppelte Menge rechnen.

Mandel-Knusperhäufchen

Zutaten für etwa 50 Häufchen:
100 g Rosinen
1 Schnapsglas Rum (2 cl)
400 g Milchschokoladen-
*   Kuvertüre*
150 g geröstete Mandelstifte
30 g feingehacktes Zitronat
Für das Backblech: Alufolie
*   oder Pergamentpapier*

Pro Stück etwa 315 Joule/ 75 Kalorien

Die heiß gewaschenen Rosinen mit dem Rum übergießen und zugedeckt über Nacht ziehen lassen. Ein Backblech mit Alufolie oder Pergamentpapier auslegen. Die Kuvertüre im heißen Wasserbad auflösen, etwas abkühlen lassen und mit den Rosinen und dem Rum, den gerösteten Mandelstiften und dem feingehackten Zitronat mischen. Mit einem Teelöffel kleine Häufchen von der Masse abstechen und auf das Backblech setzen. Die Häufchen etwas trocknen, dann im Kühlschrank völlig fest werden lassen.

Unser Tip
Statt mit in Rum getränkten Rosinen können Sie die Knusperhäufchen auch mit 2 Tassen Baiserbröseln zubereiten (etwa 6 Baiserböden mit dem Wellholz zerdrücken). Das Konfekt wird dadurch lockerer und leichter.

Große Weihnachtsbäckerei

Festliches Konfekt

Schokoladen-Dukaten

Zutaten für etwa 50 Dukaten:
300 g Butterkekse
100 g Blockschokolade
100 g weiche Butter
200 g Zucker
1 Ei
50 g Kakaopulver
1 Schnapsglas Kirschwasser (2 cl)

Pro Stück etwa 275 Joule/ 65 Kalorien

Die Butterkekse auf einem Backbrett mit dem Rollholz fein zerkrümeln. Die Blockschokolade grob zerschneiden und im Wasserbad schmelzen lassen. Die Butter mit dem Zucker und dem Ei gut schaumig rühren. Die flüssige Blockschokolade, das gesiebte Kakaopulver, das Kirschwasser und die Keksbrösel zur Buttermischung geben, alles gut vermengen und daraus eine Rolle von etwa 5 cm ⌀ formen. Die Rolle in Klarsichtfolie oder Alufolie wickeln und im Kühlschrank in mindestens 12 Stunden gut fest werden lassen.
Von der Rolle knapp 1 cm dicke Scheiben abschneiden und die Scheiben vorsichtig in dünnes Goldpapier einwickeln.

Unser Tip
Statt Butterkekse können Sie für die Schokoladen-Dukaten auch zerdrückte Cornflakes oder Biskuitbrösel verwenden.

Figaro-Schnitten

Zutaten für 1 Kastenform von 30 cm Länge:
300 g Nougatmasse
100 g Milchschokoladen-Kuvertüre
100 g Mandelblättchen
50 g Pistazienkerne
50 g feingehacktes Zitronat
100 g kandierte Kirschen
½ Schnapsglas Kirschwasser (1 cl)
200 g bittere Schokoladen-Kuvertüre
Für die Form: Alufolie

Bei 60 Stücken pro Stück etwa 670 Joule/160 Kalorien

Eine Kastenform mit Alufolie auslegen.
Die Nougatmasse zusammen mit der Milchschokoladen-Kuvertüre im heißen Wasserbad schmelzen lassen. Die Mandelblättchen, die Pistazienkerne, das Zitronat, die grob zerkleinerten Kirschen und das Kirschwasser unter die Schokoladenmasse rühren. Die Masse in die Kastenform füllen, glattstreichen und im Kühlschrank erstarren lassen. Die bittere Schokoladen-Kuvertüre ebenfalls im heißen Wasserbad schmelzen lassen. Den erstarrten Block aus der Kastenform nehmen, rundherum mit der dunklen Kuvertüre bestreichen und die Schokoladenglasur erstarren lassen. Vor dem Servieren aus dem Block 60 gleich dicke Scheiben schneiden.

Festliches Konfekt

Große Weihnachtsbäckerei

Königsberger Marzipanherzen

Zutaten für etwa 35 Herzen:
500 g Marzipan-Rohmasse
350 g Puderzucker
2 Eiweiße
1 Eigelb
einige kandierte Kirschen
etwas Zitronat und Orangeat

Pro Stück etwa 485 Joule/ 115 Kalorien

Die Marzipan-Rohmasse mit 200 g gesiebtem Puderzucker zu einem Teig verkneten. Den Teig auf einem Backbrett etwa 1 cm dick ausrollen und kleine Herzen ausstechen. Aus den Teigresten schmale Streifen schneiden. Die Eiweiße und das Eigelb gesondert verquirlen. Die Streifen mit dem Eiweiß bestreichen und den äußeren Rand der Herzen damit belegen. In die Randstreifen mit einer Stricknadel gleichmäßige Kerben drücken. Dann die Randstreifen mit dem verquirlten Eigelb bestreichen. Den Backofen auf 220° vorheizen.
Die Marzipanherzen auf ein Backblech legen und auf der obersten Schiene so lange überbacken, bis der Randstreifen zu bräunen beginnt. Die Herzen dann sofort aus dem Backofen nehmen und erkalten lassen.
Den Rest des Eiweißes mit dem restlichen Puderzucker verrühren und die Mitte der Herzen damit bestreichen. Die kandierten Früchte kleinschneiden und die Herzen damit gefällig verzieren.

Marzipan-Pralinen

Zutaten für etwa 40 Pralinen:
400 g Marzipan-Rohmasse
100 g Puderzucker
100 g feingehackte Walnußkerne
1 Schnapsglas Rum (2 cl)
1 Schnapsglas Maraschinolikör (2 cl) ◇
400 g Blockschokolade
40 halbe Walnußkerne

Pro Stück etwa 565 Joule/ 135 Kalorien

Die Marzipan-Rohmasse mit dem gesiebten Puderzucker, den feingehackten Walnußkernen, dem Rum und dem Maraschinolikör gut verkneten. Die Marzipanmasse auf einer Arbeitsfläche 1 cm dick ausrollen und mit einem scharfen, dünnen Messer 2 × 3 cm große trapezförmige Stücke abschneiden. Die Blockschokolade grob zerkleinern und im heißen Wasserbad auflösen. Die Schokolade bis kurz vor dem Erstarren wieder abkühlen lassen und dann noch einmal leicht erwärmen. Die Marzipanstücke auf eine Gabel spießen und rundherum in die Schokolade tauchen. Die Pralinen auf einem Kuchengitter etwas abtropfen lassen und in die noch weiche Schokoladenglasur jeweils ½ Walnuß drücken. Die Schokoladenglasur antrocknen und dann im Kühlschrank vollständig erstarren lassen.

Große Weihnachtsbäckerei

Festliches Konfekt

Schokoladen-Fruchtkonfekt

Zutaten für 60 Stück:
200 g Blockschokolade
250 g kandierte Ananasringe
250 g getrocknete Aprikosen
60 g abgezogene Mandeln

Pro Stück etwa 250 Joule/ 60 Kalorien

Die Schokolade im heißen Wasserbad auflösen, bis kurz vor dem Erstarren wieder abkühlen lassen und nochmals leicht erwärmen. Die Ananasringe in 30 Stücke schneiden. Aprikosen und Ananasstücke zur Hälfte in die aufgelöste Schokolade tauchen und auf einem Kuchengitter abtropfen lassen. Auf die noch weiche Schokoladenglasur der Aprikosen je 1 Mandel drücken.

Unser Tip
Noch feiner wird das Fruchtkonfekt natürlich, wenn Sie die Fruchtmasse nach dem Rezept für Babettes Quittenbrot (→Seite 148) aus Himbeeren, Erdbeeren oder Orangen selbst bereiten. Mischen Sie das Fruchtmus aus Himbeeren oder Erdbeeren mit wenig abgeriebener Zitronenschale und Zitronensaft, das Mus aus Orangen mit gehackten Pistazien und Cointreau. Das Fruchtmus nach dem Trocknen im Backofen in gleich große Rauten schneiden und mit der Schokolade überziehen.

Gefüllte Datteln

Zutaten für 30 Datteln:
30 getrocknete Datteln
150 g Marzipan-Rohmasse
50 g Puderzucker
50 g feingehackte Pistazienkerne
1 Schnapsglas Curaçao (2 cl)
2 Eßl. Zucker

Pro Stück etwa 355 Joule/ 85 Kalorien

Die Datteln entsteinen. Die Marzipan-Rohmasse mit dem gesiebten Puderzucker, den Pistazien und dem Likör gut verkneten. Aus der Marzipanmasse 30 kleine Kugeln formen und in dem Zucker wenden. Die Marzipankugeln in die entsteinten Datteln drücken. Mit einem Messer den gewölbten Marzipanrücken mehrmals einritzen und das Marzipan mit dem restlichen Zucker bestreuen.

Unser Tip
Besonders festlich sehen die gefüllten Datteln aus, wenn Sie sie noch zur Hälfte in geschmolzene Schokoladen-Fettglasur tauchen. Sie können die Datteln aber auch ganz weglassen, in die Marzipanmasse etwa 100 g kleingehackte kandierte Ananas mischen, die Masse zu kleinen Kugeln formen und in Schokoladenglasur tauchen.

Für die Silvesternacht

Gebäck zum Jahreswechsel

Traditionelle Silvesterkrapfen

Zutaten für etwa 20 Krapfen:
500 g Mehl
40 g Hefe
gut ¼ l lauwarme Milch
50 g Zucker
2 Eßl. Öl
2 Eigelbe
½ Teel. Salz
1 Schnapsglas Rum (2 cl) ◇
1 Tasse Marmelade oder Pflaumenmus
½ Tasse Puderzucker
Zum Fritieren: 1 l Öl

Pro Stück etwa 715 Joule/ 170 Kalorien

Das Mehl in eine Schüssel sieben und in die Mitte eine Mulde drücken. Die Hefe hineinbröckeln und mit der Milch, etwas Zucker und etwas Mehl zu einem Vorteig verrühren. Den Hefevorteig 15 Minuten zugedeckt an einem warmen Platz gehen lassen.
Den restlichen Zucker, das Öl, die Eigelbe, das Salz und den Rum mit dem Vorteig und dem gesamten Mehl verarbeiten und nochmals 30 Minuten gehen lassen. Den Teig 2 cm dick ausrollen und tassengroße Plätzchen ausstechen. Jeweils 1 Löffel Marmelade auf ein Plätzchen geben, den Teig über der Marmelade sehr sorgfältig zusammendrücken und noch einmal 15 Minuten gehen lassen. Das Öl auf 175° erhitzen. Die Krapfen ins heiße Öl legen und zugedeckt 3 Minuten backen. Dann mit einem Schaumlöffel umdrehen und in der offenen Friteuse weitere 3 Minuten backen.
Die Krapfen mit dem Puderzucker besieben.

Schmalzbrezen

Zutaten für etwa 20 Brezen:
500 g Mehl, 30 g Hefe
50 g Zucker
¼ l lauwarme Milch
100 g Schmalz, 1 Ei
½ Teel. Salz
abgeriebene Schale von ½ Zitrone
je 1 Messerspitze Piment und Ingwerpulver ◇
1 Tasse Zucker
Für die Friteuse: 1 l Öl

Pro Stück etwa 925 Joule/ 220 Kalorien

Das Mehl in eine Schüssel sieben und eine Vertiefung in die Mitte drücken. Die Hefe hineinbröckeln und mit wenig Zucker, der Milch und etwas Mehl zu einem Vorteig verrühren. Zugedeckt 15 Minuten gehen lassen. Das Schmalz zerlassen und mit dem Ei, dem restlichen Zucker, dem Salz, der Zitronenschale, dem Piment und dem Ingwerpulver schaumig rühren. Zum Vorteig geben und mit dem gesamten Mehl zu einem lockeren Hefeteig schlagen. Den Teig nochmals 15 Minuten gehen lassen. Den Hefeteig in 50 g schwere Stücke teilen und diese mit bemehlten Händen zu Kugeln drehen. Aus den Kugeln 40 cm lange Stränge rollen und Brezen daraus formen. Die Brezen auf einer bemehlten Fläche 15 Minuten gehen lassen. Das Öl in der Friteuse auf 175° erhitzen. Jeweils 2–3 Brezen ins heiße Öl geben und von beiden Seiten knusprig braun backen. Die Brezen auf Küchenkrepp abtropfen lassen und noch heiß mit dem Zucker bestreuen.

Gebäck zum Jahreswechsel

Für die Silvesternacht

Feine Spritzkuchen

Zutaten für etwa 16 Spritzkuchen:
¼ l Wasser, 60 g Butter
1 Prise Salz, 150 g Mehl
3–4 Eier ◇
150 g Puderzucker
3 Eßl. Rum
Für die Friteuse: 1 l Öl oder 1 kg Plattenfett oder Schmalz
Für die Arbeitsfläche: Pergamentpapier und Öl

Pro Stück etwa 545 Joule/ 130 Kalorien

Ein Pergamentpapier, das in die Friteuse paßt, mit Öl bestreichen. Das Wasser mit der Butter und dem Salz zum Kochen bringen und das gesiebte Mehl auf einmal in das kochende Wasser schütten. Den Teig so lange rühren, bis er sich vom Topfboden löst und einen Kloß bildet. Den Teigkloß in eine Schüssel geben, etwas abkühlen lassen und nacheinander einzeln die Eier unterrühren.
Das Öl oder das Plattenfett in der Friteuse oder im Fritiertopf auf 175° erhitzen. Den Brandteig in einen Spritzbeutel mit großer Sterntülle füllen und auf das Pergamentpapier nicht zu große Ringe spritzen. Das Papier mit den Ringen – die Ringe nach unten! – ins heiße Fett legen. Das Papier wird herausgeholt, wenn sich die Ringe abgelöst haben. Die Ringe von beiden Seiten goldbraun backen. Auf Küchenkrepp abtropfen lassen. Den Puderzucker mit dem Rum und 1 Eßlöffel Wasser verrühren und die Spritzkuchen dünn mit der Glasur überziehen.

Doughnuts

Zutaten für etwa 25 Doughnuts:
500 g Mehl, 30 g Hefe
80 g Zucker
¼ l lauwarme Milch
50 g Butter, 3 Eier
50 g Marzipan-Rohmasse
½ Teel. Salz ◇
100 g Puderzucker
1 Eiweiß, 2 Eßl. Rum
3 Eßl. Mandelblättchen ◇
Für die Friteuse: 1 l Öl

Pro Stück etwa 695 Joule/ 165 Kalorien

Das Mehl in eine Schüssel sieben und eine Vertiefung hineindrücken. Die Hefe hineinbröckeln und mit ein wenig Zucker, der Milch und etwas Mehl zu einem Vorteig verrühren. 15 Minuten gehen lassen. Die Butter zerlassen und mit den Eiern, dem restlichen Zucker, der Marzipan-Rohmasse und dem Salz schaumig rühren. Zum Vorteig geben und zusammen mit dem Mehl zu einem lockeren Hefeteig schlagen. Den Teig 30 Minuten gehen lassen.
Den Hefeteig in 50 g schwere Stücke teilen und diese zu Kugeln drehen. In jede Kugel mit einem Kochlöffel ein Loch drücken und den Löffelstiel kreisend bewegen, damit Teigringe entstehen. Die Heferinge nochmals 15 Minuten gehen lassen. Das Fritierfett auf 175° erhitzen. Jeweils 4–5 Doughnuts ins heiße Fett geben und von beiden Seiten knusprig braun backen. Den Puderzucker mit dem Eiweiß und dem Rum verrühren, die etwas abgekühlten Doughnuts damit überziehen und mit Mandelblättchen bestreuen.

Für die Silvesternacht

Gebäck zum Jahreswechsel

Bozener Crostoi

Zutaten für etwa 60 Crostoi:
400 g Mehl
½ Päckchen Backpulver
30 g Butter
50 g Zucker
1 Prise Salz
2 Eier
knapp ⅛ l Milch
1 Schnapsglas Grappa
  (2 cl, Tresterschnaps aus
  Italien) ◇
½ Tasse Puderzucker
Für die Friteuse: 1 l Öl oder
1 kg Plattenfett oder Schmalz

Pro Stück etwa 170 Joule/
40 Kalorien

Das Mehl mit dem Backpulver in eine Schüssel sieben. Die Butter in Flöckchen darauf verteilen. Den Zucker, das Salz, die Eier, die Milch und den Grappa dazugeben und alles zu einem glatten Teig verkneten.
Das Öl oder das Plattenfett in der Friteuse auf 175° erhitzen. Den Teig auf einer bemehlten Fläche etwa 2 mm dick ausrollen und in 3 × 3 cm große Quadrate schneiden. Jeweils 10 Crostoi auf einmal in das heiße Fett geben und in 4–6 Minuten goldbraun backen; nach der halben Backzeit mit dem Schaumlöffel umwenden. Die fertigen Crostoi mit dem Schaumlöffel herausheben und auf Küchenkrepp etwas abtropfen lassen. Das noch warme Gebäck mit Puderzucker besieben.

Rheinische Muzen

Zutaten für etwa 50 Muzen:
80 g Butter
50 g Zucker
1 Ei
2 Eßl. Rum
250 g Mehl
5 Eßl. Milch, 1 Prise Salz ◇
½ Tasse Puderzucker
Für die Friteuse: 1 l Öl oder 1 kg
  Plattenfett oder Schmalz

Pro Stück etwa 190 Joule/
45 Kalorien

Die Butter schmelzen lassen, vom Herd nehmen und mit dem Zucker, dem Ei und dem Rum schaumig rühren. Das Mehl in eine Schüssel sieben, in die Mitte eine Vertiefung drücken und die Milch, das Salz und die Butter-Zucker-Masse hineingeben. Alles zu einem geschmeidigen Teig verkneten. Das Öl, Plattenfett oder Schmalz in der Friteuse auf 180° erhitzen.
Den Teig auf einer bemehlten Fläche etwa 3 mm dick ausrollen und mit einem Teigrädchen Rauten von 6 cm Seitenlänge ausschneiden. Jeweils 6–8 Muzen auf einmal in das heiße Fritierfett geben und darin in 4–5 Minuten goldbraun backen; nach der halben Backzeit die Muzen mit dem Schaumlöffel umwenden.
Die fertigen Muzen mit dem Schaumlöffel aus der Friteuse heben und auf Küchenkrepp abtropfen lassen. Das noch warme Gebäck mit dem Puderzucker besieben.

Gebäck zum Jahreswechsel

Für die Silvesternacht

Ballbäuschen

Zutaten für etwa 80 Bäuschen:
80 g Butter
75 g Zucker
abgeriebene Schale von
  ½ Zitrone
1 Prise Salz
4 Eier
400 g Mehl
1 Teel. Backpulver ⋄
100 g Zucker
2 Teel. gemahlener Zimt
Für die Friteuse: 1 l Öl oder 1 kg
  Plattenfett oder Schmalz

Pro Stück etwa 170 Joule/
40 Kalorien

Die Butter mit dem Zucker schaumig rühren. Die Zitronenschale, das Salz und nacheinander die Eier unter das Butter-Zucker-Gemisch rühren. Das Mehl mit dem Backpulver sieben und löffelweise unter den Teig rühren.
Das Öl oder das Plattenfett in der Friteuse auf 180° erhitzen. Vom Teig mit zwei bemehlten Teelöffeln kleine Bällchen abstechen und jeweils etwa 8 Stück auf einmal im heißen Öl goldbraun backen. Das dauert etwa 5–6 Minuten; die Ballbäuschen nach der halben Backzeit mit einem Schaumlöffel im Fett wenden. Die fertigen Ballbäuschen herausheben und auf Küchenkrepp abtropfen lassen. Den Zucker mit dem Zimt mischen und das noch warme Gebäck reichlich damit bestreuen.

Holländische Rosinenkrapfen

Zutaten für etwa 26 Krapfen:
500 g Mehl, 40 g Hefe
100 g Zucker
¼ l lauwarme Milch
1 Prise Salz
abgeriebene Schale von
  1 Zitrone und 1 Orange
2 Eier, 75 g Butter
100 g kernlose Rosinen
50 g Korinthen
75 g feingehacktes Orangeat
Für die Friteuse: 1 l Öl

Pro Stück etwa 610 Joule/
145 Kalorien

Das Mehl in eine Schüssel sieben und eine Vertiefung in die Mitte drücken. Die Hefe hineinbröckeln und mit wenig Zucker, der Hälfte der Milch und etwas Mehl zu einem Vorteig verrühren. Zugedeckt 15 Minuten gehen lassen. Den restlichen Zucker mit der restlichen Milch, dem Salz, der Zitronen- und der Orangenschale, den Eiern und der Butter in Flöckchen über den Mehlrand verteilen, alles mit dem Vorteig verkneten und 15 Minuten gehen lassen. Die Rosinen und die Korinthen 2 Minuten in heißem Wasser quellen lassen, dann das Wasser abgießen. Die Rosinen und die Korinthen abtrocknen und mit dem Orangeat unterkneten. Den Teig wieder 15 Minuten gehen lassen. Das Fett auf 160° erhitzen. Mit 2 bemehlten Eßlöffeln kleine Krapfen vom Teig abstechen und jeweils etwa 6 Stück auf einmal in 10 Minuten im heißen Fett goldbraun backen. Nach etwa 5 Minuten die Krapfen mit einem Schaumlöffel wenden.

Backen für den Neujahrstag

Gebäck zum Jahreswechsel

Glücksschweinchen

Zutaten für 10 Schweinchen:
500 g Mehl, 30 g Hefe
60 g Zucker
¼ l lauwarme Milch
60 g Butter, 1 Ei
1 Prise Salz
abgeriebene Schale von
 1 Zitrone ⋄
100 g Marzipan-Rohmasse
150 gemahlene Haselnüsse
100 g Zucker, 3 Eiweiße ⋄
2 Eigelbe ⋄
½ Tasse Puderzucker, 1 Eiweiß
etwas Schokoladen-Fettglasur
Für das Backblech: Butter

Pro Stück etwa 2290 Joule/
545 Kalorien

Ein Backblech leicht einfetten. Das Mehl in eine Schüssel sieben. Die zerbröckelte Hefe in der Mitte mit etwas Mehl, Zucker und der Milch verrühren und zugedeckt 15 Minuten gehen lassen. Den restlichen Zucker, die geschmolzene Butter, das Ei, das Salz und die Zitronenschale mit dem Hefevorteig und dem Mehl verkneten und 30 Minuten gehen lassen. Das Marzipan mit den Nüssen, dem Zucker und den Eiweißen vermengen. Den Hefeteig etwa 4 mm dick ausrollen, 20 Plätzchen von 8 cm ∅ und 10 Plätzchen von 4 cm ∅ ausstechen. Aus dem restlichen Teig Öhrchen formen. Auf 10 der großen Plätzchen die Füllung verteilen, die Ränder mit Eigelb bestreichen, ein zweites Plätzchen daraufsetzen und die Ränder gut zusammendrücken. Aus den kleinen Plätzchen die Schnäuzchen mit Nasenlöchern formen. Schnäuzchen und Ohren mit Eigelb bestreichen und auf die großen Plätzchen drücken. Die Schweinchen auf dem Backblech mit Eigelb bestreichen und 15 Minuten gehen lassen. Den Backofen auf 200° vorheizen. Die Schweinchen etwa 15 Minuten backen und abkühlen lassen. Mit Eiweiß-Puderzucker- und Schokoladenglasur Augen aufspritzen.

Gebäck zum Jahreswechsel

Backen für den Neujahrstag

Große Neujahrs-Breze

Zutaten für 1 Breze:
500 g Mehl, 30 g Hefe
60 g Zucker
¼ l lauwarme Milch
60 g Butter, 1 Ei, 1 Prise Salz
abgeriebene Schale von
  1 Zitrone ◊
1 Eigelb
Für das Backblech: Butter

9115 Joule/2170 Kalorien

Ein Backblech leicht einfetten. Das Mehl in eine Schüssel sieben, eine Mulde in die Mitte drücken und die zerbröckelte Hefe darin mit etwas Zucker, Mehl und der Milch zu einem Vorteig verrühren. Zugedeckt 15 Minuten gehen lassen. Den restlichen Zucker, die geschmolzene Butter, das Ei, das Salz und die Zitronenschale mit dem Hefevorteig verkneten und den Teig 30 Minuten gehen lassen. Den Backofen auf 220° vorheizen. Aus dem Teig 3 Stränge von 60 cm Länge rollen, deren Enden sich verjüngen. Einen Zopf flechten und daraus eine Breze formen. Die Breze auf das Backblech legen, mit verquirltem Eigelb bestreichen, 15 Minuten gehen lassen und 30 Minuten backen.

Unser Tip
Backen Sie in die Breze einen Pfennig, in Alufolie gewickelt, ein. Wer den Pfennig in seinem Brezenstück findet, dessen Wünsche sollen im neuen Jahr angeblich in Erfüllung gehen.

Neujahrs-Goldfische

Zutaten für etwa 8 Fische:
500 g Mehl, 30 g Hefe
60 g Zucker
¼ l lauwarme Milch
60 g Butter, 1 Ei
1 Prise Salz
abgeriebene Schale von
  1 Zitrone ◊
1 Eigelb, einige Korinthen
2 Eßl. Puderzucker
2–3 Teel. Zitronensaft
Für das Backblech: Butter

Pro Stück etwa 1640 Joule/ 390 Kalorien

Ein Backblech leicht einfetten. Das Mehl in eine Schüssel sieben und in die Mitte eine Vertiefung drücken. Die zerbrökkelte Hefe darin mit etwas Zucker, der Milch und wenig Mehl verrühren und 15 Minuten gehen lassen. Den restlichen Zucker, die geschmolzene Butter, das Ei, das Salz und die Zitronenschale mit dem Hefevorteig verkneten und 30 Minuten gehen lassen. 100 g schwere Teigstücke abwiegen und zu Fischen formen. Das Maul aus kleinen Kugeln formen und mit verquirltem Eigelb an die Fische drücken. Für die Schuppen die Teigoberfläche mit einer Schere einschneiden. Die Fische auf dem Backblech weitere 15 Minuten gehen lassen. Den Backofen auf 220° vorheizen. Die Fische mit verquirltem Eigelb bestreichen und auf der zweiten Schiene von unten 20 Minuten backen. Den Puderzucker mit dem Zitronensaft verrühren und den Fischen mit der Glasur je 1 Korinthe als Auge einsetzen.

Osterfiguren

Osterüberraschungen

Osterhasen aus Hefeteig

Zutaten für 6–8 Hasen:
600 g Mehl, 40 g Hefe
¼ l lauwarme Milch
100 g Butter, 2 Eier
1 Prise Salz, 60 g Zucker
abgeriebene Schale von
  ½ Zitrone ◊
1 Eigelb ◊ 1 Eiweiß
40 g Puderzucker
nach Belieben rote
  Lebensmittelfarbe
Mandeln und Zuckerwerk
Für das Backblech: Butter

Bei 8 Hasen pro Stück etwa 2100 Joule/500 Kalorien

Ein Backblech leicht einfetten. Das Mehl in eine Schüssel sieben und eine Mulde hineindrücken. Die Hefe hineinbröckeln und mit der Milch und etwas Mehl zu einem Vorteig verrühren. 15 Minuten zugedeckt gehen lassen. Die Butter zerlassen und mit den Eiern, dem Salz, dem Zucker, der Zitronenschale, dem Vorteig und dem gesamten Mehl verarbeiten und 30 Minuten gehen lassen. Aus starker Pappe Schablonen für die Osterhasen ausschneiden. Den Teig 1 cm dick ausrollen, mit Schablonen Osterhasen ausschneiden, mit dem verquirlten Eigelb bestreichen und weitere 15 Minuten gehen lassen. Den Backofen auf 210° vorheizen. Die Osterhasen auf der mittleren Schiene 10–15 Minuten backen. Das Eiweiß mit dem Puderzucker verrühren, nach Belieben mit Lebensmittelfarbe färben. Die Osterhasen nach den Vorschlägen auf dem Bild oben mit Zuckerglasur und Zuckerwerk verzieren.

Holländische Ostermänner

Zutaten für 2 Männer:
500 g Mehl, 30 g Hefe
¼ l lauwarme Milch
50 g Butter, 50 g Zucker
1 Ei, 1 Prise Salz
abgeriebene Schale von
  ½ Zitrone ◊
2 gekochte Eier (5 Minuten)
1 Eigelb
8 Rosinen
Für das Backblech: Butter

Pro Stück etwa 6365 Joule/ 1515 Kalorien

Ein Backblech mit Fett bestreichen. Das Mehl in eine Schüssel sieben und eine Mulde hineindrücken. Die Hefe hineinbröckeln und mit der Milch und etwas Mehl zu einem Vorteig verrühren. Zugedeckt 15 Minuten gehen lassen. Die Butter zerlassen und mit dem Zucker, dem Ei, dem Salz, der Zitronenschale, dem Vorteig und dem gesamten Mehl zu einem glatten Teig schlagen, bis er Blasen wirft und sich von der Schüssel löst. Den Hefeteig nochmals 10 Minuten gehen lassen. Den Backofen auf 200° vorheizen. Den Teig in 2 gleich große Stücke teilen und zu Rollen formen. Jeweils 1 Stück Teig für die Arme beiseite legen. Aus den Rollen nach Vorschlag auf dem Bild oben Figuren formen, die gekochten Eier hineindrücken und die Arme darüberlegen. Die Ostermänner mit dem verquirlten Eigelb bestreichen. Mit den Rosinen Augen, Nase und Mund andeuten. Die Ostermänner auf der zweiten Schiene von unten 20–25 Minuten backen.

Osterüberraschungen / *Osterfiguren*

Griechische Osternester

Zutaten für 18 Nester:
500 g Mehl
40 g Hefe
¼ l lauwarme Milch
50 g Butter, 1 Ei
1 Prise Salz
50 g Zucker ⋄
1 Eigelb
18 gekochte Eier (5 Minuten)
Für das Backblech: Butter

Pro Stück etwa 1030 Joule/
245 Kalorien

Ein Backblech mit Butter bestreichen. Das Mehl in eine Schüssel sieben und eine Mulde hineindrücken. Die Hefe hineinbröckeln und mit der Milch und etwas Mehl zu einem Vorteig verrühren. Zugedeckt 15 Minuten gehen lassen. Die Butter zerlassen, mit dem Ei, dem Salz und dem Zucker verrühren und mit dem Vorteig und dem gesamten Mehl zu einem trockenen Hefeteig verarbeiten. Den Teig nochmals 15 Minuten gehen lassen, dann in 50 g schwere Stücke teilen und diese mit bemehlten Händen zu Kugeln drehen. Aus den Kugeln etwa 50 cm lange Stränge rollen, zu Spiralen drehen, diese zum Kreis legen und durch eine Schlinge verschließen. Die Nester auf das Backblech legen, mit dem verquirlten Eigelb bestreichen und jeweils ein Ei in die Mitte drücken. 10 Minuten gehen lassen. Den Backofen auf 210° vorheizen. Die Nester auf der zweiten Schiene von unten 15–20 Minuten backen. Die Eier nach dem Backen mit Wasserfarben oder mit Buntstiften bemalen.

Kleine Osterenten

Zutaten für 10 Enten:
500 g Mehl, 30 g Hefe
60 g Zucker
¼ l lauwarme Milch
60 g Butter, 1 Ei
1 Prise Salz ⋄
2 Eigelbe
200 g Erdbeerkonfitüre ⋄
2 Eßl. Puderzucker
3 Teel. Zitronensaft
einige Korinthen
Für das Blech: Butter

Pro Stück etwa 1510 Joule/
360 Kalorien

Ein Backblech leicht einfetten. Das Mehl in eine Schüssel sieben, in die Mitte eine Vertiefung drücken, die zerbröckelte Hefe darin mit etwas Zucker, Mehl und der Milch zu einem Vorteig verrühren. Zugedeckt 15 Minuten gehen lassen. Den restlichen Zucker, die geschmolzene Butter, das Ei und das Salz mit dem Vorteig verkneten. Den Teig schlagen, bis er Blasen wirft und 15 Minuten gehen lassen. Dann 4 mm dick ausrollen. 20 Kreise von 8 cm ⌀ ausstechen. Die Ränder der Kreise mit Eigelb bestreichen, in die Mitte Konfitüre geben und je 2 Plätzchen aufeinanderdrücken. Aus dem restlichen Teig Entenköpfe mit Schnäbeln formen. Beides mit Eigelb bestreichen und an die größeren Plätzchen drücken. Die Enten 15 Minuten auf dem Backblech gehen lassen. Den Backofen auf 220° vorheizen. Die Enten mit Eigelb bestreichen und 15 Minuten backen. Aus Puderzuckerglasur und Korinthen die Augen der Enten bilden.

Osterfladen, Osterbrote

Osterüberraschungen

Osterbrot und Osterkranz

*Zutaten für 1 Brot und
  1–2 Kränze:*
1 kg Mehl
80 g Hefe
½ l lauwarme Milch
100 g gehackte Mandeln
200 g gehacktes Zitronat
300 g Sultaninen
1 Schnapsglas Rum (2 cl)
200 g Butter
100 g Zucker
2 Eier, 1 Prise Salz ⋄
50 g flüssige Butter
50 g Zucker
1 Eigelb
50 g Mandelstifte
50 g Zucker
3 Eßl. Rum
Für das Backblech: Butter

Bei 30 Stücken pro Stück etwa 1240 Joule/295 Kalorien

Ein Backblech einfetten. Das Mehl in eine Schüssel sieben, eine Vertiefung in die Mitte drücken und aus der Hefe, der Milch und etwas Mehl einen Vorteig rühren. 15 Minuten gehen lassen. Die Mandeln, das Zitronat und die heiß gewaschenen und abgetrockneten Sultaninen mit dem Rum mischen und 30 Minuten ziehen lassen. Die Butter zerlassen und mit dem Zucker, den Eiern, dem Salz, dem Vorteig und dem gesamten Mehl zu einem Teig schlagen und diesen 40 Minuten gehen lassen. Den Teig in 2 Teile teilen. Einen Teil mit den Rumfrüchten mischen, zu einem Laib formen und 20 Minuten gehen lassen. Den Backofen auf 200° vorheizen. Den Teig mit den Früchten kreuzweise einschneiden und 50–60 Minuten backen. Das Brot noch heiß mit flüssiger Butter bestreichen und mit Zucker bestreuen. Aus dem zweiten Teil des Teiges 1 oder 2 Kränze flechten, mit verquirltem Eigelb bestreichen, mit den Mandelstiften, dem Zucker bestreuen und mit dem Rum beträufeln. Die Osterkränze 50–60 Minuten wie das Osterbrot backen.

Osterüberraschungen

Osterfladen, Osterbrote

Bremer Osterklaben

Zutaten für 1 Laib und 1 Kastenform von 30 cm Länge:
750 g Mehl
70 g Hefe
100 g Zucker
¼ l lauwarme Milch
400 g Butter
1 Päckchen Vanillinzucker
je 1 Teel. Salz und gemahlener Kardamom
700 g Rosinen
150 g abgezogene gehackte Mandeln
125 g gehacktes Zitronat
Saft und Schale von 1 Zitrone
50 g Puderzucker
Für Form und Backblech: Butter

Bei 40 Stücken pro Stück etwa 1010 Joule/240 Kalorien

Den Bremer Osterklaben können Sie zugleich als Kastenbrot und als Laib backen. Wir geben Ihnen in dem folgenden Rezept beide Möglichkeiten an. Eine Kastenform und ein Backblech einfetten.

Das Mehl in eine Schüssel sieben und eine Vertiefung in die Mitte drücken. Die Hefe hineinbröckeln und mit dem Zucker und der Milch zu einem Vorteig verrühren. Zugedeckt 20 Minuten an einem warmen Ort gehen lassen.

Die Butter schmelzen lassen und mit dem Vanillinzucker, dem Salz und dem Kardamom verrühren. Das Buttergemisch mit dem Vorteig und dem gesamten Mehl zu einem lockeren Hefeteig schlagen. Die Rosinen heiß waschen und trocknen lassen. Die Mandeln, das Zitronat, den Saft und die Schale der Zitrone und die Rosinen unter den Teig mengen. Den Hefeteig zugedeckt weitere 40 Minuten gehen lassen. Den Teig in zwei gleiche Hälften teilen. Einen Teil in die ausgefettete Kastenform füllen, glattstreichen und 15 Minuten gehen lassen. Den Backofen auf 190° vorheizen. Den gut aufgegangenen Klaben auf der unteren Schiene 65–70 Minuten backen. Vor dem Herausnehmen aus dem Backofen die Stäbchenprobe (→Seite 226) machen. Den Kuchen auf ein Kuchengitter stürzen und abkühlen lassen.

Die zweite Hälfte des Hefeteigs zu einem länglichen Laib formen, auf das gefettete Backblech legen und ebenfalls 15 Minuten gehen lassen. Den Laib auf der zweiten Schiene von unten 65–70 Minuten backen. Dann abkühlen lassen; mit Puderzucker besieben.

Unser Tip

Aus dem Teig für Bremer Osterklaben können Sie auch Osterbrötchen backen. Wiegen Sie von dem fertigen Hefeteig 40–50 g schwere Stücke ab und rollen Sie diese zu Kugeln. Auf das Backblech legen, etwas breit drücken und zugedeckt 15 Minuten gehen lassen. Vor dem Backen zweimal mit Eigelb bestreichen; erst wenn das erste Eigelb getrocknet ist, die zweite Schicht darüberstreichen, Hagelzucker darüberstreuen und die Brötchen bei 220° 25–30 Minuten backen.

Osterspezialitäten

Osterüberraschungen

Russische Mazurka

Zutaten für 1 Springform von 22 cm ⌀:
5 Eigelbe
175 g feiner Zucker
1 Eßl. abgeriebene Zitronenschale
1 Eßl. Zitronensaft
250 g geröstete, pulverfein gemahlene Haselnüsse
5 Eiweiße ⋄
¼ l Sahne
2 Eßl. Rum
2 Eßl. Puderzucker
bunte Zucker-Ostereier
Für die Form: Butter

Bei 12 Stücken pro Stück etwa 1450 Joule/345 Kalorien

Eine Springform mit Butter ausstreichen. Den Backofen auf 190° vorheizen. Die Eigelbe schaumig rühren, nach und nach den Zucker untermischen und so lange rühren, bis die Masse cremig ist. Die Zitronenschale, den Zitronensaft und nach und nach die Haselnüsse untermischen. Die Eiweiße zu steifem Schnee schlagen, auf die Eigelbmasse geben und unterheben. Den Teig in die Springform füllen, glattstreichen und auf der zweiten Schiene von unten 50 Minuten backen. Sobald sich die Kuchenränder etwas von der Form gelöst haben, den Backofen abschalten und die Torte noch 15 Minuten im warmen Ofen ruhen lassen. Die Torte auf einem Kuchengitter erkalten lassen. Die Sahne steif schlagen und mit dem Rum und dem Puderzucker verrühren. Die Torte dick damit überziehen und mit den Ostereiern dekorieren.

Ostertorte aus Kampanien

Zutaten für 1 Springform von 26 cm ⌀:
300 g Mehl, 200 g Butter
100 g Zucker, 1 Eigelb ⋄
2 Tassen Milchreis, 1 l Milch
175 g Zucker, 2 Eßl. Butter
4 Eier, 125 g Quark
75 g gehacktes Zitronat
¼ Teel. gemahlener Zimt
je 1 Teel. abgeriebene Zitronen- und Orangenschale ⋄
2 Eßl. Puderzucker
1 Messerspitze gemahlener Zimt

Bei 16 Stücken pro Stück etwa 1765 Joule/420 Kalorien

Aus dem gesiebten Mehl, der Butter, dem Zucker und dem Eigelb einen Mürbeteig kneten und zugedeckt 2 Stunden im Kühlschrank ruhen lassen. Den Reis waschen und abtropfen lassen. Die Milch mit dem Zucker und der Butter zum Kochen bringen, den Reis einrühren und 15 Minuten quellen lassen. Vom Herd nehmen. Die Eier mit dem Quark, dem Zitronat, dem Zimt, der Zitronen- und der Orangenschale verrühren. Alles unter den Reis mischen. Den Backofen auf 200° vorheizen. Zwei Drittel des Mürbeteigs ausrollen. Den Boden und Rand einer Springform damit auslegen und die Quark-Reis-Masse daraufüllen. Den Rest des Teigs ausrollen, mit dem Teigrädchen in Streifen schneiden und die Torte damit gitterartig belegen. Auf der untersten Schiene 50 Minuten backen. Den Puderzucker mit dem Zimt mischen und die abgekühlte Torte damit besieben.

Osterüberraschungen *Osterspezialitäten*

Österliche Sahnetorte

Zutaten für 1 Springform von 26 cm Ø:
100 g Butter, 50 g Zucker
1 Ei, 1 Eßl. Wasser
100 g gemahlene Haselnüsse
150 g Mehl ◊
8 Blätter weiße Gelatine
6 Teel. Pulverkaffee (Instant)
¼ l heißes Wasser
2 Eigelbe, 125 g Zucker
2 Schnapsgläser Cognac (4 cl)
2 Eiweiße
⅜ l Sahne
2 Teel. gehackte Pistazien
12 Zucker-Ostereier

Bei 12 Stücken pro Stück etwa 1640 Joule/390 Kalorien

Die Butter, den Zucker, das Ei, das Wasser, die Haselnüsse und das gesiebte Mehl verkneten. Den Teig in Alufolie gewickelt 2 Stunden im Kühlschrank ruhen lassen. Den Backofen auf 200° vorheizen. Den Teig ausrollen, Boden und Rand einer Springform auslegen. Auf der mittleren Schiene 15 Minuten backen. Den Boden auskühlen lassen. Die Gelatine in kaltem Wasser einweichen. Den Kaffee mit dem heißen Wasser verrühren. Die Gelatine gut ausdrücken und im Kaffee auflösen. Die Eigelbe mit dem Zucker schaumig rühren, den abgekühlten Kaffee und den Cognac unterrühren. Die Eiweiße und die Sahne steif schlagen. Den Eischnee und zwei Drittel der Sahne unter die Kaffeemasse ziehen. Den Tortenboden mit der Kaffeecreme füllen und mit der restlichen Sahne, den gehackten Pistazien und den Ostereiern verzieren.

Polnischer Osterkuchen

Zutaten für 1 Napfkuchenform von 22 cm Ø:
500 g Mehl, 30 g Hefe
120 g Zucker
1 Tasse lauwarme Milch
375 g Butter
½ Teel. Salz
abgeriebene Schale von je ½ Orange und ½ Zitrone
5 Eier, 150 g Rosinen ◊
250 g Puderzucker
1 Eßl. Zitronensaft
4 Eßl. heißes Wasser
6 kandierte Kirschen
Für die Form: Butter und Mehl

Bei 12 Stücken pro Stück etwa 2520 Joule/600 Kalorien

Eine Gugelhupfform ausfetten und mit Mehl ausstäuben. Das Mehl in eine Schüssel sieben, eine Mulde hineindrücken und aus der Hefe, etwas Zucker, etwas Mehl und der Hälfte der Milch einen Vorteig rühren. 20 Minuten gehen lassen. Die Butter zerlassen, mit dem restlichen Zucker, dem Salz, den abgeriebenen Schalen und den Eiern verrühren und mit der restlichen Milch und dem Vorteig zu einem Hefeteig verarbeiten. Die Rosinen heiß waschen, trockentupfen und unter den Teig kneten. Den Teig in die Form füllen. 30 Minuten gehen lassen. Den Backofen auf 200° vorheizen. Den Kuchen auf der untersten Schiene 30–40 Minuten backen. In der Form abkühlen lassen, dann auf ein Kuchengitter stürzen. Aus dem Puderzucker, dem Zitronensaft und dem Wasser einen Guß rühren, den Kuchen damit überziehen; mit den Kirschen belegen.

Osterspezialitäten

Osterüberraschungen

Lombardische Osterpinza

Zutaten für 1 Springform von 26 cm ⌀ :
500 g Mehl
30 g Hefe
¼ l lauwarme Milch
2 Eier
70 g Zucker
½ Teel. Salz
je 1 Messerspitze geriebene Muskatnuß und Piment
abgeriebene Schale von ½ Zitrone
120 g weiche Butter
50 g feingehacktes Zitronat ◊
1 Eigelb
Für die Form: Butter

Bei 16 Stücken pro Stück etwa 1260 Joule/300 Kalorien

Die Springform ausfetten. Das Mehl in eine Schüssel sieben, in die Mitte eine Vertiefung drücken und die zerbröckelte Hefe darin mit der Milch und wenig Mehl zu einem Vorteig verrühren. Zugedeckt 15 Minuten gehen lassen. Die Eier mit dem Zucker, dem Salz, der Muskatnuß, dem Piment und der Zitronenschale verrühren. Die Eimasse unter den Teig kneten. Zuletzt die möglichst weiche Butter und das Zitronat untermischen und den Teig schlagen, bis er glatt und locker ist. Den Teig 30 Minuten gehen lassen, dann vier gleich große Kugeln rollen und die Kugeln nebeneinander in die Springform setzen. Weitere 15 Minuten gehen lassen. Den Backofen auf 190° vorheizen. Die Pinza mit dem verquirlten Eigelb bestreichen und 30–40 Minuten backen. Die Pinza abkühlen lassen und mit gekühlter Butter servieren.

Griechisches Osterbrot

60 g Hefe
⅛ l lauwarme Milch
100 g Zucker
1 kg Mehl
1 Prise Salz
abgeriebene Schale von 1 Orange
¼ l lauwarmes Wasser ◊
200 g Sesamsamen
5 rote gekochte Ostereier (5 Minuten)
1 Eigelb
Für das Backblech: Öl und Sesamsamen

Bei 24 Stücken pro Stück etwa 1030 Joule/245 Kalorien

Die Hefe mit der Milch und dem Zucker verrühren und 10 Minuten gehen lassen. 125 g Mehl darübersieben und diesen Vorteig zugedeckt an einem warmen Ort über Nacht gehen lassen. Ein Backblech mit Öl bestreichen und reichlich mit Sesamsamen bestreuen. Den Vorteig mit dem restlichen Mehl, dem Salz, der Orangenschale und dem Wasser mindestens 10 Minuten lang kneten. Zwei Drittel des Teiges zu einem langen, glatten, 5 cm hohen Laib formen. Den Laib auf das Backblech legen. Aus dem restlichen Teig zwei dünne Rollen in Länge des Laibes formen, im Sesamsamen wälzen, um den Laib legen und gut festdrücken. Die Eier senkrecht in den Brotlaib drücken. Das Brot mit verquirltem Eigelb bestreichen, mit Sesamsamen bestreuen und zugedeckt 3 Stunden gehen lassen. Den Backofen auf 200° vorheizen. Das Osterbrot 50 Minuten backen.

Osterüberraschungen

Osterspezialitäten

Geflochtener Osterkorb

*1 kg Mehl, 40 g Hefe
80 g Zucker
½ l lauwarme Milch
50 g Butter, 2 Eier
1 Teel. Salz
abgeriebene Schale von
   1 Zitrone ⋄
3 Eigelbe ⋄ 200 g Puderzucker
Für die Backbleche: Butter*

Bitte beachten Sie für den Osterkorb die gezeichneten Anleitungen auf Seite 23. Zwei Backbleche ausfetten. Aus den Zutaten von Mehl bis Zitronenschale einen Hefeteig nach dem Grundrezept Seite 10 bereiten. Den Hefeteig in 26 gleich große Stücke teilen. Aus 20 Stücken 35 cm lange Stränge rollen und daraus ein Gitter flechten. Eine feuerfeste Schüssel von 17 cm ⌀ außen einfetten, das Gitter darüberlegen, andrücken und die überstehenden Teigenden abschneiden. 2 Teigstücke zu 40 cm langen Strängen rollen, zu einer Kordel drehen, für den Fuß des Korbes um einen Ring legen, die Enden mit verquirltem Eigelb bestreichen und zusammendrücken.
2 Teigstücke für den Henkel zu Strängen rollen, eine Kordel drehen und einen gebogenen Draht damit umwickeln; die Drahtenden werden später in den Korb gesteckt. Den restlichen Teig zu 3 Strängen rollen, einen Zopf flechten, zu einem Ring im Umfang des Korbrandes zusammenlegen, die Enden mit Eigelb bestreichen und zusammendrücken. Den Backofen auf 220° vorheizen. Den Korb mit verquirltem Eigelb bestreichen und auf der untersten Schiene 45 Minuten backen; nach 15 Minuten mit Pergamentpapier abdecken. Die Einzelteile mit Eigelb bestreichen und 25 Minuten bakken. Aus dem Puderzucker und etwas Wasser einen dikken Guß rühren und alle Teile damit zusammensetzen. Den Henkel mit den Drahtenden in den Korb stecken.

167

Gesundheits-Kuchen heute

Vollkorngebäck

Rosettenkuchen

Zutaten für 1 Springform von 26 cm Ø:
200 g frisch gemahlenes Weizen-Vollkornmehl
300 g Grahammehl
½ Teel. Salz
35 g Hefe
¼ l lauwarme Milch, 2 Eier
50 g Butter, 80 g Honig ◇
50 g Korinthen
1 Schnapsglas Rum (2 cl)
¼ l Milch, 60 g Butter
200 g Honig
300 g Mohn
100 g gemahlene Mandeln
1 Teel. gemahlener Zimt
1 Messerspitze gemahlene Gewürznelken ◇
1 Eßl. Aprikosenmarmelade
Für die Form: Butter

Bei 16 Stücken pro Stück etwa 1 575 Joule/375 Kalorien

Aus den Zutaten von Vollkornmehl bis Honig nach dem Grundrezept auf Seite 10 einen Hefeteig bereiten. Für die Füllung die Korinthen mit dem Rum begießen. Die Milch, die Butter und den Honig aufkochen, den Mohn, die Korinthen, die Mandeln und die Gewürze untermischen. Den Backofen auf 200° vorheizen. Die Form einfetten. Den Hefeteig zu einem Rechteck von 45 × 45 cm ausrollen, die Füllung daraufstreichen. Den Teig aufrollen und in 16 gleich große Stücke schneiden, diese kreisförmig in die Form setzen; zugedeckt noch einmal 15 Minuten gehen lassen. Den Rosettenkuchen dann auf der zweiten Schiene von unten 1 Stunde backen. Den etwas abgekühlten Kuchen mit der erhitzten Marmelade überziehen.

Honig-Mandeltorte

Zutaten für 1 Springform von 24 cm Ø:
120 g Rosinen
100 g weiche Butter
2 Eßl. Rohrzucker, 3 Eier
2 Eßl. Honig
200 g frisch gemahlenes Weizen-Vollkornmehl
1 gehäufter Teel. Backpulver
1 Prise Salz
50 g gemahlene Mandeln ◇
100 g Butter, 100 g Rohrzucker
80 g Honig, 2 Eßl. Sahne
200 g gehackte Mandeln
¼ Teel. gemahlener Zimt
Für die Form: Butter

Bei 12 Stücken pro Stück etwa 1 805 Joule/430 Kalorien

Die Rosinen mit heißem Wasser übergießen und quellen lassen. Den Backofen auf 200° vorheizen. Die Butter mit dem Zucker schaumig rühren, nach und nach die Eier hinzufügen und unterrühren. Den Honig mit 2 Eßlöffeln lauwarmem Wasser verrühren und mit dem Mehl, dem Backpulver, dem Salz und den gemahlenen Mandeln zu einem geschmeidigen Teig mischen. Die abgetropften Rosinen unter den Teig ziehen. Die Springform ausfetten. Den Kuchen im Backofen auf der zweiten Schiene von unten 25–30 Minuten backen. Inzwischen die Butter zerlassen, den Zucker, den Honig, die Sahne, die Mandeln und den Zimt unterrühren und alles aufkochen lassen. Den Kuchen mit der Mandelmasse bestreichen und in weiteren 20 Minuten goldgelb überbacken.

Vollkorngebäck

Gesundheits-Kuchen heute

Obstkuchen mit Krümelboden

Zutaten für 1 Springform von 24 cm ⌀ :
18 Graham- oder Vollkorn-Cracker
75 g Farinzucker
½ Teel. gemahlener Zimt
75 g Margarine ◊
½ l Milch, 2 Eßl. Zucker
1 Päckchen Vanille-Puddingpulver
1 großes Glas Stachelbeerkompott (720 ml)
2 Pfirsichhälften aus der Dose
1 Päckchen klarer Tortenguß
Für die Form: Margarine

Bei 12 Stücken pro Stück etwa 1195 Joule/285 Kalorien

Eine Springform mit Margarine ausfetten. Den Backofen auf 175° vorheizen. Die Cracker in einer Plastiktüte mit dem Wellholz fein zerdrücken. Die Brösel mit dem Zucker, dem Zimt und der Margarine verrühren. Die Krümelmasse in die Springform geben und Boden und Rand etwas festdrücken. Den Kuchenboden auf der mittleren Schiene 15 Minuten backen und abkühlen lassen. Aus der Milch, dem Zucker und dem Puddingpulver nach Vorschrift einen Vanillepudding bereiten; erkalten lassen. Die Stachelbeeren abtropfen lassen; den Saft aufbewahren. Die Pfirsichhälften in Spalten schneiden. Den Pudding auf den Krümelboden streichen und mit dem Obst nach Vorbild auf dem Bild belegen. Den Tortenguß nach Vorschrift mit dem Stachelbeersaft bereiten, etwas abkühlen lassen und den Kuchen damit überziehen.

Körniger Dattelkuchen

Zutaten für 1 Springform von 26 cm ⌀ :
350 g Datteln, ⅛ l Wasser ◊
1 Vanilleschote
150 g Weizen-Vollkornmehl
¼ Teel. Salz
250 g Margarine
250 g Farinzucker
350 g Haferkörner
Für die Form: Margarine

Bei 12 Stücken pro Stück etwa 1805 Joule/430 Kalorien

Eine Springform mit der Margarine ausstreichen.
Die Datteln entsteinen, kleinwürfeln und in dem Wasser unter öfterem Umrühren weich kochen. Die Datteln abkühlen lassen. Den Backofen auf 170° vorheizen. Die Vanilleschote der Länge nach aufschlitzen und das Mark herauskratzen. Das Mehl mit dem Salz mischen. Die Margarine schaumig rühren, nach und nach den Zucker und das Vanillemark zugeben und zuletzt das gesiebte Mehl und die Haferkörner untermischen.
Die Hälfte des krümeligen Teiges auf dem Boden der Springform verteilen, den Boden festdrücken und einen Rand formen. Die Dattelfüllung auf dem Boden verteilen und den restlichen Teig darüberkrümeln. Den Kuchen auf der zweiten Schiene von unten 70–80 Minuten backen. Den Kuchen in der Form etwas abkühlen lassen, zum vollständigen Erkalten auf ein Kuchengitter legen.

Süße Brote

Brot und Brötchen

Nuß-Bananen-Brot

Zutaten für 1 Kastenform von 30 cm Länge:
150 g Margarine
160 g Farinzucker
3 Eier
3–4 Bananen
½ Vanilleschote
350 g Weizen-Vollkornmehl
3 Teel. Backpulver
¼ Teel. Meersalz
100 g gehackte Walnüsse
gut ⅛ l Milch
Für die Form: Margarine

Bei 16 Scheiben pro Scheibe etwa 1220 Joule/290 Kalorien

Eine Kastenform mit Margarine ausstreichen. Den Backofen auf 170° vorheizen. Die möglichst weiche Margarine schaumig rühren und nach und nach den Zucker sowie die Eier unterrühren. Die Bananen schälen und mit einer Gabel fein zerdrücken oder durch ein Sieb streichen. Das Bananenpüree unter die Margarine-Zucker-Mischung rühren. Die Vanilleschote aufschlitzen und das Mark herauskratzen. Das Mehl mit dem Backpulver sieben und mit dem Salz, den Nüssen und der Vanille mischen, abwechselnd mit der Milch unter den Bananenteig rühren. Den Teig in die Kastenform füllen, glattstreichen und auf der zweiten Schiene von unten 50 Minuten backen. Das Nuß-Bananen-Brot auf ein Kuchengitter stürzen und erkalten lassen.

Rosinenstuten

Zutaten für 1 Kastenform von 30 cm Länge:
100 g Rosinen, 2 Eßl. Rum
500 g Mehl, 30 g Hefe
50 g Zucker
¼ l lauwarme Milch
100 g weiche Butter, 2 Eier
1 Teel. Salz
abgeriebene Schale von 1 Zitrone ◇
Für die Form und zum Bestreichen: Butter

Bei 16 Scheiben pro Scheibe etwa 905 Joule/215 Kalorien

Die Form mit Butter ausstreichen. Die Rosinen mit dem Rum mischen und durchziehen lassen. Das Mehl in eine Schüssel sieben und in der Mitte die zerbröckelte Hefe mit etwas Zucker, Mehl und der Milch zu einem Vorteig verrühren. Zugedeckt 15 Minuten gehen lassen. Den restlichen Zucker, die Butter, die Eier, das Salz und die Zitronenschale mit dem Vorteig und dem gesamten Mehl verkneten. Den Teig schlagen, bis er Blasen wirft. 30–40 Minuten gehen lassen. Die Rosinen unterkneten, den Teig in die Form füllen, 15 Minuten gehen lassen. Den Backofen auf 200° vorheizen. Den Kuchen auf der untersten Schiene 50–60 Minuten backen; noch heiß mit Butter bestreichen.

Unser Tip
Statt mit den Rumrosinen können Sie Stuten auch mit 125 g gehackten Mandeln backen.

Brot und Brötchen

Rustikale Brote

Weizenkeimbrot

Zutaten für 2 Laibe:
150 g Weizenkörner ◊
60 g Hefe
¼ l lauwarmes Wasser
2 Eßl. Salz
6 Eßl. Honig
40 g Butter
1 kg Weizen-Vollkornmehl
¼ l Wasser

Bei 20 Scheiben pro Scheibe etwa 965 Joule/230 Kalorien

Die Weizenkörner 3 Tage vor dem Backtag nach Empfehlung auf der Packung zum Keimen ansetzen. Die Hefe mit dem lauwarmen Wasser verrühren. Das Salz, den Honig, das flüssige Fett und das Wasser zu der Hefe geben und die Hälfte des gesiebten Mehls unterrühren. Den Vorteig zugedeckt 30 Minuten bei Raumtemperatur gehen lassen. Das restliche Mehl, die gekeimten Weizenkörner und noch einmal ¼ l Wasser zum Teig geben und diesen gut verkneten. Den Teig nochmals gehen lassen, bis er das doppelte Volumen erreicht hat.
Den Teig noch einmal gut durchkneten und zwei Brotlaibe daraus formen. Die Brotlaibe auf ein Backblech legen und weitere 15–20 Minuten gehen lassen. Den Backofen auf 200° vorheizen. Die Brote kreuzweise leicht einschneiden, mit Wasser bestreichen und auf der untersten Schiene 50–60 Minuten backen. Zu Beginn ein feuerfestes Förmchen mit Wasser auf den Boden des Backofens stellen. Die gebackenen Weizenkeimbrote auf einem Kuchengitter abkühlen lassen.

Echtes Grahambrot

Zutaten für 1 Laib:
400 g Mehl
400 g Weizenschrot
40 g Hefe
½ l lauwarme Milch
1 Teel. Salz
⅛ l Öl
Für das Backblech: Mehl

Bei 20 Scheiben pro Scheibe etwa 440 Joule/105 Kalorien

Das Mehl in eine Schüssel sieben und mit dem Weizenschrot mischen. In die Mitte eine Vertiefung drücken, die Hefe hineinbröckeln und mit der Hälfte der Milch zu einem Vorteig verrühren. Den Vorteig mit Mehl bestreut zugedeckt 15 Minuten gehen lassen, bis er starke Risse zeigt. Die restliche Milch, das Salz und das Öl zum Vorteig geben und alles mit dem gesamten Mehl zu einem glatten Teig verkneten. Den Teig kräftig schlagen, bis er Blasen wirft und sich vom Schüsselrand löst. Den Teig noch einmal 30 Minuten zugedeckt gehen lassen, dann auf einer bemehlten Arbeitsfläche einen Laib daraus formen. Ein Backblech mit Mehl bestäuben, den Laib daraufsetzen und zugedeckt weitere 20 Minuten gehen lassen. Den Backofen auf 200° vorheizen.
Den Brotlaib mit Mehl bestäuben und auf der untersten Schiene 45–50 Minuten backen. Zu Backbeginn ein feuerfestes Förmchen mit Wasser gefüllt auf den Boden des Backofens stellen.

Rustikale Brote

Nordisches Wirbelrad

100 g Sauerteig (vom Bäcker)
etwa ¾ l Wasser
20 g Hefe
1 kg Roggenmehl
2 gehäufte Eßl. Salz ◊
je 2 Teel. Kümmel, Fenchel und Anis, etwas Milch
Für das Backblech: Mehl

Bei 18 Stücken pro Stück etwa 945 Joule/225 Kalorien

Ein Backblech mit Mehl bestäuben. Den Sauerteig mit dem Wasser, der zerbröckelten Hefe und der Hälfte des Mehls verrühren und zugedeckt an einem warmen Ort über Nacht stehen lassen. Das Salz, die Hälfte der Gewürze und das restliche Mehl unter den angesäuerten Teig kneten. Den Teig 1 Stunde gehen lassen, in drei gleich große Stücke teilen. Aus zwei Stücken acht gleich große Teile schneiden. Aus dem großen Teigstück eine Rolle formen und schneckenartig in die Mitte des bemehlten Backblechs legen. Die kleineren Stücke zu 20 cm langen Rollen formen, um die große Schnecke legen und die Enden jeweils in entgegengesetzter Richtung leicht einrollen. Das Wirbelrad 1 Stunde gehen lassen. Den Backofen auf 250° vorheizen. Die Oberfläche des Brotes mit Milch bestreichen und mit den restlichen Gewürzen bestreuen. Das Brot zugedeckt 10 Minuten backen. Bei Backbeginn 1 Tasse Wasser auf den Backofenboden schütten. Den Herd dann auf 200° und nach weiteren 15 Minuten auf 180° schalten. Das Brot danach noch 40–45 Minuten backen.

Grieben-Fladen

Zutaten für 6 Fladen:
1 kg Roggenmehl
100 g Sauerteig (vom Bäcker)
etwa 1 l Wasser, 20 g Hefe ◊
2 gehäufte Eßl. Salz
1 Eßl. Kümmel
200 g frischer (grüner) Schweinespeck
je 1 Eßl. Kümmel und grobkörniges Salz
Für die Backbleche: Mehl

Pro Fladen etwa 3610 Joule/ 860 Kalorien

Die Hälfte des Mehls in eine Schüssel sieben. Den Sauerteig mit dem Wasser und der zerbröckelten Hefe verrühren und gut unter das Mehl mischen. Diesen Vorteig zugedeckt über Nacht bei Raumtemperatur stehen lassen. Das Salz, den Kümmel und das restliche Mehl unter den gesäuerten Teig kneten. Den Teig schlagen, bis er Blasen wirft. Den Speck in feine Würfel schneiden und unter den Teig mengen. Den Backofen auf 200° vorheizen. Den Teig in sechs gleich große Stücke teilen und zu Fladen von etwa 23 cm ⌀ ausrollen. Die Oberfläche der Fladen mit Wasser bestreichen, rautenförmig einschneiden und mit dem Kümmel und dem grobkörnigen Salz bestreuen. Die Fladen auf zwei bemehlte Backbleche legen und auf der zweiten Schiene von unten 30 Minuten backen. Zu Backbeginn ein feuerfestes Förmchen mit Wasser gefüllt auf den Boden des Backofens stellen.

Brot und Brötchen

Rustikale Brote

Gewürzbrot im Blumentopf

Zutaten für 2 Blumentöpfe von 14 cm Ø :
500 g Mehl, 40 g Hefe
⅛ l lauwarme Milch
1 Prise Zucker
2 Zwiebeln
1 Knoblauchzehe
50 g Butter, 2 Eier
½ Teel. Salz
1 Prise geriebene Muskatnuß
1 Teel. Anis, ½ Teel. Fenchel
4 Eßl. getrockneter Dill
½ Teel. getrockneter Rosmarin
1 Teel. Anis
Für die Blumentöpfe: Öl

Bei 30 Scheiben pro Scheibe etwa 355 Joule/85 Kalorien

Zwei neue Blumentöpfe ausfetten. Das Mehl in eine Schüssel sieben, eine Mulde hineindrücken, die Hefe hineinbröckeln und mit der Milch, dem Zucker und wenig Mehl zu einem Vorteig verrühren und 15 Minuten gehen lassen. Die Zwiebeln und die Knoblauchzehe schälen. Die Zwiebeln feinhacken, die Knoblauchzehe zerdrücken. Die geschmolzene Butter mit den Eiern, den Gewürzen und dem Dill verrühren. Den Rosmarin im Mörser zerreiben, mit dem Buttergemisch zum Vorteig geben, alles verkneten und 30 Minuten gehen lassen. Den Teig in die Blumentöpfe füllen und 20 Minuten gehen lassen. Den Backofen auf 190° vorheizen. Die Oberfläche der Brote mit Wasser bestreichen und mit Anis bestreuen. Die Gewürzbrote 40 Minuten bakken. Bei Backbeginn 1 Tasse Wasser auf den Backofenboden schütten.

Pariser Brot

Zutaten für 5 Stangen:
1 kg Weizenmehl (Type 550)
40 g Hefe
⅜ l lauwarmes Wasser
4 Teel. Salz
Für das Backblech: Mehl

Pro Stange etwa 2875 Joule/ 685 Kalorien

Ein Backblech mit Mehl bestäuben. Das Mehl in eine Schüssel sieben, in die Mitte eine Vertiefung drücken und aus der Hefe, dem Wasser und wenig Mehl einen Vorteig rühren. Den Hefevorteig mit etwas Mehl bestäuben und 15 Minuten gehen lassen, bis die Oberfläche Risse zeigt. Das Salz auf das Mehl streuen und alles zu einem glatten Teig vermengen. Den Teig schlagen bis er Blasen wirft und sich vom Schüsselboden löst. Den Teig mit Mehl bestäuben und zugedeckt bei Raumtemperatur 2½ Stunden gehen lassen. Den Teig auf einer bemehlten Arbeitsfläche noch einmal kurz durchkneten, in 5 Stücke teilen. Die Teigstücke zu langen Stangen formen und auf dem Backblech zugedeckt noch einmal 15 Minuten gehen lassen. Den Backofen auf 250° vorheizen. Die Rollen mit einem scharfen Messer mehrmals schräg einschneiden, mit lauwarmem Wasser bestreichen und auf der zweiten Schiene 35–40 Minuten bakken. Damit sich Feuchtigkeit entwickeln kann, ein feuerfestes Förmchen mit Wasser gefüllt auf den Boden des Backofens stellen.

Rustikale Brote

Pikantes Bauernbrot

Zutaten für 2 Laibe:
1 kg Roggenmehl
100 g Sauerteig (vom Bäcker)
etwa ½ l Wasser
20 g Hefe ◊
200 g durchwachsener Speck
1 Eßl. Salz
200 g geriebener Emmentaler Käse
100 g abgezogene gehackte Mandeln
2 Eßl. gehackte Petersilie
Für das Backblech: Mehl

Bei 40 Scheiben pro Scheibe etwa 695 Joule/165 Kalorien

Die Hälfte des Roggenmehls in eine Schüssel sieben. Den Sauerteig mit dem Wasser und der zerbröckelten Hefe verrühren und mit dem Mehl mischen. Den Teig leicht verkneten und zugedeckt über Nacht bei Raumtemperatur stehen lassen.
Den Backofen auf 220° vorheizen. Ein Backblech mit Mehl bestäuben.
Den Speck in kleine Würfel schneiden. Die Speckwürfel mit dem Salz, dem Käse, den Mandeln, der Petersilie und dem restlichen gesiebten Mehl unter den gesäuerten Teig kneten und zwei runde Laibe daraus formen. Die Laibe auf das Backblech legen, ihre Oberfläche mit Wasser bestreichen, mit Mehl bestäuben und rautenförmig einschneiden. Die Brote auf der untersten Schiene des Backofens 1 Stunde und 10 Minuten backen. Bei Backbeginn ein feuerfestes Förmchen mit Wasser gefüllt auf den Backofenboden stellen.

Zwiebelbrote Landhausart

Zutaten für 3 Laibe:
1 kg Roggenmehl
100 g Sauerteig (vom Bäcker)
etwa ¾ l Wasser, 20 g Hefe ◊
2 gehäufte Teel. Salz
½ Teel. frisch gemahlener schwarzer Pfeffer
1 Messerspitze gemahlener Kardamom
4 mittelgroße Zwiebeln
2 Eßl. Butter
Für das Backblech: Mehl

Bei 60 Scheiben pro Scheibe etwa 295 Joule/70 Kalorien

Ein Backblech mit Mehl bestäuben. Die Hälfte des Mehls in eine Schüssel sieben. Den Sauerteig mit dem Wasser und der zerbröckelten Hefe verrühren, unter das Mehl mischen und diesen Vorteig zugedeckt an einem warmen Ort über Nacht stehen lassen. Das Salz, den Pfeffer und den Kardamom mit dem restlichen Mehl unter den gesäuerten Teig kneten und den Teig gut schlagen, bis er Blasen wirft. Die Zwiebeln schälen und feinhacken. Die Hälfte der Zwiebeln in der Butter anbraten und zusammen mit den rohen Zwiebeln unter den Teig kneten. Aus dem Teig drei Laibe von je 35 cm Länge formen und auf das bemehlte Backblech legen. Die Brote zugedeckt noch einmal 30 Minuten ruhen lassen. Den Backofen auf 200° vorheizen. Die Brote mit Wasser bestreichen und mit einem Messer mehrmals schräg einschneiden. Auf der untersten Schiene 30 Minuten backen. Bei Backbeginn 1 Tasse Wasser in den Backofen schütten.

Brot und Brötchen

Rustikale Brote

Ladiner Fladenbrot

Zutaten für 4 Fladen:
je 375 g Roggen- und
*   Weizenmehl*
40 g Hefe
¼ l lauwarmes Wasser
⅛ l lauwarme Milch ◊
1 Teel. Salz
1 Eßl. Kümmel
1 Eßl. zerstoßene
*   Korianderkörner*
Für das Backblech: Öl

Pro Fladen etwa 2815 Joule/ 670 Kalorien

Ein Backblech einölen. Das gesamte Mehl in eine Schüssel sieben und eine Vertiefung in die Mitte drücken. Die Hefe hineinbröckeln und mit dem Wasser und der Milch verrühren. Den Vorteig mit etwas Mehl bestreut zugedeckt an einem warmen Ort 15 Minuten gehen lassen. Den Vorteig mit dem gesamten Mehl, dem Salz, dem Kümmel und dem Koriander zu einem Hefeteig schlagen. Den Teig nochmals 40 Minuten gehen lassen. Den Hefeteig in vier gleich große Stücke teilen. Jedes Stück zu einem Fladen ausrollen, die Fladen auf das Backblech legen, mit etwas Mehl bestäuben und noch einmal 20 Minuten gehen lassen. Den Backofen auf 250° vorheizen. Die Fladen auf der zweiten Schiene von unten 30 Minuten backen. Sie müssen knusprig braun sein. Zu Backbeginn 1 Tasse Wasser auf den Boden des Backofens schütten.

Prälaten-Ringbrot

Zutaten für 1 Ring:
50 g Butter
¼ l lauwarmes Wasser
25 g Hefe
je 300 g Roggen- und
*   Weizenmehl*
1 Eßl. Salz
1 Eßl. gemischte gehackte
*   Kräuter wie Majoran,*
*   Salbei, Estragon und*
*   Basilikum*
4–5 Eßl. gehackte Petersilie
Für das Backblech: Öl

Bei 16 Scheiben pro Scheibe etwa 670 Joule/160 Kalorien

Ein Backblech mit Öl bestreichen. Die Butter in dem Wasser zergehen lassen. Die Hefe in das Wasser bröckeln und darin verrühren. Das Roggenmehl mit der Hälfte des Weizenmehls in eine Schüssel sieben und mit dem Salz mischen. Die aufgelöste Hefe mit dem Mehl zu einem glatten Teig verkneten. Den Teig so lange schlagen, bis er Blasen wirft, dann zugedeckt 50 Minuten gehen lassen. Den Backofen auf 190° vorheizen. Das restliche Mehl und die Kräuter unter den Teig kneten und einen flachen Laib formen. Mit einem Kochlöffel in die Mitte des Laibes ein Loch stechen und durch drehende Bewegungen so vergrößern, daß ein Ring entsteht. Den Ring auf dem Backblech zugedeckt 20 Minuten gehen lassen, dann mit Wasser bestreichen und mit Mehl bestäuben. Auf der zweiten Schiene von unten 20–30 Minuten backen. Bei Backbeginn 1 Tasse Wasser in den Backofen schütten.

Rustikale Brote

Brot und Brötchen

Kräftiges Roggenbrot

Zutaten für 1 Laib:
50 g Sauerteig (vom Bäcker)
½–¾ l lauwarmes Wasser
750 g Roggenschrot
250 g Weizenmehl, 2 Teel. Salz
Für das Backblech: Alufolie

Bei 40 Scheiben pro Scheibe etwa 380 Joule/90 Kalorien

Den Sauerteig bestellen Sie am besten 1 Tag vor dem Backen bei Ihrem Bäcker. Den Roggenschrot können Sie im Reformhaus kaufen. Den Sauerteig mit ⅜ l lauwarmem Wasser in einer Schüssel gut verrühren. Den Roggenschrot und das Weizenmehl zusammen in eine gut vorgewärmte Schüssel schütten. In die Mitte des Mehls eine Vertiefung drücken und den Sauerteig hineingießen. Nach und nach etwa die Hälfte des Mehls mit dem Sauerteig verrühren, bis ein dickflüssiger Teig entstanden ist. Die Schüssel mit Tüchern zudecken und an einem warmen Ort über Nacht gehen lassen. Am nächsten Tag das restliche lauwarme Wasser und das Salz zum Teig geben. Das gesamte Mehl mit dem Sauerteig verrühren und den Teig so lange kneten, bis er fest ist und nicht mehr auseinanderläuft. Den Teig zu einer Kugel formen, in eine gut angewärmte und mit Mehl ausgestäubte Schüssel geben, mit Tüchern zudecken und 3 Stunden an einem warmen Ort gehen lassen.
Das Backblech mit Alufolie auslegen. Mit bemehlten Händen aus dem Teig einen runden, nicht zu hohen Laib formen, auf das Backblech legen und bei Raumtemperatur noch einmal 1½–2 Stunden gehen lassen. Während dieser Zeit die Oberfläche des Brotes 3–4mal mit lauwarmem Wasser bestreichen, damit sich keine Risse bilden. Den Backofen auf 250° vorheizen. Den gegangenen Brotlaib mit einem scharfen Messer karoförmig einschneiden und auf der untersten Schiene 50–60 Minuten backen. Nach etwa 30 Minuten auf 200° schalten. Bei Backbeginn ein flaches feuerfestes Förmchen mit Wasser gefüllt auf den Boden des Backofens stellen.
Den Backofen nach dem Ende der Backzeit ausschalten, das Brot herausnehmen, mit kaltem Wasser bestreichen und zum Trocknen nochmals einige Minuten in den ausgeschalteten, aber noch warmen Backofen schieben.

Unser Tip

So können Sie Sauerteig selbst herstellen: Verrühren sie zwei Hände voll Roggenmehl mit so viel Wasser, daß ein weicher Brei entsteht. Stellen Sie den Brei mit feuchten Tüchern zugedeckt neben die Heizung. Nach 2 Tagen schäumt der Sauerteig und wirft Bläschen. Riecht er nach frischem Roggenbrot, ist er richtig, riecht er nach Essig, ist er leider unbrauchbar; das kann vorkommen, da es schwer ist, eine konstante Temperatur von 30–35° zu halten.

Brot und Brötchen

Brötchen, Brezen, Hörnchen

Graham-Frühstücksbrötchen

Zutaten für 16 Brötchen:
500 g Weizenschrot
40 g Hefe
1 Teel. Zucker
gut ¼ l lauwarmes Wasser ⋄
2 Teel. Salz
3 Eßl. Öl
Zum Bestäuben: Mehl
Für das Backblech: Öl

Pro Stück etwa 1030 Joule/ 245 Kalorien

Ein Backblech leicht mit Öl bestreichen. Den Weizenschrot in eine Schüssel schütten und in die Mitte eine Vertiefung drücken. Die Hefe hineinbröckeln und mit dem Zucker, dem Wasser und wenig Weizenschrot zu einem Vorteig verrühren. Den Hefevorteig mit etwas Mehl bestäuben und zugedeckt an einem warmen Ort 15 Minuten gehen lassen; auf dem Weizenschrot zeigen sich dann Risse.
Das Salz über den Mehlrand streuen, das Öl zum Vorteig geben und alles gründlich verkneten und noch einmal zugedeckt 1 Stunde gehen lassen. Den Teig mit bemehlten Händen in 16 gleich große Stücke teilen, diese rund rollen, mit wenig Mehl bestäuben und auf das Backblech legen. Die Brötchen noch einmal 25–35 Minuten gehen lassen. Den Backofen auf 220° vorheizen. Die Brötchen auf der zweiten Schiene von unten 20–25 Minuten backen. Zu Backbeginn 1 Tasse Wasser auf den Boden des Backofens schütten.

Hefeteigbrezeln

Zutaten für 20 Brezeln:
500 g Mehl
½ Teel. Salz
25 g Hefe
knapp ¼ l lauwarme Milch
50 g Butter
1 Ei ⋄
1 Eigelb
1–2 Eßl. grobes Salz

Pro Stück etwa 545 Joule/ 130 Kalorien

Das Mehl in eine Schüssel sieben, das Salz darüberstreuen und in die Mitte eine Vertiefung drücken. Die Hefe in die Mulde bröckeln und mit wenig lauwarmer Milch und etwas Mehl zu einem Hefevorteig verrühren. Den Vorteig zugedeckt 15 Minuten gehen lassen. Danach das gesamte Mehl mit dem Hefevorteig, der Butter, dem Ei und noch so viel Milch zu einem geschmeidigen Hefeteig schlagen, bis der Teig Blasen wirft und sich vom Schüsselrand löst. Den Teig zugedeckt weitere 30–40 Minuten gehen lassen.
Den gegangenen Hefeteig in 20 gleich große Stücke teilen, aus jedem Stück eine etwa daumendicke Rolle formen und daraus Brezeln wie oben abgebildet formen. Die Brezeln auf ein Backblech legen und zugedeckt noch einmal 15 Minuten gehen lassen. Den Backofen auf 200° vorheizen. Die Brezeln mit dem verquirlten Eigelb bestreichen, mit dem Salz bestreuen und im Backofen auf der mittleren Schiene in 10–12 Minuten goldgelb backen.

Brötchen, Brezen, Hörnchen

Brot und Brötchen

Mohnsemmeln

Zutaten für 20 Semmeln:
500 g Mehl, 30 g Hefe
¼ l lauwarme Milch ◊
50 g Butter
1 Ei, 1 Teel. Salz
je 1 Messerspitze Pfeffer und geriebene Muskatnuß ◊
2 Eigelbe, 2 Eßl. Milch
4 Eßl. Mohn
Für das Backblech: Butter

Pro Stück etwa 650 Joule/ 155 Kalorien

Das Mehl in eine Schüssel sieben und eine Mulde hineindrücken. Die Hefe hineinbröckeln und mit der Milch und etwas Mehl zu einem Vorteig verrühren. Zugedeckt 15 Minuten gehen lassen.
Die Butter zerlassen, mit dem Ei, dem Salz, dem Pfeffer und der Muskatnuß mischen, zu dem Vorteig geben und mit dem gesamten Mehl zu einem glatten Hefeteig schlagen. Den Teig nochmals 30 Minuten gehen lassen. Ein bis zwei Backbleche mit Butter bestreichen. Vom Hefeteig 40 g schwere Stücke abwiegen, mit bemehlten Händen zu Kugeln formen und in genügendem Abstand voneinander auf das Backblech legen. Mit dem Handballen etwas flachdrücken. Die Semmeln zugedeckt weitere 20 Minuten gehen lassen. Den Backofen auf 200° vorheizen. Die Eigelbe mit der Milch verquirlen, die Semmeln damit bestreichen, mit dem Mohn bestreuen und kreuzweise einschneiden. Auf der zweiten Schiene von unten 20 Minuten backen. Zu Backbeginn 1 Tasse Wasser auf den Boden des Backofens schütten.

Resche Roggenbrötchen

Zutaten für etwa 15 Brötchen:
500 g Roggenmehl
50 g Sauerteig (vom Bäcker)
etwa ³⁄₁₆ l Wasser
10 g Hefe
2 Teel. Salz
Für das Backblech: Mehl

Pro Stück etwa 525 Joule/ 125 Kalorien

Die Hälfte des Mehls in eine Schüssel sieben. Den Sauerteig mit dem Wasser verrühren und mit der zerbröckelten Hefe gut unter das Mehl mischen. Diesen Vorteig zugedeckt an einem warmen Ort über Nacht stehen lassen.
Den Backofen auf 200° vorheizen. Das Salz mit dem restlichen gesiebten Mehl unter den Vorteig kneten und den Teig schlagen, bis er Blasen wirft. Vom Teig 50 g schwere Stücke abwiegen, zu Kugeln formen und 20–30 Minuten gehen lassen. Ein Backblech mit Mehl bestäuben, die Kugeln darauflegen, mit Wasser bepinseln, mit Mehl bestäuben und mit einem Messer einmal einschneiden. Die Brötchen auf der zweiten Schiene von unten 25 Minuten backen. Zu Backbeginn 1 Tasse Wasser auf den Boden des Backofens schütten.

Unser Tip
Der Sauerteig kann in einer Schüssel zugedeckt im Kühlschrank bis zu 2 Tagen gelagert werden.

Brot und Brötchen

Brötchen, Brezen, Hörnchen

Geflochtene Luxusbrötchen

Zutaten für etwa 12 Brötchen:
500 g Mehl
30 g Hefe
¼ l lauwarme Milch
1 Prise Zucker
1 Teel. Salz ◇
1 Eigelb
je 2 Eßl. Sesamsamen und Mohn
Für das Backblech: Öl

Pro Stück etwa 820 Joule/ 195 Kalorien

Ein bis zwei Backbleche mit Öl bestreichen. Das Mehl in eine Schüssel sieben, in die Mitte eine Vertiefung drücken, die Hefe hineinbröckeln und mit der Milch, dem Zucker und wenig Mehl zu einem Vorteig verrühren. Den Vorteig mit Mehl bestäuben und zugedeckt etwa 15 Minuten gehen lassen, bis sich an der Oberfläche Risse zeigen.
Das Salz auf den Mehlrand streuen und das gesamte Mehl mit dem Vorteig verkneten. Den Teig schlagen, bis er sich trocken anfühlt und Blasen wirft, dann noch einmal zugedeckt 30 Minuten gehen lassen. Aus dem Teig 20 cm lange Rollen von etwa 2 cm ⌀ formen. Aus diesen Rollen nach Vorschlägen auf dem nebenstehenden Bild Brötchen flechten oder ausrollen und formen (bitte beachten Sie auch die Arbeitsanleitungen mit Zeichnungen für geflochtenes Gebäck auf den Seiten 21 und 22).
Die Brötchen auf das Backblech legen und zugedeckt weitere 20 Minuten gehen lassen. Den Backofen auf 200° vorheizen. Die Brötchen mit dem verquirlten Eigelb bestreichen und mit Sesamsamen oder Mohn bestreuen.
Die Brötchen auf der zweiten Schiene von unten 20–25 Minuten backen. Zu Backbeginn 1 Tasse Wasser auf den Boden des Backofens schütten.

Brötchen, Brezen, Hörnchen

Brot und Brötchen

Milchhörnchen

Zutaten für etwa 15 Hörnchen:
500 g Mehl, 30 g Hefe
¼ l lauwarme Milch ◊
30 g Butter
1 Teel. Zucker
½ Teel. Salz ◊
1 Eigelb
Für das Backblech: Butter

Pro Stück etwa 650 Joule/ 155 Kalorien

Ein Backblech mit Butter bestreichen. Das Mehl in eine Schüssel sieben und in die Mitte eine Vertiefung drücken. Die Hefe hineinbröckeln und mit der Milch und etwas Mehl verrühren. Den Vorteig mit wenig Mehl bestäuben und zugedeckt etwa 15 Minuten gehen lassen, bis sich an der Oberfläche Risse zeigen.
Die Butter zerlassen, mit dem Zucker und dem Salz verrühren und mit dem Vorteig und dem gesamten Mehl zu einem trockenen, festen Hefeteig schlagen. Den Teig weitere 30 Minuten gehen lassen.
Vom Hefeteig 50 g schwere Stücke abwiegen und zu Kugeln drehen. Die Teigkugeln zu 15 cm langen Ovalen ausrollen und diese zu Stangen aufrollen. Dabei mit etwas Druck die beiden Enden zu dünnen Spitzen formen. Die in der Mitte dickeren Stangen zu Hörnchen biegen, auf das Backblech legen, mit dem verquirlten Eigelb bestreichen und weitere 15 Minuten gehen lassen.
Den Backofen auf 220° vorheizen. Die Hörnchen auf der zweiten Schiene von unten in 10–15 Minuten braun backen. Möglichst ofenfrisch servieren.

Knusprige Mohnzöpfe

Zutaten für etwa 15 Zöpfe:
500 g Mehl, 40 g Hefe
¼ l lauwarmes Wasser
1 Teel. Salz ◊
½ Tasse Mohn
Für das Backblech: Öl

Pro Stück etwa 585 Joule/ 140 Kalorien

Ein Backblech mit wenig Öl bepinseln.
Das Mehl in eine Schüssel sieben und eine Vertiefung in die Mitte drücken. Die Hefe hineinbröckeln und mit dem lauwarmen Wasser und etwas Mehl verrühren.
Den Vorteig mit Mehl bestäuben und 15 Minuten zugedeckt an einem warmen Platz gehen lassen.
Das Salz über den Mehlrand streuen und den Vorteig mit dem gesamten Mehl zu einem trockenen, lockeren Teig schlagen. Sollte der Teig zu fest sein, etwas lauwarmes Wasser zugeben. Den Teig noch einmal 30 Minuten gehen lassen.
Vom Hefeteig 50 g schwere Stücke abwiegen. Aus jedem Stück drei Stränge von 15 cm Länge rollen und daraus kleine Zöpfe flechten (→Zeichnung Seite 22). Die Zöpfe mit etwas Wasser bestreichen und in den Mohn drücken, dann auf das Backblech legen und weitere 15 Minuten gehen lassen.
Den Backofen auf 220° vorheizen. Die gegangenen Mohnzöpfe 10–20 Minuten auf der zweiten Schiene von unten backen; möglichst ofenfrisch servieren.

Brot und Brötchen

Brötchen, Brezen, Hörnchen

Croissants

Plunderhörnchen

Zutaten für 20 Hörnchen:
500 g Mehl, 30 g Hefe
¼ l lauwarme Milch ◊
50 g Butter, 1 Ei
1 Teel. Salz ◊
200 g Butter, 50 g Mehl ◊
1 Eigelb

Pro Stück etwa 925 Joule/ 220 Kalorien

Aus den Zutaten von Mehl bis Salz nach dem Grundrezept für Hefeteig, Seite 10, einen Hefeteig bereiten und diesen 15 Minuten gehen lassen.
Die Butter mit dem Mehl verkneten und eine Platte von 15 × 15 cm daraus formen. Den Hefeteig zu einer Platte von 20 × 35 cm ausrollen, die Butterplatte darauflegen, die Längsseiten des Hefeteigs darüberschlagen und die Ränder gut zusammendrücken. Den Hefeteig zu einer Platte von 30 × 40 cm ausrollen. Den Teig von der Schmalseite her zweimal übereinanderschlagen, so daß drei Schichten entstehen, und für 15 Minuten in den Kühlschrank legen. Diesen Vorgang noch zweimal wiederholen. Den Teig dazwischen immer 15 Minuten im Kühlschrank ruhen lassen (→Seite 15). Den Backofen auf 230° vorheizen. Den Teig zu zwei 40 × 25 cm großen Platten ausrollen, 20 lange Dreiecke ausschneiden und zu Hörnchen aufrollen. Die Hörnchen mit genügend Abstand auf das Backblech legen. Das Eigelb verquirlen, die Hörnchen damit bestreichen und auf der zweiten Schiene von unten 15–20 Minuten backen.

Pariser Brioches

Zutaten für 20 Pasteten- oder Aluförmchen:
500 g Mehl, 30 g Hefe
3 Eßl. lauwarme Milch
1 Teel. Zucker ◊
200 g Butter
4 Eier, ½ Teel. Salz ◊
2 Eigelbe
Für die Förmchen: Butter

Pro Stück etwa 820 Joule/ 195 Kalorien

Die Förmchen mit Butter ausstreichen. Das Mehl in eine Schüssel sieben und eine Mulde hineindrücken. Die Hefe hineinbröckeln und mit der Milch, dem Zucker und wenig Mehl verrühren. Den Hefevorteig zugedeckt 15 Minuten gehen lassen.
Die Butter zerlassen. Die flüssige, aber nicht heiße Butter mit den Eiern und dem Salz zum Mehl geben, alles mit dem Vorteig verrühren und den Teig schlagen, bis er Blasen wirft und 30 Minuten gehen lassen. Den Teig dann zu einer langen Rolle formen und je 20 gleich große und kleine Kugeln daraus formen. Die großen Kugeln in die Förmchen legen, in die Mitte eine Vertiefung drücken und mit verquirltem Eigelb bestreichen. Die kleinen Kugeln hineinsetzen. Die Brioches rundum mit Eigelb bestreichen und 10 Minuten gehen lassen.
Den Backofen auf 220° vorheizen. Das Gebäck auf der zweiten Schiene von unten 15–20 Minuten backen. Die Brioches vorsichtig aus den Förmchen nehmen und auf einem Kuchengitter etwas abkühlen lassen.

Mehlspeisen anno dazumal

Großmutters Backgeheimnisse

Apfelstrudel

*300 g Mehl, 1 Eigelb
1 Messerspitze Salz
etwa ⅛ l lauwarmes Wasser
1 Teel. Öl ◊
2 kg säuerliche Äpfel
150 g Semmelbrösel
50 g Butter
1 Teel. gemahlener Zimt
150 g Zucker, 100 g Rosinen
300 g zerlassene Butter
80 g gehackte Walnüsse ◊
3 Eßl. Puderzucker
Für das Backblech: Butter*

Bei 10 Stücken pro Stück etwa 3110 Joule/740 Kalorien

Das Mehl auf eine Arbeitsplatte sieben und mit dem Eigelb, dem Salz und so viel Wasser verkneten, daß ein glänzend glatter Teig entsteht. Den Teig zu einer Kugel formen, mit dem Öl bestreichen und 30 Minuten unter einer Schüssel ruhen lassen. Die Äpfel schälen, vierteln, vom Kerngehäuse befreien und in Scheibchen schneiden. Die Semmelbrösel in der Butter goldbraun braten. Die Apfelscheibchen mit dem Zimt, dem Zucker und den heiß gewaschenen Rosinen mischen. Ein großes Tuch mit Mehl bestäuben, den Teig darauf möglichst groß ausrollen, dann vorsichtig über dem Handrücken nach allen Seiten hin papierdünn dehnen. Die etwas dickeren Ränder abschneiden, eventuelle Löcher damit schließen. Das Teigblatt mit zerlassener Butter bestreichen, die Semmelbrösel, die Apfelmischung und die gehackten Nüsse darauf verteilen. Den Teig mit Hilfe des Tuches aufrollen und mit Butter bestreichen. Den Backofen auf 200° vorheizen. Den Strudel auf das gefettete Backblech legen; eventuell hufeisenförmig. Im Backofen auf der zweiten Schiene von unten 1 Stunde backen. Sobald er leicht zu bräunen beginnt, wiederholt mit zerlassener Butter bestreichen. Den Strudel vor dem Servieren mit dem Puderzucker besieben.

Großmutters Backgeheimnisse

Mehlspeisen anno dazumal

Blätterteig-Nußstrudel

*600 g tiefgefrorener Blätterteig ◊
2 Eigelbe, 80 g Zucker
50 g Butter
200 g gemahlene Walnüsse
100 g Biskuitbrösel
½ Teel. gemahlener Zimt
abgeriebene Schale von ½ Zitrone
1 Schnapsglas Rum (2 cl)
50 g Rosinen
3–4 Eßl. Milch ◊ 1 Eigelb*

Bei 10 Stücken pro Stück etwa 2330 Joule/555 Kalorien

Den Blätterteig bei Raumtemperatur in 30–60 Minuten auftauen lassen. Für die Füllung die Eigelbe mit dem Zucker schaumig rühren. Die Butter schmelzen lassen und mit den Nüssen, den Biskuitbröseln, dem Zimt, der Zitronenschale, dem Rum und den heiß gewaschenen Rosinen unter die Eigelb-Zucker-Masse mischen. So viel Milch zugeben, daß eine feste Masse entsteht. ½ Blätterteigscheibe beiseite legen, den restlichen Blätterteig aufeinanderlegen und zu einer Platte von 35 × 40 cm ausrollen. Die Füllung auf die Mitte des Teigblattes verteilen. Die Ränder mit verquirltem Eigelb bestreichen und über die Füllung schlagen. Den restlichen Blätterteig ausrollen, in Streifen schneiden, mit Eigelb bestreichen und leicht auf den Strudel drücken. Ein Backblech mit kaltem Wasser abspülen und den Strudel darauf 15 Minuten ruhen lassen. Den Backofen auf 220° vorheizen. Den Strudel 45 Minuten backen.

Feine Apfelbeignets

*Zutaten für etwa 16 Beignets:
75 g Zucker
1 Teel. gemahlener Zimt
4 große mürbe Äpfel
3 Eßl. Rum ◊
125 g Mehl
½ Teel. Backpulver
1 Prise Salz
2 Eigelbe, 1½ Eßl. Öl
0,1 l helles Bier
2 Eiweiße ◊
1 Tasse Zimt-Zucker
Für die Friteuse: 1 l Öl*

Pro Stück etwa 565 Joule/135 Kalorien

Den Zucker mit dem Zimt mischen. Die Äpfel schälen, die Kerngehäuse mit einem Apfelausstecher entfernen und die Äpfel in etwa 1 cm dicke Scheiben schneiden. Die Apfelscheiben mit dem Zimt-Zucker bestreuen, mit dem Rum beträufeln und zugedeckt 30 Minuten ziehen lassen. Die Äpfel während dieser Zeit mit dem sich bildenden Saft übergießen.
Das Mehl mit dem Backpulver, dem Salz, den Eigelben und dem Öl glattrühren. Nach und nach das Bier unter den Teig rühren. Die Eiweiße zu steifem Schnee schlagen und unterheben.
Das Fett in der Friteuse auf 180° erhitzen. Die Apfelscheiben nacheinander in den Teig tauchen und im heißen Öl in 8–10 Minuten goldgelb backen. Nach der halben Garzeit wenden und zuletzt auf Küchenkrepp abtropfen lassen. Die Apfelbeignets noch heiß mit Zimt-Zucker bestreuen und warm servieren.

Mehlspeisen anno dazumal

Großmutters Backgeheimnisse

Böhmische Kolatschen

Zutaten für etwa 20 Stück:
500 g Mehl, 30 g Hefe
¼ l lauwarme Milch
100 g Butter, 80 g Zucker
2 Eier, 1 Prise Salz ◊
500 g Quark, 50 g Butter
200 g Zucker, 2 Eigelbe
1 Eßl. Speisestärke
1 Eßl. Rum
2 Eiweiße ◊
250 g gemahlener Mohn
80 g Zucker
1 Eßl. Semmelbrösel
¼ l Milch ◊ 1 Eigelb
250 g Pflaumenmus (Powidl)
Für das Backblech: Butter

Pro Stück etwa 1660 Joule/ 395 Kalorien

Aus den Zutaten von Mehl bis Salz nach dem Grundrezept auf Seite 10 einen Hefeteig bereiten.
Den Quark mit der Butter, dem Zucker, den Eigelben, der Speisestärke und dem Rum verrühren. Die Eiweiße zu steifem Schnee schlagen und unter die Quarkmasse heben.
Den Mohn mit dem Zucker, den Semmelbröseln und der Milch verrühren, einmal aufkochen und dann abkühlen lassen.
Den Hefeteig in 50 g schwere Stücke teilen, aus jedem Stück einen Fladen mit Rand formen und den Rand mit verquirltem Eigelb bestreichen. Jeden Fladen mit Quark- und Mohnmasse und einem Häufchen Pflaumenmus füllen. Die Kolatschen 10 Minuten gehen lassen. Den Backofen auf 200° vorheizen und die Kolatschen auf der zweiten Schiene von unten 20–25 Minuten backen.

Siebenbürger Rahm-Hancklich

Zutaten für 1 Backblech:
500 g Mehl, 40 g Hefe
80 g Zucker
¼ l lauwarme Milch
80 g Butter, 1 Ei
1 Prise Salz ◊
½ l Sahne
5 Eigelbe, 75 g Zucker
1 gehäufter Eßl. Grieß
5 Eiweiße
100 g Rosinen
Für das Backblech: Butter

Bei 24 Stücken pro Stück etwa 925 Joule/220 Kalorien

Ein Backblech leicht einfetten. Das Mehl in eine Schüssel sieben, eine Mulde hineindrücken, die Hefe hineinbröckeln und mit wenig Zucker, etwas Mehl und der Milch zu einem Vorteig verrühren. Zugedeckt 15 Minuten gehen lassen. Den restlichen Zucker, die geschmolzene Butter, das Ei und das Salz mit dem Vorteig und dem gesamten Mehl verkneten und den Teig schlagen, bis er Blasen wirft. Den Teig 30 Minuten gehen lassen.
Den Backofen auf 200° vorheizen. Den Teig ausrollen und das Backblech damit auslegen. Den offenen Rand des Backblechs mit doppelt gefalteter Alufolie abschließen. Die Sahne mit den Eigelben, dem Zucker und dem Grieß verrühren. Die Eiweiße zu steifem Schnee schlagen und mit den heiß gewaschenen Rosinen unter die Sahnemischung ziehen. Die Masse auf dem Hefeteig verteilen. Den Rahm-Hancklich auf der mittleren Schiene in 35–40 Minuten goldgelb backen.

Großmutters Backgeheimnisse

Mehlspeisen anno dazumal

Gedrehte Rohrnudeln

Zutaten für 1 Springform von 26 cm ⌀ :
500 g Mehl, 30 g Hefe
50 g Zucker
¼ l lauwarme Milch
40 g Butter, 2 Eier
1 Teel. Salz
abgeriebene Schale von ½ Zitrone ⋄
6 Eßl. flüssige Butter
8 Eßl. Farinzucker
75 g Rosinen ⋄
150 g Butter, 2 Eßl. Zucker

Bei 20 Stücken pro Stück etwa 1090 Joule/260 Kalorien

Das Mehl in eine Schüssel sieben und eine Mulde hineindrücken. Die zerbröckelte Hefe darin mit wenig Zucker, der Milch und etwas Mehl verrühren. 15 Minuten gehen lassen. Die Butter zerlassen und mit dem restlichen Zucker, den Eiern, dem Salz, der Zitronenschale, dem Vorteig und dem gesamten Mehl verkneten; 30 Minuten gehen lassen. Den Teig in 50-g-Stücke teilen, 8 × 20 cm große Streifen ausrollen, mit der flüssigen Butter bestreichen, dem Farinzucker und den heiß gewaschenen Rosinen bestreuen, längs zusammenklappen und von der Schmalseite her aufrollen. Die Butter zerlassen, 4 Eßlöffel in eine Springform gießen und die Rohrnudeln hineinsetzen; 15 Minuten gehen lassen. Den Backofen auf 190° vorheizen. Die Nudeln mit der restlichen Butter beträufeln, mit dem Zucker bestreuen und auf der zweiten Schiene von unten 25–30 Minuten backen.

Buchteln

Buchteln werden aus dem gleichen Teig bereitet; Rosinen und Farinzucker bleiben weg. 50 g schwere Teigkugeln wie oben beschrieben backen und warm mit Vanille- oder Weinschaumsauce servieren.

Mehlspeisen anno dazumal

Großmutters Backgeheimnisse

Buttermilchwaffeln

Zutaten für etwa 12 Waffeln:
125 g weiche Butter
50 g Zucker
2 Eßl. Vanillinzucker
1 Prise Salz
4 Eier
250 g Mehl
1 Teel. Backpulver
⅛–¼ l Buttermilch
Für das Waffeleisen: Öl

Pro Stück etwa 925 Joule/ 220 Kalorien

Die Butter mit dem Zucker, dem Vanillinzucker, dem Salz und den Eiern gut schaumig rühren. Das Mehl mit dem Backpulver sieben und nach und nach löffelweise abwechselnd mit der Buttermilch unter den Teig rühren. So viel von der Buttermilch zugeben, daß ein dünnflüssiger Teig entsteht. Das Waffeleisen mit Öl auspinseln und erhitzen. Jeweils 1 kleinen Schöpflöffel Teig in das heiße Waffeleisen geben und die Waffeln 4–6 Minuten backen, bis sie goldbraun sind.

Unser Tip
Die Waffeln schmecken am besten frisch aus dem Waffeleisen mit wenig Puderzucker besiebt. Für die Kaffeetafel können Sie die etwas abgekühlten Waffeln aber auch mit jeweils 1 Tupfen eiskalter Schlagsahne mit dem Spritzbeutel garnieren.

Hefewaffeln

Zutaten für etwa 20 Waffeln:
375 g Mehl, 25 g Hefe
50 g Zucker
¼–⅜ l lauwarme Milch
4 Eier, 125 g Butter
1 Prise Salz
abgeriebene Schale von
  ½ Zitrone ◊
⅜ l Sahne, 3 Eßl. Zucker
50 g Puderzucker
Für das Waffeleisen: Öl

Pro gefüllte Waffel etwa 2080 Joule/495 Kalorien

Das Mehl in eine Schüssel sieben und in die Mitte eine Vertiefung drücken. Die Hefe hineinbröckeln und mit 1 Teelöffel Zucker, ⅛ l Milch und etwas Mehl verrühren. Den Vorteig zugedeckt 15 Minuten gehen lassen. Den restlichen Zucker, die restliche Milch, die Eier, die geschmolzene Butter, das Salz und die Zitronenschale zum Vorteig geben und alles mit dem gesamten Mehl zu einem lockeren Teig schlagen; nochmals 25 Minuten gehen lassen. Das Waffeleisen anheizen und die Innenflächen mit Öl bestreichen. Für jede Waffel 3 Eßlöffel Teig auf das Waffeleisen streichen und goldbraun backen. Das dauert je nach Temperatur des Waffeleisens 5–7 Minuten. Die Waffeln in 3 Stücke teilen und auf einem Kuchengitter abkühlen lassen. Die Sahne mit dem Zucker steif schlagen und in einen Spritzbeutel mit Sterntülle füllen. Die Hälfte der Waffeln mit der Schlagsahne besprritzen und die restlichen Waffeln daraufsetzen. Die gefüllten Waffeln mit dem Puderzucker besieben.

Großmutters Backgeheimnisse

Mehlspeisen anno dazumal

Mürbe Brezen

Zutaten für etwa 30 Brezen:
300 g tiefgefrorener Blätterteig ◊
300 g Mehl, 1 Eigelb
100 g Zucker, 200 g Butter ◊
1 Eigelb
½ Tasse Aprikosenmarmelade

Pro Stück etwa 650 Joule/ 155 Kalorien

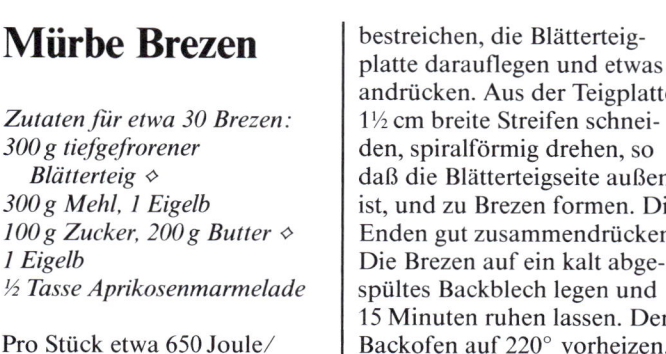

Den Blätterteig bei Raumtemperatur in 30–60 Minuten auftauen lassen. Das Mehl mit dem Eigelb, dem Zucker und der Butter verkneten. Den Mürbeteig in Pergamentpapier gewickelt 2 Stunden im Kühlschrank ruhen lassen. Den Blätterteig und den Mürbeteig zu Platten von jeweils 50 × 35 cm ausrollen. Die Mürbeteigplatte mit dem Eigelb bestreichen, die Blätterteigplatte darauflegen und etwas andrücken. Aus der Teigplatte 1½ cm breite Streifen schneiden, spiralförmig drehen, so daß die Blätterteigseite außen ist, und zu Brezen formen. Die Enden gut zusammendrücken. Die Brezen auf ein kalt abgespültes Backblech legen und 15 Minuten ruhen lassen. Den Backofen auf 220° vorheizen. Die Brezen auf der mittleren Schiene 15 Minuten backen. Die Marmelade leicht erhitzen und die noch warmen Brezen damit bestreichen.

> **Unser Tip**
> Die Brezen eignen sich zum Einfrieren, nur dürfen sie dann vorher nicht glasiert werden.

Sahne-Omelettes

Zutaten für 12 Omelettes:
4 Eiweiße, 80 g Zucker
5 Eigelbe
40 g Speisestärke
50 g Mehl, 1 Prise Salz
40 g geschmolzene lauwarme Butter ◊
⅜ l Sahne
500 g beliebiges Beerenobst
50 g Puderzucker
Für das Backblech: Pergamentpapier

Pro Stück etwa 1010 Joule/ 240 Kalorien

Ein bis zwei Backbleche mit Pergamentpapier auslegen. Mit einem Bleistift 12 Kreise von 13 cm ⌀ daraufzeichnen. Den Backofen auf 220° vorheizen. Die Eiweiße mit der Hälfte des Zuckers steif schlagen. Die Eigelbe mit dem restlichen Zucker schaumig rühren. Die Stärke mit dem Mehl sieben und mit dem Salz und der Butter unter die Eigelbmasse heben. Zuletzt den Eischnee unterziehen. Den Biskuitteig in einen Spritzbeutel füllen und die Kreise damit bespritzen. Die Oberfläche glattstreichen und die Omelettes auf der mittleren Schiene 10 Minuten backen.
Die fertigen Omelettes auf ein Tuch oder Backbrett stürzen, das Pergamentpapier mit kaltem Wasser befeuchten und abziehen. Die Omelettes zusammenklappen und auskühlen lassen. Die Sahne steif schlagen, die Omelettes damit füllen und mit einigen Früchten belegen. Die Omelettes wieder zusammenklappen und gleichmäßig mit dem Puderzucker besieben.

Die besten Mittwochs-Kuchen

Großmutters Backgeheimnisse

Schlesischer Streuselkuchen

Zutaten für 1 Backblech:
450 g Mehl, 30 g Hefe
¼ l lauwarme Milch
50 g Butter, 50 g Zucker
1 Ei, 1 Prise Salz ⋄
200 g weiche Butter
200 g Zucker
3 Eier, 1 kg Quark
40 g Speisestärke
1 Prise Salz
abgeriebene Schale von
  1 Zitrone ⋄
350 g Mehl, 200 g Zucker
je 1 Messerspitze Salz und
  gemahlener Zimt
200 g Butter
Für das Backblech: Butter

Bei 30 Stücken pro Stück etwa 1260 Joule/300 Kalorien

Ein Backblech mit Fett bestreichen. Das Mehl in eine Schüssel sieben und eine Mulde hineindrücken. Die Hefe hineinbröckeln und mit der Milch und etwas Mehl zu einem Vorteig verrühren. Zugedeckt 15 Minuten gehen lassen. Die Butter zerlassen, mit dem Zucker, dem Ei und dem Salz zum Vorteig geben und alles mit dem gesamten Mehl zu einem festen Teig schlagen. Den Teig nochmals 30 Minuten gehen lassen.
Die Butter mit dem Zucker schaumig rühren. Die Eier, den Quark, die Speisestärke, das Salz und die Zitronenschale zugeben und alles gut verrühren. Den Hefeteig in Größe des Backblechs ausrollen, auf das Blech legen und die Quarkfüllung daraufstreichen. Das Mehl mit dem Zucker, dem Salz und dem Zimt mischen. Die Butter zerlassen und unter ständigem Rühren tropfenweise zugeben. Den Teig mit den Händen zu Streuseln reiben und auf die Quarkfüllung streuen. Den Kuchen nochmals 15 Minuten gehen lassen. Den Backofen auf 210° vorheizen. Den Streuselkuchen in 20–25 Minuten auf der zweiten Schiene von unten goldgelb backen.

Großmutters Backgeheimnisse

Die besten Mittwochs-Kuchen

Ländlicher Butterkuchen

Zutaten für 2 Backbleche:
1 kg Mehl, 80 g Hefe
knapp ½ l lauwarme Milch
400 g Zucker, 450 g Butter
1 Prise Salz, 2 Eier
1–2 Eßl. gemahlener Zimt ⋄
2 Eßl. Zucker, ½ Tasse Wasser
Für die Backbleche: Butter

Bei 60 Stücken pro Stück etwa 670 Joule/160 Kalorien

Zwei Backbleche mit Fett bestreichen. Das Mehl in eine Schüssel sieben und eine Mulde hineindrücken. Die Hefe hineinbröckeln und mit etwas Milch, etwas Zucker und ein wenig Mehl zu einem Vorteig verrühren. Zugedeckt 15 Minuten gehen lassen. 200 g Butter schmelzen lassen, die restliche Butter in den Kühlschrank stellen. 125 g Zucker, das Salz, die Eier, die geschmolzene Butter und die restliche Milch zum Vorteig geben und alles mit dem gesamten Mehl zu einem Hefeteig schlagen. Den Hefeteig 30 Minuten gehen lassen. Den restlichen Zucker mit dem Zimt mischen. Den Hefeteig 1 cm dick ausrollen, auf die Backbleche legen und nochmals 15 Minuten gehen lassen. Den Backofen auf 190° vorheizen.
In den Teig kleine Mulden drücken und die kalte Butter in Flöckchen hineinsetzen. Die Butter dick mit Zimt-Zucker bestreuen. Die Kuchen auf der mittleren Schiene 25 Minuten backen. Den Zucker in dem Wasser auflösen und die heißen Kuchen damit besprengen; erkalten lassen und in Streifen schneiden.

Bienenstich

Zutaten für 1 Backblech:
500 g Mehl
30 g Hefe, 50 g Zucker
¼ l lauwarme Milch
2 Eier, 50 g Butter
1 Prise Salz
5 Eßl. Honig, 100 g Butter
125 g Zucker
200 g feine Mandelstifte ⋄
1 Päckchen Vanille-
* Puddingpulver*
½ l Milch, 2 Eßl. Zucker
100 g weiche Butter
3 Eßl. Puderzucker
Für das Backblech: Butter

Bei 30 Stücken pro Stück etwa 945 Joule/225 Kalorien

Ein Backblech einfetten. Aus den Zutaten von Mehl bis Salz nach dem Grundrezept auf Seite 10 einen Hefeteig bereiten und diesen 30 Minuten gehen lassen. Den Backofen auf 200° vorheizen.
Den Honig mit der Butter und dem Zucker bei schwacher Hitze schmelzen lassen, die Mandeln zufügen, kurz aufkochen und abkühlen lassen. Den Hefeteig auf einer bemehlten Fläche ausrollen, auf das Backblech legen und mit der Honigmischung bestreichen. Den Kuchen auf der mittleren Schiene 30 Minuten backen. Aus dem Puddingpulver, der Milch und dem Zucker einen Pudding bereiten und abkühlen lassen. Die Butter schaumig rühren, löffelweise den kalten Pudding und den Puderzucker unterrühren.
Den erkalteten Kuchen in 30 Stücke schneiden, diese waagrecht halbieren, mit der Creme füllen und wieder zusammensetzen.

Die besten Mittwochs-Kuchen

Großmutters Backgeheimnisse

Kleckerkuchen

Zutaten für 1 Backblech:
500 g Mehl, 40 g Hefe
80 g Zucker
¼ l lauwarme Milch
80 g Butter, 1 Ei, 1 Prise Salz ⋄
¼ l Milch, 20 g Butter
30 g Grieß
100 g gemahlener Mohn
50 g Zucker, 1 Ei
1 Eßl. Rum, ¼ Teel. Zimt ⋄
250 g Quark, 4 Eßl. Milch
1 Eigelb, 80 g Zucker
1 Päckchen Vanillinzucker
1 Eiweiß ⋄
250 g Kirschmarmelade
1 Eßl. Rum ⋄
175 g Mehl, 100 g Zucker
½ Päckchen Vanillinzucker
100 g zerlassene Butter
Für das Backblech: Butter

Bei 30 Stücken pro Stück etwa
670 Joule/160 Kalorien

Aus den Zutaten von Mehl bis Salz wie für Eierschecke beschrieben einen Hefeteig bereiten und auf das gefettete Backblech legen. Milch, Butter und Grieß aufkochen und 5 Minuten quellen lassen, dann mit dem Mohn, dem Zucker, dem Ei, dem Rum und dem Zimt verrühren. Den Quark mit der Milch, dem Eigelb, dem Zucker und dem Vanillinzucker mischen. Das Eiweiß steif schlagen und unterheben. Die Marmelade mit dem Rum verrühren. Das Mehl mit Zucker, dem Vanillinzucker und der Butter mischen, zu Streuseln zerreiben. Kleckse von der Mohnmasse, dem Quark und der Marmelade auf dem Hefeteig verteilen. Die Streusel darübergeben. 15 Minuten gehen lassen. Den Backofen auf 200° vorheizen. 30 Minuten backen.

Dresdner Eierschecke

Zutaten für 1 Backblech:
500 g Mehl, 40 g Hefe
80 g Zucker
¼ l lauwarme Milch
80 g Butter, 1 Ei
1 Prise Salz ⋄ *500 g Quark*
125 g Zucker, 1 Ei
abgeriebene Schale von
*   1 Zitrone*
50 g Rosinen ⋄ *150 g Butter*
150 g Zucker, 1 Eßl. Mehl
4 Eier ⋄
100 g Mandelblättchen
Für das Backblech: Butter

Bei 30 Stücken pro Stück etwa
1010 Joule/240 Kalorien

Ein Backblech leicht ausfetten. Das Mehl in eine Schüssel sieben, eine Mulde hineindrücken, die Hefe hineinbröckeln und mit etwas Zucker, etwas Mehl und der Milch zu einem Vorteig verrühren. Zugedeckt 15 Minuten gehen lassen. Den restlichen Zucker, die geschmolzene Butter, das Ei und das Salz mit dem Vorteig und dem gesamten Mehl verkneten. Den Teig 45 Minuten gehen lassen. Den Backofen auf 220° vorheizen. Den Quark mit dem Zucker, dem Ei und der Zitronenschale schaumig rühren. Den Hefeteig ausrollen, das Backblech damit belegen. Den Quark auf den Teig streichen und die heiß gewaschenen Rosinen daraufstreuen. Die Butter mit dem Zucker schaumig rühren, das Mehl und die Eier untermischen und die Masse auf den Quark streichen. Die Mandelblättchen darüberstreuen. Den Kuchen auf der zweiten Schiene von unten 25–30 Minuten backen.

Großmutters Backgeheimnisse

Die besten Mittwochs-Kuchen

Augsburger Zwetschgendatschi

Zutaten für 1 Backblech:
500 g Mehl, 30 g Hefe
⅛–¼ l lauwarme Milch
80 g Butter, 2 Eier
50 g Zucker
½ Teel. Salz ◊
1½ kg Zwetschgen
50 g Hagelzucker
½ Teel. gemahlener Zimt
Für das Backblech: Butter

Bei 24 Stücken pro Stück etwa 695 Joule/165 Kalorien

Ein Backblech ausfetten. Das Mehl in eine Schüssel sieben, eine Mulde hineindrücken, die Hefe hineinbröckeln und mit der Milch und wenig Mehl zu einem Vorteig verrühren. Zugedeckt 15 Minuten gehen lassen. Die Butter zerlassen, aber nicht erhitzen, mit den Eiern, dem Zucker und dem Salz zum Vorteig geben und mit dem gesamten Mehl zu einem trockenen Teig schlagen. Den Teig 30 Minuten gehen lassen.
Die Zwetschgen waschen, entsteinen und zweimal längs einschneiden. Den Hefeteig in Größe des Backblechs ausrollen, auf das Blech legen und mehrmals mit der Gabel einstechen. Die Zwetschgen nebeneinander in dichten Reihen auf den Hefeteig legen – jede Reihe muß die vorhergehende halb bedecken – und den Kuchen 15 Minuten gehen lassen. Den Backofen auf 200° vorheizen. Den Kuchen auf der mittleren Schiene 20–30 Minuten backen und noch warm mit dem Hagelzucker und dem Zimt bestreuen.

Apfelkuchen mit Streuseln

Zutaten für 1 Backblech:
250 g Mehl
15 g Hefe
25 g Zucker
⅛ l lauwarme Milch
30 g Butter
1 Ei, 1 Prise Salz ◊
1 kg Äpfel ◊
350 g Mehl, 200 g Zucker
1 Päckchen Vanillinzucker
200 g Butter
100 g Korinthen
Für das Backblech: Butter

Bei 24 Stücken pro Stück etwa 1 050 Joule/250 Kalorien

Ein Backblech leicht einfetten. Das Mehl in eine Schüssel sieben, eine Mulde hineindrücken, die Hefe hineinbröckeln und mit etwas Zucker, wenig Mehl und der Milch zu einem Vorteig verrühren. Zugedeckt 15 Minuten gehen lassen.
Den restlichen Zucker, die geschmolzene Butter, das Ei und das Salz mit dem Vorteig und dem gesamten Mehl verkneten. Den Teig 30 Minuten gehen lassen.
Die Äpfel schälen, vierteln und in Spalten schneiden. Den Teig ausrollen und das Backblech damit belegen. Die Apfelspalten dicht auf den Hefeteig legen. Den Backofen auf 210° vorheizen. Das Mehl mit dem Zucker, dem Vanillinzucker und der geschmolzenen Butter zu Streuseln zerreiben und auf den Äpfeln verteilen. Die Korinthen heiß waschen, mit Küchenkrepp trockentupfen und über die Streusel streuen.
Den Kuchen auf der mittleren Schiene 30 Minuten backen.

Die besten Mittwochs-Kuchen

Großmutters Backgeheimnisse

Köstlicher Käsekuchen

Zutaten für 1 Springform von 26 cm ⌀:
250 g Mehl
125 g Butter
1 Messerspitze Salz
30 g Zucker
1 Eigelb
2 Eßl. Wasser ⋄
1 Vanilleschote
750 g Quark (20%)
4 Eßl. Öl, 300 g Zucker
3 Eigelbe
40 g Speisestärke
3 Eiweiße

Bei 12 Stücken pro Stück etwa 1720 Joule/410 Kalorien

Das Mehl auf ein Backbrett sieben und rasch mit der Butter, dem Salz, dem Zucker, dem Eigelb und dem Wasser verkneten. Den Mürbeteig in Alufolie gewickelt 1 Stunde im Kühlschrank ruhen lassen. Den Backofen auf 180° vorheizen. Die Vanilleschote mit einem spitzen Messer der Länge nach aufschlitzen und das Mark herauskratzen. Den Quark mit dem Öl, dem Zucker, den Eigelben, der Speisestärke und dem Vanillemark schaumig rühren. Die Eiweiße steif schlagen und unterheben. Den Mürbeteig ausrollen, Boden und Rand einer Springform damit auslegen und die Quarkcreme auf den Boden streichen.
Den Kuchen auf der zweiten Schiene von unten 50–60 Minuten backen. Die Backofentür darf erst während der letzten 10 Backminuten geöffnet werden. Den garen Kuchen im geöffneten, abgeschalteten Backofen erkalten lassen.

Kuchen mit Frischkäse

Zutaten für 1 Springform von 26 cm ⌀:
12 Scheiben Zwieback
50 g weiche Butter
3 Eßl. Zucker ⋄
6 Eier
600 g Doppelrahm-Frischkäse
150 g Zucker
0,2 l saure Sahne
1½ Teel. abgeriebene Zitronenschale
1½ Eßl. Zitronensaft
4 Eßl. Speisestärke
1 Teel. Backpulver
Für die Form: Butter

Bei 12 Stücken pro Stück etwa 1405 Joule/335 Kalorien

Eine Springform ausfetten. Den Backofen auf 150° vorheizen. Die Zwiebackscheiben zu Bröseln zerdrücken. Die Zwiebackbrösel mit der Butter und dem Zucker verkneten und glatt als Boden in die Springform drücken. Die Eier in Eigelbe und Eiweiße trennen und die Eiweiße zu steifem Schnee schlagen. Den Frischkäse mit den Eigelben, dem Zucker, der sauren Sahne, der Zitronenschale, dem Zitronensaft, der Speisestärke und dem Backpulver verrühren. Den Eischnee unterheben. Die Käsemasse auf den Zwiebackboden streichen und den Kuchen auf der zweiten Schiene von unten 1½ Stunden backen. Der Kuchen ist fertig, wenn die Mitte fest, aber noch elastisch ist. Den Rand des Kuchens sofort nach dem Backen mit einem spitzen Messer von der Springform lösen.

Großmutters Backgeheimnisse

Die besten Mittwochs-Kuchen

Klassischer Sandkuchen

Zutaten für 1 Kastenform von 30 cm Länge:
½ Vanilleschote
5 Eier
250 g Zucker
abgeriebene Schale von ½ Zitrone
1 Prise Salz
125 g Mehl
125 g Speisestärke
170 g Butter ◊
3 Eßl. Puderzucker
Für die Form: Butter und Mehl

Bei 15 Stücken pro Stück etwa 1090 Joule/260 Kalorien

Eine Kastenkuchenform gut einfetten und mit Mehl ausstreuen. Den Backofen auf 190° vorheizen.
Die Vanilleschote längs aufschlitzen, das Mark herausschaben und mit den Eiern, dem Zucker, der Zitronenschale und dem Salz im Wasserbad lauwarm schlagen. Die Eiermasse aus dem Wasserbad nehmen und wieder kaltrühren. Das Mehl mit der Speisestärke sieben und unterziehen. Die Butter schmelzen lassen und warm, aber nicht heiß unter den Teig ziehen. Den Teig in die Kastenform füllen, glattstreichen und auf der zweiten Schiene von unten 40–45 Minuten backen.
Nach 40 Minuten die Stäbchenprobe machen (→ Seite 226). Eventuell den Kuchen noch einige Minuten nachbakken. Den Kuchen auf einem Kuchengitter erkalten lassen, dann gleichmäßig mit dem Puderzucker besieben.

Brauner Kirschkuchen

Zutaten für 1 Springform von 26 cm ⌀ :
200 g Butter
250 g Zucker
6 Eigelbe, 1 Prise Salz
abgeriebene Schale von 1 Zitrone
½ Teel. gemahlener Zimt
100 g gemahlene Haselnüsse
100 g gemahlene Mandeln
150 g Mehl, 1 Teel. Backpulver
6 Eiweiße
200 g Schokoladenpulver ◊
300 g Herzkirschen (entsteint gewogen) ◊
je 2 Eßl. Puderzucker und Kakaopulver
Für die Form: Butter und Semmelbrösel

Bei 16 Stücken pro Stück etwa 1745 Joule/415 Kalorien

Eine Springform ausfetten und mit Semmelbröseln ausstreuen. Den Backofen auf 200° vorheizen. Die Butter mit dem Zucker schaumig rühren, nach und nach die Eigelbe, das Salz, die Zitronenschale, den Zimt, die Nüsse und das mit dem Backpulver gesiebte Mehl unterrühren. Die Eiweiße zu steifem Schnee schlagen und unter den Teig heben. Zuletzt das Schokoladenpulver untermischen. Den Teig in die Springform füllen und die Kirschen darauf verteilen. Den Kuchen auf der zweiten Schiene von unten 1 Stunde–1 Stunde und 10 Minuten backen. Den Kuchen auf einem Kuchengitter abkühlen lassen, dann mit Puderzucker besieben. Eine Tortenspitze als Schablone über den Kuchen legen. Das Kakaopulver darübersieben und die Tortenspitze abheben.

Für das Kaffeekränzchen

Großmutters Backgeheimnisse

Orange-Almond-Cookies

Orangen-Mandel-Plätzchen

Zutaten für etwa 80 Stück:
250 g Butter
250 g Farinzucker
2 Eier
325 g Mehl
1 Teel. Backpulver
½ Teel. Salz
abgeriebene Schale von
  1 großen Orange
75 g abgezogene gehackte
  Mandeln

Pro Stück etwa 250 Joule/ 60 Kalorien

Die Butter mit dem Zucker schaumig rühren und nacheinander die Eier untermischen. Das Mehl mit dem Backpulver sieben und löffelweise mit dem Salz unter den Teig mengen. Zuletzt die Orangenschale und die Mandeln unterkneten. Den Teig zu einer etwa 6 cm dicken Rolle formen, in Alufolie einwickeln und 24 Stunden im Kühlschrank ruhen lassen. Den Backofen auf 200° vorheizen. Von der Teigrolle dünne Scheiben abschneiden, mit genügend Abstand auf ein Backblech legen und auf der mittleren Schiene 8–10 Minuten backen.

Unser Tip
Diese leckeren Plätzchen können Sie statt mit gehackten Mandeln auch gut mit Kokosraspeln backen; am besten dann mit frisch geraspelter Kokosnuß.

Makronenschnitten

Zutaten für 20 Schnitten:
4 Eiweiße, 250 g Zucker
250 g Mandelblättchen
¼ Teel. gemahlener Zimt
abgeriebene Schale von
1 Zitrone ◊
4 Oblaten im Format
  19 × 11½ cm ◊
50 g Schokoladen-Fettglasur

Pro Stück etwa 630 Joule/ 150 Kalorien

Den Backofen auf 150° vorheizen. Die Eiweiße halbsteif schlagen, den Zucker einrieseln lassen und kurz unter den Eischnee schlagen. Die Mandelblättchen, den Zimt und die Zitronenschale unterziehen. Die Eiweiß-Mandel-Masse in einem großen, flachen Topf bei mittlerer Hitze unter ständigem Rühren erhitzen. Die noch heiße Masse auf die vier Oblaten verteilen und glattstreichen. Die Oblaten in je 5 Schnitten schneiden. Die Schnitten auf ein Backblech legen und auf der mittleren Schiene 15–20 Minuten backen. Die Schokoladen-Fettglasur im Wasserbad schmelzen lassen und die kalten Makronenschnitten an beiden Enden eintauchen. Auf einem Kuchengitter trocknen lassen.

Unser Tip
Wenn Sie die Makronenschnitten über eine leere Flasche legen und auf dieser backen, erhalten Sie wunderschöne »Mandelbögen«.

Großmutters Backgeheimnisse

Für das Kaffeekränzchen

Gefüllte Schuhsohlen

Zutaten für 16 Stück:
300 g tiefgefrorener Blätterteig ◇
2–3 Eßl. Zucker
100 g Hagelzucker ◇
¼ l Sahne
1 Päckchen Vanillinzucker

Pro Stück etwa 715 Joule/ 170 Kalorien

Den Blätterteig bei Raumtemperatur in 30–60 Minuten auftauen lassen, zu einer 1 cm dikken Platte ausrollen und 16 Kreise von 6 cm ⌀ ausstechen. Die Arbeitsfläche mit Zucker bestreuen und darauf die Plätzchen zu etwa 12 cm langen »Schuhsohlen« ausrollen. Die Plätzchen dabei einmal wenden und eine Seite in den Hagelzucker drücken. Ein Backblech mit kaltem Wasser abspülen, die Schuhsohlen mit der unbestreuten Seite darauflegen und 15 Minuten ruhen lassen. Den Backofen auf 180° vorheizen. Die Schuhsohlen auf der mittleren Schiene 10 Minuten backen. Die Sahne mit dem Vanillinzucker steif schlagen. Jeweils eine kalte Schuhsohle auf der unbestreuten Seite mit Schlagsahne bestreichen und eine zweite Schuhsohle daraufsetzen.

> **Unser Tip**
> Die »Schuhsohlen« schmecken auch als trockenes Gebäck ohne Sahnefüllung gut, vor allem zum Tee.

Zitronenringe

Zutaten für etwa 60 Ringe:
150 g Mehl
1 Teel. Backpulver
100 g feines Maismehl
100 g Butter
100 g Zucker
2 Eigelbe
abgeriebene Schale von 2 Zitronen ◇
150 g Puderzucker
1–2 Eßl. Zitronensaft
50 g gehackte Pistazien
Für das Backblech: Butter

Pro Stück etwa 210 Joule/ 50 Kalorien

Ein bis zwei Backbleche ausfetten. Das Mehl mit dem Backpulver in eine Schüssel sieben und mit dem Maismehl mischen. Die Butter zerlassen, mit dem Zucker, den Eigelben und der Zitronenschale verrühren und mit dem Mehl zu einem glatten Mürbeteig verkneten. Den Teig zugedeckt 45 Minuten im Kühlschrank ruhen lassen. Den Backofen auf 200° vorheizen.
Den Teig auf einer bemehlten Arbeitsfläche 2 mm dick ausrollen. Mit einem Ausstecher Ringe von 7½ cm ⌀ ausstechen. Die Ringe auf das Backblech legen und auf der mittleren Schiene in 15 Minuten goldgelb backen.
Die Zitronenringe einige Minuten auf dem Blech abkühlen lassen, dann mit einem Spatel oder breiten Messer auf ein Kuchengitter legen. Den gesiebten Puderzucker mit dem Zitronensaft verrühren und die Ringe damit bestreichen. Auf die noch weiche Glasur die Pistazien streuen. Auf einem Kuchengitter trocknen lassen.

Für das Kaffeekränzchen

Großmutters Backgeheimnisse

Florentiner

Zutaten für etwa
42 Florentiner:
200 g Butter
2 Eßl. Honig
175 g Zucker
1/16 l Sahne
je 50 g feingehacktes Zitronat
und Orangeat
125 g Mandelblättchen
100 g Mehl
21 Belegkirschen ◇
200 g zartbittere Schokolade
Für das Backblech: Alufolie,
Mehl, 6–12 Ringe zum
Braten von Spiegeleiern

Pro Stück etwa 420 Joule/
100 Kalorien

Die Butter, den Honig, den Zucker und die Sahne bei schwacher Hitze unter ständigem Rühren zum Kochen bringen. Das Zitronat, das Orangeat und die Mandelblättchen einrühren, 2 Minuten kochen lassen, vom Herd nehmen, das Mehl untermischen und die Masse abkühlen lassen. Den Backofen auf 200° vorheizen. Das Backblech mit Alufolie auslegen und mit Mehl bestäuben. Die Spiegeleierringe auf das Backblech legen. In jeden Ring etwa 1 Teelöffel der Mandelmasse setzen. In die Mitte jeweils ½ Belegkirsche geben, und die Plätzchen auf der mittleren Schiene 8–10 Minuten backen. Die garen Florentiner auf einem Kuchengitter kalt werden lassen. Die Schokolade im Wasserbad schmelzen lassen und die abgekühlten Florentiner auf der Unterseite dick mit der geschmolzenen Schokolade bestreichen. Auf einem Kuchengitter gut trocknen lassen.

Mandeltörtchen der Madame

Zutaten für
8 Tortelettförmchen:
300 g tiefgefrorener
Blätterteig ◇
125 g abgezogene gemahlene
Mandeln
120 g Zucker
1 Ei
4 Eßl. Milch
2 Eßl. Rum
abgeriebene Schale von
1 Zitrone
12 abgezogene Mandeln

Pro Stück etwa 1510 Joule/
360 Kalorien

Den Blätterteig in 30–60 Minuten auftauen lassen. Die Blätterteigscheiben auf einer bemehlten Arbeitsfläche aufeinanderlegen und 3 mm dick ausrollen. 8 Tortelettförmchen mit kaltem Wasser ausspülen. Für jedes Förmchen 1 runde Teigscheibe ausschneiden und die Förmchen damit auslegen. Die Teigböden mit der Gabel mehrmals einstechen und den Blätterteig 15 Minuten ruhen lassen. Den Backofen auf 220° vorheizen.
Die Mandeln mit dem Zucker, dem Ei, der Milch, dem Rum und der Zitronenschale verrühren, die Blätterteigböden damit füllen, die Oberfläche glattstreichen und mit je 3 Mandelhälften belegen. Die Törtchen auf der zweiten Schiene von unten in 25 Minuten goldgelb backen.
Die Törtchen einige Minuten in den Förmchen abkühlen lassen, dann vorsichtig herauslösen und auf einem Kuchengitter völlig erkalten lassen.

Großmutters Backgeheimnisse

Für das Kaffeekränzchen

Gefüllte Schnecken

Zutaten für etwa 14 Schnecken:
500 g Mehl
30 g Hefe
¼ l lauwarme Milch
100 g Zucker, 125 g Butter
1 Prise Salz
1 Messerspitze Piment
je 50 g Sultaninen und
  Korinthen
50 g gewürfeltes Zitronat
50 g Mandelblättchen
Für das Backblech: Butter

Pro Stück etwa 1260 Joule/ 300 Kalorien

Ein Backblech ausfetten. Das Mehl in eine Schüssel sieben, eine Mulde hineindrücken, die Hefe hineinbröckeln, mit etwas Milch, Zucker und etwas Mehl verrühren und zugedeckt 15 Minuten gehen lassen.
80 g Butter zerlassen, mit 50 g Zucker, der restlichen Milch, dem Salz, dem Piment, dem Vorteig und dem gesamten Mehl zu einem Hefeteig verarbeiten und 40 Minuten gehen lassen. Die heiß gewaschenen Sultaninen und Korinthen mit dem Zitronat und den Mandelblättchen mischen.
Den Hefeteig zu einem Quadrat ausrollen, mit der restlichen zerlassenen Butter bestreichen und mit der Füllung belegen. Den Teig aufrollen, in etwa 3 cm dicke Scheiben abschneiden. Die Schnecken auf ein Backblech legen, mit dem restlichen Zucker bestreuen und 10 Minuten gehen lassen. Den Backofen auf 220° vorheizen. Die Schnecken auf der mittleren Schiene in etwa 25 Minuten goldgelb backen.

Dänische Hörnchen

Zutaten für etwa 20 Hörnchen:
450 g Mehl, 30 g Hefe
¼ l lauwarme Milch
50 g Butter, 1 Eigelb
½ Teel. Salz ◊
150 g Butter, 50 g Mehl ◊
100 g Marzipan-Rohmasse
2 Eßl. gemahlene Haselnüsse
1 Eßl. Arrak
1 Eßl. Puderzucker
1 Eiweiß ◊
2 Eigelbe ◊
2 Eßl. Puderzucker
1 Eßl. Zitronensaft

Pro Stück etwa 1010 Joule/ 240 Kalorien

Aus den Zutaten von Mehl bis Salz nach dem Grundrezept auf Seite 10 einen Hefeteig bereiten und 30 Minuten gehen lassen. Den Hefeteig mit der Butter und dem Mehl nach dem Grundrezept für Plunderteig Seite 15 verarbeiten.
Die Marzipan-Rohmasse mit den Haselnüssen, dem Arrak, dem Puderzucker und dem Eiweiß verrühren. Den Backofen auf 220° vorheizen.
Den Plunderteig zu 5 Platten von 40 × 25 cm ausrollen und langgezogene Dreiecke von 10 × 25 × 25 cm ausschneiden. Die Füllung auf den Teig verteilen und die Dreiecke von der schmalen Seite zur Spitze hin locker aufrollen. Die Hörnchen auf ein Backblech legen, mit verquirltem Eigelb bestreichen und 12–15 Minuten auf der zweiten Schiene von unten backen. Den gesiebten Puderzucker mit dem Zitronensaft verrühren und die noch warmen Hörnchen damit bestreichen.

Für das Kaffeekränzchen

Großmutters Backgeheimnisse

Haselnußbeutel

Zutaten für 10 Stück:
300 g tiefgefrorener Blätterteig ◊
100 g geröstete gemahlene Haselnüsse
30 g Zucker
1 Messerspitze gemahlener Zimt
1 Eßl. Honig, 2 Eßl. Eiweiß ◊
2 Eigelbe ◊
100 g Puderzucker
1–2 Eßl. heißes Wasser

Pro Stück etwa 1090 Joule/ 260 Kalorien

Den tiefgefrorenen Blätterteig in 30–60 Minuten auftauen lassen.
Die Blätterteigscheiben auf einer bemehlten Fläche zu 5 Platten von 12 × 24 cm ausrollen. Aus jeder Platte 2 Quadrate von 10 cm ausschneiden. Die Nüsse mit dem Zucker, dem Zimt, dem Honig und dem Eiweiß verrühren. Jeweils 1 Löffel der Füllung auf die Quadrate geben. Die Teigränder mit verquirltem Eigelb bestreichen, übereinanderschlagen und gut zusammendrükken. Aus den übrigen Teigstreifen kleine Plätzchen ausstechen, ebenfalls mit Eigelb bestreichen und auf das Gebäck setzen. Ein Backblech mit kaltem Wasser abspülen, die Haselnußbeutel darauflegen, mit verquirltem Eigelb bestreichen und 15 Minuten ruhen lassen. Den Backofen auf 230° vorheizen. Die Haselnußbeutel auf der zweiten Schiene von unten 15–20 Minuten backen. Das Gebäck auf einem Kuchengitter abkühlen lassen. Dann mit der Puderzuckerglasur überziehen.

Mandel-Kirsch-Blätterteig

Zutaten für 9 Stück:
300 g tiefgefrorener Blätterteig ◊
100 g Marzipan-Rohmasse
1 Eiweiß
1 Schnapsglas Kirschwasser (2 cl)
50 g Zucker
3 Eßl. gemahlene Mandeln
50 g gehackte kandierte Kirschen ◊
1 Eigelb ◊
2–3 Eßl. Puderzucker
1 Eßl. Wasser

Pro Stück etwa 1300 Joule/ 310 Kalorien

Die 5 Blätterteigscheiben bei Raumtemperatur in etwa 30 Minuten auftauen lassen und halbieren, so daß Quadrate entstehen. Ein Backblech mit kaltem Wasser abspülen und 9 Quadrate darauflegen. Die Marzipan-Rohmasse mit dem Eiweiß, dem Kirschwasser, dem Zucker, den Mandeln und den kandierten Kirschen mischen und auf 9 Quadrate verteilen. Die Ränder der Teigquadrate mit verquirltem Eigelb bestreichen. Den Rest des Blätterteigs ausrollen und mit einem Teigrädchen in 1 cm breite Streifen schneiden. Die Teigstreifen kreuzweise auf die Quadrate legen, gut andrücken und ebenfalls mit Eigelb bestreichen. Das Blätterteiggebäck 15 Minuten ruhen lassen. Den Backofen auf 220° vorheizen. Das Blätterteiggebäck auf der zweiten Schiene von unten 15 Minuten backen. Das Gebäck noch warm mit einer Glasur aus dem Puderzucker und dem Wasser bestreichen.

Großmutters Backgeheimnisse

Für das Kaffeekränzchen

Schweinsöhrchen

*Zutaten für etwa
30 Schweinsöhrchen:
300 g tiefgefrorener Blätterteig
etwa 100 g Zucker*

Pro Stück etwa 295 Joule/
70 Kalorien

Die Blätterteigscheiben in etwa 30 Minuten auftauen lassen. Die Scheiben dann mit Zucker bestreuen, aufeinanderlegen und auf einer mit Zucker bestreuten Arbeitsfläche zu einer Platte von 20 × 30 cm ausrollen. Die Platte von den Längsseiten her zur Mitte hin so einschlagen, daß die beiden Außenkanten auf der Mitte des Teigblattes etwa 2 cm weit auseinanderliegen. Die Oberfläche des Teigs wieder mit Zucker bestreuen und noch einmal zusammenklappen. (Bitte beachten Sie die Arbeitsanleitungen für Schweinsöhrchen auf Seite 14.) Von diesem Teigpaket 1 cm breite Scheiben abschneiden. Ein Backblech mit kaltem Wasser abspülen, die Scheiben mit genügend Zwischenraum auf das Backblech legen und 15 Minuten ruhen lassen. Die schmalen Scheiben gehen beim Backen auf und ergeben dann die bekannte Form von Schweinsöhrchen. Den Backofen auf 220° vorheizen. Das Gebäck auf der mittleren Schiene 8–12 Minuten backen. Nach etwa 6 Minuten beginnt der Zucker auf der Unterseite der Schweinsöhrchen zu karamelisieren. Dann das Gebäck mit einem breiten Messer wenden und weiterbacken, bis die Unterseite wiederum leicht gebräunt ist.

Orangen-Windrädchen

*Zutaten für 8 Windrädchen:
300 g tiefgefrorener
   Blätterteig ◊
50 g Marzipan-Rohmasse
2 Eßl. Orangenmarmelade
1 Eßl. Orangenlikör
2 Eßl. abgezogene gemahlene
   Mandeln ◊
1 Eigelb ◊ 50 g Puderzucker
1 Eßl. Wasser
1 Eßl. gehackte Pistazien*

Pro Stück etwa 1260 Joule/
300 Kalorien

Die Blätterteigscheiben in 30 Minuten auftauen lassen. 4 Scheiben zu je 1 Platte von 12 × 24 cm ausrollen und in je 2 Quadrate teilen. Jede Ecke der Quadrate etwa 4 cm lang zur Mitte hin einschneiden. Das Marzipan mit der Marmelade, dem Likör und den Mandeln verrühren. In die Mitte jedes Quadrats 1 Teelöffel von der Marzipanmasse geben. Die eingeschnittenen Ecken zur Mitte hin einschlagen, so daß ein Windrad entsteht, die Enden fest zusammendrücken und das Gebäck mit verquirltem Eigelb bestreichen. Die fünfte Blätterteigscheibe ausrollen, acht Plätzchen von 6 cm Ø ausstechen, auf die Mitte der Windrädchen legen, ebenfalls mit Eigelb bestreichen. Ein Backblech kalt abspülen, das Gebäck 15 Minuten darauf ruhen lassen. Den Backofen auf 220° vorheizen. Die Windrädchen auf der zweiten Schiene von unten 12–15 Minuten backen. Die Windrädchen mit Puderzuckerglasur bestreichen und mit den gehackten Pistazien bestreuen.

Große Torten-Nostalgie

Großmutters Backgeheimnisse

Schweizer Rüblitorte

Zutaten für 1 Springform von 26 cm ⌀:
7 Eigelbe
300 g Zucker
je 1 Prise Salz, gemahlener Zimt und Nelkenpulver
2 Eßl. Kirschwasser
200 g feingeriebene Karotten
je 120 g abgezogene gemahlene Mandeln und Haselnüsse
50 g Semmelbrösel, 50 g Mehl
1 Teel. Backpulver
5 Eiweiße ⋄
200 g Puderzucker
je 2 Eßl. Kirschwasser und Zitronensaft
50 g geröstete Mandelblättchen
200 g Marzipan-Rohmasse
50 g Puderzucker
etwas rote Lebensmittelfarbe
einige Pistazien
Für die Form: Butter

Bei 12 Stücken pro Stück etwa 2060 Joule/490 Kalorien

Den Boden einer Springform mit Butter ausstreichen. Den Backofen auf 190° vorheizen. Die Eigelbe mit 200 g Zucker, dem Salz, dem Zimt, dem Nelkenpulver und dem Kirschwasser schaumig rühren. Die Karotten, die Nüsse, die Semmelbrösel und das mit dem Backpulver gesiebte Mehl mischen und alles mit der Eigelbmasse verrühren. Die Eiweiße mit dem restlichen Zucker zu steifem Schnee schlagen und unter den Teig heben. Den Teig in die Springform füllen, glattstreichen und auf der zweiten Schiene von unten 45–55 Minuten backen. Die Torte nach Möglichkeit 2 Tage ruhen lassen. Den Puderzucker mit dem Kirschwasser und dem Zitronensaft verrühren und die Torte damit glasieren. Den Rand mit den Mandelblättchen bestreuen. Die Marzipan-Rohmasse mit dem Puderzucker und etwas Farbe mischen, 12 kleine Rüben daraus formen und die Torte damit belegen. Die Pistazien in Stifte schneiden und als Stiele in die Rübchen stecken.

Großmutters Backgeheimnisse

Große Torten-Nostalgie

Alices Schokoladentorte

Zutaten für 1 Springform von 26 cm ⌀:
150 g Blockschokolade
150 g Butter, 150 g Zucker
3 Eigelbe
100 g abgezogene gemahlene Mandeln, 3 Eiweiße
100 g Roggen- oder Weizenmehl
100 g Marzipan-Rohmasse
40 g Puderzucker
100 g Schokoladen-Fettglasur
12 Mandeln
etwas Hagelzucker
Für die Form: Butter und Semmelbrösel

Bei 12 Stücken pro Stück etwa 1720 Joule/410 Kalorien

Eine Springform ausfetten und mit Semmelbröseln ausstreuen. Den Backofen auf 180° vorheizen. Die Blockschokolade schmelzen lassen. Die Butter mit 80 g Zucker schaumig rühren, die abgekühlte Schokolade, die Eigelbe und die Mandeln untermischen. Die Eiweiße mit dem restlichen Zucker zu Schnee schlagen und unter die Schokoladenmasse heben. Das gesiebte Mehl unter den Teig ziehen, in die Form füllen und auf der zweiten Schiene von unten 40–45 Minuten backen. Die Marzipan-Rohmasse mit dem Puderzucker verkneten und zu einer Platte von 30 cm ⌀ ausrollen. Die Schokoladenglasur zerlassen, die Torte dünn damit überziehen, mit der Marzipandecke belegen und mit der Schokoladenglasur bestreichen. Die Mandeln in Schokoladenglasur tauchen, in Hagelzucker wenden und die Torte damit verzieren.

Wiener Sachertorte

Zutaten für 1 Springform von 26 cm ⌀:
8 Eier, 200 g Zucker
60 g Schokoladenpulver
120 g Mehl, 100 g Butter
50 g Biskuitbrösel ◊
1 Tasse Aprikosenmarmelade
200 g Schokoladen-Fettglasur
Für die Form: Butter

Bei 16 Stücken pro Stück etwa 1260 Joule/300 Kalorien

Den Boden einer Springform ausfetten. Den Backofen auf 200° vorheizen. Die Eier in Eigelbe und Eiweiße trennen. Die Eigelbe mit 100 g Zucker schaumig rühren. Die Eiweiße mit dem restlichen Zucker zu steifem Schnee schlagen. Das Schokoladenpulver mit dem Mehl über die Eigelbmasse sieben und mit der zerlassenen Butter unterheben. Den Eischnee und die Biskuitbrösel ebenfalls unterheben. Den Teig in die Springform füllen und auf der zweiten Schiene von unten 40 Minuten backen. In den ersten 15 Minuten die Backofentür keinesfalls öffnen. Den fertigen Kuchen im abgeschalteten Ofen noch kurz stehen lassen, dann zum Erkalten auf ein Kuchengitter legen. Den Kuchen nach mindestens 6 Stunden Ruhezeit einmal durchschneiden, mit erwärmter Marmelade füllen, wieder zusammensetzen und rundherum mit restlicher Marmelade bestreichen. Die Schokoladenglasur schmelzen lassen. Die Torte damit gleichmäßig überziehen und 16 Tortenstücke auf der noch weichen Glasur markieren.

201

Große Torten-Nostalgie

Großmutters Backgeheimnisse

Altwiener Schokoladentorte

Zutaten für 1 Springform von 26 cm ⌀:
8 Eigelbe
1 Päckchen Vanillinzucker
1 Prise Salz
150 g Zucker
8 Eiweiße
100 g Biskuitbrösel
100 g zartbittere geriebene Schokolade
100 g gemahlene Haselnüsse ◊
2 Schnapsgläser Sherry (4 cl)
300 g Aprikosenmarmelade ◊
100 g zartbittere geriebene Schokolade
1 Ei
200 g Puderzucker
60 g Kokosfett
Für die Form: Butter

Bei 16 Stücken pro Stück etwa 1510 Joule/360 Kalorien

Den Boden einer Springform mit Butter ausstreichen. Den Backofen auf 180° vorheizen. Die Eigelbe mit dem Vanillinzucker, dem Salz und der Hälfte des Zuckers schaumig rühren. Die Eiweiße zu steifem Schnee schlagen, den restlichen Zucker nach und nach einrieseln lassen und gut unterrühren. Es soll ein schnittfester Eischnee entstehen. Den Eischnee unter die Eigelbmasse heben. Die Biskuitbrösel mit der geriebenen Schokolade und den Haselnüssen mischen und unterziehen. Den Teig in die Springform füllen, glattstreichen und auf der zweiten Schiene von unten 30–40 Minuten backen. Den Tortenboden auf ein Kuchengitter stürzen und über Nacht abkühlen lassen. Den Tortenboden zweimal durchschneiden und jeden Boden mit Sherry tränken.

Zwei Tortenböden mit der verrührten Marmelade bestreichen und aufeinandersetzen, den dritten Tortenboden darauflegen.
Die geriebene Schokolade im Wasserbad schmelzen und wieder abkühlen lassen. Die Schokolade mit dem Ei und dem Puderzucker verrühren. Das Kokosfett schmelzen lassen und tropfenweise unter die Schokoladenmasse ziehen. Sie soll cremig sein. Die Glasur über die Oberfläche und den Rand der Torte streichen, dabei mit einem breiten Messer ein wellenartiges Muster auf der Oberfläche anbringen. Die Glasur muß völlig getrocknet sein, ehe die Torte angeschnitten wird.

Unser Tip

Der Clou der Altwiener Schokoladentorte ist der zarte Schokoladenbiskuit und die Schokoladenglasur. Wer einmal besonders ausgiebig süß schlemmen möchte, füllt die Torte zusätzlich noch mit Marzipan. Dafür 200 g Marzipan-Rohmasse mit 100 g gesiebtem Puderzucker verkneten und zu zwei dünnen Böden ausrollen. Die Marzipanböden auf die Aprikosenmarmelade legen und die Torte zusammensetzen.

Großmutters Backgeheimnisse

Große Torten-Nostalgie

Frankfurter Kranz

Zutaten für 1 Kranzform von 26 cm ⌀:
600 g Butter, 500 g Zucker
2 Päckchen Vanillinzucker
¼ Teel. Salz
8 Eier, 2 Eßl. Rum
Saft und abgeriebene Schale von 1 Zitrone
300 g Mehl, 200 g Speisestärke
1 Päckchen Backpulver ◇
100 g Krokantstreusel
8 kandierte Kirschen
Für die Form: Butter

Bei 16 Stücken pro Stück etwa 2605 Joule/620 Kalorien

Eine Kranzform ausfetten. Den Backofen auf 175° vorheizen. 200 g Butter, 200 g Zucker, 1 Päckchen Vanillinzucker, das Salz, 4 Eier, den Rum, den Zitronensaft und die Zitronenschale schaumig rühren. Das Mehl mit der Speisestärke und dem Backpulver sieben und unter den Teig ziehen. Den Teig in die Kranzform füllen und auf der zweiten Schiene von unten 1 Stunde backen. Den Kuchen 12 Stunden ruhen lassen. Die restliche Butter, den restlichen Zucker, den Vanillinzucker und die restlichen Eier zu einer geschmeidigen Creme verrühren. Den Kuchen dreimal waagrecht durchschneiden, jede Schicht mit Creme bestreichen und aufeinandersetzen. Den Kranz außen mit Creme überziehen. Die Krokantstreusel darauf verteilen und leicht andrücken. Mit etwas zurückbehaltener Creme 16 kleine Rosetten auf den Kranz spritzen und jede mit ½ kandierten Kirsche belegen.

Rehrücken nach Art der Mamsell

Zutaten für 1 Rehrückenform von 26 cm Länge:
150 g weiche Butter
200 g Zucker
100 g Blockschokolade
6 Eigelbe
150 g abgezogene gemahlene Mandeln
100 g Biskuitbrösel
6 Eiweiße ◇
50 g Mandelstifte
100 g Schokoladen-Fettglasur
Für die Form: Butter, Mehl

Bei 13 Stücken pro Stück etwa 1765 Joule/420 Kalorien

Eine Rehrückenform mit Butter ausstreichen und mit Mehl überstäuben. Den Backofen auf 190° vorheizen.
Die Butter mit dem Zucker schaumig rühren. Die Schokolade in Stückchen schneiden, im Wasserbad schmelzen lassen und unter das Buttergemisch rühren. Nach und nach die Eigelbe unterziehen und die Masse entweder 30 Minuten mit der Hand oder 5 Minuten mit dem elektrischen Rührgerät rühren. Sie muß sehr schaumig sein. Die gemahlenen Mandeln und die Biskuitbrösel unterziehen.
Die Eiweiße zu steifem Schnee schlagen und unter den Teig heben. Den Teig in die Form füllen und auf der zweiten Schiene von unten 40–50 Minuten backen. Den Kuchen auf einem Kuchengitter abkühlen lassen und mit den Mandelstiften spicken. Die Schokoladenglasur im Wasserbad schmelzen lassen und den Rehrücken dick und gleichmäßig damit überziehen.

Große Torten-Nostalgie

Großmutters Backgeheimnisse

Zitronen-Himbeer-Torte

Zutaten für 1 Tortenboden von 26 cm Ø:
1 fertiger Schokoladen-Biskuitboden (→ Rezept Seite 20) ◊
¾ l Sahne
200 g Zucker
Saft und abgeriebene Schale von 1 Zitrone
200 g Himbeeren ◊
50 g Krokantstreusel
2 Zitronen

Bei 16 Stücken pro Stück etwa 1450 Joule/345 Kalorien

Den Tortenboden zweimal quer durchschneiden. Die Sahne mit dem Zucker steif schlagen, in drei Teile teilen und einen Teil mit dem Zitronensaft und der Zitronenschale mischen. 16 Himbeeren beiseite stellen, die restlichen pürieren und mit dem zweiten Teil der Sahne verrühren. Die Zitronensahne und die Himbeersahne je in einen Spritzbeutel mit Lochtülle füllen. Auf zwei Tortenböden abwechselnd einen Ring Zitronen- und einen Ring Himbeersahne spritzen. Die Böden so füllen und übereinander legen. Mit dem Rest der Sahne den Rand und die Oberfläche der Torte bestreichen und mit den Krokantstreuseln bestreuen. Aus der Mitte der Zitronen jeweils 8 dünne Scheiben schneiden. 16 Sahnerosetten auf die Torte spritzen und jede Rosette mit 1 Zitronenscheibe und 1 Himbeere belegen.

Unser Tip
Wenn Sie die Torte noch nicht gleich servieren, so können Sie sie ohne Sahnerosetten bespritzt bis zu 8 Stunden in das Gefriergerät stellen. 30 Minuten vor dem Verzehr die Torte wieder herausnehmen und wie abgebildet garnieren.

Großmutters Backgeheimnisse

Große Torten-Nostalgie

Charlotte royal

4 Eiweiße, 1 Prise Salz
Mark von 1 Vanilleschote
125 g Zucker, 4 Eigelbe
100 g Mehl
1 Teel. Backpulver
1 Päckchen Vanille-
*   Puddingpulver ◊*
500 g Kirschkonfitüre ◊
6 Blätter weiße Gelatine
¼ l Weißwein, 100 g Zucker
1 Eßl. Zitronensaft, ⅜ l Sahne
6 kandierte Kirschen
Für das Backblech und die
*   Form: Butter und*
*   Pergamentpapier*

Bei 12 Portionen pro Portion etwa 1555 Joule/370 Kalorien

Ein Backblech mit gefettetem Papier auslegen. Eine Schüssel ausfetten. Den Backofen auf 230° vorheizen. Aus den Zutaten von Eiweiß bis Puddingpulver nach dem Grundrezept auf Seite 19 einen Biskuitteig bereiten, auf das Papier streichen und auf der mittleren Schiene 5–8 Minuten backen. Den Biskuit mit Konfitüre bestreichen, aufrollen und abkühlen lassen. Die Roulade in dünne Scheiben schneiden und die Schüssel damit auslegen. Die Gelatine einweichen. Den Wein mit dem Zucker und dem Zitronensaft erhitzen und die ausgedrückte Gelatine darin auflösen. Die Sahne steif schlagen. Wenn die Creme zu gelieren beginnt, ¼ l Schlagsahne unterziehen. Die Weincreme in die Form füllen, mit den restlichen Rouladenscheiben bedecken und die Creme erstarren lassen. Die Charlotte auf eine Platte stürzen, mit Sahnerosetten und halbierten Kirschen garnieren.

Heidelbeer-Sahnetorte

Zutaten für 1 Springform von
*   26 cm Ø :*
80 g Butter
40 g Zucker
1 Prise Salz
1 Eigelb
160 g Mehl ◊
500 g Heidelbeeren
1 Schnapsglas Orangenlikör
*   (2 cl) ◊*
8 Blätter weiße Gelatine
½ l Sahne
50 g Zucker
100 g geröstete
*   Mandelblättchen*

Bei 12 Stücken pro Stück etwa 1555 Joule/370 Kalorien

Aus den Zutaten von Butter bis Mehl einen Mürbeteig kneten und zugedeckt 1 Stunde im Kühlschrank ruhen lassen. Die Heidelbeeren waschen, abtropfen lassen und mit dem Likör 30 Minuten durchziehen lassen. Den Backofen auf 220° vorheizen.
Den Mürbeteig ausrollen und eine Springform damit auslegen. Den Teigboden auf der mittleren Schiene 15 Minuten backen und abkühlen lassen. Die Gelatine in kaltem Wasser einweichen, ausdrücken und in wenig Wasser im Wasserbad auflösen. Die Sahne mit dem Zucker steif schlagen, die Gelatine und drei Viertel der Heidelbeeren unterheben. Den Rand der Springform mit Alufolie auslegen. Die Heidelbeersahne einfüllen, die restlichen Heidelbeeren darauf verteilen und im Kühlschrank erstarren lassen. Den Rand der Torte mit den gerösteten Mandelblättchen bestreuen.

Große Torten-Nostalgie

Großmutters Backgeheimnisse

Schwarzwälder Kirschtorte

Zutaten für 1 Springform von 26 cm ⌀:
100 g Butter, 100 g Zucker
1 Päckchen Vanillinzucker
4 Eier
70 g abgezogene gemahlene Mandeln
100 g Schokoladenpulver
50 g Mehl, 50 g Speisestärke
2 Teel. Backpulver ◊
7 Eßl. Kirschwasser, ½ l Sahne
750 g Sauerkirschen aus dem Glas
1 Eßl. Schokoladenspäne
Für die Form: Butter

Bei 16 Stücken pro Stück etwa 1470 Joule/350 Kalorien

Den Boden einer Springform mit Fett ausstreichen. Den Backofen auf 180° vorheizen. Die Butter mit dem Zucker und dem Vanillinzucker schaumig rühren, die Eier, die Mandeln und das Schokoladenpulver zufügen. Das Mehl mit der Speisestärke und dem Backpulver sieben und unterziehen. Den Teig in die Springform füllen und auf der zweiten Schiene von unten etwa 30 Minuten backen. Den Kuchen 12 Stunden ruhen lassen, dann zweimal waagrecht durchschneiden. Die unterste Platte mit dem Kirschwasser beträufeln. Die Sahne mit etwas Zucker steif schlagen. Die Kirschen abtropfen lassen. Auf zwei Böden etwa 2 cm hoch Schlagsahne streichen und die Kirschen darauf verteilen. Die oberste Platte nur mit Sahne bestreichen und mit Schokospänen bestreuen. 16 Sahnerosetten auf die Torte spritzen und jede mit 1 Kirsche verzieren.

Schachbrett-Torte

Zutaten für 1 Tortenboden von 26 cm ⌀:
1 fertiger Schokoladen-Biskuitboden (→ Rezept Seite 20) ◊
4 Eßl. Orangenlikör ◊
⅛ l Milch, 700 g Quark
150 g Zucker
abgeriebene Schale und Saft von 1 Zitrone und 1 Orange
6 Blätter weiße Gelatine
½ l Sahne ◊
16 Stückchen Orange
8 kandierte Kirschen
1 Teel. gehackte Pistazien
1 Eßl. Schokoladenstreusel

Bei 16 Stücken pro Stück etwa 1405 Joule/335 Kalorien

Den Tortenboden zweimal durchschneiden und jeden Boden mit dem Likör beträufeln. Zwei der Böden in 2 cm breite Ringe schneiden (→Seite 21). Die Milch mit dem Quark, dem Zucker, sowie Saft und Schale von Orange und Zitrone im Wasserbad schaumig rühren. Die Gelatine kalt einweichen, in wenig warmem Wasser auflösen und mit der steifgeschlagenen Sahne unter den Quark rühren. Den Tortenboden dünn mit der Creme bestreichen, den ersten Kuchenring – in Größe des Bodens – daraufsetzen und eine Schicht Creme darüberstreichen. Abwechselnd kleinere und größere Ringe aufeinandersetzen und mit Creme ausfüllen. Die Torte mit Creme überziehen. Die Oberfläche mit gespritzten Rosetten, Orangenstückchen, halbierten Kirschen und Pistazien verzieren, den Rand mit Schokostreuseln bestreuen.

Großmutters Backgeheimnisse

Große Torten-Nostalgie

Holländer Sahnetorte

Zutaten für 1 Tortenboden von 26 cm ⌀ :
300 g Blätterteig, tiefgefroren oder selbstbereitet (→ Rezept Seite 13) ⋄
50 g Johannisbeermarmelade
100 g Puderzucker
1 Eßl. Zitronensaft ⋄
1 kg Sauerkirschen aus dem Glas
50 g Zucker
1 Messerspitze gemahlener Zimt
3 Teel. Speisestärke ⋄
½ l Sahne
40 g Zucker
16 kandierte Kirschen

Bei 16 Stücken pro Stück etwa 1175 Joule/280 Kalorien

Den tiefgefrorenen Blätterteig in 30–60 Minuten bei Raumtemperatur auftauen lassen. Ein Backblech gut abspülen. Den Backofen auf 200° vorheizen.
Den aufgetauten Blätterteig in 3 Stücke teilen und 3 gleich große Böden von 28 cm ⌀ ausrollen. Die Böden sollen etwas größer als der Boden der Springform von 26 cm ⌀ sein, weil sie beim Backen kleiner werden. Die Böden auf das Backblech legen, mehrmals einstechen und 15 Minuten ruhen lassen. Dann auf der mittleren Schiene in 10–12 Minuten hellbraun backen. Den schönsten Blätterteigboden mit der erhitzten Marmelade bestreichen. Den Puderzucker mit dem Zitronensaft verrühren und mit dieser Glasur die Marmelade bestreichen, trocknen lassen. Den glasierten Blätterteigboden in 16 Stücke schneiden. (Auf der gefüllten Torte ließe sich die Deckschicht nicht mehr zerteilen, weil die Sahne herausquellen würde.) Die Sauerkirschen abtropfen lassen. Den Kirschsaft mit dem Zucker und dem Zimt aufkochen. Die Speisestärke mit etwas kaltem Wasser anrühren, zum Kirschsaft geben, unter Rühren einmal aufkochen lassen und vom Herd nehmen. Die Kirschen in den Saft rühren und erkalten lassen. Die abgekühlten Kirschen auf dem zweiten Blätterteigboden verteilen. Die Sahne mit dem Zucker steif schlagen. 6 Eßlöffel Sahne in einen Spritzbeutel mit Sterntülle füllen. Einen Teil der restlichen Sahne auf die Kirschen streichen und den letzten Blätterteigboden daraufsetzen. Den Rest der Sahne daraufstreichen und die glasierten Blätterteigstücke daraufsetzen. Jedes Tortenstück mit 1 Sahnerosette bespritzen und jede Rosette mit 1 kandierten Kirsche belegen.

> **Unser Tip**
> Wird die Holländer Sahnetorte nicht unmittelbar nach dem Zubereiten serviert, so sollten Sie zur Sahne ein Steifmittel geben und die Torte bis zum Servieren im Kühlschrank aufbewahren.

Große Torten-Nostalgie

Großmutters Backgeheimnisse

Dobos-Torte

Zutaten für 6 Tortenböden von 26 cm ⌀:
6 Biskuitböden ◊
½ l Milch
1 Päckchen Vanille-Puddingpulver
1 Eigelb, 120 g Zucker
250 g Butter
50 g Nougatmasse
60 g Blockschokolade ◊
200 g Zucker
1 Teel. Butter

Bei 16 Stücken pro Stück etwa 1615 Joule/385 Kalorien

Die Biskuitböden wie im Rezept für Prinzregententorte bereiten und mit folgender Creme füllen:
4 Eßlöffel Milch mit dem Puddingpulver und dem Eigelb verquirlen. Die restliche Milch mit dem Zucker zum Kochen bringen, das Puddingpulver einrühren, einige Male aufkochen und erkalten lassen, dabei mehrmals umrühren, damit sich keine Haut bildet. Die Butter schaumig rühren und den abgekühlten Pudding löffelweise untermischen. Den Nougat und die Blockschokolade im Wasserbad schmelzen lassen und unter die Buttercreme ziehen. 5 Böden mit dieser Creme bestreichen und aufeinandersetzen. Die Torte rundherum mit der restlichen Creme überziehen. Den Zucker mit der Butter unter Rühren hellbraun karamelisieren lassen, sofort auf den sechsten Boden streichen, diesen rasch mit einem geölten Messer in 16 Stücke schneiden und auf die Torte legen. (Der hartgewordene Überzug ließe sich nicht mehr zerschneiden.)

Prinzregenten-Torte

Zutaten für 6 Tortenböden von 26 cm ⌀:
7 Eigelbe, 150 g Zucker
1 Prise Salz, 7 Eiweiße
150 g Mehl ◊ ½ l Milch
1 Päckchen Vanille-Puddingpulver
2 Eigelbe, 100 g Zucker
250 g Butter, 50 g Kakaopulver
50 g Blockschokolade
200 g Schokoladen-Fettglasur
Für das Backblech: Butter, Mehl

Bei 16 Stücken pro Stück etwa 1660 Joule/395 Kalorien

Möglichst zwei bis drei Backbleche einfetten und mit Mehl bestäuben. Den Backofen auf 220° vorheizen. Die Eigelbe mit der Hälfte des Zuckers und dem Salz schaumig rühren. Die Eiweiße mit dem restlichen Zucker steif schlagen und unterheben. Das Mehl darübersieben und unterziehen. Von der Biskuitmasse 6 Böden von 26 cm ⌀ auf die Backbleche streichen und 5–7 Minuten auf der mittleren Schiene backen. Aus der Milch, dem Puddingpulver, den Eigelben und dem Zucker einen Pudding kochen und unter Rühren abkühlen lassen. Die Butter schaumig rühren und den Pudding löffelweise untermischen. Zuletzt den Kakao und die geschmolzene Blockschokolade unterziehen. Die Biskuitböden mit Creme bestreichen und zusammensetzen. Oberfläche und Rand der Torte mit der Creme überziehen. Im Kühlschrank fest werden lassen. Die Torte mit der geschmolzenen Schokoladenglasur überziehen.

Großmutters Backgeheimnisse

Große Torten-Nostalgie

Mailänder Makronentorte

Zutaten für 1 Springform von 26 cm Ø :
6 Eigelbe
3 Eßl. warmes Wasser
120 g Zucker
abgeriebene Schale von ½ Zitrone
4 Eiweiße
80 g Mehl
20 g Speisestärke
120 g abgezogene gemahlene Mandeln ◇
300 g Himbeermarmelade ◇
400 g Marzipan-Rohmasse
100 g Zucker
6 Eigelbe
1 Eßl. Rum, 1 Eiweiß ◇
80 g geröstete Mandelblättchen
Für die Form: Butter

Bei 14 Stücken pro Stück etwa 1850 Joule/440 Kalorien

Den Boden einer Springform mit Butter ausstreichen. Den Backofen auf 200° vorheizen. Die Eigelbe mit dem Wasser, einem Drittel des Zuckers und der Zitronenschale gut schaumig rühren. Die Eiweiße steif schlagen und während des Schlagens den restlichen Zucker einrieseln lassen. Den Eischnee unter die Eigelbmasse heben. Das Mehl mit der Speisestärke darübersieben und mit den Mandeln unter den Teig ziehen. Den Mandel-Biskuitteig in die Springform füllen, glattstreichen und im Backofen auf der zweiten Schiene von unten 35–40 Minuten backen. Die Torte über Nacht ruhen lassen und am nächsten Tag zweimal quer durchschneiden. Die beiden unteren Tortenböden mit 200 g Himbeermarmelade bestreichen und alle drei Böden aufeinandersetzen. Die Marzipan-Rohmasse mit dem Zucker, den Eigelben und dem Rum schaumig rühren. Die Hälfte der Marzipanmasse in einen Spritzbeutel mit Sterntülle füllen, die andere Hälfte mit dem Eiweiß verrühren. Mit dieser dünneren Marzipanmasse die Torte rundherum bestreichen. Die Marzipanmasse im Spritzbeutel auf die Oberfläche der Torte spritzen. Am besten richten Sie sich dabei nach unserem Vorschlag auf dem Bild und spritzen eine Blütenform auf die Torte.
Den Backofen auf 250° vorheizen und die Torte auf der mittleren Schiene noch einmal kurz backen, bis die Marzipanmasse leicht zu bräunen beginnt. Das Überbacken kann ebenso gut im Grill geschehen. Die restliche Himbeermarmelade unter Rühren erhitzen und den Rand dünn damit bestreichen. Auf die Marmelade die Mandelblättchen streuen. Die Zwischenräume der aufgespritzten Makronenblüte auf der Oberfläche mit Himbeermarmelade ausfüllen.

Unser Tip
Sollten Sie gerade keine Himbeermarmelade im Haus haben, schmeckt die Torte mit Erdbeer- oder Aprikosenmarmelade gefüllt auch sehr fein.

Große Torten-Nostalgie

Großmutters Backgeheimnisse

Nußtorte

Zutaten für 1 Springform von 26 cm ⌀:
225 g Zucker, 10 Eigelbe
250 g gemahlene Haselnüsse
3 Eßl. Semmelbrösel
3 gemahlene bittere Mandeln
10 Eiweiße, 150 g Zucker ◇
3 Eiweiße, 50 g Zucker
1 Eßl. gemahlene Haselnüsse ◇
600 ml Milch, 2 Eßl. Zucker
2 Päckchen Vanille-Puddingpulver, 3 Eigelbe ◇
200 g Marzipan-Rohmasse
300 g Puderzucker
3–4 Eßl. Zitronensaft
22 Walnußkerne
Für die Form: Butter

Bei 22 Stücken pro Stück etwa 1535 Joule/365 Kalorien

Den Boden einer Springform ausfetten. Den Backofen auf 190° vorheizen. Den Zucker mit den Eigelben schaumig rühren und die Haselnüsse, die Semmelbrösel und die Mandeln zugeben. Die Eiweiße mit dem Zucker steif schlagen, unterheben, in die Form füllen und 1¼ Stunden backen. Den Kuchen nach 24 Stunden quer halbieren. Die Eiweiße mit dem Zucker steif schlagen und die Haselnüsse unterheben. Aus der Milch, dem Zucker und dem Puddingpulver einen Pudding kochen, die verquirlten Eigelbe einrühren, den Eischnee unter den noch sehr heißen Pudding rühren. Die Torte mit der abgekühlten Creme füllen. Das Marzipan mit 100 g Puderzucker verkneten, rund ausrollen und leicht auf die Torte drücken. Den restlichen Puderzucker mit dem Zitronensaft verrühren, die Torte damit glasieren.

Maronentorte

Zutaten für 1 Tortenboden von 26 cm ⌀:
1 fertiger Schokoladen-Biskuitboden (→ Rezept Seite 20) ◇
440 g Maronenpüree aus der Dose
1 Eßl. Zitronensaft
6 Eßl. Sahne
7 Eßl. Puderzucker ◇
½ Glas Aprikosenmarmelade
250 g Marzipan-Rohmasse
150 g Puderzucker
200 g Schokoladen-Fettglasur

Bei 14 Stücken pro Stück etwa 2245 Joule/535 Kalorien

Den Schokoladen-Biskuitboden zweimal quer durchschneiden. Das Maronenpüree mit dem Zitronensaft, der Sahne und dem gesiebten Puderzucker zu einer geschmeidigen Masse verrühren. Zwei der Biskuitböden mit dieser Creme bestreichen und alle drei Böden aufeinandersetzen. Die Aprikosenmarmelade unter Rühren erhitzen und die Tortenoberfläche damit bestreichen. Die Marzipan-Rohmasse mit dem gesiebten Puderzucker verkneten, dünn ausrollen und die Torte rundherum damit einhüllen. Das restliche Marzipan etwa 1 cm dick ausrollen. Die Marzipanplatte auf ein Holzmodel legen, mit dem Wellholz einmal darüberrollen und mit einem spitzen Messer wieder aus dem Model lösen. Die Figuren ausschneiden. Die Schokoladen-Fettglasur im Wasserbad schmelzen lassen und die Torte damit überziehen. Auf der Oberfläche 14 Stücke markieren. Die Torte mit den Marzipanfiguren belegen.

Großmutters Backgeheimnisse

Große Torten-Nostalgie

Mandel-Kaffeetorte

Zutaten für 1 Springform von 26 cm ⌀:
7 Eigelbe
250 g gemahlene Mandeln
7 Eiweiße, 80 g Zucker ◊
3 Eßl. Sauerkirsch-marmelade ◊
3/16 l Milch, 100 g Zucker
½ Päckchen Vanille-Puddingpulver
2 Eigelbe, 150 g Butter
3 Teel. Instant-Kaffeepulver ◊
je 16 Schokoladen-Mokka-bohnen und Mandeln
Für die Form: Butter

Bei 16 Stücken pro Stück etwa 1325 Joule/315 Kalorien

Den Boden einer Springform ausfetten. Den Backofen auf 190° vorheizen. Die Eigelbe schaumig rühren und die Hälfte der Mandeln unterziehen. Die Eiweiße mit dem Zucker zu Schnee schlagen und mit den restlichen Mandeln unter die Eimasse heben. Den Teig in die Form füllen und auf der zweiten Schiene von unten 35–40 Minuten backen. Den erkalteten Tortenboden nach mindestens 12 Stunden Ruhezeit quer halbieren und mit der Marmelade füllen. Aus der Milch, dem Zucker, dem Puddingpulver und den Eigelben einen Pudding bereiten und unter Rühren erkalten lassen. Die Butter mit dem Kaffeepulver schaumig rühren. Löffelweise den Pudding unterrühren. Die Torte mit der Buttercreme rundherum bestreichen. Die restliche Creme wie oben abgebildet aufspritzen und mit Mokkabohnen und Mandeln verzieren.

Fürst-Pückler-Torte

Zutaten für 2 Tortenböden von 26 cm ⌀:
je 1 heller Biskuitboden und Schokoladen-Biskuitboden (→ Rezepte Seite 19 und 20) ◊
100 g Erdbeeren
2 Blätter weiße Gelatine
½–¾ l Sahne
50 g Zucker
16 kandierte Kirschen ◊
2 Eßl. Schokoladenspäne
1 Teel. Puderzucker
4 Eßl. geröstete Mandelblättchen

Bei 16 Stücken pro Stück etwa 1805 Joule/430 Kalorien

Jeden der beiden Biskuitböden quer halbieren. Die Erdbeeren pürieren. Die Gelatine in kaltem Wasser einweichen. Die Sahne mit dem Zucker steif schlagen. Ein Drittel der Sahne mit dem Erdbeerpüree mischen. Die Gelatine gut ausdrücken, in wenig Wasser im Wasserbad auflösen und unter die Erdbeersahne rühren. Die beiden hellen Biskuitböden mit der Sahne bestreichen und jeweils einen dunklen Boden daraufsetzen. Einen dunklen Boden mit der Erdbeersahne bestreichen und die anderen beiden Böden darauflegen. Die Torte rundherum mit der Sahne überziehen. Mit der restlichen Sahne 16 Rosetten auf die Torte spritzen. Jede Rosette mit 1 Kirsche belegen. Die Schokoladenspäne in die Mitte der Torte streuen und mit dem Puderzucker besieben. Den Rand der Torte mit den Mandelblättchen bestreuen. Die Torte bis zum Servieren kühl stellen.

Große Torten-Nostalgie

Großmutters Backgeheimnisse

Honigtorte

Zutaten für 1 Springform von 26 cm ⌀:
gut ⅛ l Milch, 2 Eßl. Zucker
¼ Teel. Salz, 2 Eßl. Butter
20 g Hefe
80 g Mandelblättche
350 g Mehl, 1 Ei
2 Eßl. Rosinen ⋄
1 Eßl. zerlassene Butter
2 Eßl. Zucker
½ Teel. gemahlener Zimt ⋄
2 Eßl. Butter, 6 Eßl. Honig
2 Eßl. Zucker
100 g grobgehackte Mandeln
Für die Form: Butter

Bei 12 Stücken pro Stück etwa 1450 Joule/345 Kalorien

Eine Springform ausfetten. Die Milch zum Kochen bringen, mit dem Zucker, dem Salz und der Butter verrühren. Die Hefe in 2 Eßlöffeln lauwarmem Wasser auflösen. Die Mandelblättchen mit dem Mehl mischen, die lauwarme Milch sowie die aufgelöste Hefe zugeben, alles mit dem Ei und den Rosinen verkneten und zugedeckt 30 Minuten gehen lassen. Den Teig 20 × 40 cm groß ausrollen, mit der zerlassenen Butter bestreichen, mit dem Zucker und dem Zimt bestreuen, von der schmaleren Seite her aufrollen, in 2 cm dicke Scheiben schneiden und Kugeln daraus formen. Die Butter mit dem Honig, dem Zucker und den Mandeln schmelzen lassen und als Boden in die Springform füllen. Die Kugeln auf den Honigboden legen und 25 Minuten gehen lassen. Den Backofen auf 200° vorheizen. Die Honigtorte 20–30 Minuten auf der zweiten Schiene von unten backen.

Schwarzbrottorte

Zutaten für 1 Springform von 26 cm ⌀:
50 g Schwarzbrotbrösel
1 Eßl. Rum
2 Eier, 6 Eigelbe
150 g Zucker
150 g gemahlene Mandeln
50 g geriebene Blockschokolade
abgeriebene Schale von ½ Zitrone
1 Messerspitze gemahlene Gewürznelken
je 30 g gehacktes Zitronat und Orangeat
6 Eiweiße ⋄
200 g Puderzucker
2 Eßl. Rum, 2 Eßl. Wasser
12 kandierte Kirschen
Für die Form: Butter

Bei 12 Stücken pro Stück etwa 1385 Joule/330 Kalorien

Eine Springform ausfetten. Den Backofen auf 200° vorheizen. Die Brotbrösel mit dem Rum mischen. Die Eier, die Eigelbe und den Zucker schaumig rühren. Die Mandeln, die Schokolade, die Zitronenschale, das Nelkenpulver, das Zitronat und das Orangeat unter die Eigelbmasse rühren. Die Eiweiße steif schlagen und unterheben. Die getränkten Brösel unter den Teig ziehen. Den Teig in die Springform füllen und auf der zweiten Schiene von unten 1 Stunde–1¼ Stunden backen. Den gesiebten Puderzucker mit dem Rum und dem Wasser verrühren. Die noch warme Torte mit dem Zuckerguß überziehen und mit den kandierten Kirschen belegen.

Großmutters Backgeheimnisse

Große Torten-Nostalgie

Linzer Torte

Zutaten für 1 Springform von 24 cm ⌀ :
200 g Zucker
250 g gemahlene Mandeln
200 g Mehl
1 gehäufter Teel. Kakaopulver
1 Teel. gemahlener Zimt
1 Päckchen Vanillinzucker
1 Messerspitze gemahlene Gewürznelken
1 Ei
1 Schnapsglas Kirschwasser (2 cl)
250 g Butter ⋄
300 g Himbeermarmelade
1 Eigelb
Für die Form: Butter

Bei 12 Stücken pro Stück etwa 2100 Joule/500 Kalorien

Eine Springform ausfetten. Den Zucker, die Mandeln, das Mehl, das Kakaopulver, den Zimt, den Vanillinzucker und das Nelkenpulver mischen. Mit dem Ei, dem Kirschwasser und der Butter zu einem Teig verkneten und zugedeckt 1 Stunde im Kühlschrank ruhen lassen. Den Backofen auf 180° vorheizen. Zwei Drittel des Teiges ausrollen. Den Boden der Springform damit auslegen und einen 2 cm hohen Rand formen. Den restlichen Teig ausrollen und mit dem Teigrädchen in Streifen schneiden. Den Teigboden mit der Marmelade bestreichen, die Teigstreifen gitterartig darüberlegen und mit verquirltem Eigelb bestreichen. Den Kuchen auf der zweiten Schiene von unten 1 Stunde backen. Die Linzer Torte in der Form etwas abkühlen lassen und zum völligen Erkalten auf ein Kuchengitter legen.

Torta di Mandorle

Zutaten für 1 Springform von 26 cm ⌀ :
200 g Mehl, 100 g Butter
40 g Zucker, 1 Eigelb
1 Prise Salz
1 Eßl. kaltes Wasser ⋄
70 g Aprikosenmarmelade ⋄
1 Ei, 2 Eigelbe
250 g Zucker
1 Prise Salz
1 Eßl. Mehl
300 g abgezogene gemahlene Mandeln
4 Eiweiße, 50 g Butter

Bei 12 Stücken pro Stück etwa 2035 Joule/485 Kalorien

Das Mehl auf ein Backbrett sieben und mit der Butter, dem Zucker, dem Eigelb, dem Salz und dem Wasser verkneten. Den Teig zugedeckt im Kühlschrank 2 Stunden ruhen lassen. Dann etwa 4 mm dick ausrollen und Rand und Boden einer Springform damit auslegen. Den Teigboden mit der Marmelade bestreichen. Den Backofen auf 180° vorheizen. Das Ei und die Eigelbe mit 50 g Zucker, dem Salz, dem Mehl und 150 g Mandeln verrühren. 2 Eiweiße mit 50 g Zucker zu Schnee schlagen und unterheben. Die Butter zerlassen und unter den Teig ziehen. Die Masse auf den Tortenboden füllen und auf der zweiten Schiene von unten 45 Minuten backen. Die restlichen Eiweiße mit dem restlichen Zucker zu Schnee schlagen und die restlichen Mandeln unterheben. Die Baisermasse auf die noch heiße Torte streichen und 15 Minuten bei 210° überbacken.

Große Torten-Nostalgie

Großmutters Backgeheimnisse

Punschtorte

Zutaten für 1 Biskuitboden von 24 cm ⌀:
1 hoher fertiger Biskuitboden ◊
150 g Marzipan-Rohmasse
250 g Puderzucker
2 Schnapsgläser Rum (4 cl) ◊
10 Eßl. Orangensaft
2 Eßl. Zitronensaft ◊
200 g Orangenmarmelade
2–3 Eßl. heißes Wasser
1 Teel. Butter
1 Teel. Kakaopulver
100 g Mandelblättchen

Bei 16 Stücken pro Stück etwa 1805 Joule/430 Kalorien

Den Biskuitboden zweimal quer durchschneiden. 50 g Marzipan mit 50 g gesiebtem Puderzucker und 1 Schnapsglas Rum verrühren, auf den untersten Boden streichen und den zweiten Boden daraufsetzen. Orangen- und Zitronensaft mit dem restlichen Rum verrühren und den zweiten Boden damit gut tränken. Den dritten Boden darauflegen. Die Marmelade erhitzen und die Torte rundherum damit bestreichen. Das restliche Marzipan mit 50 g gesiebtem Puderzucker verkneten, in Tortengröße ausrollen und leicht auf die Torte drücken. Den restlichen Puderzucker mit dem Wasser glattrühren, die geschmolzene heiße Butter unterziehen und den Guß über die Marzipandecke streichen. 2 Eßlöffel der Glasur mit dem Kakao verrühren. Den dunklen Guß von der Mitte aus spiralförmig auf die Torte spritzen. Mit einem Messer in der weichen Glasur Linien nach außen ziehen. Den Rand mit Mandelblättchen bestreuen.

Malakoff-Torte

Zutaten für 1 Springform von 26 cm ⌀:
½ l Milch
1 Päckchen Vanille-Puddingpulver
5 Eßl. Zucker, 250 g Butter
3 Eßl. Puderzucker ◊
250 g Löffelbiskuits
1 Eßl. Ahornsirup
4 Eßl. Marsalawein
1 Eßl. Rum
50 g Johannisbeermarmelade ◊
100 g geröstete Mandelblättchen
14 Butterkekse

Bei 16 Stücken pro Stück etwa 1450 Joule/345 Kalorien

Aus der Milch, dem Puddingpulver und dem Zucker einen Pudding kochen. Die Butter mit dem gesiebten Puderzucker schaumig rühren und löffelweise unter den abgekühlten Pudding rühren. Den Boden einer Springform mit Löffelbiskuits auslegen. Den Ahornsirup mit dem Marsalawein und dem Rum verrühren und die Biskuits damit tränken. Die Marmelade erhitzen und kleine Tupfen davon auf die Biskuits setzen. Einen Teil der Buttercreme darüberstreichen, auf die Buttercreme wiederum Biskuits legen, mit der Marsalamischung tränken und mit Marmelade betupfen. Als Abschluß Buttercreme darüberstreichen. Die Torte im Kühlschrank erstarren lassen, dann rundherum mit Buttercreme bestreichen und mit Mandelblättchen bestreuen. 16 Cremerosetten auf die Torte spritzen und jede Rosette mit 1 Keks belegen.

Großmutters Backgeheimnisse

Große Torten-Nostalgie

Granny's Cremetorte

Zutaten für 1 Springform von 24 cm ⌀:
6 Eigelbe, 140 g Zucker
2 Eßl. Rum, 6 Eiweiße
100 g Mehl, 30 g Speisestärke
50 g Kakaopulver
50 g gemahlene Mandeln ⋄
½ l Milch, 2 Eigelbe
1 Päckchen Schokoladen-
 Puddingpulver
120 g Zucker, 200 g Butter
4 Eßl. Kirschlikör
80 g feingeriebene Kuvertüre ⋄
12 kandierte Kirschen
2 Eßl. Schokoladenspäne
Für die Form: Butter

Bei 12 Stücken pro Stück etwa
2100 Joule/500 Kalorien

Den Boden einer Springform ausfetten. Den Backofen auf 200° vorheizen. Die Eigelbe mit dem Zucker und dem Rum schaumig rühren. Die Eiweiße steif schlagen und unter die Eimasse heben. Das Mehl mit der Speisestärke und dem Kakao sieben und mit den Mandeln unterziehen, in die Form füllen und 35 Minuten backen. Den Tortenboden nach 24 Stunden zweimal durchschneiden. Aus der Milch, den Eigelben, dem Puddingpulver und dem Zucker einen Pudding kochen. Die Butter schaumig rühren, löffelweise erst den kalten Pudding, dann den Likör und die Kuvertüre unterrühren. Die Tortenböden mit Creme bestreichen, aufeinandersetzen und rundum mit Creme überziehen. 12 Cremerosetten aufspritzen, mit Kirschen und Schokoladenspänen verzieren.

Gâteau Saint-Honoré

Zutaten für 1 Torte von 26 cm ⌀:
80 g Butter, 40 g Zucker
1 Eigelb, 160 g Mehl ⋄
¼ l Wasser, 70 g Butter
1 Prise Salz
200 g Mehl, 4 Eier ⋄
½ l Milch
Mark von 1 Vanilleschote
5 Eigelbe
180 g Zucker, 1 Päckchen
 Vanille-Puddingpulver
5 Eiweiße
100 g Aprikosenmarmelade

Bei 10 Stücken pro Stück etwa
1995 Joule/475 Kalorien

Aus Butter, Zucker, Eigelb und Mehl einen Mürbeteig kneten und zugedeckt 30 Minuten im Kühlschrank ruhen lassen. Den Teig zu einer Platte von 26 cm ⌀ ausrollen und auf ein Backblech legen. Den Backofen auf 210° vorheizen. Das Wasser mit der Butter und dem Salz zum Kochen bringen, das gesiebte Mehl hineinschütten und rühren, bis sich der Teig vom Topfboden löst. Den Teig vom Herd nehmen, die Eier einzeln unterrühren und einen dicken Ring auf den Mürbeteigboden spritzen, daneben 10 kleine Windbeutel. Den Kuchen auf der zweiten Schiene von unten 15–20 Minuten backen. Die Milch mit der Vanille aufkochen. Die Eigelbe mit dem Zucker und dem Puddingpulver verquirlen und in die kochende Milch rühren. Die Eiweiße zu Schnee schlagen, unter die abgekühlte Creme heben; in den Teigring füllen. Ring und Windbeutel mit erhitzter Marmelade bestreichen.

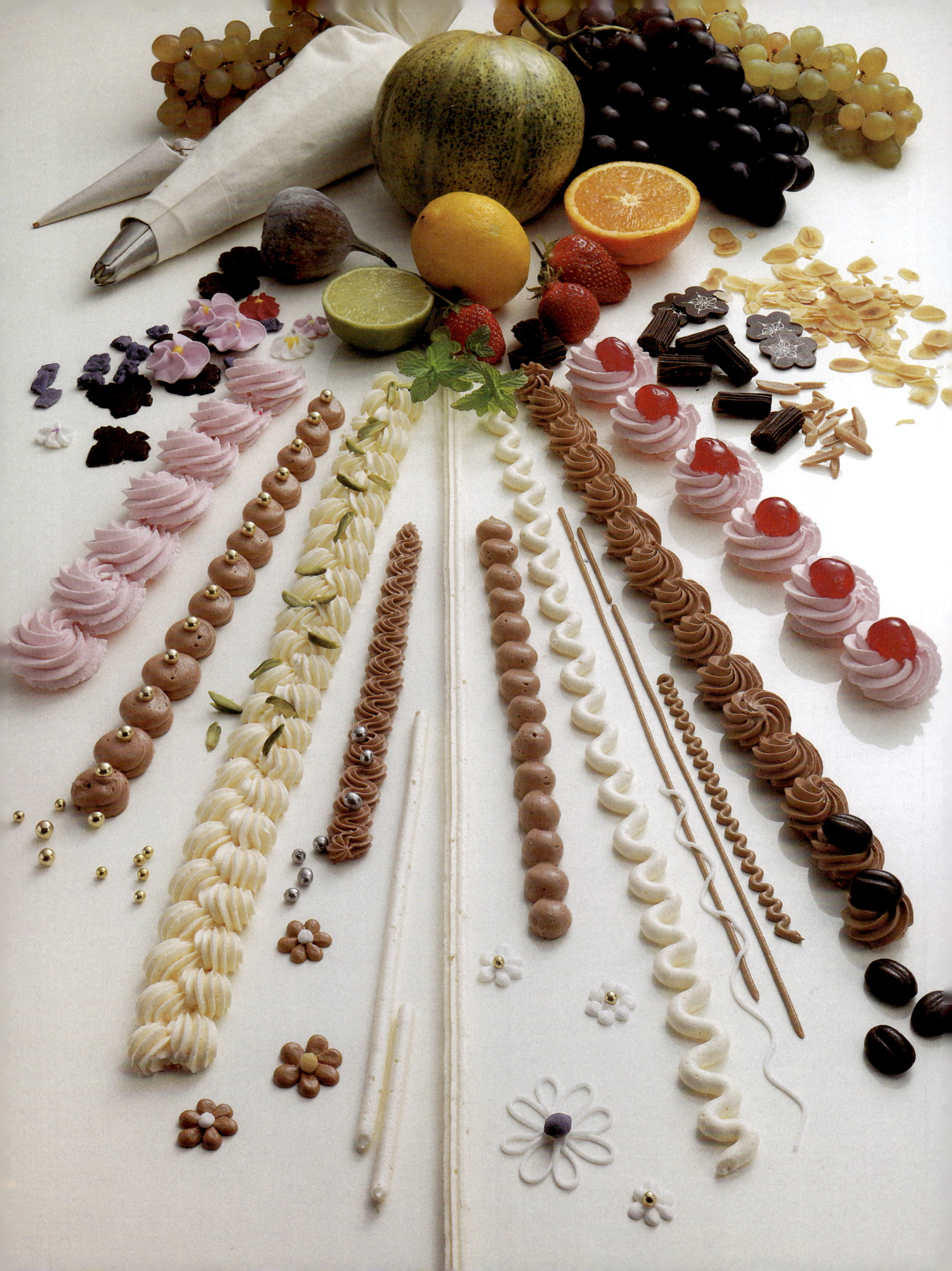

Backwissen im Überblick

Feine Verzierungen

Die Krönung einer Torte oder eines Kuchens ist die reizvolle Verzierung, die – durch geschickte Hände entstanden – oft wie ein kleines Kunstwerk wirkt. Natürlich braucht's etwas Geduld, Neigung und mehrfaches Üben, bis einem die zierlichen Girlanden, Rosetten oder belegten Tupfen so gelingen wie auf dem nebenstehenden Bild. Grundsätzlich lassen sich die reizvollen Gebilde mit dem Spritzbeutel und den verschieden großen Stern- und Lochtüllen herstellen, besonders zarte Stränge für Schriften oder Muster mit der selbstgedrehten Spritztüte aus Pergamentpapier, deren Spitze man für die benötigte Strangstärke abschneidet.
Gespritzt wird mit Sahne, Buttercreme oder Spritzglasur. Nach Belieben kann die Substanz mit Schokoladenpulver, Kakaopulver, Pulverkaffee, Fruchtpüree oder Lebensmittelfarbe gefärbt werden. Wie viele Möglichkeiten sich dabei ergeben, zeigt das Bild.
Kandierte Veilchen, Zuckerblumen oder -blätter, Sterne, Herzen aus Schokolade werden zum Leidwesen vieler Hobbybäcker selten im Handel angeboten. Auf diese Garniermittel sollte sich niemand versteifen, sondern statt dessen auf Obst oder leicht erhältliche Süßigkeiten ausweichen. Mit Spritzbeutel und Sterntülle lassen sich je nach Größe der Tülle aus Sahne und Buttercreme Rosetten spritzen, die man – wie rechts außen zu sehen – mit kandierten Kirschen, Mokkabohnen, Mandelstiften, Haselnüssen, Pistazien oder Liebesperlen garnieren kann. Spritzt man die Rosetten zu Halbkreisen aneinander, ergibt sich eine Art Muschelkette – ganz links – oder ein geschmeidiger Zopf – dritte Girlande von links. Ist die Sterntülle klein, kann man die gerillte Schlangengirlande – vierte von links – herstellen. Mit der Lochtülle erhält man kugelrunde Tupfen – zweite und siebte Girlande von links – oder glatte Stränge, die in Schlangenlinien, in Blumenform, in Ziffern oder in Buchstaben geformt werden können – fünfte, achte und zehnte Girlande von links.
Zum Spritzen feiner Stränge aus der Pergamenttüte verrühren Sie je nach Bedarf 250 g gesiebten Puderzucker mit 1 Eiweiß und fügen tropfenweise etwas Zitronensaft – nach Wunsch auch wenig Lebensmittelfarbe – hinzu. Mit so viel gesiebtem Puderzucker ergänzen, daß die Glasur einen steifen Brei ergibt. Mit dieser Spritzglasur lassen sich fadendünne Stränge zu Schriften oder Figuren spritzen sowie kleinste Tupfen zu Blüten zusammensetzen.
Was Sie sonst noch zum Garnieren der gespritzten Verzierungen verwenden, hängt von der Art des Gebäcks ab. Für eine Mokkatorte eignen sich beispielsweise Schokoladen-Mokkabohnen, zur Schwarzwälder Kirschtorte gehören Kirschen auf die Rosetten, Obsttorten sollten mit kleinen Stücken der verwendeten Früchte garniert werden, für Weihnachtsgebäck eignen sich glänzende bunte Garniermittel, Nüsse, Mandeln und Schokolade.
Wie man die Meisterschaft erreicht, die sich in den Verzierungen auf dem gegenüberliegenden Bild zeigt, ist leicht beantwortet. Beginnen Sie mit einfachen Formen, am besten mit steifer Buttercreme oder Spritzglasur und spritzen Sie zunächst auf Alufolie. Die wertvolle Creme ist damit nicht verloren, sie läßt sich mit dem Messer wieder von der Folie heben und in den Spritzbeutel zurückfüllen. Zum Spritzen von Sahnegirlanden ist zu empfehlen, die Sahne zuvor mit einem Sahnesteifmittel zu festigen, weil sie dann nicht zu schnell weich wird.

Backgeräte und Backformen

Backgeräte und Backformen

Was auf den folgenden Seiten aufgezählt und beschrieben werden soll, sind jene Geräte, die 1. zum Backen unbedingt erforderlich sind, 2. Ihnen die Arbeit erleichtern und somit Zeit sparen und 3. beim Verzieren und Dekorieren des fertigen Gebäcks benötigt werden.

Geräte zum Bereiten von Teig

Küchenwaage: Sie muß Gewichte von 5 Gramm bis 1 Kilogramm zuverlässig wiegen. Am vorteilhaftesten entscheiden Sie sich für ein Modell, das fest an der Wand montiert werden kann.
Meßbecher: Zum Abmessen von Flüssigkeit ist ein durchsichtiges Modell mit detaillierten Maßangaben unentbehrlich.
Geeichtes Schnapsglas: Kleinste Flüssigkeitsmengen messen Sie am besten mit dem Schnapsglas. Es gibt in allen Kaufhäusern ganz billige mit den Eichstrichen für 1 cl und 2 cl.
Rührschüsseln: Davon sollten Sie drei bis vier verschiedene Größen besitzen. Ideal, wenn auch teuer, sind Edelstahlschüsseln. Doch auch die preiswerteren Kunststoffschüsseln sind sehr gut geeignet, vorausgesetzt, der Kunststoff ist schlagfest, bruchfest und hitzebeständig. Haben die Schüsseln am Boden einen dicken Gummiring, der ihre Standfestigkeit sichert, so erleichtert dies die Arbeit; fehlt der Ring, legen Sie ein gefaltetes feuchtes Tuch unter die Schüssel.

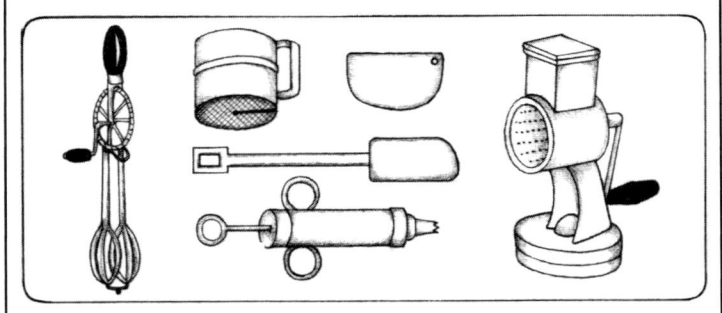

Handrührrädchen, Mehlsieb, Teigschaber aus Plastik und Teigschaber aus Hartgummi mit Holzgriff, Gebäckspritze, Mandelmühle.

Backbrett: Das Backbrett aus glattem Hartholz sollte mindestens die Größe eines Backblechs haben. Die Arbeitsfläche zum Backen kann aber auch aus glattem Kunststoff sein. Dennoch ist das Holzbrett vorzuziehen, da Teig auf Kunststoffbelag leicht »schwitzt«.
Schneebesen: Kaufen Sie sich einen ganzen Satz in verschiedenen Größen aus rostfreiem Metall mit hitzebeständigen Griffen, damit man sie in der Geschirrspülmaschine spülen kann. Schneebesen brauchen Sie zum Schlagen von Eischnee und Sahne, zum Rühren von dünnen Teigen, von Cremes und zum Unterziehen von Eischnee und Mehl.
Mehlsieb: Es gibt spezielle Mehlsiebe, die einen Griff haben, an dem man sie hin und her schwenkt. Über dem Boden des Siebs bewegt sich dabei ein Schiebeleistchen hin und her, das das Mehl rasch durch das Sieb streicht. Schütten Sie das abgewogene Mehl – eventuell mit der Speisestärke und dem Backpulver zusammen – portionsweise in das Sieb, da es nur kleinere Mengen auf einmal faßt.
Rollholz oder Wellholz: Ob mit glatter Holzoberfläche oder kunststoffbeschichtet – es muß sich leicht um seine Achse drehen lassen! Die Griffe sollten abnehmbar sein, um den Teig auch gleich auf dem Blech ausrollen zu können.
Backpinsel: Sie brauchen einen breiten Pinsel zum Bestreichen der Backformen oder des Backblechs mit Fett sowie drei weitere in verschiedenen Breiten mit möglichst zarten Borsten: einen zum Bestreichen von Gebäck mit Eiweiß, Eigelb oder Glasur; einen zum Bestreichen mit Wasser oder Milch; einen für »trockene« Arbeiten, nämlich, um Brösel, Zucker oder Mehl vom Backblech oder von der Arbeitsplatte zu entfernen. Kaufen Sie Pinsel mit Naturborsten und hitzebeständigen Griffen. Nach dem Gebrauch die Pinsel mit warmem Wasser abspülen – anschließend dürfen sie in der Maschine gespült werden.
Kleines Haarsieb: Es wird zum Durchsieben von Puderzucker und Kakaopulver gebraucht und zum gleichmäßigen Besieben von Gebäck.
Teigrädchen: Leisten Sie sich zwei, eines aus Kunststoff mit gezacktem Rand und eines aus Metall mit scharfem, glattem Rand. Blätterteig und Mürbeteig werden am besten mit dem glatten Teigrädchen geschnitten. Soll eine Teigplatte in Streifen, Quadrate oder Rauten zerschnitten werden, so nehmen Sie das gezackte Rädchen. Die Teigränder erhalten durch die Zacken eine leichte Verzierung.
Teigspatel: Es werden zwei Arten angeboten: ein Kunststoffschaber in rechteckiger Form, dessen eine Seite sich verjüngt, und ein Gummispatel am Holzgriff. Beide kosten nur wenig Geld. Wenn Sie beide kaufen, können Sie mit dem Gummispatel Eischnee, Schlagsahne oder ähnliches aus hohen Schüsseln oder aus dem Mixer schaben und mit dem breiten Kunststoffspatel schwere Teige aus großen, flachen Schüsseln und auf das Backblech oder in die Form streichen.
Kuchengitter: Kaufen Sie sich ein rundes und ein eckiges. Beide Formen werden für die entsprechenden Kuchen und für Kleingebäck gebraucht.
Palette: Das lange, breite, aber dünne Metallblatt am Stiel soll möglichst stabil und scharfkantig sein. Die Palette brauchen Sie zum Anheben von Kleingebäck und Plätzchen vom Backblech und zum Glattstreichen von Füllungen und Glasuren.
Spritzbeutel: Er ist unerläßlich zum Verzieren von Torten und Kuchen sowie zum Spritzen von Windbeuteln und Baisergebäck. Spritzbeutel aus Stoff müssen zwar nach jedem Gebrauch ausgekocht werden, halten aber beim Spritzen den Druck von festen Teigen ohne weiteres aus; achten Sie darauf, daß die Naht eines Stoffbeutels immer außen ist. Einwegspritzbeutel sind praktischer, denn sie werden nach jedem Gebrauch weggeworfen. Außerdem können Sie kräftige Plastikbeutel, wie sie zum Einfrieren verwendet werden, als Spritzbeutel benützen, indem Sie eine Ecke des Beutels abschneiden und die Spritztülle durch das Loch stecken. Zum Spritzbeutel brauchen Sie Lochtüllen und Sterntüllen, jeweils in verschiedenen Größen, damit Sie genügend Varia-

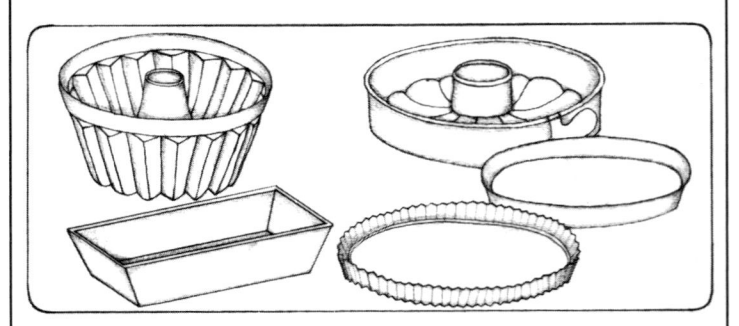

Gugelhupf- oder Napfkuchenform, Springform mit Einsatz für Kranzkuchen, Kastenkuchenform, Obstkuchenform mit gerilltem Rand und Obstkuchenform mit glattem Rand.

Backwissen im Überblick

Backgeräte und Backformen

tionsmöglichkeiten haben. Welche Art Spritzbeutel Sie auch verwenden: Füllen Sie den Beutel nur halb, raffen Sie ihn mit der linken Hand über der Füllung zusammen und führen Sie die Tülle mit der rechten Hand – vorausgesetzt, Sie sind Rechtshänder. Linkshänder verfahren genau umgekehrt.

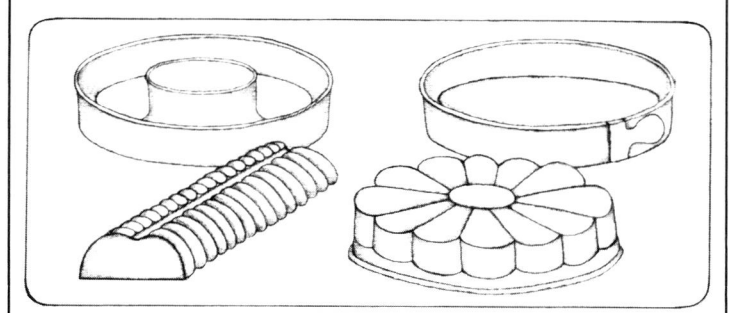

Ringform, Springform ohne Einsatz, Rehrückenform und Rosenform.

Gebäckspritze: Sie wird aus Kunststoff und aus Metall angeboten, oft mit mehreren Vorsätzen für verschiedene Formen. Die Arbeit mit ihr ist etwas mühevoll, und im Ergebnis bleibt der Spritzbeutel überlegen.
Garnierspritze: Sie ist für feine Verzierungen mit Zuckerguß gedacht, wird aber von der selbstgedrehten Spritztüte aus Pergamentpapier an Funktionsfähigkeit übertroffen. Lediglich die ganz lange Spritztülle ist praktisch zum Füllen von gebackenen Krapfen.
Mandelmühle: Mandeln und Nüsse sollte man in jedem Fall mit der Mandelmühle mahlen. Benutzt man dazu den Mixer, so entsteht leicht ein ölhaltiger Brei.

Elektrische Rührgeräte

Das elektrische Rührgerät ist beim Rühren von Teigen eine große Arbeitserleichterung; es hilft Zeit und Kraft sparen. Elektrische Handrührgeräte und elektrische Küchenmaschinen arbeiten grundsätzlich nach dem gleichen Prinzip. Für das elektrische Handrührgerät gilt die Faustregel: Es bearbeitet problemlos Teigmengen bis zu 500 g Mehlanteil. Die Küchenmaschine bearbeitet ohne weiteres die doppelte Menge.
Beide Rührgeräte sind mit Rührbesen und mit Knethaken ausgestattet. Die Rührbesen werden zum Schaumigrühren oder -schlagen von leichten, fast flüssigen Teigarten, für Eigelbmassen, für Biskuitteig, Eischnee, Schlagsahne oder für Cremes gebraucht. Die Knethaken werden zum Herstellen von festen Teigen wie Rührteig, Hefeteig oder Brandteig benützt. Wichtig bei der Verwendung von Rührgeräten: Beginnen Sie beim Rühren oder Kneten stets mit einer niedrigen Drehzahl (kleiner Schaltstufe) und erhöhen Sie erst allmählich die Geschwindigkeit des Geräts. Denken Sie daran, daß durch die Intensität, mit der elektrische Rührgeräte arbeiten, selbst schwere Teige in 8 bis höchstens 10 Minuten fertig gerührt sind.
● Vermeiden Sie ein Überrühren der Teige!
● Die Zusatzgeräte für die Maschinen wie Zitruspresse, Passierscheibe, Schneidstab, Schnitzel- oder Mahlwerk sind von Fall zu Fall auch beim Backen von Nutzen.

Die wichtigsten Backformen

Denken Sie daran, daß bestimmte Backformen bestimmten Gebäckarten vorbehalten sind.
Kastenkuchenform: Für Rührkuchen, Sandkuchen, Hefekuchen, Königskuchen, Teekuchen, Früchtekuchen.

Backtemperaturen und Herdtypen

Gebäckart	Stufenregelung Gasherd		Elektroherd °C		Heißluftherd °C	
Weißbrot in der Form, 500 g	5 2	10 Min. und 45 Min.	250° 180°	10 Min. und 45 Min.	210° 150°	10 Min. und 35 Min.
Roggenbrot in der Form, 1 kg	2	90 Min.	180°	90 Min.	150°	60 Min.
Roggenbrot vom Blech, 1½ kg	4 1	60 Min. und 60 Min.	220° 150°	60 Min. und 60 Min.	200° 170°	70 Min. und 60 Min.
Hefezopf vom Blech, 500 g	3	35 Min.	200°	35 Min.	160°	35 Min.
Gugelhupf, 500 g	3	40–50 Min.	200°	40–50 Min.	160°	50–60 Min.
Savarin, 500 g	3	30–40 Min.	190°	30–40 Min.	150°	30–40 Min.
Mohnkranz in der Form, 500 g	3	45 Min.	200°	45 Min.	160°	45 Min.
Rührkuchen, 500 g	3	60–65 Min.	200°	60–65 Min.	160°	60 Min.
Biskuitteigplatte für Roulade	3	8–10 Min.	200°	8–12 Min.	170°	10–15 Min.
Mürbeteig-Obstkuchen, 28 cm ⌀	4	45 Min.	220°	45 Min.	160°	40–50 Min.
Rührteig-Obstkuchen, 26 cm ⌀	3	40 Min.	200°	40 Min.	160°	40 Min.
Hefeteig-Obstkuchen vom Blech	3	40 Min.	200°	40 Min.	150°	30 Min.
Heidesand	2	20 Min.	180°	20 Min.	160°	20 Min.
Schwarzweiß-Gebäck	3	15 Min.	190°	15 Min.	150°	15 Min.
Vanillehörnchen	2	12 Min.	180°	12 Min.	150°	10–12 Min.
Spritzgebäck	3	10 Min.	200°	10 Min.	160°	8–10 Min.
Springerle	1	20–25 Min.	120°	30 Min.	100°	30 Min.
Anisplätzchen	1	25–30 Min.	140°	30 Min.	100°	30 Min.
Makronen	1	25–30 Min.	150°	25–30 Min.	100°	30 Min.
Lebkuchen	1	30 Min.	160°	30 Min.	120°	30 Min.
Baseler Leckerli	1	25–30 Min.	180°	25 Min.	150°	25 Min.

Backzutaten von A bis Z

Backwissen im Überblick

Gugelhupf- oder Napfkuchenform: Für Gugelhupf oder Napfkuchen aus Hefe- und Rührteig, für Früchtekuchen oder Marmorkuchen.
Kranzform: Für Hefekränze und Nußkränze.
Ringform: Für Sandkuchen, Savarin, Rührkuchen.
Rehrückenform: Für Rehrücken, Biskuitkuchen, Zwieback.
Obstkuchenform: Für flache Obstkuchen aus jeder Teigart.
Springform: Für Torten und Kuchenböden. Zur Springform gibt es einen auswechselbaren Boden, wodurch eine niedere Kranzkuchenform entsteht.
Rosenform: Für kleine Rührkuchen, Biskuitkuchen, Schokoladenkuchen.
Pieform: Es gibt sie rund und viereckig, für süße und herzhaft gefüllte Pies.
Außerdem können Sie Formen für beliebige Kuchen in Herzform, Kleeblattform oder Sternform kaufen sowie ovale Ringformen oder rechteckige und quadratische flache Formen für Obstkuchen und Tortenböden.

Das Backblech:

Eines gehört jeweils zur Standardausführung Ihres Herdes. Wird viel Kleingebäck auf einmal gebacken, ergeben sich bei nur einem Backblech lästige Wartezeiten und Energieverlust. Kaufen Sie sich vor allem für die Weihnachtsbäckerei mindestens ein zweites Backblech. Dann können Sie, während ein Backblech im Ofen ist, das zweite in Ruhe belegen. Stollen, Zöpfe und Laibe, die auf dem Backblech gebacken werden, können aus einer Teigmenge von etwa 1 kg Mehlanteil bereitet werden.
Für Blechkuchen aus Hefeteig reicht eine Teigmenge aus 350 g Mehl, für Mürbeteig oder Honigkuchenteig aus 500 g Mehl, zum Auslegen eines Backblechs mit Blätterteig brauchen Sie etwa 600 g fertigen Teig.

Backzutaten von A bis Z

Die meisten in den Rezepten benötigten Zutaten gehören zum täglichen Küchenbedarf. Dennoch werden diese Dinge für die Bäckerei manchmal anders behandelt und gebraucht als gewöhnlich, weshalb viele von ihnen in der folgenden Aufstellung ebenfalls erwähnt sind. Selbstverständlich werden aber vor allem jene Substanzen besprochen, die man vorwiegend oder ausschließlich für das Backen benötigt. Damit Sie beim Einkaufen und beim Umgang mit allen Backzutaten wissen, worauf es ankommt, hier folgende Übersicht:

Angelika = Engelwurz: Die getrockneten und kandierten Stengel der Angelikapflanze, von leicht bitterem aromatischem Geschmack. Sie werden hauptsächlich zum Verzieren feiner Kuchen und Torten verwendet.
Anis: Gewürz aus der Frucht einer Mittelmeerpflanze. Dieses wundervolle Backgewürz ist reich an ätherischen Ölen. Man kann Anis ganz kaufen, zerquetscht und pulverisiert. Das besondere Aroma verflüchtigt sich schnell. Deshalb sollte Anis nie in größeren Mengen, vor allem nicht zerkleinert, vorrätig gehalten werden. Am besten ganzen Anis kurz vor dem Verwenden selbst zerkleinern. Wird ein Gebäck mit Anis gewürzt, sollten andere Gewürze wegbleiben, da der Geschmack von Anis stark ist und sich kaum mit anderen Gewürzen verträgt.
Arrak: Branntwein aus Reis. Für Gebäck ist Arrak ein geschätztes Aroma, sollte aber stets sparsam verwendet werden. Gut schmeckt Zuckerglasur mit Arrak angerührt.

Auszugsmehl: Feines, kleiefreies Mehl der Type 405, Rohstoff aus dem Weizenkern mit wenig Schalenanteilen.
Backaromen = Backessenzen: Auszüge aus verschiedenen Grundsubstanzen in Öl zum Aromatisieren von Gebäck, oft aus künstlichen Geschmacks- und Geruchsstoffen hergestellt. Backaromen sollten Sie nur verwenden, wenn natürliche Aromastoffe nicht zur Verfügung stehen, und dann nur in kleinsten Dosen – immer nur wenige Tropfen verwenden –, da sie sonst leicht den Eigengeschmack eines Gebäcks überdecken und damit verderben. Backaromen werden in kleinen Fläschchen angeboten, deren Inhalt für eine Menge von 500 g Mehl bestimmt ist; feiner schmeckt aber jedes Gebäck, wenn man nur die Hälfte oder ein Viertel der Menge verwendet. Backaromen gibt es mit Rum-, Arrak-, Zitronen-, Vanille- und Bittermandelgeschmack.
Backoblaten: Papierdünnes weißes Dauergebäck aus Mehl oder Speisestärke, als Unterlage für Makronen, Lebkuchen und Konfekt. Backoblaten gibt es rund und viereckig in verschiedenen Größen zu kaufen.
Backpulver: Ein Triebmittel, vorwiegend aus Natriumcarbonat bestehend, das in kleinen Tüten, meist in einer Menge für 500 g Mehl ausreichend, angeboten wird. Trotz der Angaben auf den Tüten empfiehlt es sich, die jeweilige Dosierung in den Rezepten dieses Buches genau einzuhalten. Backpulver im Päckchen stets kühl und trocken aufbewahren. Beim Zubereiten des Teigs das Backpulver mit dem Mehl mischen, gemeinsam sieben und dieses Gemisch erst kurz vor dem Backen unter die anderen Zutaten rühren oder kneten.
Belegfrüchte: Früchte, die mit Dickzucker behandelt wurden und vor allem zum Verzieren und Belegen von feinem Gebäck verwendet werden, aber auch kleingehackt Bestandteil von Füllungen sein können.
Belegkirschen: →Belegfrüchte; Belegkirschen werden in gelber, grüner und roter Farbe angeboten.
Biskuitbrösel: Zerbröselter trockener Biskuit (Löffelbiskuit), als ideales Isoliermittel zwischen Teig und Fruchtbelag oder Fruchtfüllungen oder als Zusatz für Füllungen und Teige.
Bittere Mandeln: Mandeln mit bitterem Geschmack, die nicht am gleichen Baum wie süße Mandeln wachsen. Sie enthalten giftige Blausäure und dürfen deshalb nur in kleinsten Mengen als Aroma verwendet werden. Bis zu 30 g gemahlene bittere Mandeln auf 500 g Mehl sind jedoch völlig unbedenklich und als würzige Zutat für spezielle Gebäckarten wie beispielsweise Weihnachtsstollen geschmacklich angenehm. Bittere Mandeln stets für Kinder unerreichbar aufbewahren.
Bittermandelöl: Backaroma aus ätherischem Öl von der bitteren Mandel; wird aber auch aus Aprikosen- oder Pfirsichkernen gewonnen. Bittermandelöl enthält ebenfalls etwas Blausäure und muß deshalb sparsam dosiert werden.
Blattgelatine: →Gelatine
Blockschokolade: Einfache und preiswerte Schokolade in dicken Blöcken mit unterschiedlich hohen Kakaoanteilen; wird gerieben oder im Wasserbad geschmolzen als Zutat für verschiedene Teige verwendet. Blockschokolade ist nicht dasselbe wie Kuvertüre oder Schokoladen-Fettglasur.
Butter: Sie ist das ideale Backfett für sämtliche feine Backwaren. Zum Backen eignet sich auch ohne weiteres Kühlhausbutter oder Butter, die Sie selbst eingefroren haben. Nur ranzige Butter darf zum Backen nicht verwendet werden, da sich der Geschmack dem Gebäck mitteilt. Statt Butter kann aber auch Butterschmalz und vor allem Margarine verwendet werden (von Butterschmalz stets 15% weniger verwenden, als die im Rezept angegebene Fettmenge).
Buttermilch: Für jedes Rezept, zu dem Milch benötigt wird, kann auch Buttermilch genommen werden.

Backwissen im Überblick

Backzutaten von A bis Z

Cashewkerne: Samen des Cashew-Apfels, Frucht eines exotischen Baumes. Die geschält angebotenen Kerne sind mandelähnlich im Geschmack und können wie Mandeln vor allem zum Backen, Belegen und Verzieren verwendet werden.

Dosenmilch: Sie kann beim Backen als Ersatz für frische Milch dienen. Dosenmilch sollte aber stets auf einen Fettgehalt von 5% verdünnt werden (bei Dosenmilch mit einem Fettgehalt von 10% also die doppelte Menge Wasser zugeben). Für Cremes und Puddings ist Dosenmilch aus geschmacklichen Gründen aber nicht zu empfehlen.

Eier: Grundsätzlich sind in den Rezepten Hühnereier gemeint. Die Rezepte beziehen sich alle auf mittelgroße Eier mit einem Gewicht von 60–65 g. Werden kleinere oder größere Eier verwendet, so muß das unterschiedliche Gewicht ausgeglichen werden. Am einfachsten wiegen Sie dafür die Eier mit der Schale. Werden mehrere Eier für einen Teig oder für eine Creme benötigt, so schlagen Sie die Eier am besten einzeln nacheinander in eine Tasse, um den Geruch prüfen und schlechte Eier ausscheiden zu können, ehe die ganze Masse durch ein verdorbenes Ei ruiniert würde.

Zum Trennen von Eiern in Eiweiße und Eigelbe möglichst frische Eier verwenden, da bei älteren Eiern leicht etwas Eigelb in das Eiweiß gerät und dann kein steifer Eischnee mehr gelingt. Zum Steifschlagen von Eiweiß ein hohes, völlig sauberes und vor allem fettfreies Gefäß verwenden (Aluminiumgefäße machen Eischnee grau). Auch der Schneebesen oder die Rührbesen der Küchenmaschine müssen fettfrei sein. Das Eiweiß zu Schnee schlagen, in den bereits steifen Schnee langsam den Zucker einrieseln lassen und einige Minuten weiterschlagen, bis sich der Zucker aufgelöst hat. Eischnee ist steif genug und für den Kuchen richtig, wenn ein Messerschnitt auf der Oberfläche einige Minuten deutlich sichtbar bleibt oder wenn eine mit dem Rührbesen spitz nach oben gezogene Haube senkrecht stehen bleibt.

Farinzucker: Brauner Zucker, leicht karamelisiert, aus Zuckerablaufsirup hergestellt.

Fett: Butter und Margarine sind die idealen Fette zum Kuchenbacken. Reines Pflanzenfett ist zum Ausbacken beziehungsweise zum Fritieren geeignet, Schmalz und Öl mit Eigengeschmack vor allem für spezielles Gebäck.

Fondantmasse: Grund-Zuckerglasur, die durch Erwärmen bis maximal 40° und durch Verdünnen mit Eiweiß streichfähig wird. Fondantglasur gibt Torten und Törtchen, vor allem Petits fours, einen besonders festlichen Charakter. Fondantmasse ist im Fachhandel und in Konditoreien erhältlich.

Fritierfett = Ausbackfett: Zum Fritieren oder Ausbacken eignet sich nur reines Pflanzenfett wie Öl, Palmin und Biskin. Diese Fette sind frei von Wasser, Eiweißstoffen und anderen Spuren und vertragen deshalb Temperaturen bis zu 220°, ohne zu rauchen oder zu verbrennen. Die Temperatur beim Ausbacken oder Fritieren liegt je nach Form des Gebäcks zwischen 165° und 190°. Nach dem Gebrauch muß das erhitzte Fett abkühlen und durch ein Filterpapier oder Filtertüchlein laufen, um Röstrückstände zu entfernen. Fritierfett sollte nicht öfter als drei- bis fünfmal zum Fritieren verwendet werden; anschließend können mit dem Fett noch Fleisch und Kartoffeln gebraten werden.

Gelatine: Ein Gelierstoff in Blattform oder pulverisiert, jeweils farblos oder rot erhältlich. In unseren Rezepten wird hauptsächlich Blattgelatine verwendet. Blattgelatine in reichlich kaltem Wasser einweichen, nach etwa 10 Minuten gut ausdrücken und in heißer, aber niemals kochender Flüssigkeit auflösen. Ist für das jeweilige Rezept nicht ohnehin heiße Flüssigkeit angegeben, so lösen Sie die Gelatine am besten im heißen Wasserbad auf. Gemahlene Gelatine in 2–3 Eßlöffel Wasser einweichen und darin bei milder Hitze auf dem Herd unter ständigem Rühren auflösen.

Gewürznelken: Gewürznelken werden als ganze Knospen oder gemahlen angeboten. Pulverisiert büßen Nelken ihre aromatische Intensität rascher ein als ganze Knospen. Deshalb stets nur kleine Mengen vorrätig halten. Gemahlene Gewürznelken gehören in Lebkuchenteige, in bestimmte Spezialitäten und schmecken gut zu Pflaumenkuchen. Gemahlene Nelken stets sparsam dosieren.

Graham-Mehl: Weizenschrotmehl. Die Bezeichnung »Graham« in Verbindung mit Brot und Brötchen ist eigentlich nur dann richtig, wenn es sich um Gebäck handelt, das nach einem Rezept des amerikanischen Arztes Graham zubereitet wurde.

Hagelzucker: Besonders groß kristallisierter Zucker zum Verzieren und Bestreuen von Gebäck.

Haselnüsse: Sollen Haselnüsse geschält werden, so schüttet man sie auf ein Backblech und röstet sie bei etwa 200°. Sobald die dünne braune Haut platzt, die Haselnüsse wieder aus dem Ofen nehmen, etwas abkühlen lassen und zwischen den Händen reiben; dabei löst sich die Haut fast von selbst. Für Kuchenteig werden Haselnüsse allerdings gerne mit der dünnen braunen Haut gemahlen, da sie so geschmacksintensiver sind. Haselnüsse sind auch bereits gehackt und gehobelt im Handel. Wenn Sie Haselnüsse selbst mahlen, so möglichst in der Mandelmühle, da sie mit dem Schlagmesser des Mixers zu ölig werden.

Hefe: Ein Triebmittel, das möglichst frisch verwendet werden soll. Doppelt in Alufolie eingeschlagen, hält sich Hefe im Butterfach des Kühlschranks einige Tage. Eingetrocknete, überlagerte Hefe verliert ihre Triebkraft. Trockenhefe im Beutel ist so lange haltbar, wie auf dem Päckchen angegeben. Für Trockenhefe stets die Anweisung auf dem Beutel beachten. (→ Hefe richtig behandeln, Kapitel Hefeteig, Seite 9).

Hirschhornsalz: Lockerungs- und Triebmittel für schwere Teigarten, das vor allem für bestimmte Spezialitäten verwendet wird. Hirschhornsalz stets gut verschlossen aufbewahren, da es sich zersetzt, wenn es längere Zeit mit Luftsauerstoff in Berührung kommt.

Ingwer: Gewürz aus der getrockneten Wurzel der Ingwerpflanze, ganz oder gemahlen im Handel oder kandiert in Sirup eingelegt als Ingwer-»Pflaume«. Ingwer ist sehr geschmacksintensiv und sollte stets sparsam dosiert werden. Ingwerpulver wird vor allem dem Teig zugegeben. Kandierter Ingwer ist beliebt als aromatisches Dekor, aber auch kleingewiegt als Bestandteil von Teigen. Ingwer wird vor allem für die Weihnachtsbäckerei verwendet und für die berühmten englischen Ingwerkuchen.

Instant-Kaffee: Sofort löslicher Pulverkaffee, der nach einem bestimmten Verfahren hergestellt wird. Instant-Kaffee ist sehr geschmacksintensiv. Die Mengenangaben für Pulverkaffee in den Rezepten stets genau beachten, da ein Zuviel die geschmackliche Qualität des Gebäcks gefährdet.

Instant-Mehl: Besonders feines Mehl, das sich in Flüssigkeit leicht löst, nicht klumpt, nicht staubt und leicht rieselt. Die hauptsächlichste Bedeutung von Instant-Mehl liegt auf dem Gebiet des Kochens (binden von Saucen und Suppen).

Käse: Für Käsegebäck wird in erster Linie geriebener Hartkäse wie Emmentaler Käse, Sbrinzkäse, Chesterkäse oder Parmesankäse verwendet. Für Käsefüllungen – süß oder herzhaft – eignet sich hervorragend auch Rahm-Frischkäse, den man gut mit allen möglichen Geschmackszutaten mischen kann.

Kaffee: Als Würzzutat für Backteig, für Glasuren und Füllungen wird entweder gefilterter starker Kaffee verwendet oder der leicht lösliche und stark aromatische Instant-Kaffee. Kaffee als Aromazusatz niemals überdosieren!

Kandierte Früchte: Mit dicker Zuckerlösung getränktes und anschließend getrocknetes Obst wie Kirschen, Ananasscheiben, Orangenscheiben oder Pflanzenteile wie Angelikastengel, Veilchenblüten, Wurzeln wie Ingwer oder Schalen wie Zitronat und

Backzutaten von A bis Z

Orangeat; für die Bäckerei werden jedoch vielfach auch Belegfrüchte (→Seite 220) verwendet, die nicht kandiert sind, sondern nur mit Dickzucker behandelt wurden und deshalb weicher sind.

Kaneel: Stangenzimt, Zimtstangen →Zimt.

Kakaopulver: Das pulverisierte Produkt, das beim Auspressen der Kakaomasse anfällt. Wird Kakaopulver für Schokoladengebäck verwendet, so gibt man zum Kakao stets noch etwas Zucker, damit kein bitterer Geschmack entsteht. Größere Mengen Kakaopulver sollte man am besten in den Teig sieben, damit sich keine Klümpchen bilden können.

Kartoffelmehl: Speisestärke, aus Kartoffeln gewonnen.

Kokosraspel = Kokosflocken: Das feingeraspelte Fruchtfleisch von Kokosnüssen. Wegen ihres hohen Fettgehalts sind Kokosraspel nur begrenzt lagerfähig. Sie werden in geschlossenen Beuteln abgepackt angeboten. Geöffnete Packungen sollen rasch verbraucht werden. Kokosraspel vor dem Verwenden zwischen den Händen reiben, damit sich feinste Klümpchen auflösen. Geschmacklich beste Qualität haben selbstgeraspelte frische Kokosnüsse.

Koriander: Gewürz aus getrockneten Spaltfrüchten, ganz oder gemahlen im Handel. Eine kleine Prise gemahlener Koriander paßt gut zu Apfelkuchen und als Gewürz zu Lebkuchen. Grobgestoßener Koriander gibt der Brotkruste eine besondere Würze.

Korinthen: Kleine, luftgetrocknete, kernlose dunkle Weintrauben, vor allem aus griechischen Anbaugebieten. Sie finden für Napfkuchen, ähnlich wie Rosinen, Verwendung. Korinthen müssen stets in heißem Wasser gewaschen, gut abgetropft und wieder trockengerieben werden.

Krokantstreusel: Aus Krokantmasse hergestellte Streusel, in Päckchen oder Beutel zu kaufen, zum Bestreuen oder Verzieren von Gebäck.

Kardamom: Scharfes Gewürz, das vor allem für die Weihnachtsbäckerei verwendet wird. Mit Kardamom sollte man hin und wieder auch Hefegebäck oder Plundergebäck würzen.

Kuvertüre: Ein Überzug aus reiner Schokolade von unterschiedlichem Kakaobuttergehalt, also in den Geschmacksnuancen Milchschokolade, halbbittere und bittere Schokolade erhältlich. Kuvertüre eignet sich aber nicht nur zum Überziehen von Gebäck, sondern ist auch hervorragend als Teig- und Cremezusatz geeignet.

Lebensmittelfarben = Speisefarben: Vom Lebensmittelgesetz zugelassene, also unschädliche Substanzen zum Färben von Lebensmitteln. Lebensmittelfarben gibt es in Blau, Gelb, Grün, Orange, Rot und Schwarz. Sie sind in Fläschchen oder Tuben erhältlich und sollten stets sparsam dosiert werden. Höchstmengen nach Vorschrift auf dem jeweiligen Etikett.

Lebkuchengewürz: Speziell für Lebkuchen, Honigkuchen und Weihnachtsgebäck abgestimmte fertige Gewürzmischung, in Päckchen im Handel.

Liebesperlen: Bunte, kleine Zuckerperlen von 3–5 mm ⌀, die zum Verzieren von Gebäck, vor allem von Weihnachtsplätzchen, verwendet werden.

Mandeln: Sie werden ungeschält oder geschält angeboten, im ganzen, gehackt, gestiftelt oder gehobelt und jeweils noch geröstet und ungeröstet. Wenn Sie Mandeln selbst abziehen möchten, so überbrühen Sie sie mit heißem Wasser, lassen sie darin etwas weichen und drücken die Kerne dann einfach aus der braunen Haut. Mandeln werden am besten mit dem Messer kleingehackt oder in der Mandelmühle gemahlen. Gehackte oder gehobelte Mandeln entfalten leicht geröstet ein ganz besonderes Aroma.

Margarine: Sie läßt sich für alle Backrezepte anstatt Butter verwenden.

Marzipan-Rohmasse: Marzipan wird als Rohmasse in Blöcken ab 125 g angeboten. Marzipan-Rohmasse findet als Teigzusatz, als Grundstoff für Makronenmasse, für Füllungen und Garnierungen Verwendung. Marzipan-Rohmasse zu gleichen Teilen mit gesiebtem Puderzucker verknetet ergibt ein modellierfähiges Marzipan, aus dem Figürchen, Konfekt und Verzierungen hergestellt werden können.

Mehl: Für den Verbraucher ist praktisch nur noch die Mehltype 405 unter verschiedenen Markenbezeichnungen im Handel und für alle Backrezepte verwendbar.
Dunkleres Weizenmehl vom Typ 812 und 1050 sowie Roggenmehl vom Typ 997 und 1150 erhalten Sie kaum im Lebensmittelgeschäft, sondern beim Bäcker oder im Reformhaus. Auch Vollkornmehle oder grob ausgemahlenes Mehl (Schrot) für spezielles Gebäck und für Brot erhalten Sie im Reformhaus.

Mohn: Samen der Mohnpflanze, die vorwiegend gemahlen als Füllung oder als Teigzusatz verwendet werden. Mohnkörner können Sie selbst im Mixer zerkleinern, aber auch bereits gemahlen kaufen. Gemahlener Mohn wird jedoch rasch ranzig und sollte nicht zu lange lagern. Ganzer Mohnsamen wird zum Bestreuen von herzhaftem Gebäck, von Brot und Brötchen verwendet.

Mokkabohnen: Schokolade mit Mokkageschmack in Form von Kaffeebohnen, die zum Verzieren von Torten verwendet werden.

Natron: Pulverförmiges Trieb- und Lockerungsmittel für schwere Teigarten. Natron in der im jeweiligen Rezept angegebenen Menge stets unter den fertigen Teig kurz vor dem Backen mischen.

Nougatmasse: Die Masse besteht aus gerösteten und feingemahlenen Haselnüssen oder Mandeln mit Zucker und Kakaobestandteilen und wird meist geschmolzen als Teigzusatz und für Füllungen verwendet sowie zum Zusammensetzen von Plätzchen.

Nonpareille: →Liebesperlen

Oblaten: →Backoblaten

Orangeat: Die kandierte Schale der Pomeranze oder der Orange wird kleingewiegt für Rührkuchen, Hefeteig und für Honigkuchen verwendet. Orangeat wird in großen Stücken oder in Würfeln angeboten. Größere Stücke von Orangeat können beliebig geschnitten und zum Garnieren verwendet werden. Gewürfeltes Orangeat muß für Teigzusätze meist noch kleingewiegt werden.

Orangen: Wird Orangenschale frisch abgerieben als Aroma für ein Gebäck gebraucht, so müssen unbehandelte Orangen verwendet und diese vor dem Abreiben der Schale heiß gewaschen und abgetrocknet werden.

Pekannüsse: In der Holzschale sehen Pekannüsse wie große Haselnüsse aus, geschält ähneln sie im Aussehen aber der Walnuß. Pekannüsse sind für alle Arten von Nußgebäck, gemahlen im Teig oder ganz zum Belegen geeignet.

Piment = Nelkenpfeffer, Gewürzkörner, Allgewürz: Gewürz aus den getrockneten Beeren des Nelkenpfefferbaumes. Piment wird in der Bäckerei nur gemahlen für Gewürzkuchen, Honig-, Pfeffer- oder Lebkuchen verwendet.

Pinienkerne: Nußartige Samenkerne der Pinie, die anstelle von Mandeln gemahlen als Teigzusatz und ganz zum Belegen für Gebäck verwendet werden.

Pistazien: Die Frucht des Pistazienbaumes. Pistazien werden zum Backen immer ohne Schale verwendet. Als Teigzusatz werden Pistazien feingehackt, zum Garnieren verwendet man die hellgrünen Kerne grobgehackt oder halbiert.

Pottasche: Kaliumcarbonat, wird als Triebmittel vor allem für Honigkuchenteig verwendet.

Preßhefe = Backhefe: Die handelsübliche Form der in Würfel gepreßten Hefe (→Seite 221).

Rosenwasser: Kondensat, das beim Gewinnen von Rosenöl anfällt. Es wird in der Bäckerei zum Aromatisieren vor allem von Weihnachtsgebäck geschätzt und für das Herstellen von Marzipan gebraucht.

Backwissen im Überblick

Rosinen = Sultaninen, Sultanas: Luftgetrocknete helle und dunkle Weintrauben aus verschiedenen Anbaugebieten in Griechenland, der Türkei, Kalifornien und Australien. Rosinen müssen vor dem Verwenden heiß gewaschen und anschließend getrocknet werden; um zu verhindern, daß Rosinen während des Backens in einem leichten Rührteig nach unten sinken, wendet man sie vor dem Unterheben unter den Teig leicht in Mehl.
Safran: Gewürz aus den Blütenstempeln einer Krokusart. Der leicht bitter schmeckende Safran wird vor allem wegen seines gelben Farbstoffs verwendet, in der Bäckerei überall dort, wo eine intensiv gelbe Tönung erwünscht ist.
Sahne: Beim Backen wird sie vor allem für Schlagsahne oder als Zusatz für Teige und Cremes verwendet. Sahne muß grundsätzlich kühl gelagert werden. Die Schlagsahne sollte vor allem im Sommer in einem stark gekühlten Gefäß geschlagen werden. Den Zucker für gesüßte Schlagsahne immer zu Beginn des Schlagvorganges zugeben. Beim Steifschlagen mit dem Handrührgerät zu Beginn mit der mittleren Schaltstufe arbeiten, sobald die Sahne beginnt fest zu werden, das Gerät auf niedrigste Tourenzahl schalten.
Sahnesteifmittel: Ein Pulver aus besonderen Stärkeprodukten, das die Sahne für länger als normal gut steif hält und vor allem verhindert, daß sich Flüssigkeit absetzt. Sahnesteifmittel stets nach Vorschrift auf dem Päckchen verwenden. Sahnesteifmittel ist eine gute Hilfe, wenn Schlagsahne oder ein Kuchen mit Sahnefüllung längere Zeit vor dem Servieren zubereitet werden muß.
Sauerteig: Gesäuerter, gärender Teig, der vor allem als Trieb- und Lockerungsmittel für Teige aus Roggenmehl verwendet wird, aber auch Geschmackskomponente ist. Sauerteig kann beim Bäkker in kleinen Mengen gekauft werden.
Schokoladenstreusel: Schokolade in Streuselform zum Verzieren von Gebäck, aber auch manchmal als Teigzusatz gebraucht. Schokoladenstreusel werden in Beuteln zu 100 g angeboten.
Sesamsamen: Kleine, flache Samenkörner der Sesampflanze. Sie enthalten hochwertige Öle und werden geschrotet als Teigzusatz, unzerkleinert als Belag oder zum Bestreuen von Gebäck und von Brot verwendet.
Sultaninen: →Rosinen
Sukkade: Eine andere Bezeichnung für Zitronat.
Speisestärke: Sie wird – meist mit Mehl gemischt – für Teige verwendet, aber auch zum Binden von Cremes. Wird Speisestärke zum Binden verwendet, rührt man sie stets in wenig kaltem Wasser oder kalter Milch an, ehe sie in die heiße Flüssigkeit gerührt wird und unter Rühren einige Male aufkochen soll. Speisestärke ist unter den verschiedensten Markennamen je nach Ausgangsprodukt im Handel.
Tortenguß: Ein Geleepulver, im Päckchen zu kaufen, das mit Wasser, Obstsaft oder Wein nach Vorschrift zubereitet wird. Man gießt es meist noch flüssig über Obstbelag von Kuchen und Torten, wo es dann zu Gelee erstarrt. Tortenguß wird farblos (klar) und rot angeboten.
Vanille: Von der exotischen Vanilleschote wird das Innere, nämlich das Vanillemark verwendet. Die lederartigen dunklen Schoten werden immer längs aufgeschnitten und dann beispielsweise in Milch gekocht. So können sie ihr volles Aroma abgeben. Wird Vanille ungekocht verwendet, so schneidet man die Vanilleschote längs auf, kratzt das Vanillemark mit einem spitzen Messer heraus und mischt es unter den Teig oder die Creme. Im Teig hinterläßt Vanille zwar feine schwarze Pünktchen, doch schmeckt sie hervorragend. Auch echten Vanillezucker erkennen Sie an den feinen schwarzen Pünktchen.
Vanillezucker: Zucker mit einem Zusatz von mindestens 5 % zerkleinerter Vanilleschote, die als dunkle Pünktchen sichtbar sind.
Vanillinzucker: Zucker mit Vanillin, einem künstlichen Vanille-Trockenaroma angereichert. Vanillinzucker ist in Päckchen im Handel und der am meisten verwendete Vanille-Aromastoff.
Veilchen, kandierte: →kandierte Früchte
Walnüsse: Walnüsse werden gemahlen als Teigzusatz und halbiert als Belag verwendet.
Weinbeeren: →Rosinen
Zimt: Gewürz aus der getrockneten Rinde vom ceylonesischen Zimtbaum. Gemahlener Zimt ist hellbraun und riecht aromatisch im Gegensatz zu Kassia, einer Zimtsorte minderer Qualität von dunklerer Färbung und schärferem Geschmack. Kassia wird bei uns ebenfalls als Zimt verkauft. Zimt wird in der Bäckerei fast ebenso häufig verwendet wie Vanille. Gemahlener Zimt sollte stets in gut verschlossenen Gefäßen aufbewahrt werden, da er sein Aroma leicht verliert. Zimtstangen spielen beim Backen keine große Rolle; sie werden höchstens für Füllungen in Milch mitgegart und dann entfernt.
Zitronat = Sukkade: Kandierte Fruchtschale der besonderen Zitronat-Zitrone vom Zedratbaum.
Zitronen: Wird die Zitronenschale frisch abgerieben als Aroma für ein Gebäck gebraucht, so dürfen nur unbehandelte Zitronen verwendet werden. Vor dem Abreiben die Schale heiß abwaschen und abtrocknen.
Zucker: Im allgemeinen wird zur Bäckerei Zuckerraffinade verwendet. Für besondere Gebäckarten, beispielsweise Honigkuchen und Lebkuchen, nimmt man Farinzucker. Zum Besieben, aber auch für besondere Rezepte, wird Puderzucker bevorzugt.
Zuckerstreusel: Bunter Zucker in Streuselform zum Verzieren von Gebäck.

Lexikon der Backkunst

Lexikon der Backkunst

Von A bis Z finden Sie hier die wichtigsten Begriffe zum Thema Backen. Außerdem geben wir im Lexikon noch kurze Beschreibungen spezieller Gebäcke, Kuchen und Torten für den Fall, daß Sie auch diese einmal probieren wollen. Backen können Sie diese Spezialitäten dann leicht mit Hilfe des entsprechenden Grundrezeptes und den Hinweisen auf das Aussehen des fertigen Gebäcks sowie nach den Vorschlägen für das Verzieren nach den Farbbildern im Rezeptteil. Das Lexikon erläutert aber ebenso alle handwerklichen Begriffe, die Ihnen in den Rezepten begegnen und über die Sie sich vielleicht noch einmal genau informieren möchten.

Aachener Printen: Rechteckige, längliche braune Lebkuchen, entweder mit Zuckerguß versehen oder mit grobem Zucker bestreut. Eine Spezialität der Stadt Aachen.
Albertkekse: Kekse, für die auf eine Menge von 1 kg Mehl oder/und Speisestärke mindestens 120 g Butter oder Margarine verarbeitet werden.
Almond fingers: Englische Plätzchen, auf deutsch Mandelfinger. Es sind gefüllte Mürbeteigplätzchen; die Füllung besteht aus Marmelade und einer Mandelmakronenmasse.
Amaretti: Italienische Mandelmakronen, die vor dem Backen mit Puderzucker besiebt werden.
Amerikaner: Flaches, halbkugelförmiges Gebäck aus einem ziemlich festen Rührteig mit Backpulver. Vom Teig werden Kreise auf das Backblech gesetzt; beim Backen geht das Gebäck halbkugelförmig auf. Die flache Seite der Amerikaner wird nach dem Backen mit hellem Zuckerguß überzogen.

Lexikon der Backkunst

Backwissen im Überblick

Äpfel im Schlafrock: Geschälte, ausgehöhlte Äpfel werden mit Marmelade gefüllt, in Blätterteig oder Hefeteig eingeschlagen und auf dem Backblech bei etwa 200° 20–25 Minuten gebacken.

Apfeltaschen: Quadrate aus Blätterteig oder Plunderteig werden mit feinen Apfelscheibchen, nach Belieben mit Rosinen gemischt, gefüllt, zusammengeschlagen und auf dem Backblech bei etwa 200° 20–25 Minuten gebacken. Die Apfeltaschen vor dem Servieren mit einer Zuckerglasur überziehen.

Apostelkuchen: Ein Kranzkuchen aus dem gleichen Teig wie Brioches →Rezept Seite 181.

Aprikotieren: Erhitzte, durchpassierte Aprikosenmarmelade über ein Gebäck streichen, entweder als Glasur oder als Isolierschicht unter Glasuren und Creme- oder Obstfüllungen.

Aufbacken: Kurzes, nochmaliges Backen von bereits fertigem Gebäck, das durch langes Lagern an Frische eingebüßt hat. Beispiel: Brötchen, Hefe-, Plunder- oder Blätterteiggebäck; nur bei Gebäck ohne Zuckerguß möglich.

Ausbacken: Gebäck schwimmend in heißem Pflanzenfett oder Schmalz backen (→Fritieren, Seite 18).

Backen: Backen ist Garen von Teigen (Gebäck) oder teigartigen Massen (Aufläufe, Pasteten) in trockener Hitze bei Temperaturen von 120–250° im Backofen. Das Backgut bräunt während des Backens. Die anfangs trockene Luft im Backofen wird während des Backvorgangs feucht, da das Backgut Feuchtigkeit abgibt. Das Backgut gart in einer Backform, in einer Auflauf- oder Pastetenform oder auf dem Backblech. Backtemperaturen und Garzeiten richten sich nach der jeweiligen Backmasse, nach deren Größe und Form und nach dem Gefäß, in dem das Backgut gebacken wird.

Baiser = Meringe, Meringue, Schaumgebäck: Lockeres, zartes Gebäck aus Eiweiß und Zucker, nach Belieben mit Schokolade oder/und gemahlenen Mandeln oder Nüssen gemischt. Das schalenförmige oder in Kringel oder Streifen gespritzte Gebäck wird häufig mit Schlagsahne oder Eiscreme gefüllt. Das Wort Baiser kommt aus dem Französischen und bedeutet Kuß. Diese Bezeichnung für Schaumgebäck wurde aber in Deutschland erfunden, in Frankreich heißt es meringue.

Baklava: Ein sehr süßes orientalisches Gebäck aus Strudelteig mit einer Füllung aus gehackten Mandeln, Pistazien und Walnüssen. Der Strudelteig wird dünn ausgerollt und in vier gleich große Teigplatten geschnitten. Sie werden, jeweils mit Füllung dazwischen, aufeinandergelegt und auf dem Backblech gebacken. Der Strudel wird mit Honig übergossen und in kleine Vierecke geschnitten.

Bärentatzen: Kleingebäck aus Mürbe- oder Rührteig in besonderen Förmchen gebacken, ähnlich wie französische Madeleines, →Rezept Seite 130.

Barches: Jüdische Brötchen aus reinem Weizenmehl mit Hefe für den Sabbat bereitet; auch Sabbatbrot genannt.

Baumkuchen: Spezialität von Konditoreien, die für Baumkuchen eigene Backwalzen zur Verfügung haben. Der Teig wird aus 1½ Teilen Butter, 1 Teil Zucker, 1 Teil Mehl und Speisestärke sowie 3 Teilen Eier bereitet und nach Belieben mit gemahlenen Mandeln verfeinert. Der Teig wird in dünnen Schichten auf der sich drehenden erhitzten Walze gebacken; sobald die jeweils äußere Schicht fast gar ist, wird die nächste Teigschicht aufgetragen. Die fertige Kuchenröhre wird mit Zucker-, Nougat- oder Schokoladenglasur überzogen. – Im privaten Haushalt wird Baumkuchen aus der gleichen Teigmasse in der Springform gebacken. Man streicht eine dünne Teigplatte auf den mit Pergamentpapier ausgelegten Boden der Springform, bäckt die Schicht kurz und streicht eine neue Schicht darauf. Jeweils 3 Teigschichten werden aus der Form genommen und mit Gelee oder angerührter Marzipan-Rohmasse mit weiteren Teigschichten zusammengesetzt.

Beignets: Fritierte Küchlein aus Obst, die in Ausbackteig gehüllt und in heißem Fett schwimmend ausgebacken werden; →Feine Apfelbeignets, Rezept Seite 183.

Beignets aux fraises: Französisch für Erdbeerküchlein: Die Erdbeeren werden in Ausbackteig getaucht und schwimmend in heißem Fett ausgebacken.

Berliner Pfannkuchen = Berliner Ballen, Krapfen: Hefekugeln, in heißem Fett schwimmend ausgebacken, meist mit Marmelade gefüllt und mit grobem Zucker besiebt, →Silvesterkrapfen, Rezept Seite 154.

Biskotten = österreichisch für italienisch Biscotti: In Österreich versteht man unter Biskotten Löffelbiskuits, in Italien unter Biscotti Kekse oder Plätzchen oder allgemein Teegebäck.

Blechkuchen: Kuchen, die auf dem Backblech, nicht in einer Kuchenform gebacken werden.

Chantilly: Französisch für Schlagsahne.

Charimsel: Jüdisches Schmalzgebäck für das Passah-Fest. Die Grundlage für dieses Gebäck sind Matzen, nämlich das ungesäuerte Spezialbrot. Matzen können Sie im Reformhaus kaufen. Die Matzen werden zum Teil eingeweicht, zum Teil gerieben und mit Gänseschmalz, Zitronenschale, Zucker, Zimt und Eiern sowie gemahlenen Mandeln verknetet. Aus dem Teig kleine, runde Scheiben formen und in heißem Schmalz schwimmend ausbacken.

Charlotte: Ein Cremedessert, das stets in einer Hülle aus Biskuitgebäck, Baumkuchen oder Waffeln serviert wird; →Charlotte royal, Rezept Seite 205.

Cookies: Englisches Wort für Mürbeplätzchen, die hauptsächlich zum Tee gereicht werden; amerikanisch auch für Weihnachtsplätzchen.

Creme Chantilly: Schlagsahne, die mit Zucker und Vanille oder auch mit anderen Geschmackszutaten abgeschmeckt wurde.

Dampfnudeln: Klöße aus leicht gesüßtem Hefeteig, im Dampf im fest geschlossenen Topf in Milch und Butter gegart und warm mit Vanille- oder Weinschaumsauce serviert.

Dauerbackwaren: Gebäck mit relativ langer Haltbarkeit und daher lagerfähig, wie beispielsweise Zwieback, Hartkekse, Löffelbiskuits, ungefüllte Waffeln, Oblaten, Russisches Brot.

Dresdner Stollen: Schwerer Christstollen mit Rosinen, Zitronat und Mandeln angereichert. →Christstollen, Rezept Seite 112.

Dressieren: Das Formen von Gebäckstücken mit dem Spritzbeutel (Dressierbeutel).

Duchesses: Mit Nougat gefüllte Plätzchen, eine Spezialität aus der Normandie, aus feinem Rührteig mit Marzipan und mit Mandeln bestreut. – Mit Duchesses werden aber auch kleine Krapfen aus Brandteig bezeichnet, die in heißem Fett schwimmend ausgebacken werden. Die Krapfen werden meist halbiert und süß gefüllt.

Elisenlebkuchen: Feinste Lebkuchenart, deren Teig zu ½–⅓ aus Mandeln oder Haselnüssen und höchstens ¹⁄₁₀ aus Mehl oder/und Speisestärke besteht; auf Backoblaten gebacken.

Fettgebäck = Schmalzgebäck: Gebäck, in heißem Pflanzenfett oder Schmalz schwimmend ausgebacken (fritiert).

Fritieren: Ausbacken von Gebäck schwimmend in heißem Pflanzenfett oder Schmalz. →Ausführliche Beschreibung auf Seite 18.

Garprobe: Für die verschiedenen Gebäckarten gibt es besondere Arten von Garproben.
Bei Plätzchen genügt es, sich an der Oberflächenbräune zu orientieren. Ist ein Plätzchen gelb bis goldbraun, ist es auch durchgebacken.
Flache Honigkuchen oder Biskuitplatten hinterlassen keine Druckstelle, wenn sie durchgebacken sind. Bleibt der Fingerdruck auf der Kuchenplatte sichtbar, ist sie noch nicht durchgebacken. Am wichtigsten ist die Stäbchenprobe. Kuchen in der Form, aber auch Stollen, Zöpfe und Laibe müssen vor dem Her-

Backwissen im Überblick

ausnehmen aus dem Backofen geprüft werden, ob sie auch wirklich durchgebacken sind. Stechen Sie an der höchsten Stelle des Gebäcks mit einem Holzstäbchen oder Zahnstocher hinein; bleiben keine Teigreste am Holzstäbchen hängen, ist das Gebäck durchgebacken.

Gâteau: Französisches Wort für Kuchen und Torten. Ursprünglich war ein gâteau ein Zwischengericht oder ein Dessert, das wegen seiner Empfindlichkeit rasch verzehrt werden mußte.

Gebildgebäck: Gebäck in bestimmten Formen oder Figuren; ursprünglich besonders geformte Brote für kultische oder religiöse Anlässe. →Grittibänz, Rezept Seite 122.

Gerinnen: Ein Teig, eine Creme oder Sauce können gerinnen, wenn die einzelnen Zutaten ungleich temperiert sind. Ein geronnener Teig oder geronnene Creme bilden winzig kleine Klümpchen und lassen sich nur durch Erwärmen im heißen Wasserbad wieder zu einer homogenen Masse verrühren.

Germ: Österreichische Bezeichnung für Hefe.

Gewürzplätzchen: Runde Plätzchen, oft aus Honigkuchenteig, aber auch aus Rührteig hergestellt und mit verschiedenen Gewürzen intensiv aromatisiert.

Gezogene Küchle = ausgezogene Nudeln, Fensterküchle: Rundes Hefe-Schmalzgebäck, das in der Mitte fast papierdünn ausgezogen ist und einen wulstigen Rand hat.

Glums = Glumse: Ostpreußische Bezeichnung für Quark.

Grasmere Gingerbread: Ein Traum von einem mit reichlich Ingwer gewürztem Mürbeteigkuchen, der nach dem englischen Städtchen Grasmere benannt wurde. Ein Teil des Mürbeteigs wird fest auf das Backblech gedrückt, der zweite Teil wird als Streusel darübergestreut.

Hasenöhrle: Süddeutsche und schweizerische Bezeichnung für Schmalzgebäck in spitzer Form.

Hippen: Zarte Waffelröllchen, entweder aus dem gleichen Teig wie Schlotfeger gebacken, →Rezept Seite 61, oder aus flüssigem Teig ohne Marzipan, der dünn auf das Backblech gestrichen und nach dem Backen gerollt wird; auch als Hohlhippen bekannt.

Indianerkrapfen: Österreichische Bezeichnung für Mohrenköpfe.

Ischler Törtchen: Runde Plätzchen aus Mürbeteig mit Mandelanteil, die mit Himbeermarmelade bestrichen und mit Ringen aus dem gleichen Teig, mit Puderzucker besiebt, belegt werden.

Kalter Hund: Ein Kuchen, der aus 20 Leibnitzkeksen mit einer Schokoladenmasse aus 1 Ei, 3 Eßlöffeln Puderzucker, 3 Eßlöffeln Kakaopulver und 125 g zerlassenem Kokosfett in einer Kastenkuchenform zusammengesetzt wird.

Karamel: Geschmolzener Zucker, der sich durch das Erhitzen hell bis kräftig braun färbt. Man karamelisiert Zucker meist mit Butter, hauptsächlich wegen der dabei entstehenden Geschmacksnuance.

Beim Kneten werden alle Bestandteile eines Teiges zunächst mit dem Rührlöffel kräftig durchgearbeitet.

Am besten gerät ein Teig, wenn man ihn kräftig mit den Händen knetet; nur so hat man die gewünschte Konsistenz im »Griff«.

Lexikon der Backkunst

Karlsbader Oblaten: Hauchfeine, meist runde Waffeln, dünn mit Mandeln und Zucker gefüllt, selten mit Schokolade überzogen.

Kartoffeltorte: Ursprünglich wurde die Kartoffeltorte in Krisenzeiten als sättigendes Gericht gebacken. Da sie großen Anklang fand, wurde sie für »gute« Zeiten zur Delikatesse aufgewertet. Etwa 300 g durchgepreßte gekochte Kartoffeln mit 50 g in Rum getränkten Rosinen, 50 g gewürfeltem Orangeat, abgeriebener Zitronenschale, 4 Eiern, 200 g Zucker, 1 Prise Salz, 100 g Mehl und/oder Speisestärke, 1 Päckchen Backpulver und 150 g gemahlenen Haselnüssen verarbeiten, in einer Springform backen und mit Zuckerguß aus Puderzucker und Rum überziehen.

Kletzenbrot = Hutzelbrot, Birnenbrot: Das Rezept für Hutzelbrot finden Sie auf Seite 114.

Kneten: Die Bestandteile eines Teiges zunächst mit dem Rührlöffel, am besten aber gleich mit beiden Händen kräftig durcharbeiten, bis eine glatte, geschmeidige Masse entsteht.

Krokant: Konfektmasse aus mindestens 20% Mandeln oder Nüssen und karamelisiertem Zucker.

Lebkuchen = Pfefferkuchen: Gewürzgebäck aus Mehl, Zucker, Honig, Eiern und Fett, mit den speziellen Lebkuchengewürzen (fertige Gewürzmischungen im Handel) aromatisiert.

Liwanzen: Böhmisches Hefegebäck, das in einer speziellen Muldenpfanne gebacken wird.

Marillen: Österreichisch für Aprikosen.

Matze = Mazze: Knäckebrotdünnes Gebäck aus besonderem Mehl und Wasser ohne Sauerteig und Salz hergestellt; das jüdische Osterbrot.

Meringe = Meringue, Meringage, Meringel, Baiser: Schaumgebäck aus Zucker und Eiweiß.

Mozartzopf: Hefeteigzopf mit Zitronat und Orangeat, aus acht Strängen geflochten.

Muzenmandeln: Rheinisches Schmalzgebäck in Mandelform aus einem ähnlichen Teig wie die rheinischen Muzen. →Rezept Seite 156.

Napfkuchen = Gugelhupf: Rührkuchen oder Hefekuchen nach vielfältigen Rezepten in der Napfkuchenform oder Gugelhupfform gebacken.

Nonnenkräpfchen = Nonnenplätzchen: Kleine, kugelige, stark gewürzte Honigkuchen.

Nürnberger Lebkuchen: Lebkuchen, vorwiegend Elisenlebkuchen, die nach bestimmten Rezepten in Nürnberg industriell hergestellt werden.

Obers: Österreichische Bezeichnung für Sahne.

Oliebollen: Kleines Hefeteiggebäck, schwimmend in heißem Fett ausgebacken, eine holländische Silvesterspezialität.

Osterlamm: In kleinen Lammformen gebackener Biskuitteig, den Sie nach dem Grundrezept →Klassischer Biskuitboden, Seite 19, herstellen können.

Pâtisserie: Französische Bezeichnung für Konditorei und für alles Gebäck, das in einer Konditorei angeboten wird.

Pfefferkuchen: Braune Lebkuchen aus dunklem Teig.

Pfitzauf: Eierkuchenteig, der in kleinen Auflaufformen, in Tassen oder Aluförmchen gebacken wird.

Pfundkuchen: Kuchen aus 500 g Teigmasse, zu gleichen Teilen aus Butter, Zucker, Eiern und Mehl/Speisestärke bestehend. Nach Belieben kann der Pfundkuchen mit Trockenfrüchten oder mit Kakaopulver und einem Zusatz von Backpulver angereichert werden.

Pie: Englisch/amerikanische Bezeichnung für gefüllte Teigkrusten aus Mürbeteig oder Blätterteig in runden oder viereckigen flachen Formen gebacken (→Backformen, Seite 220). Die Füllung besteht aus Obst, Nußmasse (→Sweet Pecannut-Pie, Seite 36), Fleisch oder Geflügel.

Lexikon der Backkunst

Backwissen im Überblick

Pischinger Torte: Schokoladentorte aus Karlsbader Oblaten bestehend, mit Mandel-Schokoladencreme gefüllt und mit Kuvertüre überzogen.

Prasselkuchen: Sächsischer Blätterteigkuchen, auf dem Backblech gebacken, reichlich mit Streusel bestreut und mit einer Zuckerglasur überzogen.

Profiteroles: Französische Windbeutel, die mit einer Eiercreme gefüllt und mit einer noch lauwarmen Sauce aus aufgelöster Schokolade übergossen werden. – Italienisch für kleine Windbeutel aus Brandteig mit Himbeeren und Sahne gefüllt und mit Himbeermasse überzogen; schweizerisch auch für Backerbsen.

Rodonkuchen: Feiner Rührkuchen in einer Napfkuchenform gebacken. Zum Teig werden nach Belieben gemahlene Nüsse, geriebene Schokolade, Kakaopulver, Trockenfrüchte oder Quark gegeben. Der Kuchen wird zuletzt mit Kuvertüre überzogen.

Rühren: Flüssige oder cremige Substanzen durch Rühren mit dem Kochlöffel, dem Schneebesen oder den Rührbesen der Küchenmaschine in eine homogene Masse verwandeln.

Flüssige oder cremige Substanzen werden mit dem Rührlöffel oder dem Schneebesen zu einer homogenen Masse gerührt.

Rascher und müheloser rühren Sie flüssige oder cremige Substanzen mit den Rührbesen/Quirlen des elektrischen Handrührgeräts.

Russisches Brot: Leichtes bräunliches Gebäck aus Eiweiß mit Puderzucker und Mehl in Form von Buchstaben und Zahlen.

Sablé: Das Wort kommt aus dem Französischen und bedeutet eigentlich Sand. Der Sandteig, aus dem Sabléplätzchen bestehen, ist ein Mürbeteig aus 1 Teil Zucker, 2 Teilen Butter und 3 Teilen Mehl/Speisestärke. Die Plätzchen werden wie Heidesand (→Rezept Seite 137) in Scheiben geschnitten.

Schaumgebäck: →Baiser oder Meringe

Schlagen: Teig können Sie mit einem kräftigen Rührlöffel oder mit den Händen schlagen, nicht jedoch mit dem Rührgerät. Wichtig ist dabei, daß mit dem Rührlöffel oder mit den Händen der Teig von unten hochgehoben und fest mit dem restlichen Teig zusammengeschlagen wird.

Schlagobers: Österreichisch für Schlagsahne.

Schlagrahm: Süddeutsch für Schlagsahne.

Schmant oder Schmand: Ostpreußisch für Sahne.

Schmelzen: Fett, Nougat oder Schokolade bei sehr schwacher Hitze (Automatikplatte Schaltstufe I oder im heißen Wasserbad) bis zum Flüssigwerden erhitzen.

Schneeballen: Bällchen aus Brandteig, mit Rosinen und kleingewiegtem Orangeat gemischt, in heißem Fett schwimmend ausgebacken.

Schwaden geben: Für den Backvorgang im Backofen Dampf erzeugen, indem man auf den heißen Boden des Backofens Wasser schüttet.

Schürzkuchen: Mit dem Teigrädchen ausgeschnittene Teigstreifen, die in der Mitte einen länglichen Einschnitt erhalten, durch den zwei Ecken der Teigstreifen gezogen werden. Das Gebäck wird schwimmend in heißem Fett ausgebacken.

Scones: Frühstückshörnchen aus einem festen Rührteig mit Backpulver, die vor allem aus Australien bekannt sind. Sie werden mit Erdbeerkonfitüre und Schlagsahne verspeist.

Spitzkuchen: Dicke, kleine braune Lebkuchen in Trapezform, meist mit Schokolade überzogen.

Stäbchenprobe: Die beste Garprobe für Kuchen in Form, für Stollen, Zöpfe und Laibe. Nach Ende der Backzeit, vor dem Herausnehmen des Kuchens aus dem Backofen, ein Holzstäbchen in die Mitte des Kuchens stecken. Bleiben keine Teigspuren am Holzstäbchen haften, ist der Kuchen durchgebacken.

Streusel: Ein Gemisch aus Mehl, Butter und Zucker, das zwischen den Händen zu Streuseln verrieben wird und als Kuchenbelag dient. Das Verhältnis der Zutaten besteht meistens aus 2 Teilen Mehl, 2 Teilen Zucker und 1½ Teilen Butter; für besonders feine Streusel werden aber ebenfalls 2 Teile Butter verwendet. Streusel kann mit Zimt oder Vanille aromatisiert werden.

Topfen: Österreichische Bezeichnung für Quark.

Topfenstrudel: Eine österreichische Spezialität. Ein Strudel, mit Quarkcreme gefüllt, die mit Rosinen angereichert ist; →Apfelstrudel, Rezept Seite 182.

Touren: Das Zusammenschlagen von Blätterteig oder Plunderteig nach bestimmten Richtlinien. →Grundrezepte Seite 13 ff.

Unterheben: Am häufigsten wird vom Unterheben von Eischnee gesprochen. Am besten benützt man zum Unterheben den Kochlöffel und hebt die unter dem Eischnee befindliche Teigmasse immer wieder über den Eischnee, bis er völlig vom Teig bedeckt ist.

Vol-au-vent: Großes Pastetenhaus, große Blätterteigpastete. →Rezept Seite 104.

Vorheizen: Den Backofen, das Waffeleisen, den Grill oder das Fett zum Fritieren auf die zu Backbeginn benötigte Temperatur bringen.

Wähe: Schweizer und Elsässer Bezeichnung für einen Kuchen mit süßem oder salzigem Belag und mit einem Sahneguß überzogen.

Wasserbad: Für das Wasserbad wird in einem flachen, breiten Topf so viel Wasser zum Kochen gebracht, daß eine etwas kleinere Schüssel darin stehen kann, ohne daß Wasser aus dem Topf in die Schüssel gelangt. In der Schüssel werden empfindliche Substanzen zum Schmelzen gebracht oder schaumig gerührt. Das Wasser im Wasserbad soll nicht sprudelnd kochen, sondern eben unter dem Siedepunkt gehalten werden. Kocht das Wasser auf, gießt man etwas kaltes Wasser zu.

Zürcher Salbeiküchli = Müsli Chüechli: Frische Salbeiblätter werden am Stiel in einen Ausbackteig getaucht und schwimmend in heißem Fett ausgebacken. Die fertigen Küchli mit Puderzucker besieben.

Beim Schlagen eines Teiges kommt es darauf an, daß der Teig immer wieder von unten nach oben gehoben und fest zum restlichen Teig zurückgeschlagen wird.

Im Wasserbad werden empfindliche Substanzen geschmolzen, erhitzt oder/und mit dem Schneebesen cremig gerührt.

Backwissen im Überblick

Kuchen im Gefriergerät

Kuchen in der Vorratsdose

Die Vorratsdose steht hier natürlich stellvertretend für verschiedene Möglichkeiten, die sich anbieten, um Kuchen einige Tage frisch zu halten. Die meisten Kuchen werden ohnehin zum richtigen Zeitpunkt für einen bestimmten Anlaß gebacken. Bleiben einmal mehrere Stücke davon übrig, so wickelt man sie einfach bis zur nächsten Kaffeestunde in Alufolie ein. Sind von einem ganzen Kuchen nur einige Stücke abgeschnitten worden, so deckt man den Kuchen am besten mit einer großen Rührschüssel zu; darunter hält er sich ebenfalls einige Tage frisch.

● Mit Creme oder Sahne gefülltes Gebäck oder gefüllte Torten bleiben im Kühlschrank allerdings nur 1–2 Tage frisch.

● Blätterteig- oder Hefeteiggebäck schmeckt frisch am besten. Übrig gebliebene Stücke können aber 1–2 Tage später noch einmal aufgebacken werden, vorausgesetzt, sie sind nicht mit Glasur überzogen.

● Mürbeteig-Kleingebäck, Lebkuchen, Honigkuchen, Früchtebrot oder inhaltsreiches Hefegebäck können in Dosen oder in Alufolie eingepackt ohnehin längere Zeit lagern.

● Wenn Sie Kuchen aus irgendeinem Grund einen Tag vor dem »Kaffeeklatsch« backen müssen, so wickeln Sie ihn noch lauwarm gut in Alufolie ein. Am nächsten Tag wird keiner merken, daß er bereits am Vortag gebacken wurde.

● Weihnachtsgebäck, das schon vier Wochen vor dem Fest gebacken werden soll, wie beispielsweise Weihnachtsstollen, wird ebenfalls in Alufolie oder in Klarsichtfolie gut eingepackt und in einem ungeheizten, aber gut gelüfteten Raum aufbewahrt. Allerdings muß der Stollen vor dem Verpacken 1–2 Tage »luftig« liegen, sonst könnte er schimmeln. Als beste Lagermöglichkeit für den Weihnachtsstollen wird ein unglasierter Steinguttopf empfohlen, den man mit einem feuchten Küchentuch zudecken soll. Wir bezweifeln allerdings, daß viele Haushalte über einen Steinguttopf in der erforderlichen Größe verfügen.

● Kleingebäck wird am besten in einer großen Blechdose aufbewahrt, deren Deckel luftdicht schließt. Solche Dosen werden heute in verschiedenen Größen in sehr hübschen Ausführungen in Läden angeboten, die Geschenkartikel verkaufen.

● Empfindliches Gebäck, das leicht bricht, sollte man lagenweise durch Pergamentpapier oder auch Küchenkrepp voneinander trennen. Zum Aufbewahren eignen sich aber auch Emailletöpfe, große Einweckgläser oder Keramikgefäße. Wenn die Deckel nicht wirklich dicht schließen, kommt unter den Deckel einfach Alufolie, die mit einem Gummiband festgehalten wird.

● Selbstverständlich sollten Sie verschiedene Gebäcksorten auch getrennt aufbewahren. Es kann sonst leicht geschehen, daß ein Geschmacks- und Geruchsdurcheinander entsteht, weil sich Düfte und Geschmäcker übertragen. Stehen Ihnen also nicht genügend Gefäße für die verschiedenen Gebäckarten zur Verfügung, so packen Sie jede Sorte für sich in Alufolie und bewahren Sie die Pakete in einem großen Gefäß auf.

Kuchen im Gefriergerät

Wer gerne backt und ein Gefriergerät besitzt, kann ohne viel Mehraufwand stets über eine kleine »Konditorei« verfügen. Gebäck und Teig eignen sich mit wenigen Ausnahmen hervorragend zum Einfrieren. Kuchen, Hörnchen, Schnecken, Brot und Brötchen, immer gleich aus der zwei- bis dreifachen Menge gebacken und zu einem Teil eingefroren, ergeben im Laufe der Zeit beachtliche Vorräte. Zudem lassen sich Küchenmaschinen und Backofen optimal ausnützen, wenn gleich größere Mengen hergestellt werden, und der Aufwand an Küchenarbeit lohnt sich erst richtig. Selbst kleine Familien und Einzelpersonen kommen so in den Genuß des Sonntagskuchens – denn nicht sofort gebrauchte Portionen werden eingefroren. Am besten immer nur ein bis zwei Stücke zusammen verpacken, dann läßt sich bei Bedarf rasch ein bunter Teller zusammenstellen; außerdem tauen kleinere Stücke rascher auf, und überraschender Besuch bringt niemanden in Verlegenheit.

● Die ausführliche Tabelle über alle Gebäck- und Teigarten und über Backzutaten am Ende dieses Kapitels informiert auf einen Blick darüber, was sich besonders gut zum Einfrieren eignet und worauf jeweils zu achten ist.

● Zunächst Grundsätzliches zum Einfrieren von Gebäck:

7 wichtige Gebote für das Einfrieren

1. Kuchen, die eingefroren waren, sollten nach dem Auftauen nicht erneut eingefroren werden. Die Qualität leidet darunter. Ausnahmen: Kuchen, die aus eingefrorenem rohem Teig gebakken werden, dürfen noch einmal eingefroren werden.
2. Kuchen, Torten und kleines Gebäck möglichst in Portionen einfrieren, die später auf einmal verbraucht werden können, da aufgetautes Gebäck nicht mehr lange lagern sollte.
3. Gefriergut stets sorgfältig und nur mit gefriergeeignetem Material verpacken und luftdicht verschließen.
4. Das Gefriergut stets an die kälteste Stelle im Gefriergerät legen (Kontakt mit Außenwänden und mit dem Boden des Geräts), oder ins Vorgefrierfach.
5. Noch nicht durchgefrorenes Gefriergut nicht mit bereits gefrorenem in Berührung bringen.
6. Frisch eingefrorenes Gefriergut erst nach 24 Stunden dicht neben bereits vorhandenes Gefriergut legen.
7. Im Gegensatz zu allen anderen Gefriergütern dürfen Kuchen und Gebäck noch lauwarm eingefroren werden; dadurch behält das Gebäck auch über die Lagerzeit und das Auftauen hinaus den Geschmack größter Frische.

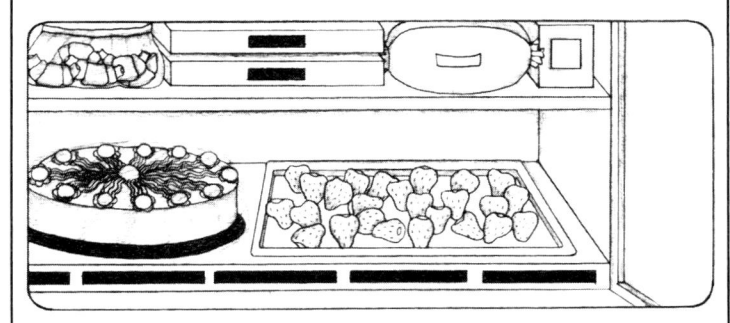

Zum Vorfrieren werden Torten leicht in Klarsichtfolie eingeschlagen, Beeren und Obst für Kuchenbelag auf einer Unterlage so ins Vorgefrierfach gelegt, daß sie sich nicht berühren. Hartgefroren verpacken und richtig einfrieren.

Kuchen im Gefriergerät

Backwissen im Überblick

Richtig verpacken

Die Qualität von Eingefrorenem kann nur erhalten bleiben, wenn es luftdicht verpackt wird und das Verpackungsmaterial seiner Beschaffenheit nach keine ungünstigen Einflüsse auf das Gefriergut ausüben kann. Langjährige Erfahrungen haben ergeben, daß das Material zum Verpacken von Lebensmitteln, die eingefroren werden sollen, folgende Qualitätsmerkmale aufweisen muß:

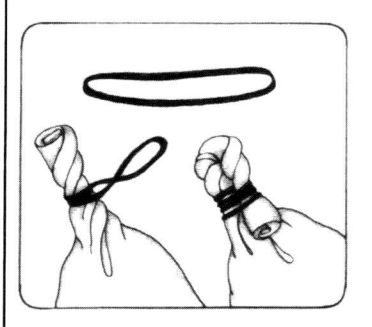

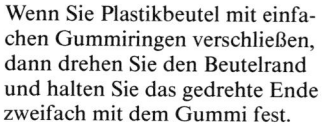

Wenn Sie Plastikbeutel mit einfachen Gummiringen verschließen, dann drehen Sie den Beutelrand und halten Sie das gedrehte Ende zweifach mit dem Gummi fest.

Wird eine Cremetorte vorgefroren, so schlagen Sie sie zunächst locker in Klarsichtfolie, damit die Verzierung auf der Oberfläche nicht beschädigt wird.

- Es muß lebensmittelecht sein (es gibt Kunststoffe, die nicht lebensmittelecht sind, beispielsweise Folien, in denen sonstige Verbrauchsgüter verpackt werden).
- Es muß kälte- und hitzebeständig sein. Temperaturen von $-40°$ bis $+60°$ dürfen dem Material nichts anhaben.
- Es muß luft-, gas- und feuchtigkeitsundurchlässig sein, sonst könnten Oxydationsvorgänge einsetzen.
- Es darf keinen Eigengeschmack und keinen Eigengeruch entwickeln, da sonst Aromen unangenehm verfälscht werden, wie das bei nicht lebensmittelechten Folien geschehen kann.
- Es muß fett- und säurebeständig sein: Beide Substanzen sind in den Lebensmitteln enthalten. Das Verpackungsmaterial darf durch sie nicht angegriffen oder verändert werden.

Achten Sie beim Einkauf darauf, daß das Material auch speziell zum Einfrieren geeignet ist.

Alufolie: Zum Einfrieren von Gebäck ist extra starke Alufolie in der Stärke von 0,025–0,07 mm das ideale Verpackungsmaterial. Sie läßt sich einfach handhaben, schmiegt sich auch unregelmäßigen Formen gut an und läßt sich zuverlässig luftdicht verschließen. Kuchen, die in der Alufolie auftauen, sind gleichzeitig gut vor dem Austrocknen geschützt. Außerdem kann das Gebäck in der oben geöffneten Alufolie im Backofen aufgetaut und aufgebacken werden.

Aluformen: Sie eignen sich hervorragend für Kuchen – gebacken oder ungebacken – und werden in verschiedenen Größen und Formen angeboten. In Aluformen können fertig gebackene Kuchen oder auch vorgeformter Kuchenteig eingefroren und später im Backofen bei der im Rezept angegebenen Temperatur aufgetaut, aufgebacken oder gebacken werden. Selbstverständlich müssen die oben offenen Aluformen vor dem Einfrieren gut verschlossen werden. Dazu wickelt man sie entweder in extra starke Alufolie oder steckt sie in Gefrierbeutel.

Material aus Polyäthylenfolie: Es erfüllt fast alle Forderungen an ideales Verpackungsmaterial zum Einfrieren. Man sollte es lediglich nicht direkt mit reinem Fett in Verbindung bringen. Es ist schmiegsam, bei sorgsamer Behandlung mehrmals zu verwenden und in Form von Beuteln, Schlauchfolie und Planfolie in Rollen in verschiedenen Breiten und Größen erhältlich.

- Wichtig: Zum Einfrieren muß es die Stärke von 0,05 mm haben. Die wesentlich dünneren Frischhaltebeutel erkennen Sie deutlich am Griff. Das Material wird entweder mit dem Schweißgerät, mit Gummiringen, mit Kunststoff- oder Metallklipsen oder mit Klebestreifen verschlossen.

Kunststoffdosen: Sie sind milchig durchscheinend und werden als Becher und eckige Dosen in verschiedenen Größen angeboten. Sie eignen sich gut für empfindliches Gebäck, für Streusel und für Obst, das vorgefroren wurde. Die Dosen werden mit Deckeln angeboten. Die Deckel müssen sehr gut schließen; im Zweifelsfall zusätzlich mit Klebestreifen sichern, damit sie einwandfrei luftdicht sind.

Zum Verschließen: Hierfür eignen sich je nach verwendetem Verpackungsmaterial Gummiringe, Draht- oder Plastikklipse, frostbeständige Klebebänder und das Schweißgerät, mit dem Plastikbeutel luftdicht verschlossen werden.

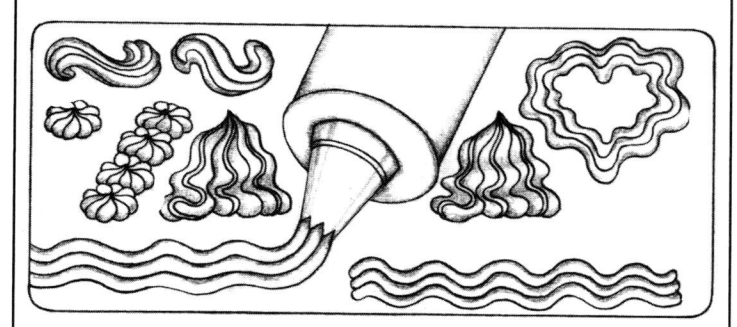

Sahneverzierungen auf Alufolie spritzen, im Vorgefrierfach hartfrieren, dann verpacken und richtig einfrieren. Sahnereste werden auf diese Weise verwertet und sind später für Kuchen und Desserts im Nu aufgetaut.

Richtig einfrieren

- Niemals zuviel auf einmal einfrieren. Die Menge, die innerhalb von 24 Stunden eingefroren werden darf, richtet sich nach dem Liter-Inhalt Ihres Gefriergeräts und geht aus der Bedienungsanleitung hervor.
- Das Gerät etwa 4 Stunden vor dem Einlegen des Gefriergutes auf »Super« schalten.
- Gefriergut, das noch gefroren verarbeitet werden soll, vorfrieren: Beeren oder Obst für Kuchenbelag, Streusel, Sahneverzierungen unverpackt, Tortenstücke oder ganze Torten mit Verzierung leicht in Klarsichtfolie eingeschlagen auf einer Platte ins Vorgefrierfach legen, je nach Größe 1–6 Stunden. Erst hartgefroren verpacken und endgültig einfrieren.
- Frisch eingelegtes Gefriergut muß deshalb je nach Größe der Pakete bis zu 24 Stunden in tiefstmöglicher Umgebungstemperatur bleiben.
- Nach dem vollständigen Durchfrieren des neu eingelegten Gefriergutes wird das Gerät auf die normale Lagertemperatur von $-18°$ zurückgeschaltet. Die Lagertemperatur darf ohne Schaden für das Gefriergut auch tiefer sein als $-18°$; es schadet zum Beispiel nichts, wenn das Gerät länger als erforderlich, auch tagelang, auf »Super« geschaltet bleibt. Dagegen tritt Qualitätsverlust ein, wenn die Temperatur längere Zeit höher als $-18°$ ist.

Backwissen im Überblick

Kuchen im Gefriergerät

Große Gefriertabelle

Gefriergut	geeignet	haltbar Monate	Beim Einfrieren bedenken	Beim Auftauen bedenken	Ratschläge zum Verwenden
Kuchen und Teig					
Baiser	nicht geeignet				
Biskuitböden	gut	4–5	rund für Kuchen und Torten, rechteckig für Rouladen – Klarsichtfolie zwischen Schichtböden	2–4 Stunden bei +20° auftauen oder noch gefroren bei 180° 15 Minuten aufbacken	eventuell nur angetaut mit Obst belegen, mit Tortenguß überziehen oder mit Creme füllen
Biskuitgebäck, gefüllt	gut	1–3	mit Sahnefüllung und mit französischer Buttercreme gefüllt vorfrieren	2–5 Stunden bei +20° auftauen	noch leicht gefroren in Stücke schneiden – mit Puderzucker besieben
Biskuitteig, roh	nicht geeignet				
Blätterteiggebäck	sehr gut	5–6	ohne Zuckerglasur einfrieren – in Dosen oder auf fester Unterlage verpacken	2–5 Stunden bei +20° auftauen oder noch gefroren bei 200° 10–15 Minuten backen	größere Stücke nach dem Backen völlig auftauen lassen – nach Belieben glasieren
Blätterteig, roh	gut	8	dünn ausgerollten Teig mit Klarsichtfolie belegen, in Lagen rechteckig verpacken	unverpackt bei +20° auftauen lassen	wie frisch verwenden, bei 220–240° backen
Blechkuchen	sehr gut	2–4	Obst-, Streusel-, Mohn-, Nußbelag eignen sich am besten. Kuchen in Portionsstücken zwischen Klarsichtfolie verpacken	in der Verpackung bei +20° 3–6 Stunden auftauen oder bei 175° im Backofen 20 Minuten aufbacken	je nach Belag mit Puderzucker besieben oder mit Zuckerglasur überziehen
Brandteiggebäck	sehr gut	5–6	die Gebäckstücke zum Füllen bereits halbieren, aber ungefüllt einfrieren	bei +20° etwa 30 Minuten auftauen lassen	das gefüllte Gebäck mit Glasur überziehen oder mit Puderzucker besieben
Brandteig, roh	gut	8	zeitsparender ist es, das fertige Brandteiggebäck einzufrieren	je nach Größe der Portionen bei +20° 3–6 Stunden auftauen	wie frisch verarbeiten
Brötchen	sehr gut	5–6	die Brötchen möglichst ganz frisch, noch lauwarm, einfrieren	noch gefroren bei 175° 10–15 Minuten backen; 1 Tasse Wasser auf den Boden des Backofens gießen, dadurch werden die Brötchen knuspriger	wie frisch verzehren
Brot	sehr gut	8	ganze Brote, halbe Brote oder Brotscheiben einfrieren, immer aber in Portionen, die bei einer Mahlzeit verzehrt werden	große Brote oder Stücke bei +20° 4–8 Stunden auftauen lassen	Brotscheiben noch gefroren im Toaster rösten
Buttercremetorte	gut	2	ganze Torte oder Tortenstücke mit Klarsichtfolie überzogen vorfrieren, dann verpacken. Wichtig: keine mit Pudding bereitete Buttercreme einfrieren!	in der Verpackung bei +20° einige Stunden antauen lassen; noch angetaut in Stücke schneiden	nach Belieben zusätzliche frische Verzierungen anbringen
fritiertes Gebäck	sehr gut	3	die Gebäckstücke ohne Zuckerguß oder Streuzucker 1 Stunde vorfrieren, dann verpacken und völlig einfrieren	je nach Größe 3–4 Stunden bei +20° auftauen lassen oder bei 175° 10–20 Minuten im Backofen aufbacken	nach Belieben glasieren oder mit Puderzucker besieben
Hefekleingebäck	sehr gut	4	ohne Zucker oder Eigelbglasur einfrieren; auch ungebacken vorgeformt und gegangen einfrieren	gebackene Teile am besten bei +20° in der Verpackung auftauen lassen, dann in Folie einschlagen und 10 Minuten bei 200° aufbacken. Ungebackene Teile je nach Größe bei 220° bis zu 30 Minuten backen	nach Belieben das Gebäck mit Glasur überziehen

Kuchen im Gefriergerät

Backwissen im Überblick

Gefriergut	geeignet	haltbar Monate	Beim Einfrieren bedenken	Beim Auftauen bedenken	Ratschläge zum Verwenden
Hefekuchen	gut	5	im ganzen oder in Stücken einfrieren	2–4 Stunden bei +20° auftauen lassen, aufgetaut in Alufolie einschlagen und bei 200° 10 Minuten aufbacken oder noch gefrorene Kuchen in Alufolie eingeschlagen bei 150° 50 Minuten aufbacken	
Hefeteig, roh	gut	3	am besten mit doppelter Hefemenge zubereiten und etwas mehr Zucker als üblich zugeben; den Teig ungegangen einfrieren; auch bereits belegt einfrieren, am besten in bereits ausgefetteten Aluformen, in denen der Kuchen später gebacken werden kann; Formen nur zu ⅔ füllen	bei +20° 3–4 Stunden auftauen lassen, den Teig dann gehen lassen und wie frisch backen	
Honigkuchengebäck	gut	4	in der später gewünschten Form einfrieren	je nach Größe oder Dicke ½–2 Stunden bei +20° auftauen lassen	nach Belieben glasieren und verzieren
Honigkuchenteig, roh	gut	1	zu flachen, quadratischen Päckchen formen	im Kühlschrank etwa 5 Stunden antauen lassen, bis der Teig formbar ist	wie frisch verwenden
Käsekuchen (Quarkkuchen)	sehr gut	3	Quark mit Grieß, statt mit Speisestärke binden. Kuchen im ganzen oder in Stücken vorfrieren, dann verpacken und einfrieren	in der Verpackung bei +20° 4–5 Stunden auftauen lassen; noch angetaut in Stücke schneiden	nach Belieben mit Puderzucker besieben
Käse-Sahnetorte	sehr gut	3	ganze Torte oder Tortenstücke einfrieren; mit Klarsichtfolie überzogen vorfrieren, dann verpacken und einfrieren	in der Verpackung bei +20° je nach Größe 4–8 Stunden auftauen lassen; noch angetaut in Stücke schneiden	nach Belieben mit Puderzucker besieben
Makronen	nicht geeignet				
Meringen	nicht geeignet				
Mürbeteiggebäck	sehr gut	5	Torteletts mit Klarsichtfolie zwischen den einzelnen Törtchen einfrieren. Schichtböden ebenfalls mit Klarsichtfolie zwischen den Schichten einfrieren	2–4 Stunden bei +20° auftauen lassen oder noch gefroren bei 180° 15 Minuten aufbacken	angetaut mit frischem oder angetautem Obst belegen, mit Tortenguß überziehen und vollständig auftauen lassen
Mürbeteig, roh	sehr gut	3	als flache, quadratische Päckchen verpackt einfrieren	im Kühlschrank etwa 5 Stunden antauen lassen, bis der Teig formbar ist; wenn zu weit aufgetaut, noch einmal kurz vor dem Formen oder Ausrollen in den Kühlschrank legen	wie frisch verarbeiten
Obstkuchen, gedeckt	gut	3	Semmelbrösel oder gemahlene Nüsse auf den Boden streuen, damit er nicht durchweicht; gedeckte Obstkuchen eignen sich besser zum Einfrieren als ungedeckte	3–4 Stunden bei +20° auftauen lassen; noch gefroren bei 175° 30 Minuten aufbacken	ungedeckte Obstkuchen nach dem Aufbacken mit Tortenguß überziehen. Gedeckte Obstkuchen mit Zuckerguß überziehen
Obstkuchen, roh	gut	3	am besten den Boden und vorgefrorene Früchte getrennt einfrieren	Boden und Früchte bei +20° antauen, den Boden belegen und bei 220° 30–40 Minuten backen	den gebackenen Kuchen mit Guß überziehen oder mit Baisermasse verzieren und diese kurz überbacken
Pizza	sehr gut	3	belegte rohe Pizzen oder gegarte Pizzen einfrieren	rohe Pizzen noch gefroren bei 200° etwa 30 Minuten backen; gebackene Pizzen in der Verpackung 1–2 Stunden bei +20° auftauen lassen	aufgetaute, gebackene Pizzen kurz aufbacken

Backwissen im Überblick

Kuchen im Gefriergerät

Gefriergut	geeignet	haltbar Monate	Beim Einfrieren bedenken	Beim Auftauen bedenken	Ratschläge zum Verwenden
Rührkuchen	sehr gut	6	ganze Kuchen oder Stücke einfrieren, Stücke durch Klarsichtfolie trennen	je nach Größe 2–6 Stunden bei +20° auftauen lassen. Aufgetaute Kuchen in Alufolie einschlagen und bei 200° 10 Minuten aufbacken; noch gefrorene Kuchen in Alufolie einschlagen, bei 150° 50 Minuten backen	
Rührteig, roh	gut	4	den Teig bereits in ausgefettete, mit Semmelbröseln ausgestreute Formen aus Alufolie füllen, in denen er später gebacken werden kann. Die ganzen Formen verpacken	den Teig in der Form unverpackt bei +20° etwa 4 Stunden antauen lassen, dann bei etwa 200° je nach Größe 30–60 Minuten backen	die gebackenen Kuchen beliebig verzieren
Sahnetorte	sehr gut	5	ganze Torte oder Tortenstücke einfrieren, mit Klarsichtfolie überzogen vorfrieren, dann verpacken und einfrieren	in der Verpackung bei +20° 4–6 Stunden antauen lassen	angetaut in Stücke schneiden
Salzgebäck	sehr gut	9	in Dosen verpacken, damit das Gebäck nicht zerbricht	in der Verpackung 1–2 Stunden bei +20° auftauen lassen	
Stollen	sehr gut	8	im ganzen oder in Stücken einfrieren; Stücke durch Klarsichtfolie trennen	ganze Stollen noch gefroren in Alufolie einschlagen und bei 160° 60–90 Minuten backen; Scheiben oder kleinere Stücke bei +20° antauen lassen, dann in Alufolie einschlagen und bei 200° 10–20 Minuten aufbacken	
Strudelteig	sehr gut	5	nach dem Ausziehen den Teig mit Klarsichtfolie belegen, zusammenfalten und in flachen Päckchen einfrieren	in der Verpackung bei +20° 2–3 Stunden auftauen lassen	wie frisch verwenden
Strudel, gefüllt, gebacken	sehr gut	4	im ganzen oder in Stücken einfrieren, zwischen einzelne Stücke Klarsichtfolie legen	bei +20° je nach Größe 3–5 Stunden antauen lassen, in Alufolie einschlagen und bei 175° 30–50 Minuten aufbacken	vor dem Servieren mit Puderzucker besieben
Waffeln, gebacken	sehr gut	3	die Waffeln durch Klarsichtfolie voneinander trennen	noch gefroren bei 220° etwa 10 Minuten im Backofen aufbacken	mit Puderzucker besieben, mit Sahne bespritzen und beliebig füllen und 2 Waffeln zusammensetzen
Weißbrot	gut	4	bei Stangenweißbrot beide Enden abschneiden, damit die Luft im Brot zirkulieren kann, und später die Kruste nicht so leicht abblättert; im ganzen oder in Scheiben geschnitten einfrieren; Scheiben durch Klarsichtfolie trennen	ganze oder halbe Brote noch gefroren bei 180° 30–40 Minuten aufbacken; 1 Tasse Wasser auf den Boden des Backofens gießen; Weißbrotscheiben noch gefroren im Toaster rösten	

Backzutaten

Gefriergut	geeignet	haltbar Monate	Beim Einfrieren bedenken	Beim Auftauen bedenken	Ratschläge zum Verwenden
Butter	sehr gut	8	am besten ungesalzene Süßrahmbutter einfrieren	in der Verpackung im Kühlschrank je nach Portionsgröße etwa 12 Stunden auftauen lassen	aufgetaute Butter rasch verbrauchen
Eigelbe	sehr gut	10	leicht verquirlen, jeweils 4–5 Eigelbe mit einer Messerspitze Salz verrühren und einfrieren	in der Verpackung bei +20° je nach Portionsgröße 2–5 Stunden auftauen lassen oder im Kühlschrank 8–12 Stunden	wie frisch verwenden
Eiweiße	sehr gut	10	das Eiweiß leicht verquirlen, ohne Salz einfrieren	im Kühlschrank über Nacht auftauen lassen	wie frisches Eiweiß zu Schnee schlagen
Eimasse	sehr gut	10	Eigelbe und Eiweiße leicht miteinander verquirlen, jeweils 2 Eier mit 1 Messerspitze Salz verrühren	im Kühlschrank über Nacht auftauen lassen	wie frisch verwenden

Kuchen im Gefriergerät

Backwissen im Überblick

Gefriergut	geeignet	haltbar Monate	Beim Einfrieren bedenken	Beim Auftauen bedenken	Ratschläge zum Verwenden
Hefe	sehr gut	4	in Würfeln von 30–50 g einfrieren; Gewichtsangaben auf das Päckchen schreiben	die noch gefrorene Hefe zerbröckeln, in lauwarmer Milch mit etwas Zucker zum Hefevorteig geben und darin auftauen und gehen lassen	wie frisch verwenden
Margarine	gut	5		wie Butter	wie Butter
Quark	sehr gut	5	in Portionen, die zum Backen gebraucht werden, einfrieren	je nach Menge über Nacht im Kühlschrank auftauen lassen	aufgetauten Quark mit dem Schneebesen gut durchrühren, wie frisch verwenden
Sahne	sehr gut	3	ungeschlagen oder geschlagen einfrieren, am besten leicht gesüßt	in der Verpackung je nach Menge über Nacht im Kühlschrank auftauen lassen	für Sahnecreme und Sahneverzierungen wie frisch verwenden
Sahneverzierungen	gut	3	die geschlagene, mit etwas Zukker gesüßte Sahne in den Spritzbeutel füllen und Rosetten, Tupfen oder Streifen auf ein Brett spritzen. Vorfrieren, bis die Verzierungen hart sind, dann in Dosen füllen und verpacken		noch gefroren auf Kuchen, Torten oder Desserts legen und dort in wenigen Minuten auftauen lassen
Streusel, roh	sehr gut	4	Portionen, wie sie für Kuchen gebraucht werden, vorfrieren; in Beutel oder Dosen verpacken	noch gefroren auf den Kuchen streuen und backen; wenn nicht vorgefroren, bei +20° 1–2 Stunden auftauen lassen	
Äpfel	gut	6	Falläpfel oder feste Äpfel schälen, in Scheiben schneiden, mit Zitronensaft beträufeln und einfrieren	antauen lassen, bis sich die Apfelstücke voneinander trennen lassen	den Kuchen damit belegen, mit Teig bedecken und backen
Aprikosen	gut	6	waschen, halbieren, entsteinen, die Schnittfläche in Zitronensaft und Zucker tauchen, vorfrieren, verpacken und einfrieren	noch gefroren verwenden	den Kuchenboden belegen und backen
Brombeeren	sehr gut	10	Beeren waschen, verlesen, gut auf Tüchern abtropfen lassen und vorfrieren, dann verpacken	noch gefroren verwenden	den Kuchen belegen, mit Tortenguß überziehen; die Beeren sind aufgetaut, wenn der Guß erstarrt ist; nach Belieben mit Schlagsahne garnieren
Erdbeeren	gut	8	wie Brombeeren		
Heidelbeeren	sehr gut	10	wie Brombeeren		
Himbeeren	sehr gut	10	wie Brombeeren		
Johannisbeeren	sehr gut	6	wie Brombeeren		
Stachelbeeren	gut	8	wie Brombeeren		
Kirschen, sauer	gut	8	waschen, gut abtropfen, entsteinen, vorfrieren, einfrieren	noch gefroren verwenden	den Kuchenboden belegen und backen
Kirschen, süß	gut	8	wie Kirschen sauer		
Mirabellen	gut	6	waschen, entsteinen, gut abtropfen lassen, vorfrieren, verpacken und einfrieren	noch gefroren verwenden	den Kuchenboden belegen, bakken
Pflaumen	gut	6	waschen, entsteinen, wie zum Belegen gebraucht einschneiden; vorfrieren, verpacken und einfrieren	noch gefroren verwenden	den Kuchenboden belegen, backen
Rhabarber	sehr gut	8	Rhabarber schälen, waschen, in gleich große Stücke schneiden, gut abtropfen lassen; vorfrieren, verpacken und einfrieren	noch gefroren verwenden	den Kuchenboden belegen, mit Zucker bestreuen, backen
Zwetschgen	gut	8	wie Pflaumen		

Zum Nachschlagen

Register der Gebäckarten

Ausbackteig
Feine Apfelbeignets 183

Baisermasse
Baisers 21
Baiser-Christbaumschmuck 121
Bananenmeringen 99
Exotische Eismeringen 109
Gebackenes Fürst-Pückler-Eis 107
Heidelbeerkuchen mit Baiser 26
Himbeer-Baiserkuchen 33
Mokka-Eis-Baisers 108
Mürber Rhabarberkuchen 29
Schwäbische Springerle 135
Stachelbeer-Baisertorte 47
Stachelbeerkuchen mit Haube 33
Waldersee-Baisers 99
Zarte Zimtsterne 137

Biskuitteig
Aida-Torte 54
Alices Schokoladentorte 201
Altwiener Schokoladentorte 202
Ananas-Buttercremetorte 46
Birnen-Sahnetorte 55
Biskuitmasse für Rouladen 20
Bûche de Noël 143
Budapester Roulade 69
Charlotte royal 205
Dobostorte 208
Eisroulade Fürstenart 98
Erdbeerroulade 56
Festliche Schokoladentorte 52
Fürst-Pückler-Roulade 57
Fürst-Pückler-Torte 211
Granny's Cremetorte 215
Himbeereis-Torte 106
Himbeersahne-Roulade 57
Katzenzungen 79
Klassische Petits fours 71
Klassischer Biskuitboden 19
Kokosnußtorte Basse Pointe 48
Lachende Mohrenköpfe 97
Löffelbiskuits 74
Mailänder Makronentorte 209
Malakoff-Torte 214
Mandel-Kaffeetorte 211
Mangotorte Coconut 35
Maronentorte 210
Mokkacremetorte 53
Mokkaschnitten 69
Nougatschnitte 68
Nußeis-Torte 106
Nußtorte 210
Orangenschnitten 62
Orangentorte Alt-Yafo 51
Prinzregententorte 208
Punschtorte 214
Quarktorte Winzerart 44
Rehrücken nach Art der Mamsell 203
Sahne-Omelettes 187
Schachbrett-Torte 206
Schokoladen-Biskuit 20
Schokoladenbrot 36
Schokoladenschnitten 68
Schwarzbrottorte 212
Schwarzwälder Kirschtorte 206
Schweizer Rüblitorte 200
Spanische Vanilletorte 50
Stachelbeer-Baisertorte 47
Torte für den Weihnachtstag 142
Tortenboden mit Backpulver 19
Wiener Sachertorte 201
Zitronenröllchen 56

Blätterteig
Anchovishappen 103
Blätterteig-Nußstrudel 183
Champignon-Halbmonde 82
Feine Blätterkämme 65
Fleurons 102
Gedrehte Käsestangen 102
Gefüllte Schuhsohlen 195
Haselnußbeutel 198
Holländer Sahnetorte 207
Illustrierte Quadrate 89
Kiwi-Sahnetorte 34
Königin-Pastetchen 105
Mandel-Kirsch-Blätterteig 198
Mandeltörtchen der Madame 196
Mürbe Brezen 187
Orangen-Windrädchen 199
Pastetenhaus 104
Schillerlocken Konditorenart 59
Schinken-Käse-Hörnchen 86
Schinkentaschen 87
Schlemmertörtchen 82
Schweinsöhrchen 199
Seemanns-Pizza 90
Vagabunden-Taler 83
Vol-au-vent 104
Wildpastetchen 87
Zartes Käsegebäck 81
Zitronenschnitten 63

Brandteig
Erdbeerkranz 32
Erdbeer-Windbeutel 109
Feine Spritzkuchen 155
Gâteau Saint-Honoré 215
Käse-Windbeutel 84
Sahne-Windbeutel 67
Strauben 155

Hefeteig
Apfelkuchen mit Streuseln 191
Aprikosenkuchen vom Blech 27
Aprikosen-Zopfkuchen 147
Augsburger Zwetschgendatschi 191
Babas mit Früchten 110
Badischer Zwiebelkuchen 88
Bath Buns 72
Berliner Napfkuchen 42
Bienenstich 189
Böhmische Kolatschen 184
Bremer Osterklaben 163
Brioches-Zwerge 119
Brötchen 10
Buchteln 185
Bunte Weihnachtssterne 122
Champignonpizza 92
Christstollen 112
Doughnuts 155
Dresdner Eierschecke 190
Echtes Grahambrot 171
Englische Teacakes 73
Gedrehte Rohrnudeln 185
Geflochtene Luxusbrötchen 179
Geflochtener Osterkorb 167
Geflochtener Schmetterling 123
Gefüllte Schnecken 197
Gefüllter Hefezopf 41
Gewürzbrot im Blumentopf 173
Glücksschweinchen 158
Graham-Frühstücksbrötchen 177
Gratulations-Mäuse 96
Grieben-Fladen 172
Griechische Hefekrapfen 64
Griechische Osternester 161
Griechisches Osterbrot 166
Grittibänz 122
Große Neujahrs-Breze 159
Hefeteigbrezeln 177
Hefewaffeln 186
Holländische Ostermänner 160
Holländische Rosinenkrapfen 157
Hutzelbrot Sankt Nikolaus 114
Kleckerkuchen 190
Kleine Osterenten 161
Knusprige Mohnzöpfe 180
Ladiner Fladenbrot 175
Ländlicher Butterkuchen 189
Lombardische Osterpinza 166
Makronenzwieback 75
Mandelstollen 112
Mandelstuten 170
Marzipanzopf 41
Meisters Mohnkranz 43
Milchhörnchen 180
Mohnsemmeln 178
Mohnstollen 146
Nordisches Wirbelrad 172
Osterbrot 162
Osterhasen aus Hefeteig 160
Osterkranz 162
Panettone 115
Pariser Brioches 181

233

Register der Gebäckarten

Zum Nachschlagen

Pariser Brot 173
Pikantes Bauernbrot 174
Piroschki 84
Pizza pugliese 93
Polnischer Osterkuchen 165
Prälaten-Ringbrot 175
Resche Roggenbrötchen 178
Rosettenkuchen 168
Rosinenstuten 170
Sardellenpizza 92
Savarin mit Erdbeeren 40
Scharfe Salamipizza 93
Schlesischer Streuselkuchen 189
Schmalzbrezen 154
Schwäbischer Speckkuchen 88
Sfincione vom Blech 91
Siebenbürger Rahm-Hancklich 184
Sizilianische Sfincione 91
Spanische Pastete 105
Traditionelle Silvesterkrapfen 154
Weizenkeimbrot 171
Wiener Gugelhupf 42
Zuckerbrezeln 78
Zwiebelbrote Landhausart 174

Honigkuchenteig
Basler Leckerli 125
Honigkuchen-Baumbehang 120
Honigkuchen-Herzen 132
Honigkuchen vom Blech 133
Kleines Knusperhäuschen 116
Lebkuchen-Christbaum 119
Lebkuchenfamilie 119
Liegnitzer Honigkuchen 115
Lustige Weihnachtsmänner 117
Runde Pfeffernüsse 138

Knetteig
Apfelstrudel 182
Badener Chräbeli 128
Bozener Crostoi 156
Dänische braune Kuchen 126
Honigtorte 212
Lockerer Quarkstollen 147
Mandel-Lebkuchen 132
Mürbes Spritzgebäck 136
Nougatkipferl 136
Rheinische Muzen 156
Schwedische Julkuchen 127

Makronenmasse
Lübecker Kokosmakrönchen 134
Mailänder Makronentorte 209
Makronenringe 121
Makronenschnitten 194
Makronenzwieback 75
Mandelbögen 194
Obers-Stanitzel 60
Schlotfeger 61
Schokoladen-Makronen 139
Tee-Makronen 74
Torta di Mandorle 213

Mürbeteig
Allgäuer Butter-S 128
Amerikanische Ingwerschnitten 126
Apfel-Gitterkuchen 30
Birnen-Quarktorte 44
Bobbes 61
Echter Heidesand 137
Elsässer Apfelkuchen 31
Engadiner Nußtorte 49
Erdbeer-Quarkkuchen 32
Exoten-Kuchen 35
Feine Fleischtaschen 83
Französische Madeleines 130
Französischer Orangenkuchen 34
Gâteau Saint-Honoré 215
Gedeckter Apfelkuchen 30

Gefüllter Tannenbaum 118
Heidelbeerkuchen mit Baiser 26
Heidelbeer-Sahnetorte 205
Himbeertörtchen 58
Holländische Zebras 130
Husaren-Krapferl 124
Italienische Pangani 131
Johannisbeerkuchen 28
Käse-Sahnetorte 45
Kirschtörtchen exquisit 63
Kleine Gewürzschnitten 140
Kleine Schoko-Igel 94
Kleine Spitzbuben 135
Köstlicher Käsekuchen 192
Linzer Kranzerl 124
Linzer Torte 213
Mandelschnitten 78
Mandel-Spekulatius 129
Marillenringe 131
Mürber Rhabarberkuchen 29
Mürbes Käsegebäck 85
Muskatzonen 140
Norwegische Weihnachtsringe 127
Nußeis-Waffelherzen 98
Orange-Almond-Cookies 194
Orangencreme-Törtchen 108
Orangen-Schokoplätzchen 141
Österliche Sahnetorte 165
Ostertorte aus Kampanien 164
Petits fours à la Ritz 70
Pflaumenkuchen 27
Punschbrezeln 134
Quiche lorraine 80
Schwarzweiß-Gebäck 138
Schwedische Apfeltörtchen 62
Schwedische Mazarintorte 50
Shortbread Fingers 73
Shrewsbury Biscuits 72
Stachelbeerkuchen mit Haube 33
Stachelbeertörtchen 58
Steyrischer Apfelkuchen 31
Süßes ABC 97
Sweet Pecannut-Pie 36
Torta di Mandorle 213
Törtchen 17
Wiener Vanillekipferl 125
Würzige Friesenkekse 79
Zarte Mandelherzen 141
Zitronenringe 195
Zwetschgenkuchen 26

Plunderteig
Croissants 181
Dänische Hörnchen 197
Glasierte Nußschleifen 66
Hörnchen 15
Kopenhagener Schnecken 65
Orangen-Plunder 66

Rührteig
Anisplätzchen 139
Ballbäuschen 157
Brauner Kirschkuchen 193
Burgenländer Mohntorte 49
Buttermilchwaffeln 186
Dundee Cake 145
Frankfurter Kranz 203
Fruchtschiffchen 60
Hochzeitstorte in drei Etagen 101
Honig-Mandeltorte 168
Königskuchen 77
Körniger Dattelkuchen 169
Krümelkuchen 38
Margaretenkuchen 37
Muffins 103
Nußkuchen 38
Orangenkuchen 39
Pistazien-Napfkuchen 39
Rührkuchen mit Backpulver 11
Rumkuchen 77

Russische Mazurka 164
Türkischer Teekuchen 76
Versunkener Kirschkuchen 28
Wedding Cake 100
Wiener Kirschtorte 51

Sandteig
Cassata italiana 111
Klassischer Sandkuchen 193
Tannenzapfen Märchenwald 144

Buttercreme
Ananas-Buttercremetorte 46
Bienenstich 189
Bûche de Noël 143
Budapester Roulade 69
Cassata italiana 111
Dobostorte 208
Festliche Schokoladentorte 52
Frankfurter Kranz 203
Granny's Cremtorte 215
Himbeertörtchen 58
Kleine Schoko-Igel 94
Malakoff-Torte 214
Mandel-Kaffeetorte 211
Mokkacremetorte 53
Mokkaschnitten 69
Nougatschnitte 68
Petits fours à la Ritz 70
Prinzregententorte 208
Tannenzapfen Märchenwald 144
Zitronenröllchen 56

Eiscreme
Cassata italiana 111
Eisroulade Fürstenart 98
Erdbeer-Windbeutel 109
Exotische Eismeringen 109
Gebackenes Fürst-Pückler-Eis 107
Himbeereis-Torte 106
Kirscheis-Überraschung 107
Mokka-Eis-Baisers 108
Nußeis-Torte 106
Nußeis-Waffelherzen 98
Orangencreme-Törtchen 108

Marzipan
Aida-Torte 54
Alices Schokoladentorte 201
Bobbes 61
Brioches-Zwerge 119
Dänische Hörnchen 197
Doughnuts 155
Dundee Cake 145
Echter Heidesand 137
Feigenkugeln Baron M. 149
Gefüllte Dattelen 153
Gefüllter Hefezopf 41
Glücksschweinchen 158
Kirscheis-Überraschung 107
Klassische Petits fours 71
Königsberger Marzipanherzen 152
Liegnitzer Honigkuchen 115
Lübecker Kokosmakrönchen 134
Mailänder Makronentorte 209
Makronenringe 121
Makronenzwieback 75
Mandel-Kirsch-Blätterteig 198
Mandel-Spekulatius 129
Margaretenkuchen 37
Maronentorte 210
Marzipan-Ananas-Konfekt 153
Marzipanfigürchen 95
Marzipan-Pralinen 152
Marzipanzopf 41
Nußtorte 210
Obers-Stanitzel 60

Orangen-Plunder 66
Orangen-Windrädchen 199
Pistazien-Napfkuchen 39
Punschtorte 214
Schlotfeger 61
Schweizer Rüblitorte 200
Spanische Vanilletorte 50
Stachelbeer-Baisertorte 47
Tee-Makronen 74

Mohn
Böhmische Kolatschen 184
Burgenländer Mohntorte 49
Butter-Kleckerkuchen 190
Knusprige Mohnzöpfe 180
Meisters Mohnkranz 43
Mohnsemmeln 178
Mohnstollen 146
Rosettenkuchen 168

Nougat
Aida-Torte 54
Dobostorte 208
Figaro-Schnitten 151
Nougatkipferl 136
Nougatschnitte 68
Nußeis-Torte 106

Nüsse
Alices Schokoladentorte 201
Altwiener Schokoladentorte 202
Aprikosen-Zopfkuchen 147
Basler Leckerli 125
Bienenstich 189
Blätterteig-Nußstrudel 183
Brauner Kirschkuchen 193
Bremer Osterklaben 163
Brüsseler Früchtebrot 144
Christstollen 112
Dänische Hörnchen 197
Dundee Cake 145
Engadiner Nußtorte 49
Feine Nußkämme 65
Figaro-Schnitten 151
Florentiner 196
Französische Madeleines 130
Fruchtschiffchen 60
Gefüllte Dattelen 153
Gefüllter Hefezopf 41
Gefüllter Tannenbaum 118
Glasierte Nußschleifen 66
Grandis Cremtorte 215
Haselnußbeutel 198
Honigkuchen vom Blech 133
Honig-Mandeltorte 168
Honigtorte 212
Husaren-Krapferl 124
Hutzelbrot Sankt Nikolaus 114
Kleine Gewürzschnitten 140
Kleine Spitzbuben 135
Kokosnußtorte Basse Pointe 48
Königskuchen 77
Krümelkuchen 38
Liegnitzer Honigkuchen 115
Linzer Kranzerl 124
Linzer Torte 213
Lübecker Kokosmakrönchen 134
Mailänder Makronentorte 209
Makronenringe 121
Makronenschnitten 194
Mandelbögen 194
Mandel-Kaffeetorte 211
Mandel-Kirsch-Blätterteig 198
Mandel-Knusperhäufchen 150
Mandel-Lebkuchen 132
Mandelschnitten 78
Mandelstollen 112
Mandelstuten 170
Mandeltörtchen der Madame 196

234

Zum Nachschlagen

Register der Gebäckarten

Mangotorte Coconut 35
Marzipan-Pralinen 152
Marzipanzopf 41
Muskatzonen 140
Nuß-Bananen-Brot 170
Nußeis-Torte 106
Nußkuchen 38
Nußtorte 210
Orange-Almond-Cookies 194
Orangenkuchen 39
Orangenschnitten 62
Orangentorte Alt-Yafo 51
Österliche Sahnetorte 165
Pikantes Bauernbrot 174
Pistazien-Napfkuchen 39
Rehrücken nach Art der Mamsell 203
Rosettenkuchen 168
Russische Mazurka 164
Schokoladenbrot 36
Schokoladen-Fruchtkonfekt 153
Schokoladen-Makronen 139
Schwarzbrottorte 212
Schwarzwälder Kirschtorte 206
Schwedische Mazarintorte 50
Schweizer Rüblitorte 200
Steyrischer Apfelkuchen 31
Sweet-Pecannut-Pie 36
Tee-Makronen 74
Torta di Mandorle 213
Traditionelles Früchtebrot 113
Weiße Aprikosentaler 150
Wiener Vanillekipferl 125
Zarte Mandelherzen 141
Zarte Zimtsterne 137
Zitronenschnitten 63

Obst und Trockenfrüchte
Aida-Torte 54
Ananas-Buttercremetorte 46
Apfel-Gitterkuchen 30
Apfelkuchen mit Streuseln 191
Apfelstrudel 182
Aprikosenkuchen vom Blech 27
Aprikosen-Zopfkuchen 147
Augsburger Zwetschgendatschi 191
Babas mit Früchten 110
Babettes Quittenbrot 148
Bananenmeringen 99
Bath Buns 72
Berliner Napfkuchen 42
Birnen-Quarktorte 44
Birnen-Sahnetorte 55
Bobbes 61
Böhmische Kolatschen 184
Brauner Kirschkuchen 193
Bremer Osterklaben 163
Brüsseler Früchtebrot 144
Christstollen 112
Dundee Cake 145
Elsässer Apfelkuchen 31
Englische Teacakes 73
Erdbeerkranz 32
Erdbeer-Quarkkuchen 32
Erdbeerroulade 56
Erdbeer-Windbeutel 109
Exotische Eismeringen 109
Exoten-Kuchen 35
Feigenkugeln Baron M. 149
Feine Apfelbeignets 183
Figaro-Schnitten 151
Florentiner 196
Französischer Orangenkuchen 34
Fruchtschiffchen 60
Fürst-Pückler-Roulade 57
Fürst-Pückler-Torte 211
Gedeckter Apfelkuchen 30
Gefüllte Datteln 153
Gefüllte Schnecken 197

Gratulations-Mäuse 96
Heidelbeerkuchen mit Baiser 26
Heidelbeer-Sahnetorte 205
Himbeer-Baiserkuchen 33
Himbeereis-Torte 106
Himbeersahne-Roulade 57
Himbeertörtchen 58
Hochzeitstorte in drei Etagen 101
Holländer Sahnetorte 207
Holländische Rosinenkrapfen 157
Honig-Mandeltorte 168
Hutzelbrot Sankt Nikolaus 114
Johannisbeerkuchen 28
Kirschtörtchen exquisit 63
Kiwi-Sahnetorte 34
Kleines Knusperhäuschen 116
Königskuchen 77
Körniger Dattelkuchen 169
Mangotorte Coconut 35
Marzipan-Ananas-Konfekt 153
Mokka-Eis-Baisers 108
Mürber Rhabarberkuchen 29
Nuß-Bananen-Brot 170
Obstkuchen mit Krümelboden 169
Orange-Almond-Cookies 194
Orangen-Plunder 66
Orangenschnitten 62
Orangen-Schokoplätzchen 141
Orangentorte Alt-Yafo 51
Osterbrot 162
Osterkranz 162
Panettone 115
Pflaumenkuchen 27
Quarktorte Winzerart 44
Rosinenstuten 170
Savarin mit Erdbeeren 40
Schachbrett-Torte 206
Schillerlocken Konditorenart 59
Schokoladen-Fruchtkonfekt 153
Schwarzwälder Kirschtorte 206
Schwedische Apfeltörtchen 62
Stachelbeer-Baisertorte 47
Stachelbeerkuchen mit Haube 33
Stachelbeertörtchen 58
Steyrischer Apfelkuchen 31
Traditionelles Früchtebrot 113
Türkischer Teekuchen 76
Versunkener Kirschkuchen 28
Wedding Cake 100
Weiße Aprikosentaler 150
Wiener Kirschtorte 51
Zitronen-Himbeer-Torte 204
Zitronenröllchen 56
Zitronenschnitten 63
Zwetschgenkuchen 26

Quark
Aprikosenkuchen vom Blech 27
Birnen-Quarktorte 44
Böhmische Kolatschen 184
Cassata italiana 111
Dresdner Eierschecke 190
Erdbeer-Quarkkuchen 32
Käse-Sahnetorte 45
Kleckerkuchen 190
Köstlicher Käsekuchen 192
Lockerer Quarkstollen 147
Ostertorte aus Kampanien 164
Quarktorte Winzerart 44
Schachbrett-Torte 206
Schlesischer Streuselkuchen 188

Sahnecreme
Babas mit Früchten 110
Bananenmeringen 99
Birnen-Sahnetorte 55
Charlotte royal 205
Erdbeerkranz 32
Erdbeer-Quarkkuchen 32

Erdbeerroulade 56
Fürst-Pückler-Roulade 57
Fürst-Pückler-Torte 211
Gefüllte Schuhsohlen 195
Heidelbeer-Sahnetorte 205
Himbeer-Baiserkuchen 33
Himbeersahne-Roulade 57
Holländer Sahnetorte 207
Käse-Sahnetorte 45
Kiwi-Sahnetorte 34
Mangotorte Coconut 35
Mokka-Eis-Baisers 108
Nußeis-Torte 106
Orangencreme-Törtchen 108
Österliche Sahnetorte 165
Russische Mazurka 164
Sahne-Omelettes 187
Sahne-Windbeutel 67
Savarin mit Erdbeeren 40
Schachbrett-Torte 206
Schillerlocken Konditorenart 59
Schlotfeger 61
Schwarzwälder Kirschtorte 206
Siebenbürger Rahm-Hancklich 184
Torte für den Weihnachtstag 142
Waldersee-Baisers 99
Zitronen-Himbeer-Torte 204

Schokolade
Alices Schokoladentorte 201
Altwiener Schokoladentorte 202
Ananas-Buttercremetorte 46
Brauner Kirschkuchen 193
Bûche de Noël 143
Budapester Roulade 69
Cassata italiana 111
Dobostorte 208
Exotische Eismeringen 109
Festliche Schokoladentorte 52
Figaro-Schnitten 151
Florentiner 196
Fürst-Pückler-Torte 211
Granny's Cremetorte 215
Kleine Schoko-Igel 94
Lachende Mohrenköpfe 97
Lübecker Kokosmakrönchen 134
Makronenringe 127
Mandel-Knusperhäufchen 150
Maronentorte 210
Marzipan-Pralinen 152
Nougatschnitte 68
Orangen-Schokoplätzchen 141
Prinzregententorte 208
Rehrücken nach Art der Mamsell 203
Schokoladenbrot 36
Schokoladen-Dukaten 151
Schokoladen-Fruchtkonfekt 153
Schokoladen-Makronen 139
Schokoladenschnitten 68
Schwarzbrottorte 212
Schwarzwälder Kirschtorte 206
Schwarzweiß-Gebäck 138
Spanische Vanilletorte 50
Tannenzapfen Märchenwald 144
Torte für den Weihnachtstag 142
Vornehmes Schokoladenkonfekt 148
Wiener Sachertorte 201

Fisch
Anchovishappen 103
Pizza pugliese 93
Sardellenpizza 92
Seemanns-Pizza 90

Fleisch
Feine Fleischtaschen 83
Schlemmertörtchen 82

Spanische Pastete 105
Wildpastetchen 87

Gemüse
Badischer Zwiebelkuchen 88
Champignon-Halbmonde 82
Champignonpizza 92
Illustrierte Quadrate 89
Piroschki 84
Pizza pugliese 93
Sardellenpizza 92
Scharfe Salamipizza 93
Schweizer Rüblitorte 200
Seemanns-Pizza 90
Sizilianische Sfincione 91
Spanische Pastete 105
Zwiebelbrote Landhausart 174
Wildpastetchen 87

Käse
Champignonpizza 92
Gedrehte Käsestangen 102
Käse-Windbeutel 67
Kuchen mit Frischkäse 192
Mürbes Käsegebäck 85
Pikantes Bauernbrot 174
Pizza pugliese 93
Quiche lorraine 80
Sardellenpizza 92
Scharfe Salamipizza 93
Schinken-Käse-Hörnchen 86
Schlemmertörtchen 82
Sizilianische Sfincione 91
Vagabunden-Taler 83
Zartes Käsegebäck 81

Schinken
Schinken-Käse-Hörnchen 86
Schinkentaschen 87
Spanische Pastete 105
Vagabunden-Taler 83

Speck
Badischer Zwiebelkuchen 88
Champignon-Halbmonde 82
Grieben-Fladen 172
Pikantes Bauernbrot 174
Quiche lorraine 80
Schwäbischer Speckkuchen 88

Wurst
Illustrierte Quadrate 89
Piroschki 84
Scharfe Salamipizza 93
Schlemmertörtchen 82
Vagabunden-Taler 83

Rezept- und Sachregister

A

Aachener Printen 223
Aida-Torte 54
Albertkekse 223
Alices Schokoladentorte 201
Allgäuer Butter-S 128
Allgewürz 222
Almond-Cookies, Orange- 194
– fingers 223
Altwiener Schokoladentorte 202
Aluformen 228
Amaretti 223
Amerikaner 223
Amerikanische Ingwerschnitten 126
Ananas-Buttercremetorte 46
Anchovishappen 103
Angelika 220
Anis 220
– plätzchen 139, 219
Apfelbeignets, feine 183
Apfel-Gitterkuchen 30
Äpfel im Schlafrock 224
Apfelkuchen, Elsässer 31
–, gedeckter 30
– mit Streuseln 191
–, Steyrischer 31
Apfelstrudel 182
Apfeltaschen 224
Apfeltörtchen, schwedische 62
Apostelkuchen 224
Aprikosenkuchen vom Blech 27
Aprikosentaler, weiße 150
Aprikosen-Zopfkuchen 147
Aprikotieren 224
Arrak 220
Aufbacken 224
Augsburger Zwetschgendatschi 191
Ausbacken 224
Ausbackfett 221
Ausbackteig 18
– mit Bier 18
Ausgezogene Nudeln 225
Auszugsmehl 220

B

Babas mit Früchten 110
Babettes Quittenbrot 148
Backaromen 220
Backblech 220
Backbrett 218
Backen 224
Backessenzen 220
Backformen 218, 219
Backgeräte 218
Backhefe 222
Backoblaten 220
Backpinsel 218
Backpulver 220
Backtemperaturen 219
Backzutaten 220
Badener Chräbeli 128
Badischer Zwiebelkuchen 88
Baiser 224, 225
– Christbaumschmuck 121
–, Heidelbeerkuchen mit 26
– kuchen, Himbeer- 33
– masse 21
–, Schokoladen- 21
– torte, Stachelbeer- 47
Baisers, Mokka-Eis- 108
–, Waldersee- 99

Baklava 224
Ballbäuschen 157
Bananen-Brot, Nuß- 170
– meringen 99
Barches 72
Bärentatzen 224
Basler Leckerli 125, 219
Bath Buns 72
Bauernbrot, pikantes 174
Baumbehang, Honigkuchen- 120
Baumkuchen 224
Beignets 224
– aux fraises 224
–, feine Apfel- 183
Belegfrüchte 220
Belegkirschen 220
Berliner Ballen 224
– Napfkuchen 42
– Pfannkuchen 224
Bienenstich 189
Birnenbrot 225
Birnen-Quarktorte 44
– Sahnetorte 55
Biscotto 224
Biscuits, Shrewsbury 72
Biskotten 224
Biskuit, Schokoladen- 20
Biskuitbrösel 220
Biskuitmasse für Rouladen 20
Biskuitteig 19
– Tortenboden mit Backpulver 19
– Tortenboden ohne Backpulver 19
Biskuits, Löffel- 74
Bittere Mandeln 220
Bittermandelöl 220
Blätterteig 12
–, Mandel-Kirsch- 198
– Nußstrudel 183
–, roh einfrieren 229
–, selbstbereiteter 13
–, tiefgefrorener 13
Blechkuchen 27, 29, 31, 224
Blockschokolade 220
Bobbes 61
Böhmische Kolatschen 184
Bozener Crostoi 156
Brandteig 17
–, roh einfrieren 229
Brauner Kirschkuchen 193
Bremer Osterklaben 163
Breze, große Neujahrs- 159
Brezeln, Hefeteig- 177
–, Punsch- 134
–, Zucker- 78
Brezen 21
–, mürbe 187
–, Schmalz- 154
Brioches, Pariser 181
– Zwerge 119
Brötchen, geflochtene Luxus- 22, 179
Brot und Brötchen 170ff.
Brune kager 126
Brüsseler Früchtebrot 144
Bûche de Noël 143
Buchteln 185
Budapester Roulade 69
Bunte Weihnachtssterne 122
Burgenländer Mohntorte 49
Butter 220
– cremetorte, Ananas- 46
– kuchen, ländlicher 189
Buttermilch 220
– waffeln 186

C

Cashewkerne 221
Cassata italiana 111
Champignon-Halbmonde 82
– pizza 92
Chantilly 224
Charimsel 224
Charlotte 224
– royal 205
Chräbeli, Badener 128
Christbaum, Lebkuchen- 119
– schmuck, Baiser- 121
Christstollen 112
Cookies 224
–, Orange-Almond- 194
Creme Chantilly 224
– torte, Granny's 215
Croissants 181
Crostoi, Bozener 156

D

Dampfnudeln 224
Dänische braune Kuchen 126
– Hörnchen 197
Datteln, gefüllte 153
Dattelkuchen, körniger 169
Dobostorte 208
Dosenmilch 221
Doughnuts 155
Dresdner Eierschecke 190
– Stollen 224
Dressieren 224
Duchesses 224
Dundee Cake 145

E

Echter Heidesand 137
Echtes Grahambrot 171
Eier 221
– schecke, Dresdner 190
Einfrieren 224
Eis-Baisers, Mokka- 108
Eis, gebackenes Fürst-Pückler- 107
– meringen, exotische 109
– roulade, Fürstenart 98
– Torte, Himbeer- 106
– Torte, Nuß- 106
– Überraschung, Kirsch- 107
Elektrische Rührgeräte 219
Elisenlebkuchen 224
Elsässer Apfelkuchen 31
Engadiner Nußtorte 49
Engelwurz 220
Englische Hochzeitstorte 100
– Teacakes 73
Erdbeerkranz 32
Erdbeer-Quarkkuchen 32
– roulade 56
– Windbeutel 109
Exoten-Kuchen 35
Exotische Eismeringen 109

F

Farinzucker 221
Feigenkugeln Baron M. 149
Feine Apfelbeignets 183
– Fleischtaschen 83
– Nußkämme 65
– Spritzkuchen 155
Fensterküchle 225
Festliche Schokoladentorte 52
Fett 221
Figaro-Schnitten 151

Fladen, Grieben- 172
– brot, Ladiner 175
Fleischtaschen, feine 83
Fleurons 102
Florentiner 196
Fondantmasse 221
Frankfurter Kranz 203
Französische Madeleines 130
Französischer Orangenkuchen 34
Fräulein Poldis Schokoladenbrot 36
Friesenkekse, würzige 79
Fritieren 18, 224
Fritierfett 221
Früchtebrot, Brüsseler 144
–, traditionelles 113
Früchtekuchen 219
Fruchtkonfekt, Schokoladen- 153
Fruchtschiffchen 60
Frühstücksbrötchen, Graham- 177
Fürst-Pückler-Eis, gebackenes 107
– Roulade 57
– Torte 211

G

Garnierspritze 219
Garprobe 224
Gâteau 225
– Saint-Honoré 215
Gebackenes Fürst-Pückler-Eis 107
Gebäckspritze 219
Gebildgebäck 225
Gedeckter Apfelkuchen 30
– Rohrnudeln 185
Geflochtene Luxusbrötchen 179
Geflochtener Osterkorb 23, 167
– Schmetterling 123
Gefriergerät, Kuchen im 229
Gefüllte Datteln 153
– Schnecken 197
– Schuhsohlen 195
Gefüllter Hefezopf 41
– Tannenbaum 118
Gelatine 221
Gerinnen 225
Germ 225
Gewürzbrot im Blumentopf 173
Gewürzkörner 222
Gewürznelken 221
Gewürzplätzchen 225
Gewürzschnitten, kleine 140
Glasierte Nußschleifen 66
Glücksschweinchen 158
Glumse 225
Grahambrot, echtes 171
Graham-Frühstücksbrötchen 177
Graham-Mehl 221
Granny's Cremetorte 215
Grasmere Gingerbread 225
Gratulationsmäuse 96
Grieben-Fladen 172
Griechische Hefekrapfen 64
– Osternester 161
Griechisches Osterbrot 166
Grittibänz 122
Große Neujahrs-Breze 159
Gugelhupf 219, 225
– form 218, 220
–, Wiener 42

H

Haarsieb, kleines 218
Hagelzucker 221
Halbmonde 22
Haselnüsse 221
Haselnußbeutel 198
Hasenöhrle 225

Zum Nachschlagen

Rezept- und Sachregister

Hefe 9, 221
- kranz 40
- krapfen, griechische 64
- zopf, gefüllter 41
- waffeln 186
Hefeteig 9 f.
- brezeln 177
-, Osterhasen aus 160
- roh einfrieren 230
Heidelbeerkuchen mit Baiser 26
Heidelbeer-Sahnetorte 205
Heidesand, echter 137
Herzen, Honigkuchen- 132
-, Königsberger Marzipan- 152
Himbeer-Baiserkuchen 33
- eis-Torte 106
- sahne-Roulade 57
- törtchen 58
- Torte, Zitronen- 204
Hippen 225
Hirschhornsalz 221
Hochzeitstorte, englische 100
- in drei Etagen 101
Holländer Sahnetorte 207
Holländische Ostermänner 160
- Rosinenkrapfen 157
- Zebras 130
Honigkuchen-Baumbehang 120
- Herzen 132
-, Liegnitzer 115
- teig, roh einfrieren 230
- vom Blech 133
Honig-Mandeltorte 168
Honigtorte 212
Hörnchen, gefüllte 197
-, Milch- 180
-, Plunder- 181
Husaren-Krapferl 124
Hutzelbrot 225
- Sankt Nikolaus 114

I, J

Illustrierte Quadrate 89
Indianerkrapfen 225
Ingwer 221
- schnitten, amerikanische 126
Ischler Törtchen 225
Italienische Pangani 131
Johannisbeerkuchen 28
Julkuchen, schwedische 127

K

Kaffee 221
- torte, Mandel- 211
Kakaopulver 222
Kalter Hund 225
Kandierte Früchte 221
Kaneel 222
Karamel 225
Kardamom 222
Karlsbader Oblaten 225
Kartoffelmehl 220
Kartoffeltorte 225
Käse 221
- gebäck, mürbes 85
- gebäck, zartes 81
- Hörnchen, Schinken- 86
- kuchen, köstlicher 192
- Sahnetorte 45
- stangen, gedrehte 102
- torte, Lothringer 80
- Windbeutel 84
Kastenkuchenform 218, 219
Katzenzungen 79
Kipferl, Nougat- 136

Kirsch-Blätterteig, Mandel- 198
Kirscheis-Überraschung 107
Kirschkuchen, brauner 193
-, versunkener 28
Kirschtörtchen exquisit 63
Kirschtorte, Schwarzwälder 206
-, Wiener 51
Kiwi-Sahnetorte 34
Klassische Petits fours 71
Klassischer Biskuitboden 19
- Sandkuchen 193
Kleckerkuchen 190
Kleine Gewürzschnitten 140
- Osterenten 161
- Schoko-Igel 94
- Spitzbuben 135
Kleines Knusperhäuschen 116
Kletzenbrot 225
Kneten 225
Knusperhäuschen 22, 116
Knusprige Mohnzöpfe 180
Kokosflocken 222
Kokosmakrönchen, Lübecker 134
Kokosnußtorte Basse Pointe 48
Kokosraspel 222
Kolatschen, böhmische 184
Konfekt, Schokoladen-Frucht- 153
-, vornehmes Schokoladen- 148
Königin-Pastetchen 105
Königsberger Marzipanherzen 152
Königskuchen 77, 219
Kopenhagener Schnecken 65
Koriander 222
Korinthen 222
Körniger Dattelkuchen 169
Köstlicher Käsekuchen 192
Kräftiges Roggenbrot 176
Kranzerl, Linzer 124
Kranzform 220
Krapfen 224
-, holländische Rosinen- 157
-, traditionelle Silvester- 154
Krapferl, Husaren- 124
Krokant 225
- streusel 222
Krümelboden, Obstkuchen mit 169
Krümelkuchen 38
Kuchen im Gefriergerät 227, 229
- in der Vorratsdose 227
- mit Frischkäse 192
Kuchengitter 218
Küchenwaage 218
Küchle, gezogene 225
Kunststoffdosen 228
Kuvertüre 222

L

Lachende Mohrenköpfe 97
Ladiner Fladenbrot 175
Ländlicher Butterkuchen 189
Lebensmittelfarben 222
Lebkuchen 225
- Christbaum 119
- familie 118
- gewürz 222
-, Mandel- 132
-, Nürnberger 225
Leckerli, Basler 125
Liebesperlen 222
Liegnitzer Honigkuchen 115
Linzer Kranzerl 124
- Torte 213
Liwanzen 225
Lockerer Quarkstollen 147
Löffelbiskuits 74
Lombardische Osterpinza 166
Lothringer Käsetorte 80

Lübecker Kokosmakrönchen 134
Lustige Weihnachtsmänner 117
Luxusbrötchen, geflochtene 22, 179

M

Madeleines, französische 130
Mailänder Makronentorte 209
Makronenringe 121
- schnitten 194
-, Schokoladen- 139
-, Tee- 74
- torte, Mailänder 209
- zwieback 75
Malakoff-Torte 214
Mandelbögen 194
Mandelherzen, zarte 141
Mandel-Kaffeetorte 211
- Kirsch-Blätterteig 198
- Knusperhäufchen 150
- Lebkuchen 132
- reibe 219
- schnitten 78
- Spekulatius 129
- stollen 112
- stuten 146
- törtchen der Madame 196
- torte, Honig- 168
Mandeln 222
-, bittere 220
Mangotorte Coconut 35
Margaretenkuchen 37
Margarine 222
Marillen 225
- ringe 131
Maronentorte 210
Marzipan-Ananas-Konfekt 153
- figürchen 95
- herzen, Königsberger 152
- Pralinen 152
- Rohmasse 222
- Rohmasse selbst bereiten 137
- zopf 41
Matze 225
Mehl 222
- sieb 218
Meisters Mohnkranz 43
Meringe, Baiser 224, 225
Meringen, Bananen- 99
-, exotische Eis- 109
Meßbecher 218
Milchhörnchen 180
Mohn 222
- kranz, Meisters 43
- semmeln 178
- stollen 146
- torte, Burgenländer 49
- zöpfe, knusprige 180
Mohrenköpfe, lachende 97
Mokkabohnen 222
- cremetorte 53
- Eis-Baisers 108
- schnitten 69
Mozartzopf 225
Muffins 103
Mürbe Brezen 187
Mürber Rhabarberkuchen 29
Mürbes Käsegebäck 85
- Spritzgebäck 136
Mürbeteig 16
- Kleingebäck lagern 227
-, roh einfrieren 230
-, salziger 17
-, süßer 16
Müsli Chüechli 226
Muzenmandeln 225
-, rheinische 156

N

Napfkuchen 225
-, Berliner 42
- form 218, 220
-, Pistazien- 39
Natron 222
Nelkenpfeffer 222
Neujahrs-Breze, große 159
Neujahrs-Goldfische 159
Nonnenkräpfchen 225
Nonpareille 222
Nordisches Wirbelrad 172
Norwegische Weihnachtsringe 127
Nougatkipferl 136
Nougatmasse 222
Nougatschnitte 68
Nürnberger Lebkuchen 225
Nuß-Bananen-Brot 170
- kämme, feine 65
- kuchen 38
- schleifen, glasierte 66
- strudel, Blätterteig- 183
- torte 210
- torte, Engadiner 49
Nußeis-Torte 106
- Waffelherzen 98

O

Obers 225
- Stanitzel 60
Oblaten 222
Obstkuchen mit Krümelboden 169
-, roh einfrieren 230
- form 218, 220
Oliebollen 225
Omelettes, Sahne- 187
Orangeat 222
Orange-Almond-Cookies 194
Orangen 222
- cremetörtchen 108
- kuchen 39
- kuchen, französischer 34
- Plunder 66
- schnitten 62
- Schokoplätzchen 141
- torte Alt-Yafo 51
- Windrädchen 199
Österliche Sahnetorte 165
Osterbrot 162
-, griechisches 166
Osterenten, kleine 161
Osterhasen aus Hefeteig 160
Osterklaben, Bremer 163
Osterkorb, geflochtener 23, 167
Osterkranz 162
Osterkuchen, polnischer 165
Osterlamm 225
Ostermänner, holländische 166
Osternester, griechische 161
Osterpinza, lombardische 166
Ostertorte aus Kampanien 164

P

Palette 218
Panettone 115
Pangani, italienische 131
Pariser Brioches 181
- Brot 173
Pastetchen, Königin- 105
-, Wild- 87
Pastete, spanische 105
Pastetenhaus 104
Pâtisserie 225
Pecannut-Pie, Sweet- 36

Rezept- und Sachregister

Pekannüsse 222
Petits fours à la Ritz 70
Petits fours, klassische 71
Pfefferkuchen 225
Pfeffernüsse, runde 138
Pfitzauf 225
Pflaumenkuchen 27
Pfundkuchen 225
Pie 225
– form 220
Pikantes Bauernbrot 174
Piment 222
Pinienkerne 222
Pinza, lombardische Oster- 166
Piroschki 84
Pischinger Torte 226
Pistazien 222
– Napfkuchen 39
Pizza, Champignon- 92
– pugliese 93
–, Sardellen- 92
–, scharfe Salami- 93
–, Seemanns- 90
Plunder, Orangen- 66
– hörnchen 181
– teig 15 f.
Polnischer Osterkuchen 165
Polyäthylenfolie 228
Pottasche 222
Prälaten-Ringbrot 175
Pralinen, Marzipan- 152
Prasselkuchen 226
Preßhefe 222
Prinzregententorte 208
Profiteroles 226
Punschbrezeln 134
Punschtorte 214

Q

Quarkkuchen, Erdbeer- 32
Quarkstollen, lockerer 147
Quarktorte, Birnen- 44
– Winzerart 44
Quiche lorraine 80
Quittenbrot, Babettes 148

R

Rahm-Hancklich, Siebenbürger 184
Rahmkaramellen 149
Rehrücken nach Art der Mamsell 203
– form 219, 220
Resche Roggenbrötchen 178
Rhabarberkuchen, mürber 29
Rheinische Muzen 156
Ringe, Marillen- 131
–, Zitronen- 195
Ringform 219, 220
Rodonkuchen 226
Roggenbrot, kräftiges 176
Roggenbrötchen, resche 178
Rohrnudeln, gedrehte 185
Rollholz 218
Rosenform 219, 220
Rosenwasser 222
Rosettenkuchen 168
Rosinen 223
– krapfen, holländische 157
– stuten 170
Roulade, Budapester 69
–, Erdbeer- 56
–, Fürst-Pückler- 57
–, Fürstenart, Eis- 98
–, Himbeersahne- 57
Rouladen, Biskuitmasse für 20

Rüblitorte, Schweizer 200
Rühren 226
Rührgeräte, elektrische 219
Rührkuchen 219
– mit Backpulver 11
– ohne Backpulver 12
Rührschüsseln 218
Rührteig 11
–, roh einfrieren 231
Rumkuchen 77
Runde Pfeffernüsse 138
Russische Mazurka 164
Russisches Brot 226

S

Sablé 226
Sachertorte, Wiener 201
Safran 223
Sahne 223
– Omelettes 187
– steifmittel 223
– torte, Birnen- 55
– torte, Heidelbeer- 205
– torte, Holländer 207
– torte, Käse- 45
– torte, Kiwi- 34
– torte, österliche 165
– verzierungen, Vorfrieren von 228
– Windbeutel 67
Salamipizza, scharfe 93
Sandkuchen 219
–, klassischer 193
Sardellenpizza 92
Sauerteig 223
– selbst herstellen 176
– lagern 178
Savarin Chantilly 40
– mit Erdbeeren 40
Schachbrett-Torte 206
Scharfe Salamipizza 93
Schaumgebäck 224, 226
Schillerlocken Konditorenart 59
Schinken-Käse-Hörnchen 86
– taschen 87
Schlagen 226
Schlagobers 226
Schlagrahm 226
Schlemmertörtchen 82
Schlesischer Streuselkuchen 188
Schlotfeger 61
Schmalzbrezen 154
Schmalzgebäck 224
Schmant 226
Schmelzen 226
Schnapsglas, geeichtes 218
Schnecken, gefüllte 197
–, Kopenhagener 65
Schneebällen 226
Schneebesen 218
Schokoladenbaiser 21
– Biskuit 20
– brot, Fräulein Poldis 36
– Dukaten 151
– Fruchtkonfekt 153
– konfekt, vornehmes 148
– Makronen 139
– schnitten 68
– streusel 223
– torte Alice 201
– torte, Altwiener 202
– torte, festliche 52
Schokoplätzchen, Orangen- 141
Schuhsohlen, gefüllte 195
Schürzkuchen 226
Schwäbische Springerle 135
Schwäbischer Speckkuchen 88
Schwaden geben 226
Schwarzbrottorte 212

Schwarzwälder Kirschtorte 206
Schwarzweiß-Gebäck 138, 219
Schwedische Apfeltörtchen 62
– Julkuchen 127
– Mazarintorte 50
Schweinsöhrchen 199
Schweizer Rüblitorte 200
– Weihnachtsmänner 122
Scones 226
Seemanns-Pizza 90
Semmeln, Mohn- 178
Sesamsamen 223
Sfincione, sizilianische 91
– vom Blech 91
Shortbread Fingers 73
Shrewsbury Biscuits 72
Siebenbürger Rahm-Hancklich 184
Silvesterkrapfen, traditionelle 154
Sizilianische Sfincione 91
Spanische Pastete 105
Spanische Vanilletorte 50
Speckkuchen, schwäbischer 88
Speisefarben 222
Speisestärke 223
Spekulatius, Mandel- 129
Spitzbuben, kleine 135
Spitzkuchen 226
Springerle, schwäbische 135
Springform 218, 220
Spritzbeutel 218
Spritzgebäck, mürbes 136
Spritzkuchen, feine 155
Stäbchenprobe 226
Stachelbeer-Baisertorte 47
– törtchen 58
– kuchen mit Haube 33
Steyrischer Apfelkuchen 31
Stollen, Christ- 112
–, lockerer Quark- 147
–, Mandel- 112
–, Mohn- 146
Strauben 155
Streusel 226
– kuchen, schlesischer 188
Strudel, Apfel- 182
–, Blätterteig-Nuß- 183
Strudelteig 19
– einfrieren 231
Stuten, Mandel- 170
–, Rosinen- 170
Sukkade 223
Sultaninen 223
Süßes ABC 97
Sweet Pecannut-Pie 36

T

Tannenbaum, gefüllter 118
Tannenzapfen Märchenwald 144
Teacakes, englische 73
Teekuchen 219
–, türkischer 76
Tee-Makronen 74
Teigrädchen 218
Teigspatel 218
Teigzöpfe 22
Temperaturen, Back- und Herdtypen 219
Topfen 226
– strudel 226
Torta di Mandorle 213
Torte für den Weihnachtstag 142
Tortenboden mit Backpulver 19
– ohne Backpulver 19
Tortenguß 223
Touren 226
Traditionelle Silvesterkrapfen 154
Traditionelles Früchtebrot 113
Türkischer Teekuchen 76

U

Unterheben 226

V

Vagabunden-Taler 83
Vanille 223
– kipferl, Wiener 125
– torte, spanische 50
– zucker 223
Vanillinzucker 223
Veilchen, kandierte 223
Versunkener Kirschkuchen 28
Verzierungen, feine 217
Vol-au-vent 104, 226
Vorfrieren 227
Vorheizen 226
Vornehmes Schokoladenkonfekt 148
Vorratsdose, Kuchen in der 227

W

Waffelherzen, Nußeis- 98
Waffeln im Gefriergerät 231
–, Buttermilch- 186
–, Hefe- 186
Wähe 226
Waldersee-Baisers 99
Walnüsse 223
Wasserbad 226
Wedding Cake 100
Weihnachtsbäckerei, große 112 ff.
Weihnachtsmänner, lustige 117
–, Schweizer 122
Weihnachtsringe, norwegische 127
Weihnachtssterne, bunte 122
Weinbeeren 223
Weizenkeimbrot 171
Weißbrot im Gefriergerät 231
Weiße Aprikosentaler 150
Wellholz 218
Wiener Gugelhupf 42
– Kirschtorte 51
– Sachertorte 201
– Vanillekipferl 125
Wildpastetchen 87
Windbeutel, Erdbeer- 109
–, Käse- 84
–, Sahne- 67
Würzige Friesenkekse 79

Z

Zarte Mandelherzen 141
– Zimtsterne 137
Zartes Käsegebäck 81
Zimt 223
– sterne, zarte 137
Zitronat 223
Zitronen 223
– Himbeer-Torte 204
– ringe 195
– röllchen 56
– schnitten 63
Zöpfe, knusprige Mohn- 180
Zucker 223
– brezeln 78
– streusel 223
Zürcher Salbeiküchli 226
Zwerge, Brioches- 119
Zwetschgendatschi, Augsburger 191
Zwetschgenkuchen 26
Zwieback, Makronen- 75
Zwiebelbrote Landhausart 174
Zwiebelkuchen, badischer 88

Die Autoren

CHRISTIAN TEUBNER
war früher Konditormeister. Seit vielen Jahren ist er aber vielbeschäftigter gastronomischer Fotograf. In seinem Studio für Lebensmittelfotografie entstehen Meisterwerke kulinarischer Aufnahmen, und aus seiner Probeküche kommen verlockende Kreationen von neuen Rezepten. Christian Teubners Arbeiten sind in ganz Europa ein Begriff, denn wo es um Küche und Keller geht – ob Buch, Plakat, Film oder Zeitschrift –, erkennt man seine »Handschrift«.

ANNETTE WOLTER
gehört zu den führenden Kochbuch-Autoren im deutschen Sprachraum. Seit zwei Jahrzehnten sind Kochen und Haushalt ihr Ressort. Annette Wolter begann als Mitarbeiterin großer Frauenzeitschriften. Heute ist sie anerkannte Expertin im Bereich Küche und Keller, Autorin erfolgreicher Kochbücher und mehrfache Preisträgerin der »Gastronomischen Akademie Deutschlands«.

Genehmigte Lizenzausgabe für Verlagsgruppe Weltbild GmbH, Steinerne Furt, 86167 Augsburg
Copyright der Originalausgabe
© Gräfe und Unzer GmbH, München
Nachdruck der Originalausgabe von 1984

Alle Rechte vorbehalten. Nachdruck, auch auszugsweise, sowie Verbreitung durch Film, Funk und Fernsehen, durch fotomechanische Wiedergabe, Tonträger und Datenverarbeitungssysteme jeder Art nur mit schriftlicher Genehmigung des Verlags.

Redaktion: Brigitta Stuber
Herstellung: Birgit Rademacker
Zeichnungen: Ingrid Schütz
Umschlaggestaltung: Maria Seidel, atelier-seidel.de
Umschlagmotiv: © StockFood.com/Frank Wiede

978-3-8289-1481-0

2013   2012   2011
Die letzte Jahreszahl gibt die aktuelle Lizenzausgabe an.

Einkaufen im Internet:
www.weltbild.de